"哏儿都"说哏儿话

——天津话这么说

刘思训 编著

天津出版传媒集团

天津古籍出版社

图书在版编目（CIP）数据

"哏儿都"说哏儿话：天津话这么说 / 刘思训编著
. — 天津：天津古籍出版社，2013.5
ISBN 978-7-5528-0144-6

Ⅰ.①哏… Ⅱ.①刘… Ⅲ.①北方方言－方言研究－天津市 Ⅳ.①H172.1

中国版本图书馆CIP数据核字(2013)第109563号

"哏儿都"说哏儿话：天津话这么说

刘思训/编著

出版人/张玮

＊

天津古籍出版社出版

（天津市西康路35号　邮编300051）

http://www.tjabc.net

三河市国源印刷厂印刷

全国新华书店发行

开本 880×1230 毫米　1/32　印张 16.625　字数 410 千字
2013 年 7 月第 1 版　2013 年 7 月第 1 次印刷
ISBN 978-7-5528-0144-6
定　价：39.00元

前言

我这么说不知你信不信——这本书从开始动手到如今面世,历时三十年。

那还是改革开放之初,不知脑子里触动了哪根弦,对天津方言产生了浓厚兴趣,哪儿有扎堆儿说话的就凑过去听,看书读报遇见了什么词儿也赶紧记下,几年工夫卡片积了有一尺多厚(那时还没有电脑,搜集词汇就靠记卡片)。与报社相熟的朋友提及,说可以见报试试,于是在赵金铭(不幸赵君已去世)、吴裕成、穆秀玲等诸编辑的提携下,先后在天津的晚报、日报副刊连着好几年开出了专栏"天津方言词语"、"天津方言小考"等。别看每期不过百十字豆腐块儿,由于刊出的频率高,又是津门老百姓所耳熟能详,便不断收到报社转来的读者来信,于是又动了一个念头:何不编一本天津方言词典?

那时候真不知道锅是铁打的。辞书是编着玩儿的吗?世上哪一部词典不是一大帮子专业人士殚精竭虑,字海拾贝,集体劳动与智慧的结晶?作为"典",首先要求的是全,不说百分之百吧,没有百分之九十九点九,那还成什么"典"呢?此外还有浩繁的释义、求证、举例等工作,仅凭一己之力穷其一生也是无法完成的。于是罢了编词典的念头,可多年的工夫总不能白费,三十年间虽说杂七杂八写了些不同门类的东西,但这个方言情结一直在心中挥之不去,甚至成了一块心病。近年来由于相声、小品、影视剧中天津方言出现的频率增多,对天津话感兴趣的人也越来越多,这使我出版本书的念头更加强烈,丑媳妇总要见公婆,先拿出去再说。转眼到了新世纪,终于又重新拾起来,从头到尾地排列推敲、修改订正,从手写稿到电子版,折腾了不下五六遍。在整理

"哏儿都"说哏儿话——天津话这么说

过程中，每每在报纸杂志上发现新的，惊喜地补充进去之余，心说要是遗漏了该多可惜！过后想想，穷尽的可能性几乎为零，只好死心。好在无论是"典"或非"典"，能够起到一些记录现实与历史的文化传承作用，也就聊以自慰了。

先与天津古籍出版社社长、也是我的老同事刘文君女士沟通，通过电子邮件发去几个部首的章节，她感慨于"工夫下得可不小"，大力支持；古籍社张玮副社长自告奋勇揽下这个麻烦差事，连夜通读全书，运筹帷幄，定下体例，书稿到了这位土著天津人手里，放心；责任编辑乔梦坤别看年轻，编辑功力那叫扎实，我也是编辑出身，深知小乔熬了多少夜，费了多大的劲。

万事俱备，只差书名了。原来想叫"天津方言词语书证汇释"，天津方言，里面都是天津方言词儿，没问题；书证，书里的例句大部分采用文字作品，没问题；汇释，集中起来加以释义，也没问题。可这名字怎么念怎么咬嘴，还带着一股暮气，与当今的市场经济社会格格不入。出版社急等书名，于是在一个寒冷的上午，我、张玮、小乔在张玮办公室"集思广益"，的确是集而又广，因为一块儿"呛呛"的不止我们三人，进来办事的社里同志，听说有这么一本书都跟着拿意见，还有年轻同志热情地立马上网，查微博，一通忙乎，才产生了《"哏儿都"说哏儿话》这个书名，为了适应更广泛的读者面，又加一个副题"天津话这么说"。

这书名一上来可能让人一愣，嘛叫"哏儿都"？原来"哏儿都"是网上一个最新的流行语，指天津。在外地人看来，天津最大的特点就是"哏儿"，而这"哏儿"的印象又大多来自独特的天津话，当然也来自天津人的性格。天津人说哏儿这个词，不仅仅指有趣，还包含"好"、"棒"、"不得了"等多种含义，总之都是褒义。天津人生活在这样一个有趣的城市——哏儿都，不亦有幸哉！

作　者
二〇一二年隆冬

凡 例

一 收词标准

1.本书收录的词条，是仅限属于方言范畴的、并在天津地区流行或曾经流行的口头词语。这些词语一般为权威普通话辞书(如《现代汉语词典》)所不收，或虽已收但注明为方言者。在此范围以外的一律不收。

2.凡现今天津人口头上已消亡，但历史上曾流行的方言词语，由于历史环境的变迁，天津人已不使用，本书一般不再收入；但对于能反映一定的社会历史、文化特色，并具有历史研究价值的方言词，特别是当今文学作品中仍有所表现的，为了帮助读者对原著的理解，尽管现今不再流行，也适当收入。

3.由于地域间语言交流的影响，有些天津方言词语在天津以外的地区也流行，或者这些词语本身就是从外地传入天津，并在天津流行开来的，所以本书所收的天津方言词不排除外地人(特别是天津周边地区的人)也说。

4.与普通话词语表达形式相同，但另有天津地方独特含义的词语，作为天津方言词语收入本书时，对于普通话辞书已收入的非方言释义，本书不再注出。如"搭伴"，本书不解释为普通话含义的"趁便做伴"(尽管天津话也有这个含义)，而只作天津方言的

"少年男女早恋"解。如"闷头儿",辞书的解释是"暗中",天津方言虽也有这个用法,但在天津也作"不声不响、专心致志"解,此义为辞书所未收,所以本书作为方言词语,以后一释义收入。类似的再比如"茶房",天津话除也有辞书解释的饭店、餐馆等服务人员的意思外,还特指家里办红白喜事时临时雇请的服务人员,所以本书仅作为这个含义收入该词。又如"蹊跷",天津话除有奇怪的意思外,还作危险、不安全解,所以本书作为后一含义收入。总之,这些词语的特点是,方言和普通话从字面看虽完全相同,但含义并不全同。

5.一些天津所特有的风物名称,如锅巴菜(早点食品)、皇会(民俗活动)、下边儿(旧租借地)等,这类词语当然为天津所独有,但严格讲不属于方言范畴,因为它们不可能有相对应的普通话词汇,所谓天津方言词,是指对于同一事物天津有不同于普通话说法的。本书之所以有选择地把这类词语酌情收入一些,是为了展示天津地方特色,从而起到文化传承作用。比如,天津有很多独特的中式糕点及地方小吃,它们的名称当然为天津所独有,本书不可能一一列入,只能有选择地将少数几个在文字作品里常见的收入,如小八件儿、煎饼馃子、切糕等。

6.本书收录的绝大部分是作为语言单位的词。但有的固定短语(包括词组、短句)具有天津地方的独特性,并常常以一个"词"的形式出现于天津人的口语中,又为普通话辞书所未收,这里视同方言词收入,如就坡下驴、抱热火罐儿、哪壶不开提哪壶、剃头挑子一头热等。

二 词条排列

7.本书词条按单字(一个字的词)或多字词的第一个字天津话发音的拼音字母次序排列,只以读音为准,不管字形。单字词条在

前,多字词条在后。加"儿"的儿化字视同单字。单字或首字同音的,按照天津话阴平、阳平、上声、去声四声次序排列。

8.多字词条第一个字同音的(不论字形和声调如何),一律依第二个字的拼音字母次序排列,以此类推。因而,词条的首字为同一个汉字的,不一定排列在一起,比如"没稿子"、"没咒儿念"中间会插入"煤黑子",因为它们的第二个字"稿"和"咒"的声母g和zh之间还有h,因而会产生上述现象。

三 读音标注

9.每个词条均用汉语拼音字母加注天津方言语音。应该指出的是,天津话虽然也有阴平、阳平、上声、去声四个声调,但和与之相对应的普通话四个声调的调值是有区别的,比如阴平(一声)普通话是高平调,天津话是由高而低的下滑调。所以本书注为一声的字,与普通话一声的调值不同。

10.标注声调时一般注声调的本调,不注变调。但有些连读变调已成为天津话语音的一大特色,所以本书在很多情况下以实际读音标注。如"不"本为四声,但与去声字相连时,读为二声,"八"本为一声,若与去声连读,则变为二声,这种情况一律以二声标注。类似情况在"一"字打头的词条中也多有出现。此外,如有读音声调特殊的在释义时加以说明。如"背",系多音字,有一声和四声两读,而本书收入的作平均、均摊解的天津方言词"背"念阴平,所以专门注为一声。此外,凡读轻声的不注声调符号,必要时加以说明。

11.天津话的语音,历来有新派与老派之分,其主要区别在声母方面,一些老派声母念z、c、s、y的字,新派声母念与普通话相同的zh、ch、sh、r,鉴于天津话语音有逐渐向普通话靠拢的趋势,而且多数有文化或中年及中年以下的天津人已操新派语音,故本书采取从众原则,注音一般以新派为准,只是在特殊情况下,予以变通。如天津有一个义为有助于消化的词"杀食",按照本书以上的原则,"杀"应注为 sha,但仍依老派注为 sa,因为例证中该词以"仨十"的谐音出现。

12.传统上天津某些有特殊读音的字,虽然"新派"天津人已不再说,但"老派"人仍保留在口语中,由于这些字最能反映天津地方特色,故仍按老派传统注音。最典型的如某些普通话零声母的字,如爱、安、熬、挨、鹅、饿、瓯、袄等,传统天津话均为 n 声母,个别的为 w 声母,所以本书将熬鹰的"熬"注为 nao,而不注为 ao,鸡吵鹅斗的"鹅",注为 ne,而不注为 e;义为可爱的"爱人"之"爱",也注为 nai,而不注为 ai。零声母字天津话也不是完全变 n 声母,如饿,天津话不念零声母 e,也不念 n 声母 ne,而加声母 w,读"卧",所以本书饿字收在 w 部。其他,如某些场合天津人将择(ze)念 zai,街(jie)念 gai,色(se)念 sai 等,也以传统读音标注。其他一些有天津独特读音的字词,也不以普通话为准标注音,如"豁个儿","豁雷捣撒子",豁在天津说 he,而不说 huo,所以这些词按照 he 的词序排列。这些字的读音最具天津特色,所以注音时也依老派。

四 词语用字

13.不少方言词的用字,历来是一个莫衷一是的问题,鉴于绝大多数的天津方言词,依据读音和含义,社会上已有比较固定的,或是约定俗成的表达方式,本书采取从众原则,不特意考求本字。书证中有不同表达方式的,尽量把不同的用字一一注出。

14.对于已被权威辞书注为方言的词语用字,不论书面作品如何表达,本书收入时从辞书,但对于社会上约定俗成的表达法,也予以注出。比如辞书有个义为说话口音非本地的方言词"呔",天津话的这个词,语义有所扩大,而基本含义不变,但书面作品几乎一律写作"坦",这是明显的以音找字,岂不知呔(tai)和坦

(tɑn)儿化后天津语音完全相同。故本书主词条用"呔",但在释义时注明俗作"坦"。

15.对于用字尚无定论或有分歧的词条,用字上首先以音、义均合者为首选,其次,能考出本字的,尽量用本字,必要时将已约定俗成但并不准确的表达法也一并注出。

16.实在找不出合理的用字的词,而又没有同音字可代替者,以方框(□)表示,并在释义中加以说明。

17.必须儿化的词,均在词尾加"儿",注音时加 r,但所选例句作者常将"儿"省略,选用时保持书证原状,不予改动。可儿化可不儿化的词,则以括号标出,例句亦以原文为准。

18.有时出现词条用字与例句中作者用字不统一的现象,必要时加以说明,但一般将例句保持其原貌,倘例句用字明显有误,则用加注的方式予以说明。

19.有些词可以拆开使用,或者字序可以变化、可以重叠,这些情况不少。如"点脊梁骨",可以说"点他的脊梁骨","瘦巴"可以按形容词叠复使用规则,说"瘦瘦巴巴","出大气儿"词条的例句,用的是"连大气儿都不敢出","直眼儿"的例句中是"眼都直了"等等。以上情况都会造成词条和例句不完全一致。在使用例句时,均以原文为准列出,不再特意加以说明。

五 关于释义

20.词条的释义只解释其在天津话里的方言含义,另有普通话含义的,即使天津人也说,因普通话辞书已做规范,不再列出。本书释义一般不考证其本义和源流。

21.释义时如有必要,注明该词条的词性和使用的规则、习惯等。

22.一词多义的,每个含义之间用双竖线(‖)隔开,一般不分列为新的词条。

六　关于例句

23.除个别的名词,没有例句不影响对其理解的以外,本书词条在释义后均附有例句。

24.例句绝大多数采用书证,即取材于已形成文字的书面作品。来源以天津地区报、刊、图书,天津籍作者或反映天津内容的作品为首选,并注明作者、篇(书)名或出处。但也不排除非天津籍作者或非天津地区书籍、报、刊或其他媒体的作品。极少数找不到书证而又确实需要有例句的,采用天津的俗谚或群众口语。个别例句,选用古代典籍,以示该词语的源流。选用古籍作例句时,如有古今用字不一致处,均原文照选,不予改动。

25.应该有例句的,一个词条最少附有一个例句,但多数有两个或两个以上;附有两个或两个以上例句的,中间用斜线(/)隔开。

26.用书证的例句,一般均照录原文,因而可能出现不统一的现象,如"骑马蹲裆"词条两个例句中,一个写作"骑马蹲裆势",另一个写作"骑马蹲裆式",本书均照录。例句中有删节的地方,用省略号。

目录

B

扒 /3
扒 /3
拔 /3
把 /3
巴(儿) /3
跁 /4
巴 /4
巴巴(儿) /4
屄屄 /4
巴巴儿地 /4
屄屄手儿 /5
把边儿 /5
巴不能够儿 /5
拨闯 /5
把不住脉 /5
扒呲 /5
拨呲 /5
八呲口喃 /5
八大岔 /5

八大碗儿 /6
把对 /6
把合 /6
把滑 /6
吧唧嘴 /6
把家虎儿 /6
巴结 /6
扒拉 /6
巴拉 /7
芭(儿)兰 /7
疤离 /7
八两换半斤 /7
罢了 /7
拨裂儿 /7
扒门缝儿 /7
扒门缝儿吹喇叭 /7
八面见线 /8
扒皮 /8
把屎把尿 /8

"哏儿都"说哏儿话——天津话这么说

巴头儿 /8
巴头探脑儿 /8
八下 /8
八丈 /8
八宗 /8
掰 /8
白 /9
伯伯 /9
白不呲咧 /9
掰扯 /9
白吃饱儿 /9
白给 /9
白果 /10
白话 /10
白话蛋 /10
白碱(儿) /10
白净子 /10
掰开 /10
掰开揉碎 /10
百里挑一 /10
白脸 /10
白麻叶 /11
白毛儿汗 /11
摆弄 /11
白牌儿 /11
白皮儿 /11
摆平 /11
摆谱儿 /11

白钱 /11
白饶 /12
摆设 /12
摆肉头阵 /12
掰生 /12
白事 /12
拜四方 /12
百岁儿 /12
白眼儿 /12
百爪挠心 /13
白嘴儿 /13
扳 /13
办 /13
般儿般儿大 /13
半饱 /13
半残子 /13
板(儿)寸 /13
半道儿 /14
板凳儿 /14
半截楼(儿) /14
半口奶 /14
半拉 /14
半拉咯叽 /14
板脸 /15
拌面 /15
半儿劈 /15
板生 /15
半丝儿 /15

目录

拌蒜 / 15
半头 / 15
半下儿 / 15
棒 / 15
帮衬 / 16
棒槌 / 16
棒槌馃子 / 16
膀大力 / 16
棒硬 / 16
梆子 / 16
膀子 / 16
棒子 / 17
棒子面儿 / 17
抱儿 / 17
保不齐 / 17
抱醋坛子 / 17
报官 / 17
包涵 / 17
保揣 / 17
包了儿 / 17
保媒拉纤儿 / 17
暴皮 / 18
薄气 / 18
抱热火罐儿 / 18
暴腾 / 18
暴土扬尘 / 18
抱团儿 / 18
保险套 / 18

曝腌(儿) / 18
包月(儿) / 18
包子有肉不在褶儿上 / 18
背 / 19
背 / 19
倍儿 / 19
备不住 / 19
被垛 / 19
被阁子 / 19
背过气(儿) / 19
背口袋 / 20
背人 / 20
锛 / 20
奔 / 20
奔 / 20
驳儿 / 20
本儿 / 20
笨儿笨儿 / 20
奔波劳碌 / 20
本儿对本儿 / 20
锛绞裹 / 21
笨嘴拙腮 / 21
蹦蹦儿 / 21
蹦蹦哒哒 / 21
蹦单儿 / 21
蹦豆儿 / 21
蹦高(儿) / 21
绷劲儿 / 21

绷着 / 21
镚子儿 / 22
鼻儿 / 22
鼻眼儿 / 22
比划 / 22
弊十 / 22
扁 / 22
编八造模儿 / 22
边边沿沿 / 22
便道牙子 / 22
扁身 / 23
扁食 / 23
编派 / 23
摽 / 23
摽膀儿 / 23
憋 / 23
憋 / 23
瘪 / 23
瘪词儿 / 23
憋嘟 / 23
憋犊子 / 24
憋囚 / 24
憋屈 / 24
别是 / 24
别说 / 24
别再 / 24
并膀儿 / 25
病病秧秧 / 25

冰搅凌 / 25
冰窟窿 / 25
病磅儿 / 25
冰湿巴凉 / 25
病秧子 / 25
饽饽 / 25
拨拨转转 / 25
脖领子 / 26
脖溜儿 / 26
补差 / 26
步叉子 / 26
不错眼珠儿 / 26
不大离儿 / 26
不带…的 / 26
不带玩儿 / 26
不的话 / 27
不得劲儿 / 27
不点儿 / 27
不定 / 27
不对乎 / 27
不防头 / 27
不分溜儿 / 27
不够哥们儿 / 27
不够揍儿 / 28
不好介 / 28
不叽(儿) / 28
不见兔子不撒鹰 / 28
不觉闷 / 28

不斤不离儿 / 29
不紧不慢(儿) / 29
不开面儿 / 29
不拉 / 29
不拉叽 / 29
不赖 / 29
不楞登 / 29
不离儿 / 29
不溜丢 / 29
不溜秋 / 29
不卖择 / 30
白面 / 30
不摸门儿 / 30
不挨边儿 / 30
不挨盘儿 / 30
不碍得 / 30

不安好心 / 30
步辇儿 / 30
不善 / 30
不识逗 / 30
不拾闲儿 / 30
不是玩意儿 / 30
不舒服 / 31
不说 / 31
不算人数 / 31
不随地道 / 31
不为过 / 31
不行 / 31
不咋的 / 31
不在以下 / 31
不着 / 31
不着边儿 / 32
不着调 / 32

C

擦黑儿 / 35
踩蛋儿 / 35
踩点儿 / 35
踩挤 / 35
菜码儿 / 35
菜团子 / 35
藏蒙个儿 / 36
藏着掖着 / 36
草鸡 / 36

噌 / 36
蹭 / 36
叉 / 36
搽 / 36
茬 / 36
碴 / 37
岔 / 37
茬儿 / 37
碴巴过节儿 / 37

差道儿 / 37	潮脑球儿 / 40
茶房 / 37	超片子 / 40
插关儿 / 37	抄摊子 / 41
茶壶 / 37	吵殃子 / 41
差壶 / 37	扯 / 41
岔豁 / 38	撤 / 41
茬口儿 / 38	撤 / 41
差口儿的 / 38	车带 / 41
插门 / 38	扯子 / 41
岔头儿 / 38	沉 / 41
岔样儿 / 38	趁 / 41
茶叶末子 / 38	抻懒筋 / 42
插一杠子 / 38	抻练 / 42
插一句 / 39	抻条儿面 / 42
蹅雨 / 39	城角儿 / 42
拆兑 / 39	成精 / 42
拆骨肉 / 39	成年论辈 / 42
馋虫 / 39	撑死 / 42
铲子将 / 39	成天到晚 / 42
长脖儿老等 / 39	撑子 / 43
敞开(儿) / 40	吃 / 43
常来常往 / 40	吃 / 43
长命 / 40	吃不了兜着走 / 43
长寿面 / 40	吃不住劲儿 / 43
尝鲜(儿) / 40	吃碟儿 / 43
潮 / 40	吃二磨 / 43
潮虫 / 40	吃挂落儿 / 43
抄近道儿 / 40	吃过见过 / 44

吃劲 /44	臭棋篓子 /47
吃凉不管酸 /44	臭油 /47
吃枪药 /44	臭鱼烂虾 /47
吃人儿 /44	杵 /47
痴傻呆苶 /44	出彩儿 /47
吃伤 /44	出出儿 /48
吃顺不吃戗 /44	出锅 /48
吃甜咬脆 /45	出坏 /48
吃味儿 /45	出来进去 /48
吃窝脖儿 /45	出力长力 /48
吃香喝辣 /45	出溜 /48
吃主儿 /45	出埋体 /48
冲 /45	出门在外 /48
充大辈儿 /45	出门子 /49
重打锣鼓另开张 /45	出哪门进哪门 /49
冲盹儿 /46	出手(儿)不高 /49
冲肺管子 /46	憷头 /49
重样儿 /46	出五服 /49
虫子 /46	出息 /49
挏 /46	出血 /49
臭遍街 /46	出远门儿 /50
抽抽摆囊 /46	怵阵 /50
抽抽捏捏 /46	欻工夫 /50
臭底子 /46	欻拐 /50
臭胳肢窝 /47	欻空儿 /50
臭嚼 /47	搋 /50
抽冷子 /47	嘬 /50
臭喽 /47	搋碱 /50

踹腿 /51
揣子 /51
传 /51
传辈儿 /51
串换 /51
穿柜 /51
串老婆舌头 /51
船儿亮 /51
串皮不入内 /51
串烟 /52
喰 /52
喰丧 /52
吹大梨 /52
吹灯拔蜡 /52
吹气(儿)冒泡(儿) /52
春不老 /52
春捂秋冻 /52
戳 /53
戳 /53
戳儿 /53
戳腿 /53
呲 /53
刺儿 /53
呲打 /53
呲拉 /53
刺挠 /54
瓷实 /54
刺儿头 /54

龇牙 /54
从 /54
从打 /54
凑 /54
凑合 /54
粗粗拉拉 /55
粗鼓笼敦 /55
蹿 /55
窜 /55
撺儿 /55
攒局 /55
蹿稀 /55
催生 /55
脆生 /55
皴 /55
蹲 /55
寸 /56
寸劲儿 /56
撮 /56
矬 /56
错非 /56
错环儿 /56
矬老婆高声儿 /56
错了包换 /56
撮摊儿 /56
矬子 /56

D

搭 / 59
打 / 59
大 / 59
褡巴 / 59
打屄屄溺 / 59
打八杈 / 59
打把式卖艺 / 59
搭伴儿 / 60
大包大揽 / 60
打保票 / 60
打奔儿 / 60
大变活人 / 60
大憋气 / 60
打驳拦儿 / 60
打脖溜儿 / 61
大补 / 61
打补丁 / 61
大不了 / 61
打镲 / 61
答茬儿 / 61
打喳喳(儿) / 61
打茶围 / 62
大敞四开 / 62

打车 / 62
大吃八喝 / 62
打出溜 / 62
打嘚嘚 / 62
打的 / 62
大笛笛 / 62
打…的牌 / 62
打地铺 / 62
打点 / 63
答对 / 63
大发 / 63
大仿 / 63
大概其 / 63
搭咯 / 63
打咕 / 63
大姑姐 / 64
搭罐儿 / 64
大鬼 / 64
搭和 / 64
打虎 / 64
打滑 / 64
打会儿 / 64
打货 / 64

大货 / 65
大家伙儿 / 65
大件儿 / 65
打卷儿 / 65
耷拉脸 / 65
大老爷们儿 / 65
打愣 / 65
大梨 / 65
大力丸 / 65
大梨赚财迷 / 66
打脸儿 / 66
打恋恋 / 66
大了 / 66
打溜须 / 66
大马金刀 / 66
大毛（儿）/ 66
大门大户 / 66
大面儿 / 66
打磨磨 / 67
大拇哥 / 67
大拿 / 67
打溺 / 67
打蔫儿 / 67
打便宜人 / 67
打起 / 67
大气 / 67
打…旗号 / 68
大人不计小人过 / 68

大仁果儿 / 68
打扫 / 68
大少 / 68
大手 / 68
大水冲了龙王庙 / 68
打水漂儿 / 68
大塔 / 69
打嚏喷 / 69
大天 / 69
打通腿(儿) / 69
大头儿 / 69
打头碰脸 / 69
打托儿 / 69
打歪歪 / 69
大王 / 70
打窝儿 / 70
大戏 / 70
大虾杆儿 / 70
大仙(儿) / 70
打小空儿 / 70
大卸八块 / 70
打哑巴禅 / 70
打眼 / 70
大眼儿溜睛 / 71
打野食 / 71
大尾巴鹰 / 71
打一晃 / 71
打印子 / 71

打游飞 / 71
大狱 / 71
打圆盘 / 71
大字 / 71
大子儿 / 71
打总(儿) / 72
打嘴架 / 72
大嘴马虎(儿) / 72
逮 / 72
怠答不理 / 72
待见 / 72
带手儿 / 72
逮ＡＢＡ / 72
担 / 73
惮 / 73
淡 / 73
淡巴嘴儿 / 73
单摆浮搁 / 73
单打独斗 / 73
单夹皮棉 / 73
单裤 / 73
单另儿 / 74
单挑 / 74
单条虎 / 74
蛋子儿 / 74
当 / 74
当 / 74
当不当正不正 / 74

挡道儿 / 74
当家的 / 74
当间儿 / 74
挡口的 / 75
当嘟 / 75
当年勇 / 75
挡戗 / 75
当玩儿 / 75
当下 / 75
当央 / 75
当院(儿) / 75
当子 / 75
档子 / 75
捯 / 76
倒 / 76
道 / 76
倒背手儿 / 76
到不到 / 76
道常 / 76
捯肠子 / 76
捯扯 / 76
捯饬 / 76
道道儿 / 77
叨登 / 77
到个儿 / 77
捯根儿 / 77
道号儿 / 77
到家 / 77

倒脚 / 77	扽 / 81
到了儿 / 77	蹬 / 81
倒霉催的 / 78	灯 / 81
倒霉蛋儿 / 78	蹬 / 82
倒霉德行 / 78	登鼻子上脸 / 82
倒霉鬼 / 78	等门 / 82
倒霉样儿 / 78	等米下锅 / 82
到哪算一站 / 78	登梯爬高(儿) / 82
捣皮拳 / 78	蹬腿 / 82
捯气儿 / 78	地道 / 82
刀枪不入 / 79	底儿掉 / 82
道手儿 / 79	地方 / 82
倒腾 / 79	地根儿 / 83
倒头 / 79	嘀咕 / 83
倒土 / 79	嘀咕神(儿) / 83
倒血霉 / 79	递话(儿) / 83
倒牙 / 80	地界儿 / 83
道酉 / 80	提拉甩挂 / 83
嘚啵 / 80	提拉孙儿 / 83
嘚啵嘴子 / 80	底漏 / 83
嘚嘚 / 80	提搂 / 84
得合乐 / 80	低眉顺眼 / 84
得活 / 80	地排子 / 84
得楞 / 80	地起 / 84
得噜儿 / 81	底气 / 84
德性 / 81	低头不见抬头见 / 84
得亏 / 81	底子 / 84
嘚勒 / 81	颠 / 84

目录

掂 / 84
垫 / 85
点儿 / 85
垫背 / 85
点儿背 / 85
颠荡 / 85
点儿低 / 85
颠儿颠儿 / 86
掂对 / 86
点火就着 / 86
惦记 / 86
点脊梁骨 / 86
掂配 / 86
电三马儿 / 86
点痦子 / 86
电匣子 / 86
点心 / 86
点子 / 86
掉 / 87
鸹角儿 / 87
掉脸儿 / 87
掉链子 / 87
调么 / 87
吊钱儿 / 87
吊死鬼(儿) / 87
吊汤 / 87
掉闸 / 87
掉渣儿 / 87

盯 / 88
顶 / 88
顶 / 88
顶 / 88
顶 / 88
顶不济 / 88
叮当五六 / 88
丁点儿 / 89
盯…点儿的 / 89
顶对 / 89
顶盖肥 / 89
定规 / 89
定规 / 89
顶花儿带刺儿 / 89
顶碱 / 89
定量 / 89
丁零当郎 / 89
顶门儿 / 90
顶门立户 / 90
顶饻 / 90
顶天立地 / 90
顶药 / 90
订桌 / 90
冬底下 / 90
动劲儿 / 90
懂局 / 91
冬煤 / 91
懂眼 / 91

东一榔头西一杠子 /91
动真格的 /91
逗 /91
豆瓣儿绿 /91
逗哏(儿) /91
逗咳嗽 /91
抖愣 /92
豆箅儿 /92
抖落 /92
抖落手 /92
逗闷子 /92
抖勺 /92
堵 /93
堵 /93
独单 /93
嘟嘟 /93
嘟嘟车 /93
嘟噜脸 /93
独门独户 /93
肚囊子 /93
肚脐锁 /93
堵心丸 /93
独一份儿 /93
端 /94
端 /94
段儿 /94
断不了 /94
断道儿 /94

端斗儿 /94
断流儿 /94
断烟火 /94
躲心静儿 /94
鎚 /95
兑 /95
对靶子 /95
对茬儿 /95
对付 /95
对钩儿 /95
堆乎 /95
对口儿 /96
对头儿 /96
墩 /96
蹲 /96
蹲 /96
蹲肚 /96
蹲票 /96
墩儿上 /96
炖水 /96
多半拉 /96
躲开 /96
多前儿 /96
躲清闲 /97
多手(儿) /97
多说少道 /97
多晚儿 /97
剁小人 /97

多余 /97　　　　　　多咱 /97

E

二巴巴 /101　　　　　耳捆子 /103
二八大梁 /101　　　　二乎 /103
二把刀 /101　　　　　二乎头 /103
二百五 /101　　　　　耳会 /103
二不愣 /101　　　　　二荤铺 /103
二不愣子 /101　　　　二进宫 /103
二大袄 /102　　　　　二毛子 /103
儿大不由爷 /102　　　二米 /103
二道手儿 /102　　　　二皮脸 /103
二等 /102　　　　　　二五眼 /103
耳底子 /102　　　　　二性子 /103
耳朵 /102　　　　　　二盐 /104
耳朵底子 /102　　　　二一 /104
耳朵根子 /102　　　　二尾儿 /104
二个 /102　　　　　　二尾子 /104
耳根子软 /103

F

法儿 /107　　　　　　发横财 /107
发憷 /107　　　　　　发坏 /107

发紧 / 107	犯恶 / 110
发小儿 / 107	翻心 / 110
发性 / 107	犯性 / 110
翻 / 107	犯瘾 / 110
翻儿 / 108	饭辙 / 111
范儿 / 108	犯嘴 / 111
反把 / 108	妨 / 111
犯病儿 / 108	房产地业 / 111
犯愣 / 108	房倒屋塌 / 111
翻呲 / 108	访访 / 111
犯歹 / 108	放话 / 111
犯嘀咕 / 108	方前左右 / 111
饭点儿 / 109	房头儿 / 112
犯豆子 / 109	放一马 / 112
犯风 / 109	放鹰 / 112
犯肝气 / 109	防震棚 / 112
翻过来掉过去 / 109	飞 / 112
翻江 / 109	沸 / 112
翻坑 / 109	废 / 112
饭门 / 109	飞花 / 112
烦门子 / 109	肥年 / 112
翻篇儿 / 109	肥瘦儿 / 112
翻丘 / 110	肥田粉 / 112
烦人 / 110	飞帖打网 / 113
凡人不理 / 110	废铜烂铁 / 113
烦人托窍 / 110	肥头大耳 / 113
犯傻 / 110	费唾沫 / 113
犯态度 / 110	废物 / 113

废物蛋 / 113
废物点心 / 113
废物鸡 / 113
费眼 / 113
粉 / 113
分份儿 / 114
奋丘 / 114
逢年过节 / 114
风丝儿 / 114
封鞋 / 114

佛心儿 / 114
呋哧 / 114
浮囊 / 114
浮皮 / 114
浮皮蹭痒 / 114
浮皮潦草 / 115
浮色 / 115
浮头儿 / 115
浮焉(儿) / 115

G

嘎儿 / 119
乍 / 119
嘎巴 / 119
锅巴菜 / 119
嘎巴铁叶 / 119
嘎嘣脆 / 119
疙瘩 / 120
疙瘩襻儿 / 120
疙瘩汤 / 120
疙瘩头 / 120
嘎嘎 / 120
尜儿尜儿汤 / 120
尜尜天 / 120
嘎咕 / 120

旮旯儿 / 120
蛤蜊牛儿 / 121
疙头 / 121
嘎杂子 / 121
嘎子 / 121
盖板儿 / 121
改词儿 / 121
改口儿 / 121
改人 / 121
盖儿头 / 121
改性 / 121
该着 / 122
干 / 122
赶等 / 122

赶点儿 /122	隔辈(儿) /125
干烙儿 /122	个别 /125
赶落 /122	胳膊肘儿往外扭 /125
干嘛吆喝嘛 /122	搁不住 /125
赶门儿去 /123	个儿顶个儿 /126
擀面棍儿 /123	个个 /126
敢情 /123	个个(儿) /126
泔水筲 /123	个个儿 /126
干噎 /123	咯叽 /126
干杂样儿 /123	格局 /126
赶早不赶晚(儿) /123	硌楞 /126
敢则 /123	格楞蹦子 /126
赶嘴 /124	隔路 /127
港 /124	硌扭儿 /127
钢板儿 /124	隔三差五 /127
缸靠(儿) /124	格涩 /127
杠头 /124	各是各码 /127
刚头儿 /124	个数月 /127
罡着 /124	搁其末末 /127
高 /124	硌窝儿 /127
搞扯 /124	隔心 /127
高低 /124	硌硬 /128
糕干 /124	个月期程 /128
高丽棒子 /125	胳肢 /128
高买 /125	给 /128
搁 /125	给面儿 /128
哥儿 /125	根 /128
个半 /125	艮 /128

哏儿 / 128
嗝儿屁 / 129
嗝儿屁朝凉 / 129
跟上溜儿 / 129
跟手儿 / 129
哏硬 / 129
工夫 / 129
公共 / 130
拱火(儿) / 130
公母俩 / 130
工钱 / 130
够板 / 130
够哥们儿 / 130
狗拿耗子 / 130
狗尿苔 / 130
狗爬 / 130
狗刨儿 / 130
狗碰头 / 130
狗骑兔子 / 131
够戗 / 131
勾腮帮子 / 131
狗食 / 131
狗食馆儿 / 131
狗眼看人低 / 131
够揍儿 / 131
咕 / 132
箍棒槌 / 132
鼓捣 / 132

古董玩器 / 132
咕嘟 / 132
骨朵 / 132
骨节儿 / 132
孤老户(儿) / 133
骨立 / 133
骨碌儿 / 133
轱辘马 / 133
鼓囊 / 133
鼓求 / 133
骨头节儿 / 133
固甬 / 133
挂 / 133
挂不住 / 133
寡妇门前是非多 / 133
寡妇失业 / 134
瓜果梨桃 / 134
呱嗒 / 134
挂脚一将 / 134
刮剌 / 134
挂脸(儿) / 134
挂相(儿) / 134
褂罩儿 / 134
掴打 / 135
拐弯儿 / 135
拐子 / 135
管 / 135
灌 / 135

管饱 / 135
管不着 / 135
官的 / 135
灌缝儿 / 136
管够 / 136
官面儿 / 136
关钱 / 136
逛荡 / 136
光棍儿酒 / 136
光棍儿面 / 136
光屁溜儿 / 136
光眼子 / 136
鬼 / 136
贵宝地 / 137
鬼秤 / 137
鬼龇牙 / 137
鬼打墙 / 137
归了包堆 / 137
鬼难拿 / 137
归齐 / 137
滚刀块儿 / 137
滚刀肉 / 137
滚开 / 138
过 / 138
过 / 138
过 / 138
过(儿) / 138
锅炮鱼 / 138

馃箅儿 / 138
过处 / 138
过风(儿) / 138
过过 / 139
过话 / 139
锅伙 / 139
过季 / 139
过家家儿 / 139
过嫁妆 / 139
过节儿 / 139
过劲儿 / 139
锅里吃锅里拉 / 140
过门子 / 140
果藕 / 140
锅盆碗灶 / 140
锅腔子 / 140
过去 / 140
果仁儿 / 140
锅是铁打的 / 140
过水 / 140
过帖儿 / 140
馃头儿 / 140
锅碗(儿)瓢盆(儿) / 141
过油 / 141
果(儿)油 / 141
锅子 / 141
馃子 / 141

H

哈 / 145
哈巴儿 / 145
哈巴腿儿 / 145
哈哈儿 / 145
哈喇子 / 145
蛤蟆秧子 / 145
海 / 145
害孩子 / 145
害口 / 145
海下 / 146
顸 / 146
顸脸皮厚 / 146
寒气 / 146
行 / 146
行道儿 / 146
行子 / 146
薅 / 146
耗 / 146
好吃好喝好待承 / 146
好歹二三 / 146
耗点儿 / 147
好利索 / 147
好脸儿 / 147

好么 / 147
好么眼儿 / 147
好鸟(儿) / 147
嚎丧 / 147
好事头 / 147
好说好道 / 147
好死不如赖活着 / 147
好这口儿 / 148
耗子 / 148
河坝 / 148
喝大酒 / 148
豁个儿 / 148
河海两鲜 / 148
喝居 / 148
豁裂捣撒子 / 148
河漂子 / 148
喝破烂儿 / 148
核桃酥 / 149
豁腾 / 149
喝五吆六 / 149
喝药 / 149
合着 / 149
合子 / 149

黑灯影儿	/149	后晌儿	/152
黑儿唬	/149	厚实	/152
黑晌儿	/150	后臼子	/152
黑下	/150	厚子	/152
恨人	/150	乎	/152
横	/150	胡儿	/152
横插一杠子	/150	胡巴拉臭	/153
哼哼	/150	胡不拉	/153
横是	/150	胡吃海塞	/153
横丝肉	/150	胡吃闷睡	/153
横躺竖卧	/150	胡臭儿	/153
红果儿	/150	呼打	/153
哄哄	/150	胡混	/153
红口白牙	/150	乎拉	/153
红脸儿	/151	胡拉天儿	/153
哄弄	/151	糊了倒账	/154
红头涨脸	/151	胡擂	/154
红眼儿	/151	糊里八提	/154
齁儿	/151	胡噜	/154
猴儿	/151	胡噜	/154
猴儿	/151	囫囵个儿	/154
后脖梗子	/151	胡弄局儿	/154
后槽牙	/151	护食	/155
后戳儿	/151	虎势	/155
后脊梁	/152	壶套	/155
后脸儿	/152	胡天儿	/155
后脑海	/152	忽悠	/155
后脑勺儿	/152	唬着	/155

目录

胡诌白咧 / 155
糊嘴 / 155
胡作 / 155
滑呲溜 / 155
话茬儿 / 155
话长 / 156
话赶话 / 156
花糕 / 156
花花肠子 / 156
花活 / 156
划价儿 / 156
划拉 / 156
话痨 / 157
话里话外 / 157
花脸儿 / 157
画龙 / 157
花面糖色 / 157
花案儿 / 157
滑石猴儿 / 157
话匣子 / 157
花眼 / 158
花子根儿 / 158
怀 / 158
怀抱(儿) / 158
坏水儿 / 158
欢实 / 158
谎 / 158
黄花菜 / 158

晃晃儿 / 158
皇会 / 158
黄梨 / 159
黄鼠狼单咬病鸭子 / 159
晃虾 / 159
荒馅儿 / 159
慌信儿 / 159
毁 / 159
毁 / 159
囗儿 / 159
会过 / 160
回过神儿 / 160
会会 / 160
会来事儿 / 160
回手 / 160
回四 / 160
回头 / 160
灰头土脸 / 160
回碗儿 / 160
混 / 161
混 / 161
混吃等死 / 161
混混儿 / 161
混论 / 161
混球儿 / 161
浑身打浑身 / 161
混星子 / 161
货 / 162

火	/162	火钩子	/163
活报儿	/162	活流儿	/163
火爆	/162	火烧连营	/163
活蹦乱跳	/162	火柿子	/163
和大泥	/162	活受儿	/163
伙单	/162	祸头	/163
活该	/162	活物儿	/163
活话(儿)	/163	伙友儿	/164
祸祸	/163	活鱼摔死卖	/164

J

济	/167	鸡尖	/169
迹	/167	犄角	/169
几儿	/167	犄角旮旯儿	/169
急不得恼不得	/167	蒺藜狗子	/169
急茬儿	/167	激凌	/169
鸡吵鹅斗	/167	鸡零狗碎	/169
急赤白脸	/167	急脾怪脸	/169
记吃不记打	/168	急眼	/169
挤对	/168	饥一顿饱一顿	/169
叽咕	/168	鸡一嘴鸭一嘴	/170
挤咕眼儿	/168	鸡子儿	/170
激火儿	/168	夹	/170
挤挤插插	/168	架不住	/170
叽叽嗦嗦	/168	家长里短	/170

家大人 /170	见干见湿 /173
夹个儿 /170	贱骨肉儿 /173
夹股道儿 /170	见好(儿)就收 /174
家来 /170	见棱见角儿 /174
家里的 /171	间量 /174
家里外头 /171	捡漏儿 /174
假门假氏 /171	见数儿 /174
家门口子 /171	尖头 /174
架弄 /171	捡洋落儿 /174
家雀儿 /171	简直 /174
家去 /172	尖嘴猴(儿)腮 /174
家势 /172	将 /174
架势 /172	糨 /174
架弦儿 /172	讲本图利 /175
加小心 /172	讲话(儿) /175
架眼儿 /172	酱货 /175
架秧子 /172	将就材料 /175
加载儿 /172	讲面儿 /175
假装疯魔 /172	浆子 /175
夹子 /172	江米藕 /175
家走 /173	嚼 /175
家做(儿) /173	叫板 /175
尖 /173	较比 /176
见 /173	觉病儿 /176
煎饼馃子 /173	脚脖子 /176
尖馋 /173	叫呲 /176
煎炒烹炸 /173	脚蹬子 /176
简单截说 /173	脚垫 /176

脚豆儿 /176
嚼耳朵根(儿) /176
嚼个儿 /176
嚼钩儿 /176
搅和 /176
搅理儿 /177
交料 /177
觉闷 /177
胶皮 /177
叫起儿 /177
嚼情 /177
嚼舌头根儿 /177
脚丫子 /177
叫早儿 /178
较真儿 /178
觉知 /178
截 /178
结 /178
解 /178
姐儿 /178
揭不开锅 /178
芥菜疙瘩 /178
接茬儿 /179
接长不短 /179
劫道儿 /179
节骨眼儿 /179
结结实实 /179
借酒撒疯 /179

揭老底儿 /179
解腻歪 /179
接土 /179
接下茬儿 /179
裤子 /180
劲儿 /180
紧巴 /180
劲道 /180
尽管 /180
紧乎 /180
近乎 /180
劲儿劲儿的 /180
进人 /181
进人添口 /181
今儿 /181
今儿个 /181
进去 /181
禁鱉 /181
紧着 /181
精 /181
精 /181
景 /182
京糕 /182
精气(儿) /182
精气神儿 /182
经心 /182
净心 /182
勼 /182

目录

就 /182
揪巴 /182
就地 /182
就合 /182
酒劲儿 /183
揪揪 /183
就内儿 /183
就坡(儿)下驴 /183
就着 /183
拘 /183
聚聚 /183

局气 /184
卷 /184
卷 /184
圈 /184
卷包(儿)烩 /184
卷边(儿) /184
卷圈儿 /185
卷子 /185
绝 /185
撅 /185

K

坷垃 /189
开 /189
开 /189
开 /189
开锅烂 /189
开面儿 /189
开瓢儿 /190
开市 /190
开涮 /190
开溜 /190
开气儿 /190
开膛 /190

开通 /190
开洼 /190
开戏 /191
开药方儿 /191
砍 /191
看扁 /191
看不过眼儿 /191
看不上眼(儿) /191
看得过眼儿 /191
看瓜 /192
看哈哈 /192
砍价 /192

看家护院 / 192
看进去 / 192
看热闹 / 192
看人下菜碟儿 / 192
看上眼(儿) / 192
看摊儿 / 192
看香 / 193
看嘴 / 193
扛 / 193
扛大个儿 / 193
炕单子 / 193
扛刀 / 193
扛时候 / 194
炕围子 / 194
炕沿(儿) / 194
靠 / 194
靠儿 / 194
靠谱(儿) / 194
靠前儿 / 194
靠人儿 / 194
刻 / 194
可 / 195
磕巴 / 195
磕打 / 195
磕打牙 / 195
可钉可铆 / 195
克夫 / 195
可好 / 195

磕灰 / 195
可交 / 196
可看 / 196
磕碰儿 / 196
可人心 / 196
可身(儿) / 196
可算 / 196
可惜了儿 / 196
磕响头 / 196
剋 / 196
□ / 196
啃 / 196
褃节儿 / 197
吭哧瘪肚 / 197
坑蒙拐骗 / 197
空手儿 / 197
空手套白狼 / 197
孔眼儿 / 197
口儿 / 197
口刀 / 198
扣痂儿 / 198
口干舌燥 / 198
口冷 / 198
抠门儿 / 198
扣屎盆子 / 198
口条儿 / 198
口头福 / 198
眍眼儿 / 198

扣眼儿 /199
口壮 /199
口子 /199
苦 /199
苦 /199
苦大累 /199
裤兜子 /199
裤褂儿 /199
裤腰带 /199
哭着喊着 /199
侉 /199
挎 /200

侉捯饬 /200
胯骨轴儿 /200
跨栏儿背心 /200
抠 /200
抠 /200
块儿 /200
块儿 /200
宽 /200
宽 /200
亏了 /201
捆人 /201
阔 /201

L

拉巴 /205
腊八(儿)醋 /205
啦巴叽 /205
拉抽屉 /205
啦呱唧 /205
拉忽 /206
落空 /206
落落 /206
辣死杠儿 /206
邋遢三儿 /206
拉晚儿 /206

拉小绊儿 /206
拉主顾(儿) /206
来 /206
撖 /206
癞 /206
赖巴 /206
赖词儿 /207
赖歹 /207
来劲儿 /207
赖皮脸 /207
来气 /207

来事儿 / 207
懒蛋 / 207
蓝靛纸 / 207
兰花豆儿 / 207
懒龙 / 207
蓝眼 / 208
浪 / 208
啷当 / 208
浪荡子儿 / 208
狼牙狗啃 / 208
落 / 208
落 / 208
老八板儿 / 208
老帮子 / 209
落包涵 / 209
老绷 / 209
老鼻子 / 209
烙饼 / 209
落草儿 / 209
落单儿 / 209
落道 / 209
落道帮子 / 210
老的儿 / 210
落地 / 210
落地砸坑儿 / 210
老底儿 / 210
老掉渣儿 / 210
老疙瘩 / 210

老赶 / 210
落挂 / 210
老寒腿 / 211
落好儿 / 211
老鹤 / 211
老虎褡裢 / 211
老虎豆儿 / 211
老几位 / 211
老家贼 / 211
老街旧邻 / 211
落开儿 / 211
老客儿 / 211
姥姥不疼舅舅不爱 / 212
老脸 / 212
老妈儿上炕 / 212
老么 / 212
捞面 / 212
老俄 / 212
老蔫儿 / 212
落魄 / 212
老钱 / 212
落钱 / 213
落忍 / 213
老少爷们儿 / 213
老时候 / 213
老世年间 / 213
老呔儿 / 213
老头儿钻被窝 / 213

目录

老土 / 213
老西儿 / 214
老喜丧 / 214
老小子 / 214
老腌儿 / 214
老谣 / 214
老爷们儿 / 214
落渣 / 214
老丈人 / 214
落着 / 214
落桌 / 214
了吧唧 / 214
乐和 / 215
乐子 / 215
勒裤腰带 / 215
累累巴巴 / 215
肋排 / 215
勒着 / 215
棱 / 215
棱 / 215
愣 / 216
愣巴噌 / 216
冷不丁 / 216
冷不怔 / 216
愣神儿 / 216
愣头儿青 / 216
棱子 / 216
力巴 / 216

篱笆灯 / 216
立大顶 / 217
理当应分 / 217
离激 / 217
离溜歪斜 / 217
立立着 / 217
立马儿 / 217
利索 / 217
里外间 / 218
鲤鱼打挺 / 218
俩味儿 / 218
俩眼一抹黑 / 218
怜巴 / 218
脸(儿)对脸(儿) / 218
敛巴 / 218
脸巴骨儿 / 218
连笔字 / 219
连二桌子 / 219
联房 / 219
练家子 / 219
练块儿 / 219
恋群儿 / 219
连三桌子 / 219
脸涩 / 219
脸上贴金 / 219
连市 / 219
连手 / 219
连雨天 / 220

脸子 / 220
量 / 220
量 / 220
亮儿 / 220
两把刷子 / 220
两半儿 / 220
两笔抹儿 / 220
凉果 / 220
亮轿 / 220
两肋插刀 / 220
两面儿发 / 221
两拿着 / 221
凉渗 / 221
两说着 / 221
晾台 / 221
两头儿沉 / 221
两头儿堵 / 221
两响 / 221
晾桌 / 222
撩 / 222
蹽 / 222
瞭 / 222
聊 / 222
尥 / 222
撂 / 222
撂地砸坑儿 / 222
瞭高(儿) / 222
撂旱地儿 / 223

撂话 / 223
撂跤 / 223
了事 / 223
聊闲天儿 / 223
捯 / 223
咧 / 223
裂 / 223
睩 / 224
捩 / 224
咧儿 / 224
咧咧 / 224
裂心 / 224
冽子 / 224
临建 / 224
檩子 / 225
零 / 225
凌 / 225
铃铛果儿 / 225
另过 / 225
领静 / 225
零票儿 / 225
零碎儿 / 225
灵子 / 225
零嘴儿 / 225
溜(儿) / 226
溜 / 226
溜缝儿 / 226
六够 / 226

目录

溜号儿 /226
溜乎 /226
溜沟子舔眼子 /226
溜溜儿 /226
遛马路 /226
镏子 /227
拢 /227
笼 /227
拢对儿 /227
龙凤胎 /227
䁖 /227
娄 /227
漏儿 /227
漏空 /228
露怯 /228
䁖盼 /228
露相 /228
露一鼻子 /228
楼子 /228
篓子 /228

撸 /228
卤 /228
鲁 /228
炉灰渣子 /228
路子贼 /229
乱乎 /229
乱七大八糟 /229
抡 /229
论 /229
抡圆了 /229
捋 /229
□打 /229
罗锅儿上山 /229
捋合 /230
摞摞缸 /230
锣齐鼓不齐 /230
骆驼鞍儿 /230
捋 /230
绿豆碗 /230

M

抹 /233
码 /233
嘛 /233
麻秆儿 /233

骂海街 /233
马猴儿 /234
麻花儿 /234
骂街倒巷 /234

麻筋儿 / 234	满嘴食火 / 237
麻精子 / 234	忙叨 / 237
麻利 / 234	忙三火四 / 238
妈妈例儿 / 234	摸 / 238
码儿密 / 234	毛 / 238
马前三刀(儿) / 234	毛儿 / 238
麻团凉果 / 235	毛儿八七 / 238
嘛玩意儿 / 235	毛包儿 / 238
抹下脸(儿) / 235	摸不透 / 238
骂闲街 / 235	摸不着 / 238
马须菜 / 235	帽翅儿 / 239
麻眼儿 / 235	猫盖屎(儿) / 239
蚂蚱 / 235	毛儿干爪儿净 / 239
蚂蚱蝻儿 / 235	毛咕 / 239
蚂蚱眼儿 / 236	毛号儿 / 239
麻爪儿 / 236	毛活 / 239
卖报儿 / 236	毛儿嫩 / 239
迈火 / 236	猫儿腻 / 239
卖撇 / 236	毛儿肉 / 240
卖缺宝儿 / 236	冒傻气 / 240
卖挑 / 236	摸索 / 240
卖野药(儿) / 236	摸透 / 240
满 / 237	毛腰 / 240
颠顶头 / 237	摸着 / 240
满脸花 / 237	猫抓心 / 240
满拧 / 237	没 / 240
满盘 / 237	没 / 240
满完 / 237	美 / 240
满眼儿 / 237	没白天带黑夜 / 240

没鼻子没脸 / 240
没边儿 / 241
没边(儿)没沿(儿) / 241
没病找病 / 241
美不滋儿 / 241
煤铲儿 / 241
煤场 / 241
没处躲没处藏 / 241
没出息 / 241
没倒没正 / 241
没底 / 241
没点儿 / 241
没断 / 242
没对儿 / 242
没稿子 / 242
没根 / 242
没够 / 242
没话找话 / 242
没好气儿 / 242
煤黑子 / 242
没魂儿 / 242
没劲 / 243
煤茧儿 / 243
没门儿 / 243
没囊没气 / 243
没气儿 / 243
梅汤 / 243
眉头子 / 243
没味儿 / 243

没戏 / 243
没辙 / 244
没影八踪 / 244
没有 / 244
没正形(儿) / 244
没治 / 244
没咒(儿)念 / 244
没抓没挠 / 244
闷儿 / 244
门报儿 / 245
焖饼 / 245
门灯 / 245
闷得儿密 / 245
闷罐儿车 / 245
闷葫芦 / 245
门槛儿 / 245
闷口 / 245
闷了头(儿) / 245
门脸儿 / 246
门儿清 / 246
闷头儿 / 246
门头儿 / 246
闷子 / 246
蒙 / 246
猛咕丁 / 246
蒙事 / 247
蒙头盖脸 / 247
迷 / 247
眯 / 247

蜜供 /247
迷离马虎 /247
迷迷瞪瞪 /247
绵 /248
勉 /248
面 /248
面儿 /248
面茶 /248
面的 /248
棉花套子 /248
面嫩 /248
面汤 /248
藐 /248
明儿个 /249
明火 /249
明镜儿 /249
明面(儿) /249
命硬 /249
抹 /249

磨 /249
模儿 /249
摩登 /249
莫怪 /250
抹黑 /250
磨叽 /250
磨裤裆 /250
磨磨 /250
磨磨答答 /250
磨头 /250
磨牙 /250
抹眼泪(儿) /250
磨砖对缝 /251
磨嘴皮子 /251
木 /251
模糊儿 /251
墓生儿 /251
□牙佬儿 /251

N

拿 /255
拿 /255
哪辈子 /255
拿不出手 /255
哪道 /255

哪儿到哪儿 /255
拿分 /255
哪壶不开提哪壶 /256
拿龙 /256
哪门子 /256

纳摸 / 256	暗楼儿 / 259
哪(儿)哪(儿) / 256	攮 / 259
拿捏 / 256	囊膪 / 259
拿起来 / 256	熬鳔 / 259
拿人 / 256	闹翻 / 260
哪(儿)说哪(儿)了 / 256	脑仁儿 / 260
那晚儿 / 257	闹丧 / 260
拿下 / 257	闹腾 / 260
哪儿也不是哪儿 / 257	闹天儿 / 260
拿一把(儿) / 257	熬心 / 260
腌臜 / 257	闹心 / 260
拿着不是当理说 / 257	熬鹰 / 260
爱…不… / 257	闹砸(儿) / 260
爱财 / 257	闹乍毛子 / 261
挨个儿 / 258	挠子 / 261
爱美 / 258	讹人 / 261
碍难 / 258	泞 / 261
挨排儿 / 258	脓包 / 261
挨千刀的 / 258	能不够儿 / 261
爱人(儿) / 258	能耐梗 / 261
奶声奶气 / 258	腻 / 261
奶味儿 / 258	您了 / 261
爱物儿 / 258	腻歪 / 261
耐心烦儿 / 259	蔫 / 262
南边(儿) / 259	捼 / 262
暗气暗憋 / 259	蹑 / 262
暗含 / 259	蔫巴溜儿 / 262
暗冷 / 259	年根儿底下 / 262

蔫拱 / 262
黏糊 / 262
蔫坏损 / 262
蔫蔫嘎嘎 / 263
念山音 / 263
念声 / 263
黏手 / 263
念叨 / 263
年时个 / 263
蔫土匪 / 263
年味儿 / 263
念想儿 / 264
黏粥 / 264
蔫主意 / 264
娘(儿)们儿 / 264
尿 / 264

鸟儿 / 264
尿裤 / 264
鸟食罐儿 / 264
捏鼻子 / 265
茶嘟 / 265
捏窝儿窝儿 / 265
捏闸 / 265
拧 / 265
拧门撬锁 / 265
牛 / 265
扭扭搭搭 / 265
怄 / 265
瓯子 / 266
挪骚窝儿 / 266
挪位 / 266

❖ P ❖

爬呲 / 269
趴虎儿 / 269
趴架 / 269
扒拉 / 269
帕司 / 269
爬头儿钉 / 269
爬围 / 269
趴窝 / 269

拍 / 270
排 / 270
派儿 / 270
排个儿 / 270
拍呱儿 / 270
拍老腔儿 / 270
牌手儿 / 270
盘川 / 270

盘道 / 270
盘头 / 271
膀 / 271
旁不相干 / 271
胖胖达达 / 271
泡 / 271
泡 / 271
跑合儿 / 271
跑了和尚跑不了庙 / 271
跑偏 / 272
刨外 / 272
泡澡 / 272
泡子 / 272
陪 / 272
配 / 272
盆朝天碗朝地 / 272
盆干碗净 / 272
盆(儿)糕 / 272
捧臭脚 / 273
碰瓷儿 / 273
□怕 / 273
棚铺 / 273
碰心气儿 / 273
撇 / 273
屁 / 273
批八字儿 / 273
屁颠儿屁颠儿 / 273
屁股蛋子 / 274

屁股蹲儿 / 274
屁股帘儿 / 274
屁篓子 / 274
屁泥 / 274
琵琶虾 / 274
屁屁 / 274
屁屁蛋 / 274
屁轻 / 274
皮条 / 275
屁眼儿 / 275
□ / 275
谝 / 275
偏单 / 275
片儿汤 / 275
飘 / 275
票贩子 / 275
撒家舍业 / 275
撒子 / 275
贫 / 276
聘闺女 / 276
贫嘴呱舌 / 276
凭白 / 276
凭嘛 / 276
平米 / 276
平摊 / 276
平淌 / 276
破罐熬好罐 / 276
破鼓乱人捶 / 277

破谜儿 / 277
婆婆奶奶 / 277
破铜烂铁 / 277
破鞋 / 277

铺持 / 277
扑拉 / 277
扑腾 / 277
铺眼儿 / 278

Q

欺 / 281
起 / 281
起儿 / 281
戚鼻子 / 281
气不忿儿 / 281
七大姑八大姨 / 281
齐打呼 / 282
气肚子 / 282
七个不含糊，八个不在乎 / 282
起根儿立地 / 282
起鼓儿 / 282
起哄架秧 / 282
齐活 / 282
起火儿 / 282
起急 / 282
起开 / 283
起来 / 283
起灵 / 283
骑马蹲裆 / 283

气迷心 / 283
起腻 / 283
蹊跷 / 283
气人有笑人无 / 283
气死 / 283
起五更 / 284
起子 / 284
欺宗灭祖 / 284
欺祖 / 284
掐 / 284
掐儿 / 284
掐点儿 / 284
掐架 / 284
掐量 / 284
恰捏 / 284
掐腰 / 285
卡子口儿 / 285
欠 / 285
前儿 / 285

千层饼 / 285
前后眼 / 285
钱紧 / 285
前脸儿 / 285
前心贴后心 / 286
牵着不走,打着倒退 / 286
戗 / 286
锵 / 286
戗 / 286
呛鼻子 / 286
呛火 / 286
抢话 / 286
强量 / 286
戗毛儿 / 287
抢男霸女 / 287
呛呛 / 287
墙围子 / 287
抢眼 / 287
抢嘴 / 287
俏 / 287
桥帮 / 287
敲铲子 / 287
敲打 / 287
俏档儿 / 288
撬行 / 288
瞧好(儿) / 288
撬话 / 288
翘棱 / 288

雀蒙眼 / 288
悄没声儿 / 288
巧使唤人 / 288
俏头儿 / 289
雀子 / 289
瞧嘴 / 289
戚 / 289
□ / 289
且 / 289
怯 / 289
切糕 / 289
亲的热的 / 289
勤行 / 289
勤谨 / 290
亲戚里道 / 290
亲叔伯 / 290
擎 / 290
亲 / 290
擎好(儿) / 290
青果 / 290
青酱 / 290
青麻叶 / 290
青苗(儿)蒜 / 291
轻省 / 291
清汤寡水 / 291
擎现成 / 291
青性子 / 291
轻易 / 291

"哏儿都"说哏儿话——天津话这么说

清一水儿 / 291	取灯儿 / 293
穷 / 291	去根儿 / 293
穷大手 / 291	苣荬菜 / 293
穷横 / 292	蛐蛐儿 / 294
穷家富路 / 292	去去 / 294
穷气 / 292	全合人(儿) / 294
穷人乍富 / 292	全科 / 294
穷式 / 292	全须全尾儿 / 294
糗 / 292	缺 / 294
囚闷 / 292	缺宝儿 / 294
秋傻子 / 293	缺德带冒烟儿 / 294
求爷爷告奶奶 / 293	缺觉 / 294
去 / 293	缺心眼儿 / 294
去 / 293	缺嘴儿 / 295
去薄 / 293	

R

染一水 / 299	惹惹 / 300
饶 / 299	热窑 / 300
饶 / 299	人吃马喂 / 300
绕脖子 / 299	认倒霉 / 300
绕麻儿 / 299	人灯 / 300
绕世界 / 299	人多打瞎乱 / 300
热火罐儿 / 300	人高马大 / 300
惹篓子 / 300	仁果儿 / 301

任嘛 / 301
认门儿 / 301
人命官司 / 301
人模狗样(儿) / 301
认便宜 / 301
人气儿 / 301
认死扣儿 / 301
人头儿 / 301
人物 / 301
人五人六(儿) / 302
人性 / 302
仁义 / 302
䚲 / 302

肉 / 302
肉墩子 / 302
肉滚儿 / 302
肉烂嘴不烂 / 302
肉埋饭里 / 302
肉头 / 303
肉头 / 303
肉头儿 / 303
肉眼凡胎 / 303
擩 / 303
软的欺负硬的怕 / 303
软钉子 / 303
软硬不吃 / 303

S

仨饱俩倒儿 / 307
撒搭 / 307
撒大泼 / 307
仨瓜俩枣儿 / 307
撒欢儿 / 307
撒火儿 / 307
飒利 / 308
撒手闭眼 / 308
杀食 / 308
洒汤漏水 / 308

靸鞋 / 308
撒丫子 / 308
仨子儿俩子儿 / 308
撒嘴 / 308
塞 / 309
赛 / 309
塞打 / 309
塞牙 / 309
塞牙缝儿 / 309
散 / 309

三白 /309
三分钟热度 /310
三花脸 /310
三级跳坑 /310
散了 /310
三媒六证 /310
三缺一 /310
三尾巴腔子 /310
三只手 /311
搡 /311
嗓子眼儿 /311
扫房 /311
扫听 /311
杀 /311
傻 /311
傻巴儿 /311
纱绷子 /312
傻不错儿 /312
傻罐儿 /312
傻老婆等芥汉子 /312
傻帽儿 /312
□ /312
扇风耳 /312
闪腰 /312
山药豆儿 /312
山药豆子 /312
山芋 /312
闪着 /313

上不来 /313
上不来气儿 /313
上不来下不去 /313
上愁 /313
上顿儿 /313
上赶着 /313
上街 /313
上盖儿 /313
上货 /313
上火儿 /314
上脸(儿) /314
上亮子 /314
上论 /314
上气不接下气 /314
上手 /314
上台面 /314
上套儿 /314
上吐下泻 /314
晌午头儿 /315
上牙堂 /315
上眼 /315
上眼药 /315
伤众 /315
勺 /315
少 /315
稍 /315
少半拉 /315
烧包儿 /316

捎带脚儿 / 316	省油的灯 / 319
捎道 / 316	势 / 319
少的 / 316	时不时 / 319
烧高香 / 316	拾不起个儿 / 319
捎好儿 / 316	十叉儿 / 320
捎话 / 316	拾荏儿 / 320
少回身 / 316	时道 / 320
烧心 / 316	拾掇 / 320
捎信儿 / 317	是非 / 320
少爷羔子 / 317	十胡 / 320
舍脸 / 317	是会 / 320
设套儿 / 317	食火 / 320
谁跟谁 / 317	失觉 / 320
谁让 / 317	识举 / 320
神 / 317	屎壳郎 / 320
慎 / 317	拾乐儿 / 321
身大力不亏 / 317	失了慌张 / 321
神道 / 318	识路子 / 321
神经八道 / 318	实落 / 321
伸手牌儿 / 318	拾毛篮 / 321
神头鬼脸 / 318	拾起 / 321
身子骨儿 / 318	实受儿 / 321
生 / 318	事由儿 / 321
盛 / 318	事有事在 / 321
生瓜蛋子 / 319	守 / 322
剩货 / 319	手儿 / 322
生闷气 / 319	受病 / 322
生涩 / 319	收底儿 / 322

"哏儿都"说哏儿话——天津话这么说

手擀面 / 322
瘦高挑儿 / 322
瘦猴儿 / 322
受夹板儿气 / 322
守家在地 / 322
手巾把儿 / 323
熟梨糕 / 323
受抟摆 / 323
收买人心 / 323
手拿把攥 / 323
手黏 / 323
收破烂儿 / 323
受用 / 324
熟腾 / 324
瘦小枯干 / 324
数 / 324
数大村 / 324
熟脸(儿) / 324
输面儿 / 324
耍巴 / 324
刷白 / 324
耍单儿 / 324
耍胳膊根儿 / 325
耍骨骨丢 / 325
耍光棍儿 / 325
耍合 / 325
耍横 / 325
耍花活 / 325

耍混 / 325
耍货儿 / 325
耍贱(儿) / 325
刷浆 / 325
耍酒疯 / 326
耍赖皮 / 326
耍钱 / 326
耍肉头阵 / 326
甩脆 / 326
摔打 / 326
甩货 / 326
甩脸子 / 326
帅气 / 326
甩手掌柜的 / 326
甩闲话 / 327
涮 / 327
栓套儿 / 327
拴娃娃 / 327
爽神 / 327
爽眼 / 327
双子 / 327
水 / 328
水饱儿 / 328
水过地皮湿 / 328
水溜儿 / 328
水萝卜 / 328
水门 / 328
水铺儿 / 328

46

髹 / 328	撕掳 / 332
顺溜儿 / 329	死马当活马治 / 332
顺毛驴儿 / 329	死眉塌眼 / 332
髹鸟 / 329	撕破脸(儿) / 332
顺坡儿下 / 329	死气白咧 / 332
顺听 / 329	死签儿 / 332
顺序 / 329	死性 / 332
说大天 / 329	死羊头 / 332
说道 / 329	死要面子活受罪 / 333
说了归齐 / 329	死砸 / 333
说媒拉纤儿 / 330	死猪不怕开水烫 / 333
说山 / 330	厮蛋包 / 333
说一千道一万 / 330	送路 / 333
说嘴儿 / 330	飕干儿 / 333
死 / 330	素净 / 333
厮巴 / 330	蒜苗 / 333
四白落地 / 330	随 / 333
四辈儿 / 330	随叫随到 / 334
四碟儿捞面 / 331	随礼 / 334
死过去 / 331	尿脖 / 334
私孩子 / 331	碎嘴子 / 334
肆横 / 331	损 / 334
死觉 / 331	孙男嫡女 / 334
死哨 / 331	损招儿 / 334
死理儿 / 331	孙伙计 / 334
四邻不靠 / 331	唢罗 / 334
四轮电 / 331	

T

溻 / 337
跋拉板儿 / 337
塌心 / 337
塌腰 / 337
呔儿 / 337
抬点儿 / 337
抬寡妇 / 337
胎孩 / 338
胎里带 / 338
台面(儿) / 338
抬面儿 / 338
抬色 / 338
抬头不见低头见 / 338
抬头纹 / 338
太爷 / 338
弹脑蹦(儿) / 338
痰气 / 338
弹球儿 / 339
弹弦子 / 339
趟 / 339
糖饼 / 339
汤布 / 339
蹚道儿 / 339

糖堆儿 / 339
糖瓜儿 / 339
堂客 / 340
糖棉花 / 340
糖皮儿 / 340
糖三角儿 / 340
搪时候 / 340
堂役 / 340
糖粘子 / 340
塘子 / 340
淘 / 340
掏 / 340
套 / 341
套白狼 / 341
逃反 / 341
套话 / 341
讨没脸 / 341
套牌 / 341
套圈儿 / 341
淘生 / 341
掏窝儿 / 342
掏心窝子 / 342
特儿喽 / 342

腾出手 / 342
替 / 342
踢蹬罐儿 / 342
踢里趿拉 / 342
提气 / 342
踢球打蛋儿 / 342
提色 / 342
剃头挑子一头热 / 343
提味儿 / 343
提匣 / 343
添 / 343
腆 / 343
甜棒 / 343
甜不罗嗦 / 343
添彩儿 / 343
天打雷劈 / 343
添堵 / 344
填缝儿 / 344
甜干儿 / 344
甜哥哥蜜姐姐 / 344
甜可人 / 344
天末天 / 344
添腌臜 / 344
天夕 / 344
甜咸儿 / 344
条儿 / 345
跳板 / 345
跳大神儿 / 345

条凳 / 345
挑费 / 345
跳河 / 345
挑花眼 / 345
跳坑 / 345
挑明 / 345
挑事儿 / 346
挑眼 / 346
笤帚疙瘩 / 346
铁 / 346
铁 / 346
铁 / 346
铁杆儿 / 346
铁哥们儿 / 346
铁雀儿 / 346
铁嘴 / 347
铁嘴钢牙 / 347
停 / 347
□ / 347
听窗户根儿 / 347
听话听音儿 / 347
听人劝吃饱饭 / 347
听说听道 / 347
挺脱 / 347
停嘴儿 / 348
童蛋子儿 / 348
捅肺管子 / 348
铜活 / 348

通脑儿 /348
通气儿 /348
捅钱 /348
头 /348
投 /348
头里 /349
头目人 /349
偷手 /349
头寿儿 /349
透膛 /349
透透 /349
头头脑脑(儿) /349
透心儿凉 /349
头直 /349
土不呛呛 /349
秃茬儿 /349
秃蛋 /350
土坷垃 /350
土老冒儿 /350
土里憋 /350
秃噜 /350
秃噜 /350

秃噜 /350
秃噜皮 /350
土箱子 /350
秃小子 /350
土腥味儿 /351
团 /351
团圆媳妇 /351
煺 /351
推饸饹床儿 /351
推牌九 /351
退身步儿 /351
腿腿 /351
腿腋子 /351
褪 /351
褪套儿 /352
脱 /352
托儿 /352
拖嗒 /352
托底 /352
拖家带口 /352
脱裤子放屁 /352
唾沫粘家雀儿 /352

W

哇 / 357
哇凉 / 357
娃娃大哥 / 357
袜楦儿 / 357
崴 / 357
捶 / 357
歪脖蜡 / 357
歪的邪的 / 357
歪瓜裂枣 / 358
外国鸡 / 358
外面儿 / 358
外头街 / 358
外宅儿 / 358
外找儿 / 358
剜 / 358
晚儿 / 358
晚不晌儿 / 358
玩儿蛋去 / 359
豌豆糕 / 359
玩儿花活 / 359
完活（儿） / 359
玩儿闹 / 359
玩儿去 / 359

晚晌儿 / 359
玩儿心 / 359
剜心眼儿 / 360
玩儿悬儿 / 360
玩意儿 / 360
弯子 / 360
王八头 / 360
忘脖子后头 / 360
王道 / 360
往后 / 360
往心里去 / 360
网眼眉 / 361
搣 / 361
微 / 361
味 / 361
味儿 / 361
味儿 / 361
围脖儿 / 361
为嘛须的 / 361
喂脑袋 / 361
偎窝子 / 361
卫嘴子 / 362
稳 / 362

文明结婚 /362	捂 /364
文明戏 /362	焐被 /365
稳拿 /362	无常 /365
窝 /362	五大仙 /365
窝 /362	无冬论夏 /365
挝 /362	乌豆 /365
窝儿 /363	捂汗 /365
窝儿 /363	五脊六兽 /365
卧 /363	无赖油 /366
窝巴 /363	屋里的 /366
窝脖儿 /363	乌菱 /366
饿嗝 /363	五迷三倒 /366
倭瓜 /363	乌七八黑 /366
卧果儿 /364	恶素 /366
窝眍 /364	梧桐柜 /366
窝里反 /364	乌涂 /366
窝气 /364	无心淡肠 /367
窝心 /364	乌眼儿青 /367
窝腰 /364	五脏俱全 /367
窝子 /364	捂着盖着 /367

稀的 /371	细高挑儿 /371
媳妇儿 /371	西葫 /371
细高个儿 /371	戏篓子 /371

目录

喜面 / 371
惜命 / 372
嬉磨 / 372
细皮白肉 / 372
吸热闹 / 372
稀松平常 / 372
细甜 / 372
西头 / 372
喜外 / 372
洗洗涮涮 / 373
喜信儿 / 373
喜兴 / 373
喜字(儿) / 373
瞎扒 / 373
瞎掰 / 373
下绊儿 / 373
瞎编 / 374
下边儿 / 374
下不来 / 374
下不来台 / 374
下厨 / 374
下得来 / 374
下顿儿 / 374
下街 / 374
虾干儿 / 374
瞎鬼 / 374
瞎胡闹 / 375
下火 / 375

瞎窟窿 / 375
下来 / 375
瞎咧咧 / 375
瞎猫碰上死耗子 / 375
瞎摸海 / 375
瞎目合眼 / 375
瞎蛾子 / 376
虾钱儿 / 376
吓人呼啦 / 376
下三烂 / 376
下水 / 376
瞎说八道 / 376
虾蚰子 / 376
下台阶儿 / 376
下套儿 / 376
下卫 / 376
下文 / 377
吓吓叽叽 / 377
瞎诌 / 377
瞎诌白咧 / 377
匣子 / 377
下子 / 377
弦儿 / 377
显摆 / 377
闲白儿 / 378
显鼻子显眼 / 378
馅儿饽饽 / 378
咸吃萝卜淡操心 / 378

现出锅(儿) / 378	绡 / 381
咸的淡的 / 378	小 / 381
线店 / 378	小八件儿 / 381
险点儿 / 378	小不点儿 / 381
咸饭 / 378	小菜儿一碟(儿) / 382
闲房 / 378	小大人儿 / 382
显怀 / 379	孝箍儿 / 382
鲜货 / 379	小伙计(儿) / 382
鲜火 / 379	小鸡儿 / 382
馅儿活(儿) / 379	小力巴 / 382
鲜灵 / 379	小绺 / 382
闲篇儿 / 379	孝帽子 / 382
闲七杂八 / 379	小门小户儿 / 383
献勤儿 / 379	小命(儿) / 383
现如今 / 379	笑模颌儿 / 383
先生 / 379	小拇弟 / 383
咸食 / 380	小拇哥 / 383
馅食 / 380	小跑儿 / 383
闲心 / 380	小屁孩儿 / 383
现原形 / 380	小气 / 383
闲在 / 380	消蹊儿 / 383
馅子货 / 380	小钱儿 / 383
降 / 380	小瞧 / 384
想开 / 380	小雀儿 / 384
向例 / 380	学舌 / 384
乡里乡亲 / 381	小事一段(儿) / 384
想起一出是一出 / 381	小踢打 / 384
相应 / 381	消停 / 384

小玩儿闹	/ 384	心累	/ 387
小虾米(儿)	/ 384	心里分	/ 387
小芯子	/ 384	心里过不去	/ 387
小性儿	/ 384	心(儿)里美	/ 387
消肿	/ 384	心忙	/ 387
小诸葛	/ 385	心腻	/ 387
孝子头	/ 385	心气儿	/ 388
小嘴叭叭	/ 385	信瓤儿	/ 388
楔	/ 385	寻人	/ 388
斜	/ 385	心说	/ 388
携	/ 385	心窝子	/ 388
谢顶	/ 385	寻宿儿	/ 388
歇过来	/ 385	信着	/ 388
邪乎	/ 385	兴词儿	/ 388
血糊肉烂	/ 385	行动作卧	/ 388
鞋坑儿	/ 385	醒盹儿	/ 388
蝎拉虎子	/ 386	醒过闷儿	/ 389
邪门儿	/ 386	醒过神儿	/ 389
鞋趿拉	/ 386	醒过味儿	/ 389
邪行	/ 386	腥乎(儿)	/ 389
卸载儿	/ 386	腥气烘烘	/ 389
寻	/ 386	惺惺	/ 389
新词儿	/ 386	熊蛋包	/ 389
心话儿	/ 386	兄弟媳妇	/ 389
心尖儿	/ 387	修好	/ 389
寻开心	/ 387	秀密	/ 389
心口窝儿	/ 387	嘘	/ 389
新来乍到	/ 387	絮	/ 390

许 / 390
续 / 390
嘘乎 / 390
虚乎眼(儿) / 390
虚头巴脑 / 390
悬 / 390
旋 / 390
暄和 / 390

雪花酪 / 391
学买卖 / 391
揎摸 / 391
靴头儿 / 391
靴掖子 / 391
熏 / 391
旬 / 391

Y

压把儿井 / 395
压茬 / 395
压分量 / 395
牙花子 / 395
丫头片子 / 395
压箱底儿 / 395
牙印儿 / 395
压桌碟儿 / 396
燕巴虎儿 / 396
眼巴前(儿) / 396
眼瞅 / 396
眼毒 / 396
眼观鼻子鼻子观眼 / 396
眼儿侯 / 396
腌浸 / 396

眼蓝 / 396
眼泪汪汪 / 396
眼力见儿 / 396
眼毛儿 / 397
眼眉 / 397
盐面儿 / 397
眼皮打架 / 397
眼气 / 397
眼神儿 / 397
言声儿 / 397
严实 / 397
眼时下 / 397
恹心 / 398
烟熏火燎 / 398
腌眼 / 398

目录

言语 /398	吆五喝六 /401
眼晕 /398	腰硬 /401
眼睁 /398	窑子 /401
眼珠子 /398	掖 /401
眼子 /398	噎 /402
仰巴跤(儿) /399	业 /402
仰脖(儿) /399	也别说 /402
扬风叫雪 /399	也不是 /402
洋鼓洋号 /399	也不说 /402
养汉 /399	噎嗝 /402
洋炉子 /399	夜儿个 /402
扬气 /399	夜猫子 /403
羊肉粥 /399	爷们儿 /403
羊汤 /399	爷们儿 /403
羊蝎子 /399	爷们儿 /403
痒痒肉(儿) /400	夜游子 /403
样子货 /400	业障 /403
咬 /400	一把 /403
腰叉子 /400	一把死拿 /403
幺蛾子 /400	一百一 /403
窑姐儿 /400	一帮一伙(儿) /403
咬劲儿 /400	一帮子 /404
要脸 /400	一报儿还一报儿 /404
要哪儿有哪儿 /400	一憋气儿 /404
要亲命 /401	一憋子 /404
咬秋(儿) /401	一车 /404
要说 /401	一程子 /404
药糖 /401	一担一挑儿 /404

57

"哏儿都"说哏儿话——天津话这么说

一点就透 / 404
一对一 / 404
一堆一块 / 405
一个 / 405
一个姑爷半个儿 / 405
一个模子扣出来 / 405
一根筋 / 405
一够 / 405
一骨朵一块 / 405
一骨碌 / 405
一股脑儿 / 405
一锅端 / 406
一行鼻子两行泪 / 406
一节 / 406
一惊一诈 / 406
已就 / 406
一块堆儿 / 406
一拉溜儿 / 406
一来 / 406
一愣一愣 / 407
一遛歪斜 / 407
一溜小跑 / 407
一捋到底 / 407
一码(儿) / 407
一麻黑 / 407
一码棋 / 407
一码事(儿) / 408
一猛子 / 408

一明两暗 / 408
一明一暗 / 408
一抹子 / 408
一奶同胞 / 408
一脑门子官司 / 408
一瓶子不满半瓶子晃荡 / 409
一瘸一拐 / 409
一群一伙 / 409
一嗓子 / 409
一少半(儿) / 409
一勺烩 / 409
一生日 / 409
一事 / 409
一手托两家 / 410
一水儿 / 410
一顺百顺 / 410
一套一套 / 410
一条道跑到黑 / 410
一条筋 / 410
一头儿沉 / 410
一头子 / 410
一下子 / 410
臆性 / 410
一星半点儿 / 410
一早 / 411
依着 / 411
一阵两火 / 411

| 癔症 / 411
| 胰子 / 411
| 引 / 411
| 饮 / 411
| 印儿 / 411
| 洇嗓子 / 411
| 硬 / 411
| 应 / 411
| 硬棒 / 412
| 应节(儿) / 412
| 硬坷 / 412
| 硬肋 / 412
| 硬气 / 412
| 硬实 / 412
| 应时到节(儿) / 412
| 有 / 412
| 有 / 413
| 有 / 413
| 油包儿 / 413
| 油茶面(儿) / 413
| 又臭又硬 / 413
| 有根 / 413
| 有够 / 413
| 有红似白(儿) / 413
| 油乎饼(儿) / 413
| 有来到去儿 / 414
| 油铺 / 414
| 有其限 / 414

有情后补 / 414
有时有会儿 / 414
有数 / 414
有戏 / 414
油香 / 414
油盐酱醋 / 415
有一腿 / 415
有影子 / 415
有枣没枣打三杆 / 415
悠着 / 415
油渍麻花儿 / 415
预方便儿 / 415
雨星子 / 415
远接高迎 / 416
圆儿了 / 416
圆全 / 416
原汤化原食 / 416
冤有头债有主 / 416
园子 / 416
月份儿 / 416
月科儿 / 416
匀 / 416
晕得忽儿 / 416
晕斗儿 / 417
晕高儿 / 417
云里雾里 / 417
匀溜儿 / 417
运气 / 417

Z

砸 / 421
砸 / 421
砸 / 421
杂巴地 / 421
杂巴凑儿 / 421
砸场子 / 421
砸瓷实 / 422
砸大垛 / 422
扎肚子 / 422
砸锅 / 422
砸锅匠 / 422
砸夯 / 422
杂货铺 / 422
砸价(儿) / 422
杂毛儿 / 422
砸门 / 422
杂面 / 423
砸明火 / 423
咂摸 / 423
砸牌子 / 423
杂铺(儿) / 423
砸手里 / 423
砸醒 / 423

砸牙 / 423
杂样儿 / 424
栽 / 424
宰 / 424
再 / 424
再 / 424
在理儿 / 424
栽面儿 / 424
择食 / 424
在意 / 425
在辙 / 425
再者说 / 425
咱 / 425
脏病 / 425
脏口 / 425
脏心烂肺 / 425
造 / 425
早巴儿 / 425
遭报 / 426
凿冰 / 426
枣饽饽 / 426
糟蛋 / 426
糟改 / 426

遭恨 /426
糟践 /426
枣卷儿 /426
早起来 /426
灶(儿)上 /426
凿实 /427
凿死 /427
凿死卯子 /427
糟蹋 /427
凿叙 /427
早以先 /427
贼 /427
贼 /427
贼 /427
贼不走空 /427
贼咕 /428
贼货 /428
贼死 /428
贼性味儿 /428
□脸 /428
怎么来怎么去 /428
缯 /428
锃光 /428
锃明瓦亮 /428
扎 /429
炸 /429
揸 /429
奓 /429

炸 /429
眨巴眼儿 /429
炸刺儿 /429
扎大河 /429
炸糕 /430
扎裹 /430
乍乎 /430
诈和 /430
诈毛子 /430
扎猛子 /430
奓挲 /430
扎水缸 /430
扎一头 /430
炸营 /430
踏踏 /431
炸子儿 /431
觑儿 /431
窄憋 /431
侧楞 /431
侧歪 /431
齇 /431
沾火(儿)就着 /431
侧脚儿 /432
站脚助威 /432
齇卷 /432
沾亲带故 /432
湛青碧绿 /432
沾手 /432

蘸糖堆儿 / 432
站头儿 / 432
站着说话不腰疼 / 433
占嘴 / 433
占座儿 / 433
长个儿 / 433
长记性 / 433
涨钱 / 433
长眼 / 433
长眼 / 433
长眼 / 434
仗着 / 434
账主子 / 434
张嘴就来 / 434
着 / 434
着 / 434
招 / 434
着 / 434
招儿 / 435
找不自在 / 435
找倒霉 / 435
照方抓药 / 435
招恨 / 435
找后账 / 435
着急百怪 / 435
着家 / 436
找乐儿 / 436
找米下锅 / 436

着面儿 / 436
招欠 / 436
着实 / 436
招谁惹谁 / 436
找死脑子 / 437
找斜茬儿 / 437
找寻 / 437
照眼 / 437
招一把撩一把 / 437
找辙 / 437
罩着 / 437
着真儿 / 437
辙 / 437
折 / 438
折饼儿 / 438
折个子 / 438
遮理 / 438
折箩 / 438
遮臊 / 438
折寿 / 438
这晚儿 / 438
遮着脸儿 / 438
折子 / 439
镇 / 439
镇店 / 439
镇乎 / 439
真章儿 / 439
整儿 / 439

蒸饼儿　/439	直腰　/442
正儿八经　/439	志子　/443
争竞　/439	支嘴儿　/443
正经八百　/439	中段儿　/443
整脸儿　/439	中流儿　/443
整票(儿)　/440	众位　/443
挣歪　/440	中着不着　/443
正文儿　/440	㨄　/443
正着　/440	㤉　/443
争嘴　/440	㤉　/444
执　/440	皱巴　/444
直肠子　/440	粥厂　/444
值当　/441	周正　/444
知道吃几碗干饭　/441	㤉子　/444
指盖子　/441	主　/444
纸夹子　/441	住脚儿　/444
支楞　/441	主意正　/444
知冷着热　/441	箸子　/445
炙炉　/441	抓茬儿　/445
芝麻盐　/441	抓官差　/445
直眉火眼　/442	抓子儿　/445
指名点姓　/442	拽　/445
侄男旺女　/442	转莲　/445
执气　/442	转磨磨　/445
直上直下　/442	转腰子　/445
值实　/442	转轴儿　/446
知疼着热　/442	奘　/446
直眼儿　/442	撞大运　/446

撞客 / 446	走心 / 449
装老 / 446	揍性 / 449
撞笼 / 446	足矣 / 449
装傻充愣 / 446	赚 / 449
撞头 / 446	纂儿 / 450
装洋蒜 / 446	钻钱眼子 / 450
卓娅头 / 446	攥馅儿 / 450
拙嘴笨腮 / 447	嘴把式 / 450
恣 / 447	嘴儿对嘴儿 / 450
自己个儿 / 447	嘴欠 / 450
支拉 / 447	嘴损 / 450
自来 / 447	嘴头子 / 450
自来火儿 / 447	嘴歪眼斜 / 450
自来卷儿 / 447	嘴一份手一份 / 451
自来熟 / 447	俊巴儿 / 451
吱声 / 447	作 / 451
字儿闷儿 / 447	作 / 451
字书 / 448	嘬 / 451
恣歪 / 448	捽 / 451
走 / 448	坐 / 451
走背字儿 / 448	嘬瘪子 / 451
走道儿 / 448	左不咧 / 452
走倒霉字儿 / 448	坐仇 / 452
走火入魔 / 448	坐地泡 / 452
走叽 / 448	昨儿个 / 452
走街穿巷 / 449	作裹 / 452
走脑子 / 449	做劲 / 452
走思 / 449	作脸 / 452

目录

左邻右舍 / 452
琢磨 / 453
做派 / 453
嘬腮 / 453
嘬腮帮子 / 453
座实 / 453

坐水 / 453
嘬牙花子 / 453
做外活 / 454
作妖 / 454
做贼 / 454

B

B

扒 bā 可以加后缀呲(次、扯);用语言贬低人,说人的坏话:……一桩一桩地指斥你的劣行,把你"扒"得一文不值。(林希《天津话逗你玩》)/ 我们俩有一次因为……问题互相扒次了半天,谁都看不上谁……(白花花《十面包袱·后记·跟傻子赛的》)/ 出来一个男的,就把人家扒呲一通……(王小柔《乐意》)

扒 bā 形容很快地吃、拿:孩子们不安分,这桌扒几口饭,那桌抓把果仁……(邵宗和《永远的芳邻》)

拔 bá 瓜果或饮料(带容器)等放在冷水里使凉:西瓜晒一天了,搁凉水里拔拔再吃。(口语)‖肉类、蔬菜等泡在水里,以去除某些内含物或不好的味道:晒干后,砸出杏仁,母亲把杏仁放在花盆内,用清水拔出苦味……(杨学澄《拾杏核》)

把 bǎ 量词,相当于回、次:红淑很兴奋,洗了把脸……(韩映山《在幽静的山谷》)/ 这是我参加工作之前……体会了一把体力劳动的辛苦。(孙树和《寒夜"拉冰"》)/ ……看那师傅跟杂技团出身似的,连西红柿炒鸡蛋他都得抖把勺……(王小柔《妖蛾子》)

巴(儿)bā 又作把(儿);旧时天津回民聚居区对回族年长男性的尊称,爷的意思,多用于姓氏、排行之后:羊肉粥……早年西头药王庙前王六巴所做最佳。(张仲《天津回民的家常便饭》)/ 一天,阿春见穆把闷闷不乐……(史凤英《正兴德茶庄的由来之二》)/ 再说韩大鸭子,出了金四把羊肉馆,眼珠一转,又有了坏水儿……(烟雨苏州《美人西来》)‖叠复后作巴巴（bāba 前字三声，后字轻声）；回民称祖父（爷爷）：我小时候，我巴巴考我说：这"回回"里的这个"回"是什么字呀？(佚名《说说天津回回的现状》)

㞎 bà 俗作霸，又说㞎呲；形容道路泥泞：我们胡同儿修成柏油路了，下多大雨也不㞎。(刘思训《天津方言词语小考》)‖在泥泞中行走，或鞋上有泥走路：进屋还不把雨鞋换下来，㞎得满屋子是泥！(同上)/比如妈妈说小孩："二子！下雨了，别上外边乱霸呲去！"(佚名)

巴 ba 念轻声，用于某些单音节动词后，作后缀，表示行为、动作简易、连续，或随意、马虎，多以×巴×巴的形式叠复使用：我把那块高级毛料团巴团巴，像废纸似的往手提包里一塞……(理由《青衫湿》)/他……把口中的菜肴嚼巴嚼巴咽下……(南郭玉鹤《风雨春梦》)/……在东墙根用劈柴根子搭巴搭巴，临时搭巴了个窝铺……(张孟良《血溅津门》)‖用于某些单音节形容词后，表示程度较轻；巴可以重复，作×巴巴、××巴巴：我们现在手头紧巴，你知道吗？(武歆《天津少爷》)/想结婚的跟想结婚的，不想结婚的跟不想结婚的，多好！怎么就偏拧巴了，以至生出忒多的恩恩怨怨！(陈彤《名分》)/她说："其实我们家也没比他们家好过哪儿去，日子过得紧巴巴的……"(徐坤《想做女强人 却强不起来》)/大伙都叫他小刘，长得瘦瘦巴巴，双眼皮……(刘同叔《突破第一关》)

巴巴（儿） bāba 后字轻声，又作叭叭；说话，特指说漂亮话：……一开会就是他爱巴巴，光给干部提意见。(韩映山《父子之间》)/我外孙点西餐小嘴叭叭那叫一个溜……(何申《主食与副食》)

㞎㞎 bāba 前字三声，后字轻声，又说㞎㞎蛋儿、㞎㞎橛子（㞎㞎橛儿）；屎，粪便：马识路……庙会上卖西瓜，蝎子㞎㞎——独一份儿。(佚名《马识路卖瓜》)/……姥姥不给饭儿吃，给个㞎㞎蛋儿吃。(童谣)

巴巴儿地 bābārde 急切地：自打这闺女去了……我们就巴巴地盼着她能给我们……(王小柔《乐意》)‖特意地：如果他房间里还有

别的同学在,看到咱们巴儿巴儿拿来这些,大家会不会说闲话?(韩思中《色相》)

屄屄手儿 bābashǒur 技术水平不高的人(有嘲讽意味):家门口的屄屄手们,是"得楞"不好汽车的。(林希《天津话逗你玩》)

把边儿 bǎbiānr 指处于边缘、外缘的位置:那小水池子里面全是人,都跟鱼虫子似的把着边……(王小柔《有范儿》)/你看照片上头排的人,左边把边儿的是我。(口语)

巴不能够儿 bābunénggòur 不,轻声;巴不得:果儿……说:"他当然高兴了,巴不能够儿呢。"(雪屏《南门脸》)

拔闯 báchuàng 又作拔创,还有人主张应作拔幢;抱不平,替人出气,也有背后支持、撑腰的意思:有的说他被厂里管住了,要为他拔闯。(佚名《刮刀落地》原载《天津日报》1979.9.16)/有了某些民警给他"拔创",这种侵占群众利益的坏事,他就干得更大胆放肆了。(贾菊生 温超藩《席连瑞和他的"关系户"》)/天津人口语"拔闯",都这么说,这么写……拔敌人之大旗,即谓之"拔幢"……那个"闯"怎么个"拔"法儿?(李大为《"拔幢"与"拔闯"》)

把不住脉 bǎbúzhùmài 心猿意马的意思:老赫被围在中间直冒汗,看看一个个都有点把不住脉……(何申《"逃"花运》)

扒呲 bāci 呲,轻声;看、翻腾,寻找:别把抽屉东西都扒呲乱了。(口语)/老太太真有意思,没事老往儿媳妇屋里扒呲去。(口语)

拔呲 báci 呲,轻声;故意难为人,以显示自己高明:他拿好几个难认的字拔呲我,其实他也不认得。(口语)

八呲口喃 bācikǒunān 八,有时也念三声,呲,轻声;口口声声地,不容分说地:你别八呲口喃地就一口咬定,要不是这么回事呢?(口语)

八大岔 bádàchà 又说打八岔;旧指没有固定行业的小摊贩,或没有固定职业,又无一技之长,有什么活就干什么活:八大岔一说由何而来?有据可考。(林希《天津话逗你玩》)

八大碗儿 bádàwǎnr 天津一种传统的酒席规格，通常有八种主菜，如烩虾仁、扒海参、扒羊肉条、熘鱼片、四喜丸子、烩鸭条、烧三丝、黄焖牛肉等："八大碗"既有回汉荤素之别，也有粗细之分。（张仲《八大碗》）

把对 bǎduǐ 又作把兑、拔兑。也说把该；双方的债务、输赢等互相抵偿，互不相欠：上把你赢了，这把我赢了，把对了吧？（口语）／再说了，拿弹弓子打人一下也没有要命的罪过，顶不济就是你拿弹弓子也给他一下便拔兑了——我想。（雪屏《瓦砾》）

把合 bǎhe 不合理地或贪婪地占有：那大老张是个嘛人，占便宜没够吃亏难受，谁家有嘛他都想把合过去……（叶子《核桃王》）

把滑 bǎhuá 有把握，多加"不"作不把滑，是没把握、不保险的意思：叫他去？我看不把滑。（口语）

吧唧嘴 bājizuǐ 又作巴唧嘴，也说吧嗒嘴；吃东西时嘴发出声音：半夜，阿绿嚼绿豆糕，还没吧唧嘴呢，对面就听见了。（王小柔《有范儿》）／……没发现她有异常的表现……应该笑时她也笑，应该吧嗒嘴时她也吧嗒嘴……（雪屏《每个葡萄架下都有一只狐狸在等着》）‖咂嘴：当她穿着光鲜的酒店工装出入胡同时，叫鸟市人美嫉得直巴唧嘴。（吕舒怀《舍命吃河豚》）

把家虎儿 bǎjiāhǔr 善于持家的人，也比喻单位的好管家：果儿说："都说咱妈是把家虎儿，我看，将来你比咱妈更抠！"（雪屏《南门脸》）

巴结 bājie 辛勤地培养，造就（子女成才）：把你巴结到大学毕业了，可真不容易啊！（口语）

扒拉 bāla 比喻培养，造就：看我是怎么把这俩孩子扒拉出来的！（魏巍《魏文亮的故事》）‖逐个挑选或数数目：……咱们再把所有的人分分队、扒拉扒拉人头儿不就行了吗？（张孟良《血溅津门》）‖分配、安置人员：我们被分配的单位五花八门……我被扒拉来扒拉去……最后一次被扒拉到某直属局的财务处，我觉得挺体面的，去

了。(王小柔《妖蛾子》)

巴拉 bālā 形容词后缀,又作巴拉、八拉、巴咧、巴力、不拉,多用于双音节形容词后,起强调的作用,多为贬义:这边费劲巴拉盖房子招商,人家那边已经到处是"老乡店"了;(何申《大旅游》)/你……在上面乱晃悠……碍事八拉你还占个好地方。(佚名《马苍蝇》)/侧了耳朵,费劲巴力听过半天,冯茂林才明白了小姑娘的意思。(韩思中《色相》)

芭(儿)兰 bālán 也说芭兰花,即玉兰花,旧时妇女佩戴的饰物:那时,夏日黄昏卖花人吆喝得最动听:"芭兰花、茉莉花戴吧,大把的晚香玉、十样锦插花瓶去!"(夏华《话说天津的地、事、人》)

疤离 bālí 伤疤:他小时候磕的,留了个大疤离。(口语)

八两换半斤 bāliǎnghuànbànjīn 又说半斤八两;完全相等,同样的意思(旧时的秤一斤为十六两,所以八两等于半斤):把对方当作自己,反过来她也会八两换半斤……(杨士崑《把对方当作自己》)/相比较而言,我胳膊不便,脚却利索,而他脚不利索,胳膊得劲,半斤八两,差不多……(雪屏《废墟,我的1976》)

罢了 bàliǎo 表示出乎意外而又佩服的意思:姓郝的,你可真够样儿呀,说四点来,四点你还真来了,罢了,是条汉子……(张孟良《血溅津门》)

拔裂儿 bálièr 开裂,出现裂纹:1943年那年冬天特别冷,把地都冻拔了裂,一道一道的缝子跟小孩子嘴一样。(侯光华等《在日本帝国主义的屠刀面前》)/她知道她就是跟他说,把嘴唇说拔裂儿了,他也不懂。(雪屏《南门脸》)

扒门缝儿 bāménfèngr 通过门缝向里或向外看:我听见里面有类似佛教音乐响起,我又去扒门缝,这次更吃惊了。(王小柔《十面包袱》)

扒门缝儿吹喇叭 bāménfèngrchuīlǎba 比喻很有名气:扒门缝儿吹喇叭——名声在外。(俗谚)

八面见线 bámiànjiànxiàn 比喻完满无缺,没有一丝不足之处:在一些领导者看来,选树模范人物定要至善至美,强调八面见线……(佚名《切莫"绊马腿""牵牛尾"》)

扒皮 bāpi 皮,轻声;水蛭。

把屎把尿 bǎshǐbǎniào 指大人抱着婴儿使其拉尿,比喻对婴儿的呵护、照拂:"怎么,你连我小名都知道?""干嘛不知道。我把屎把尿看你整整四年。"(冯骥才《三寸金莲》)

巴头儿 bātóur 又作扒头儿、趴头儿;形容伸着头或透过门窗(偷偷地或短暂地)看:爷爷……再三吩咐:"记住,别往井里巴头儿……"(赖德斌《流水哗哗响》)/……再一趴头,嗬!李家正在包饺子。(志宇《刘二爷剥蒜——两耽误》)/大老张直接遛进院里,门窗里没点灯,隔着窗户扒头一看……(叶子《核桃王》)

巴头探脑儿 bātóutànnǎor 巴又作扒;形容畏畏缩缩扒头儿的样子:天傍黑的时候,他蹓跶出小院,走到胡同口的饺子馆临街的窗户前,朝里面扒头探脑。(吕舒怀《舍命吃河豚》)

八下 báxià 也说八下里;各个方面,很多地方(用于被动应付的场合):我是担心……八下的矛盾都对着您一个人,受不了哇!(李景城《分忧》)

八丈 bázhàng 极言距离长或体积大,是一种夸张的说法:更令人担心的是她的脸皮八丈厚。(苏书棠《列车,消逝在远方》)/两眼珠子离脸八丈长的外星人等等,到现在都摆在我们家最明显的位置。(王小柔《妖蛾子》)

八宗 bāzōng 虚词,用于增强语气:世间各种人物事物都不能喊万岁,因为没那么八宗事;(黄宗江《京剧艺术的生命》)

掰 bāi 比喻关系破裂,也指办事不圆满、不成功:可是这一回,我们的交情真的要"掰"了……(管建勋《墙》)/"掰了!"苏鸿达摊开双手,表示事件已没有调解的希望,摇一摇头……(林希《天津闲人》)/自那以后我和Abbra彻底掰了,发誓决不跟那些赶时髦弄个外国名

字出洋相的家伙做朋友。(王小柔《妖蛾子》)

白 bái 动词,用白眼球儿看,表示不屑或不满:曲莺莺白了乃强一眼,仍然没有说话。(王筠《龙票》)/ 走的时候,我白了那个打针的女老板照片一眼。(王小柔《有范儿》)

伯伯 bāibai 念掰掰,后一个"伯"为轻声;对父亲弟弟的称呼,即叔叔,如前面加数词,则只用一个"伯",例如二伯、三伯:现在的孩子一见光哥就尊称他为"伯伯",弄得光哥纳闷了很久:我有那么老嘛?(天津《假日100天》2006.3.17)

白不呲咧 báibucīliē 形容东西褪色或颜色的深度不够:这蓝布白不呲咧的,不好看。(口语)

掰扯 bāiche 又作掰呲;分辩,讲(清楚):当我……再和他掰扯时,突然,他把手一松,滑滑蹭蹭地踏雪跑走了。(台宝奎《补助》)/ 为了个人得失、蝇头小利整天计较着、掰扯着……然后就生病住院痛苦着。(武桂珍《活着最重要》)/ 她要行动起来……当面锣对面鼓地掰扯清楚……(雪屏《南门脸》)

白吃饱儿 báichībāor 称光吃饭不做事的人:人家都说您是铁交椅、白吃饱,连我也觉得丢人。(周拯《经理和他的女儿》)/ "……你一个小毛孩子,还是个白吃饱……"她说。(雪屏《南门脸》)

白给 báigěi 无偿地送给:坐飞机更绝,我们第一次坐飞机的时候她死活不吃白给的东西,我能见眼瞅着糟蹋吗,两份我都吃了,饮料,来四杯!(王小柔《十面包袱》)‖ 形容毫无疑问,不在话下:可见这屋子的安全系数有多高,劫匪进来都白给,关几天放出去,准重新做人。(王小柔《十面包袱》)/ 这问题不是白给吗?还用问大师,可偏偏有人想不明白。(王小柔《乐意》)‖ 肯定被打败:他也不傻,自己的功夫……比叶涤凡差得远了,叶涤凡都不是对手,自己还不是白给?(烟雨苏州《美人西来》)/ 李德欣……说:"钻枪子儿,走刀片儿,他白帽盔白给……"(张孟良《血溅津门》)

白果 báiguo 旧称鸡蛋。

白话 báihu 话，轻声，读音接近于 hu 或 huo，又作白货；说的意思，有夸夸其谈或吹牛之义，有时有贬义：咱就让他白话白话自个儿的段子，包您哈哈一笑，也就算是给您祝个新年。(天津《城市快报》2005.12.31) / 你别净听别人的，他们都瞎白话。(陈鹤禄 王家骏《做棉袄》) / 翠：……我不是跟你小妹妹瞎"白货"，我从前在班子的时候，也是数一数二的红唱手……(曹禺《日出》)

白话蛋 báihudàn 话，轻声，又作唬；戏称说话多而不可靠的人，有戏谑色彩：杨大亮：哎，你说谁呀？ 甄珠：我说我们家那白唬蛋！(李景城《分忧》) / 他曾经说唱并茂，因为嗓音失润改专以说功见长的相声，被观众们亲切地称为"李大白话蛋"。(天津《今晚报》2010.6.13)

白碱(儿) báijiān 北方碱性土壤上盖的房子，年深日久后下部砖面上会泛出白色的碱，称白碱：在这养育了两三代人的大院里，……已经苍老浑身起白碱，破旧不堪……(南郭玉鹤《拆迁记》)

白净子 báijìngzi 指皮肤白的人：我寻思这闺女长得一定俊，俩小辫，白净子，水灵灵的大眼有精神儿。(张忠海《相亲》)

掰开 bāikai 掰开揉碎的简说，比喻详细地、全面地、不厌其烦地(说)：什么叫"吹扯派"，这话说得雅了，掰开了说，就是"吹牛扯淡"。(陆士毕《教授的派》) / 张晓镭赶到现场后和用户掰开揉碎地进行了一个多小时的讲解，用户终于同意了更换新胶管。(王赫岩 高继德《燃气通到家 用户心气顺》)

掰开揉碎 bāikāiróusuì 见"掰开"条。

百里挑一 bǎilitiāoyī 形容从众多的里面挑选出的(最好的)一个：刘朝珍……那种孝顺劲儿是百里挑一的。(沙联《五世同堂的和睦家庭》)

白脸 báiliǎn 脸有时儿化；和"红脸"相对，是比喻的说法，戏曲舞台上化装成白脸的角色多系阴险狡诈的人物，红脸的一般都忠

义厚道,用于日常交际或双方交涉的场合,白脸表示强硬、严厉,红脸表示缓和、让步,即白脸是硬的一手,红脸是软的一手(使用这两个词时,前面须加表示扮演意思的词与之搭配):"拆迁办"天天和拆迁户打交道,唱完白脸唱红脸,可谓软硬兼施。(武歆《火炉街》)

白麻叶 báimáyè 大白菜的一个品种,色白,早熟,但不易煮烂,也不宜入窖保存。

白毛儿汗 báimáorhàn 冷汗:麻三一看,小脸刷地煞白,浑身出了白毛汗。(王维刚《杨梆子和他的干兄弟》)/瓜儿急出一身白毛汗。(雪屏《南门脸》)

摆弄 bǎileng 弄,轻声,念 leng;抚育(幼儿),豢养(宠物),莳弄(花草)等:我喜欢在院子里种些花花草草,他就和我一起摆弄……(巩胜男 田淑敏《女人花》)

白牌儿 báipáir 戏称非党团员或一般群众:"……到现在,连个党票都没混上,还是白牌儿一个!"(南郭玉鹤《言老顺小传》)/开学不久选班干部,黄毛能说会写……理所当然地当上排长,我,还有秃子和娃娃都是白牌,姚红是副排长。(吕舒怀《敌敌畏》)

白皮儿 báipír 中式糕点的一种,皮儿分多层,色白,里面包有各种甜馅儿,烤制而成:一次,财务科的于师傅前来办事,他是天津籍,吃了我送的一块白皮儿。(何学如《桂顺斋 天津名片》)

摆平 bǎipíng 使矛盾或纠纷的双方不再纠缠,将问题平息:……再找到领导,"你得给我把事情摆平。"(林希《天津话逗你玩》)

摆谱儿 bǎipǔr 摆架子,讲排场:他就为了摆谱儿,为了铺张,不是真懂艺术。(相声《关公战秦琼》)/……有些场合则不同,常有丑态,有点级别的人,拼命要摆点谱,级别低的,无枝可依,则极可怜。(吴非《有谱的与无所依的》)

白钱 báiqián 小偷:麻三明白,杨以德清楚他早先干过"白钱"的底细。(王维刚《杨梆子和他的干兄弟》)/"高买"这种职业不同于"白钱"、"小绺"之类的小偷,他们专门装扮成阔客,造访高级呢绒店和

金楼,在挑选商品的过程中移花接木,偷梁换柱,偷店家的贵重商品。(龙一《恭贺新禧》)

白饶 báiráo 又说白饶废;白搭,不起作用的意思:事情已然这样了,再说嘛也是白饶。(口语)

摆设 bǎishe 指家具、耐用消费品等摆放在屋里的东西:老公公说:两房儿媳妇屋里,几年没添好摆设了,应该先添些好家具。(赵国生《瞧,这家子多和睦》)

摆肉头阵 bǎiròutóuzhèn 又说耍肉头阵;指表面顺从,但内心反感,依然我行我素:言老顺的四个徒弟,平日里,对待师傅的指责,经常是一语不发,摆起肉头阵,你说你的,我们,这耳朵听那耳朵冒,全当没这么回事。(南郭玉鹤《言老顺小传》)

掰生 bāisheng 感情疏远乃至决裂:素常两人也免不了拌几句嘴,过去就完,谁也不记恨谁。莫非这快要入土的人了,还要掰生吗?(佚名《老哥俩》)/"三爷,不是我郭运起跟您掰生,有些事您实在太对不起我啦!……"(张孟良《血溅津门》)

白事 báishì 丧事:天津传统白事风俗分南礼、北礼之别,"大户"与"小康之家"之别。(佚名《天津地方丧事民俗》)

拜四方 bàisìfāng 比喻姿势或动作来回反复,有戏谑意味:……这些小子们坐一会儿疲乏了,就躺下,躺一会儿又热得难受,就又爬起来。翻过来调过去,躺下坐起,坐起躺下,来回拜四方。(张孟良《血溅津门》)

百岁儿 bǎisuìr 指婴儿出生一百天,旧俗这一天要庆贺,叫过百岁儿:我儿子……到了百岁儿,我就让他练习英语对话九百句。(佚名《为了孩子》)

白眼儿 báiyǎnr 称外孙子女,有时有戏谑的意思:可她婆婆是个孙子迷,整天"白眼儿"、"红眼儿"地念叨。(佚名《姥姥》)/ 她在市里还有一个家——女儿的家,而且女儿家的活儿没有丝毫商量的余地,那就是看"白眼儿"。(戴冠伟《红娘》)

百爪挠心 bǎizhuā'náoxīn 比喻心里极不平静：发面饽饽他妈呆屋里坐也不是，站也不是，有如百爪挠心。(吕舒怀《碎片上的女人》)

白嘴儿 báizuǐr 又说淡巴嘴儿；指光吃主食而不就菜，也指单吃某一种食物，而不与其他(应该相配的)食物同食：津城人爱白嘴儿生嚼小水萝卜，更喜欢蘸甜面酱……(白金贵《老食客》)

扳 bān 纠正、克服的意思，多用于不好的习惯或缺点等：唉，他没有父母，也难怪吗！到咱家，大伙帮助他扳过这个毛病来。(陈家骥《温暖》)/桃儿她妈对梨儿说："……你那半死不活的脾气也该扳扳了。"(雪屏《南门脸》)/这个脸不给小衷扳回来，他不会善罢甘休。(张仲《龙嘴大铜壶》)

办 bàn 办理，解决，张罗，有时指途径不正当的场合：房管局我有路子，我给你办个单元。(王鸣录《不正之风》)/你给我个明确的答复，今年能不能办回来？(南郭玉鹤《风雨春梦》)‖指对人的处理，处分：警察和吸毒者的关系确实很森严：我管理，你服从；你不服，我办你。(何斌《戒毒篇——天津警察讲段子》)

般儿般儿大 bānrbānrdà 又说边儿边儿大；同样大小的意思(多指年龄)：咱们俩般般大的岁数。(王鸣录《媳妇往哪娶》)/童一震的独生女儿童铃，和郭为才般般大，从小跟她爸爸学大鼓书。(吕舒怀《饮者留其名》)/我是天津人，家住红桥区，郭德纲曾经和我是邻居……我俩是边边大同住一院里……(天津快板《摸鸡子》)

半饱 bànbǎo 饱可以儿化；指食物不足，没吃饱：好家伙，上回上我们家去，吃锅贴儿，你自个儿就吃了两盖板儿，还说半饱哪。(相声《爱缺点》)

半残子 bàncànzi 残，四声，子，轻声；一半、中途，尚未完成的意思：衣服洗了半残子，不知又上哪串门儿去啦。(口语)

板(儿)寸 bǎncùn 指男子留的大约一寸长平头的发型：海来被执勤警察带来了。面相还是个初中生：一头乌黑的板寸，一双纯真的眼睛……(何斌《戒毒篇——天津警察讲段子》)/……为首那人留板寸头，满脸横丝肉，右耳戴个金耳环。(吕舒怀《舍命吃河豚》)

半道儿 bàndàor 中途,半截儿:有一次,跟几个人吃饭,半道来了另一群人全面带微笑拿着酒瓶子就叫板,后来一扫听,他们以前当过几年兵,喝酒都跟打仗似的……(王小柔《十面包袱》)

板凳儿 bǎndèngr 木制的小矮凳子,面儿为长方形,只能坐一个人:小板凳儿,四条腿儿,我给奶奶嗑瓜子儿……(童谣)/ 坐具属家具类,大件的如椅、凳、墩,小件的如小板凳、小马扎等。(姜维群《行走的坐具:胡床》)

半截楼(儿) bànjiélōu 又说半截腰(儿)、半腰(儿);中途的意思:……生怕小鬼半截腰改主意。(雪屏《南门脸》)/ 这是全县照顾晚婚的统一规定,不能半腰不算数吧?(佚名《三更曲》)/ 这时候……半截腰又回来了,回来找我们。(雪屏《大串联》)

半口奶 bànkǒunǎi 指妈妈哺育婴儿的奶水不足:六七袋奶粉……要是孩他妈妈有半口奶的话,可能就够喂孩子俩月的。(雪屏《南门脸》)

半拉 bànlǎ 拉,三声或轻声;半个:从手术室推出来的小成钢,像木棍一般用纱布缠得直挺挺的。母亲见状揪心地再次撒下热泪:这可怜的"半拉人"今后可怎么活下去呀!(杨钧《体坛奇星——李成钢》)/ 一凡挑到一个甜的马上递给小项半拉:"吃,这个真甜。"(佚名《龙嘴大铜壶新传》)/ ……起来的时候从嘴里吐出一颗半拉的门牙。(王小柔《妖蛾子》)

半拉咯叽 bànlegējī 又作半了咯叽、半拉疙儿、半啦隔叽;不熟练,不流利,不完整:他们之间常说的行话我有时还能半拉咯叽的听懂一些,但不一定准确……(马景雯 张宝明《我和爸爸马三立》)/……没过多久那些东倒西歪半拉疙儿的庙墙就彻底塌倒了。(蒋子龙《农民帝国》)/ 前天,你哥哥来了封信,我看了个半啦隔叽的……(南郭玉鹤《风雨春梦》)

板脸 bǎnliǎn 形容神情严肃或不高兴的样子：房东说："外面不好讲，能不能屋里头说？"顾永茂脸一板说："我女人从来不见外人面。"(吕舒怀《舍命吃河豚》)

拌面 bànmiàn 指面条煮好捞出后，放上卤、酱或其他菜肴拌匀(以便食用)：天津人吃面叫吃"捞面"，捞面要打卤，配菜码，炒拌面的菜，俗称四碟捞面。(马金鹏《风味捞面席》)

半儿劈 bànrpī 指(与对方)五五分成：挣多挣少，咱两家半儿劈。(魏巍《魏文亮的故事》)

板生 bǎnsheng 形容衣物或其他柔软的物体挺括，整齐：他的衣服都不贵，可穿身上总那么板生。(口语)/……一线干警平均二十六，多数都是80后。别看她们穿上警服板板生生的，在家还被父母呵护着呢！(何斌《戒毒篇——天津警察讲段子》)

半丝儿 bànsir 表示极少，半点儿：但自己是新郎官儿，是这场戏的主演，不能流露出半丝儿的不快来。(冯育楠《津门大侠霍元甲》)

拌蒜 bànsuàn 腿脚或身体的某个部位失去常态，功能受限：……只要脚底下一拌蒜，嘴里才拌蒜，这就要醉了……(常宝堃《酒迷》)/ 无赖吓得嘴里直拌蒜，话都说不清了。(王维刚《"金爪"张四》)/ 我困到极处一般表现是话少……上句跟下句几乎毫无关系而且舌头拌蒜，表达起来磕磕巴巴，多真诚也像在瞎编。(王小柔《如愿》)

半头 bàntóu 指不完整的半块或多半块的砖：那些砖大概唐宋金元明清民国各代的都有，断裂后又经千年磨蚀，连"半头"的都难找……(侯会《宋代也有板儿砖》)/ ……嫣然坐一只破旧的铁皮饼干筒，我坐两块半头砖。(龙一《恭贺新禧》)

半下儿 bànxiàr 指容器里的东西只有一半的样子：他拿过了大楷羊毫笔……又取过了一个小玻璃缸。春梅往玻璃缸里倒了半下的水。(南郭玉鹤《风雨春梦》)

棒 bàng 动词，用棍棒击打：平平的妈妈抄起棍子，就使劲棒起枣树上青青的枣。(佚名《枣儿红了》)

帮衬 bāngchen 帮助:心疼"姑爷",女方家长主动帮衬。(何帆《80后变"彩礼"为幸福基金》)/ 王三奶奶笑道,都是江湖人,谁还没有难处,穷年穷月的,大家伙儿得互相帮衬。(龙一《恭贺新禧》)

棒槌 bàngchui 槌,轻声;对外行冒充内行人的戏称:乙:您不是全部精通吗? 甲:全……不……精……通。乙:噢,棒槌呀?(相声《〈少林寺〉外传》)/ 如何爱护津门餐饮这批无形资产……我们毕竟是身处业外的食者,充其量不过是个棒槌。(白金贵《老食客》)/ ……玩和玩不一样,有的人嘛都掺和掺和,惹惹惹惹,真要一较真儿,就成棒槌了。(叶子文豹《耍板》)

棒槌馃子 bàngchuiguǒzi 油条:让梁老爷子不痛快的,可能是吃面茶时缺了天津独有的棒槌馃子。(赵永强《谈谈面茶和茶汤》)

膀大力 bǎngdalì (说)真实的、实在的(话)。膀大力是旧时只流行于脚行、苦力等下层社会群体的粗俗话,有人认为系英语 boundary 之音译,意思是底线、边缘,引申为到底、到头:天津卫卖苦力的穷爷们说话拍胸脯:"哥们说句膀大力的话……"(烟雨苏州《美人西来》)/ 甲:咱说膀大力的啊…… 乙:什么大学毕业?大学毕业有说膀大力的吗?(马三立 王凤山《对对子》)

棒硬 bàngyìng 又作邦硬;坚实,硬,贬义:她把原来夜班生产改为早班生产……解决了以前夜里烙的大饼,积压时间长没层、棒硬的问题。(《女经理上任半年,春光早点部面貌大变》原载《天津日报》)

梆子 bāngzi 木鱼,或木鱼一类木制的响器:老年间夜里打更的人,一路走一路敲梆子。(口语)‖指脑门儿突出,长得像木鱼的脑袋:梆子头,窝䏶眼,吃起饭来抢大碗。(童谣)

膀子 bǎngzi 指人的上身:我至今也不知道海河子牙河上的捞尸船是怎么运作,也许是水警专用,船上有两三个光着膀子穿游泳裤衩的老头,可没见穿制服……(佚名《说说我亲眼看过的僵尸》)/ 这小伙子脱一大光脊梁,大光膀子,上身赤背,拿一把大西瓜刀……(马三立相声)

棒子 bàngzi 玉米。

棒子面儿 bàngzimiànr 玉米面：棒子面吃鲜过礼拜,旅游不出南门外……(《中国民间文学天津卷和平分册·天津歌谣集成》)

抱儿 bàor 量词,次,回,用于哭：她又悔,又恨,气得哭了好几抱儿……(于国峻《蛾眉》)／"……把我也说得心酸起来,所以就陪着她哭了一抱。"(雪屏《天堂的助跑》)‖(衣服、鞋子等)大小合适,一般不儿化：这双鞋穿着抱脚。(口语)

保不齐 bǎobùqí 难免,可能,说不定：人脸都跟白菜一个色,撞个车丢条命都是保不齐的事。(尹学芸《鬼亲》)

抱醋坛子 bàocùtánzi 指特别爱吃醋,有戏谑意味。

报官 bàoguān 向有关的政府部门告发,或请官方裁决：我猜想他报官的那张照片仍然是化装后的我……(龙一《恭贺新禧》)

包涵 bāohan 瑕疵、缺陷或美中不足之处,也指假货：十个厨子九个淡,食客吃完没包涵。(马金鹏《老天津卫饮食俗语》)／邓友梅先生小说《烟壶》乌世保问对方："看出什么'包涵'来了？"就是问是否看出"假"来了。(林希《话说天津味：包涵》)

保掯 bǎokèn 有把握,有保障：这个法儿保掯吗？可别办砸了。(口语)

包了儿 bāoliǎor 又说包圆儿;(把剩下的)全部买下：只见她坦然地对售货员说："你称称这些还有多少,我'包了'。"(佚名《"占个儿"合理吗？》)

保媒拉纤儿 bǎoméilāqiànr 又说说媒拉纤儿;做媒,也比喻从中牵引,介绍：宋安萍……说是某某大娘正在给盛宠保媒拉纤。(南郭玉鹤《风雨春梦》)／……某好事大姐百无聊赖闲来起腻死乞白赖保媒拉纤立誓非得把一对儿"老死不相往来"之男女撮合……(芷润《有一种伤自顾自着伤,不过是好强》)／来的人当中,大部分都是我的主顾……我得负责给他们相互引荐,跟说媒拉纤差不多……(雪屏《每个葡萄架下都有一只狐狸在等着》)

暴皮 bàopí 皮肤表层的干皮与皮肤脱离：太阳晒的胳膊都暴皮了。(口语)

薄气 báoqi 形容人小家子气，没有大家风范：那闺女多薄气。(口语)

抱热火罐儿 bàorèhuǒguànr 比喻怀有不切实际的希望：美妙的计划具有强烈的刺激性，使大队长抱着热火罐儿为她活动。(何苦《命运》)/父亲却说："咱家出身不好，甭让孩子抱着热火罐儿，省得日后……"(王军《上学之后》)/……怀里抱着的这个热火罐儿，谁也不舍得扔下。(林希《蛐蛐四爷》)

暴腾 bàoteng 形容空气中尘埃多：你先回去好好养两天，车间又暴腾又呛，你带病上班对咱厂名誉也不好！(魏藏珍《身在福中要知福》)

暴土扬尘 bàotǔyángchén 尘土飞扬的样子：……在清扫马路过程中，不暴土扬尘，扫过的路面干净光洁。(《新型扫道车在和平区使用》原载《天津日报》1980.9.8)

抱团儿 bàotuánr 紧密而不松散：肉少菜多的馅儿不容易抱团儿。(口语) ‖ 团结："抱团"闯市场，致富路领先 (天津《今晚报》2006.9.13)

保险套 bǎoxiǎntào 避孕套：都市的夜晚，到处都是把婚戒摘下来藏在兜里的男人和手包中装着超薄保险套的女人……(雪屏《每个葡萄架下都有一只狐狸在等着》)

曝腌(儿) bàoyān 蔬菜经过很短时间腌制即可食用的一种腌制方法：当然，萝卜馅素包、曝腌萝卜也是不错的家常美味。(由国庆《天津青萝卜金不换》)

包月(儿) bāoyuè 指旧时雇请的按月付费的人力车(洋车)：李二给梅二爷拉包月，赁的是通租界的洋车……(烟雨苏州《美人西来》)

包子有肉不在褶儿上 bāoziyǒuròubúzàizhěrshang 比喻不能

只依靠表面形象来判断内在品质,即不能只重视形式,要注重内容:这个你可说错了,我跟你比得了吗?你是包子有肉不在褶上……(王鸣录《买鸡蛋》)/……老太太说,这孩子平时不显山不露水的,真是包子有肉不在褶上啊!(赵志明《包子有肉不在褶上》)

背 bēi 平均(分配、分担)的意思:不是解决这个月的亏损电费嘛,我看还是按户背,亏损的钱,每家平摊!(南郭玉鹤《言老顺小传》)/这顿饭每人才背十块钱,真便宜。(口语)

背 bèi 走背字儿的简说;形容运气不好:我赶紧把盘子放下,摸黑去打了杯咖啡……可怎么就那么背呢,洒了多半杯……(王小柔《乐意》)

倍儿 bèir 说明程度的副词;非常,十分:郭德纲当即在台上用天津话回应:"这次回到咱们天津演出,心里倍儿高兴!"(何玉新《郭德纲:天津小孩最爱天津话》)/我们几个落座后,人家电影演五分钟白花花就评论几句,看得倍儿不消停……(王小柔《十面包袱》)/……就觉得眼皮不得劲儿,再想睁,是睁不开了,全粘住了,还倍儿结实。(同上)

备不住 bèibúzhù 或许,可能,也有难免的意思:甲:我告诉你,你可别跟外人说。乙:那可备不住。(王鸣录《幽灵自供》)/咱的茶汤也是食文化的一种…… 以后备不住还能走出国门为国争光呢!(佚名《龙嘴大铜壶新传》)

被垛 bèiduò 两床或两床以上叠好并摞起来的被子:大家安顿好以后……都倚在自己的被垛上休息……(来新夏《"坐冷板凳"和"吃冷猪肉"》)

被阁子 bèigézi 旧时一种放在炕上靠墙一侧的家具,主要用于盛放衣服被褥:一个胖姑娘从被阁子上拿来一面镜子,送到小珍面前……(郭维《笨人王老大》)/芦席铺就的炕上,靠墙一个棕色的被阁子,被阁子上放着几床棉被。(南郭玉鹤《风雨春梦》)

背过气(儿) bèiguoqì 因受到外界刺激而突然晕厥:夫妇俩

听了"10万美元"这个数字,一阵惊呼,险些背过气去。(庄宝英《卖房风波》)

背口袋 bēikǒudai 袋,轻声;摔跤运动的一种招式,将对手背起来,并摔倒在地:两个小时,所有人都在不停地翻跟头,背口袋。(王小柔《妖蛾子》)

背人 bèirén 秘密的,不让人知道的:耽误病……从头至尾就都告诉他了,反正也没背人的事。(刘立福《评书〈聊斋志异·青凤〉》)

锛 bēn 刀具出现缺口儿:这把菜刀砍骨头砍的,锛了。(口语)

奔 bèn 到,去(某个地方):的哥问他,大哥是不是病了?不行咱就奔医院吧。(何斌《戒毒篇——天津警察讲段子》)/我们被分配的单位五花八门……有人奔德高望重的仕途,有人奔效益好的单位,有人干脆自己做买卖去了。(王小柔《妖蛾子·自序》)

奔 bèn 指有所图,为了达到某种目的:其实您不说我也知道,您是奔我们厂新买的那所小楼来的吧?(李景城《分忧》)/亚军说,我到成都就是奔着戒毒去的。(烟雨苏州《美人西来》)

驳儿 bēnr 不客气地拒绝:这些道理他本想给魏文亮说的,可是还没说了就挨了驳儿。(魏巍《魏文亮的故事》)/他刚一说,就叫人驳儿回来了。(口语)

本儿 běnr 泛指证件、凭证一类的东西:你还别算那些保养,保险,养路费,验车、验本儿、修车之类的花销,光洗车就不少钱……(王小柔《十面包袱》)/好景不长……副食本儿供应的那点鱼尽是臭带鱼。(何申《吃鱼》)/那时候买嘛都是凭本儿供应。(口语)

笨儿笨儿 bénrbēnr 前字二声,后字轻声;傻,傻子:……瓜儿说:"往后少说这种笨儿笨儿话……"(雪屏《南门脸》)

奔波劳碌 bēnbōláolù 辛勤奔波的意思:其实我倒觉得随遇而安也是一种非常可取的生活态度。很多人奔波劳碌的最终目的不就是为了合家团圆吗?(王小柔《十面包袱》)

本儿对本儿 běnrduìběnr 不赔不赚,不输不赢。

锛绞裹 bēnjiáoguǒ 绞,又念 qiáo;儿童游戏排顺序或赌输赢的一种方式,三人同时伸出手,嘴里出声,以决胜负;有的地方叫"石头、剪子、布":过去,天津娃娃在游戏……时,乐于采用"锛铰裹"的形式。(谭汝为《这是天津话》)

笨嘴拙腮 bènzuǐzhuōsāi 又说拙嘴笨腮、笨嘴拙舌、笨嘴刮舌;形容嘴笨,口才不佳(另见"拙嘴笨腮"条):我笨嘴拙腮的,别让我发言了。(口语)

蹦蹦儿 bèngbengr 又说蹦子,形容很少的钱:谁知小菜园里的收入,我连一个蹦蹦儿也没得到。(周莘榆《萌动》)/天近拂晓,提督发怒,把刘轰出了门,连一个镚子儿也没给。(薛宝琨《"石韵":刘宝全的又一"绝活儿"》)

蹦蹦哒哒 bèngbengdādā 副词,断断续续的意思:现在,她跟儿子、儿媳妇一块儿过,蹦蹦哒哒干点什么……(雪屏《南门脸》)

蹦单儿 bèngdānr 独自一人:……顶不济还有姐妹伴随,蹦单儿的极少。(肖克凡《天津娃娃》)

蹦豆儿 bèngdòur 蹦与豆连读变调念一声;又作崩豆儿;用干的蚕豆炒制的一种小食品:……卖五香酥蹦豆儿的,卖酱肉烤烧饼的……比比皆是。(冯育楠《津门大侠霍元甲》)/冉霞说起话来就赛炒崩豆一样的脆生。(吴炳晶《好闺女》)

蹦高(儿) bènggāo 因极度愤怒、喜悦或其他的激动情绪而跳脚:我气得直蹦高,臭不要脸!(吕舒怀《碎片上的女人》)/只见一个赌鬼嚷起来:"三爷,我们不能空手去啊,可哪儿找家伙去?"旁边的坏透心儿早就有心卖弄机灵,听了这话,嚷得直蹦高儿:"去后院去后院,后院存着镐把!"(烟雨苏州《美人西来》)

绷劲儿 běngjìnr 故意摆架子:张嘀咕满心愿意,但还绷着个劲儿,说要先看看这女子的艺术作品再说。(王小柔《十面包袱》)/……一晃就到了三十五岁。家长绷不住劲了,开始调动各种关系帮他找对象。(王小柔《妖蛾子》)

绷着 běngzhe 故意掩饰,不暴露真相:摆好碗筷,她忽然说:

"哎哟,我不吃肉。"我按着电视遥控器:"在我这就别绷着了,肉多好吃。"(王小柔《妖蛾子》)

镚子儿 bèngzǐr 见"蹦蹦儿"条。

鼻儿 bír 哨子及其他能吹响的东西。

鼻眼儿 bíyǎnr 鼻孔:没风吹,却一种一种香味替换着飘过来。打这人鼻眼儿钻出来,再钻进那人鼻眼儿去。(冯骥才《三寸金莲》)

比划 bǐhua 又说比乎;干、做,有时有通过行动比试、较量的意思:哈哈!你还别藐我,要讲干劲儿,也不一定比你差,说赛咱就比划。(天津快板《竞赛小曲》)/ 一句"不服?咱出去比划!"还真有点令人生畏。(赵志明《不服?咱出去比划》)/ 东瀛日本大和民族就不玩蛐蛐,他们尚武,讲武士精神,喜欢人和人比划,动不动地便要分个强弱高低。(林希《蛐蛐四爷》)‖ 装样子:"……好么,我直说比划比划完啦,你们真下手,当这是打光棍哪!……"(烟雨苏州《美人西来》)

弊十 bìshí 旧时赌博用语,比喻最卑微的人:常有人说:"我算个弊十呀?"表示自己一文不值。(林希《天津话逗你玩》)

扁 biān 踩:那有虫子,快扁死!(口语)/ 看见狗屎了吗?别扁上。(口语)

编八造模儿 biānbāzàomór 又作编八造魔儿;无中生有地虚构事实和情节:那你为什么编八造模儿说你登完记要房子?(李景城《分忧》)/ 郭运起……骂道:"这纯粹编八造魔……"(张孟良《血溅津门》)/ ……不会是编八造魔地鼓捣个什么故事,来勾她腮帮子吧?(雪屏《南门脸》)

边边沿沿 biānbiānyànyàn 四个字均可儿化;形容非中心的位置:市中心的房子咱买不起,只能找边边沿沿的。(口语)

便道牙子 biàndàoyázi 又叫马路牙子;马路两旁便道比路面高的边缘:可他始终没有等来这些,等到的是饥饿和寒冷的深夜。后来他偎在便道牙子上睡着了……(吕舒怀《碎片上的女人》)/ 好不容易走到车站,阿达一屁股坐在马路牙子上,顾不上脏与不脏。(王小

柔《妖蛾子》)

扁身 biǎnshēn 侧身的意思:……他轻轻地挪开粪叉子,把篱笆门子错开一道缝,三个人扁着身子悄悄地溜进院去……(张孟良《血溅津门》)

扁食 biǎnshi 食,轻声;用水煮的饺子。

编派 biānpai 派,轻声;夸大其词或无中生有地编造不实之词:我劝儿子:好男儿志在四方,煞费苦心编排(注:应为派)了许多理由动员他。(马志国《替儿媳守密 我该不该这样》)‖夸大或捏造别人的缺点、过失,或编造情节以取笑:别听他瞎编派,根本没那么回事!(口语)

摽 biào 四声;紧紧地盯着并跟随,结合:桃儿说,这一来柜上的钱就由二少爷尽情去使。乔六桥一伙摽上了他,整天缠他请吃请喝请看请玩……(冯骥才《三寸金莲》)/ 这几个小子成天摽一块儿,怕是没有好事。(口语)

摽膀儿 biàobǎngr 又作摽把儿;并肩:姐俩儿摽膀儿过来了。(口语)‖比喻关系亲密:骆明和金厂长摽成把了……(蒋子龙《一个工厂秘书的日记》)

憋 biē 想解大小便的感觉,或有大小便而不解:甲:……俩孩子都要大便,她先给人家孩子拿桶儿,你不会让他先憋会儿? 乙:人家孩子憋得住吗?(宋勇 佟有为《好阿姨》)

憋 biē 电器中的某个部件在使用中损坏:甲:还告诉您住这屋可没电。乙:怎么了? 甲:灯泡憋了!(相声《多层饭店》)

瘪 biē 见"瘪词儿"条。

瘪词儿 biěcír 简说瘪(加了,轻声);理屈词穷,也形容为难,无计可施:我没进去过洗浴,而且坚决不去洗浴中心的事一度被同事嘲笑,他们觉得我太老坦儿,胡编的时候胆子特大,一动真格的,立马瘪词儿。(王小柔《十面包袱》)/ 对方一听,瘪了,无言以对。(罗春荣《金糖葫芦》)

憋嘟 biēdu 指人身体矮小,发育不良:都18岁了才不到1.6

米,长憋嘟了。(百度名片)/ 这孩子先天不足……长憋嘟了!(谭汝为《憋囚》)

鳖犊子 biēdúzi　骂人话。

憋囚 biēqiu　见"憋屈"条。

憋屈 biēqu　屈,轻声,又说憋囚:……能在木桶里洗,跟古代宫廷电影演的似的,咱也不知道跟螃蟹似的在木桶里坐着有什么美的,多憋屈啊那么大个地儿。(王小柔《十面包袱》)/ 老少三辈住在一间屋子半间炕的平房里,这日子过得太憋囚啦!(谭汝为《憋囚》)‖形容心里委屈而不能发泄的难受心理:康家会心疼梅,生怕这样下去憋屈坏了她,就琢磨法让梅高兴起来。(吕舒怀《小人书铺》)/ 孩子觉得挺没面子的,憋屈,然后就回家跟爹妈学舌……(佚名)

别是 biéshi　可以简说别,多用于表示猜测、推测的场合,常常表示预料某种坏的结果:这是逮哪儿找的设计师啊,广告上说还是一老外,这人别是在自己国家设计墓地出身的吧……(王小柔《十面包袱》)/ 护士念叨,这人别是吸毒过量吧?(何斌《戒毒篇——天津警察讲段子》)/ 我这财迷别碰上"大梨"了吧?(王鸣录《财神爷》)

别说 biéshuō　说话中用以引起后面的话,表示对前面话的肯定和补充:我的视线始终纠缠在她完美的肚脐眼儿上,别说,就是好看。(王小柔《十面包袱》)/ 一把小葱一碟黄酱一锅棒渣粥,人家就吃得心满意足。别说,省钱,好养活。(何申《谁家有女初长成》)‖连词,用在表示递进复句的上半句,下半句通常用"就是"连接呼应:胡大头的狼狈样子,别说观众,就连日本武士都禁不住笑了。(姚宗瑛《赌跤》)/ 三爷,不是吹,别说曾老虎的黑旗队,就是你妈的刘广海那群小刀子会,在我冯老辛眼里,都是屁泥!(张孟良《血溅津门》)/ 坐一会儿是可以的,但是像我这样,一坐两个多小时,别说自己感觉不对劲,就是别人也会有想法……(宋潇凌《我为谁守身如玉》)

别再 biézài　可简说再;用于推测不好的结果,表示不希望不

好结果的发生:我一直在作着心理斗争,泡还是不泡……别回来穿游泳衣寒风里站着等热水再给冻成冰山上的来客。(王小柔《有范儿》)/ ……我都怕他们一脑袋把玻璃撞碎再掉下去,死死抱住童男童女们的小腿儿。(同上)/ 他的情况我熟悉,也省得他再把您也给忽悠了。(何斌《戒毒篇——天津警察讲段子》)

并膀儿 bīngbǎngr 并肩:这是两条根本不同的道路,怎能一起并膀儿走呢?(冯育楠《银沙滩》)

病病秧秧 bìngbingyāngyāng 第二个病念轻声,病病歪歪,时常闹病的样子:别看老人一直病病秧秧,倒也长寿呢。(口语)

冰搅凌 bīngjiǎolíng 冰淇淋:每次回来路过他妈妈的厂子大门口,碰见幼儿园的阿姨,人家都会冲他说:你爸爸是不是又带你吃冰淇淋去了呀!阿姨浓重的天津话,把冰淇淋的"淇"说成 jiāo 的音,每次都听成了"冰搅凌"……(肖复兴《中山路漫忆》)

冰窟窿 bīngkūlong 比喻寒冷的环境:暖气坏了,屋子成了冰窟窿。(口语)‖ 比喻灰心丧气的心情。

病痨儿 bìngláor 体弱多病的人:刚三十多岁看他抽的面黄肌瘦……细长脖子成病痨啦,动不动就上医院。(陈庆昌 周连群《老潘忌烟》)。

冰湿巴凉 bīngshībāliáng 巴,去声;形容又湿又冷:这冰湿巴凉的屋子,怎么住人!(口语)

病秧子 bìngyāngzi 从小就身体不好、病病歪歪的人:雨点,五十多岁了,小头虾脸,个子瘦小,像是个病秧子。(韩映山《雨点下淀》)

饽饽 bōbo 又叫饽饽头儿、饽头儿;以玉米面为主(也可以添加豆面、小米面等)做的充当主食的食物:一天,他把仅有的一点糠菜做了三个饽饽,带着上山了。(张士杰《秫秸船》)/ 狱警更会拿犯人开心:……这大眼饽饽头不会让你白吃的!(胡西淳《佛手》)

拨拨转转 bōbozhuànzhuan 比喻缺乏主动性:她姐们儿属于

拨拨转转的主儿,没主意。(雪屏《南门脸》)

脖领子 bólǐngzi 又说脖领儿;衣服的领子:……头一个路警一伸手刚抓住司炉的脖领子……(佚名《智闹西车站》)/秃子拨拉开来宝,揪住我脖领子……(吕舒怀《碎片上的女人》)

脖溜儿 bóliūr 见"打脖溜儿"条。

补差 bǔchà 退休后继续从事有报酬的工作:两位老人在街头相遇,寒暄一番:甲:"没补差去吗?"乙:"够吃够花就得了,补嘛差!"(刘思训《天津方言词语小考》)/你去找……民警小李子,叫他给你找个补差的地界儿!(南郭玉鹤《言老顺小传》)

步叉子 bùchāzi 形容很大的步子,步伐:说完便蹽开步叉子,……不见影了。(蒋子龙《农民帝国》)

不错眼珠儿 búcuòyǎnzhūr 目不转睛:林大爷从嘴里拿下烟袋,不错眼珠地瞧着江英……(佚名《在温暖的日子里》)/心里这么想着,眼睛不错眼珠地盯着舞台,巴望梅赶快出来。(吕舒怀《小人书铺》)

不大离儿 búdàlír 又说不离儿、不斤不离儿、不离嘛儿;差不多,相近的意思,也表示程度、水准一般,凑合,能过得去:老徐……苦笑了,"……若按咱自己的收入,三口人吃五十多元钱也就不离了。可是谁能想到……"(台宝奎《补助》)/……就是中国人也感到不太好学的京戏,他也唱得不大离儿。(张孟良《血溅津门》)/杨四……说:"不离嘛儿,让几位请吧!"(张仲《龙嘴大铜壶》)

不带…的 búdài…de 表示否定,即"不",有强调的意思:手术后,排完气才能吃东西,但阿绿的肠子特老实,怎么揉都不带动的,所以尚且不能进餐。(王小柔《有范儿》)/张瘦溜躺那还扬言:"我们那个同样栽在安全期的姐们儿倍儿行,逛街四个小时不带歇的。"(同上)/他呀,说瞎话都不带眨磨眼儿的。(口语)

不带玩儿 búdàiwánr 本义为不允许某某参加一起玩儿,多比喻排斥某某参与某事:咱不带她玩儿。(口语)/我很迷恋年味

儿。一直有个规矩叫"嫁出的女儿不许见娘家的灯",所以,大年三十那顿团圆饭是不带闺女及其家庭成员玩儿的……(王小柔《十面包袱》)

不的话 bùdehuà 否则:她说:"部长……应该多听听下面人的意见。不的话,我们就无法深入工作。"(董建津《党小组会前后》)

不得劲儿 bùdéjìnr 得,又念 děi;不自在,不好意思:人家这么一说,咱倒怪不得劲儿的。(口语)

不点儿 bùdiǎnr 又说不丁点儿;副词,很,十分,多用于少或小的场合:她最爱看的是报纸中缝,不点儿小的字都她的关注范畴……(王小柔《乐意》)‖ 形容很少,很小:你还喝粥吗?就剩不点儿了。(口语)/ 平常因为不点儿大的事儿,就吹胡子瞪眼睛。(南郭玉鹤《风雨春梦》)

不定 búdīng 字面含义为不知道,不肯定,多用于表示怀疑、揣测的反诘句子里,表示肯定、一定的意思:她……更不敢瞅白金宝的脸。白金宝脸儿不定多光彩呢!(冯骥才《三寸金莲》)

不对乎 búduìhu 关系不睦:屋里姐几个不对乎,矫情起来了?要不要我给劝劝?(玉鹤《八月十五云遮月》)

不防头 bùfángtóu 又作不妨头;(说)不合情理或不合时宜(的话):宝钗思想了一番,笑道:"……就是我哥哥说话不防头,一时说出宝兄弟来,也不是有心调唆……"(曹雪芹《红楼梦》)/ 妇人见他的话不妨头,一点红从耳边起,须臾紫胀了双腮……(《金瓶梅·第三十八回》)

不分溜儿 bùfēnliùr 又作不分绺儿;指身体某个部位不流利,不灵活:我的手冰凉,翻篇儿都不分溜儿了……(王小柔《妖蛾子》)/ 这一整天,果儿……手脚不分绺儿……(雪屏《南门脸》)

不够哥们儿 bùgòugēmenr 不尽朋友的情分,不讲义气(单说够哥们儿,即够朋友的意思):别人吸了咱不吸?就怕他们说我不够哥们儿。(何斌《戒毒篇——天津警察讲段子》)/ 刘东义瞅了瞅一旁的崔明远,心里话,我和老包一同喝酒,叫不叫上他?不叫他,像是咱不够哥们儿……(南郭玉鹤《风雨春梦》)/ 老裴的兴奋衰落下来,挺扫兴地说:小姚,你一点儿也不够哥们儿……(吕舒怀《命运符》)

不够揍儿 búgòuzòur 简说不够;骂人话,指人品行不好:……最可气的是那个钳工小张,背后骂您不够揍儿!(佚名《巧练唇舌》)/……冯老辛说,"……人家拉车的走路的没说话,你他妈坐车的倒不耐烦儿了,真不够揍儿!"(张孟良《血溅津门》)

不好介 bùhǎojie 又作不好家;赌誓时说的话,不得好下场的意思:甲:……谁再说空话是老倭瓜! 乙:发什么誓呀! 甲:要不我不好介!(相声《交心》)

不叽(儿) buji 又作不唧,不拉叽(唧),儿化时有时说成"么劲儿";形容词后缀,"叽"可以重复,作不叽叽;也可以儿化作不叽儿;其繁复形式为不拉唧(叽);多用于某些单音节形容词后:这个菜甜不叽的,我不爱吃。(刘思训《天津方言词语小考》)/ 每月父母发了工资,他就蔫不唧的把钱拿过来,一张一张地数。(笑冬《意料之外的"情"和"理"》)/ 六子吸了一下鼻涕,傻不叽叽地说……(魏巍《魏文亮的故事》)/ 这时,季乃强愣不叽叽插了一句:"妈,不忙……"(王筠《龙票》)/ 我家五姨太没失踪,蔫么劲儿回了娘家。(吕舒怀《水铺》)/ 郭存先……突然愣不拉唧地甩出一句话……(蒋子龙《农民帝国》)

不见兔子不撒鹰 bújiàntùzibùsāyīng 比喻没看到实际的结果,没有十足把握之时,不轻易出手(做某事):这位朋友不见兔子不撒鹰,任她缠磨,只嘻笑应付。(刘长江 张宝仁《一起发人深省的盗窃案》)/ 二来,喜多一诚他是个不见兔子不撒鹰的老奸巨猾的鬼子呀……(张孟良《血溅津门》)

不觉闷 bùjiāomèn 对于自己言行不妥而又不自觉的人的贬义评价,不识趣的意思,可以去掉"不"用于反诘句,也表示否定:领导说得对,姥爷属于不识趣,也叫不觉闷。(一默《水缸》)/ ……动不动

就在楼里跟人显摆:"你搅(注:应为觉)闷吗?再界么打镲,回找人得楞你。"(王小柔《乐意》)/ 总之,天津人说一切没有自知之明的人,就是"不觉闷"。(佚名)

不斤不离儿 bùjīnbùlír 见"不大离儿"条。

不紧不慢(儿) bùjǐnbúmàn 慢慢腾腾,不着急的样子。

不开面儿 bùkāimiànr 不给面子:车间哪位同志家中有红白喜事,只要他有空,都要去看望,但他从来不在职工家中吃饭。背后,有的人认为隗经贵这样做是"不开面"……(刘明《隗经贵一心扑在工作上》)

不拉 bulā 形容词后缀,又说巴拉;用于少数双音节形容词后,起强调或繁复作用,如腻歪不拉、烦人不拉等:别堵着门口儿,碍事不拉的!(刘思训《天津方言词语小考》)/ 游了不到一小时……我就从热乎水里钻出来,费劲巴拉地往她那游。(王小柔《十面包袱》)

不拉叽 bulājī 形容词后缀,用于单音节形容词后,对该形容词起强调等作用,如长不拉叽、蔫不拉叽:现在有些相声演员很俗,用句天津话说:贫不拉叽,俗不可耐!(魏巍《魏文亮的故事》)

不赖 búlài 好,不错:你这字写得还不赖。(口语)

不楞登 bulēngdēng 形容词后缀,用法与作用同"不拉叽",如红不楞登、傻不楞登:自古以来,犯颜直谏,说话直不楞登,是要冒很大的风险的。(张峰《说"曲"》)

不离儿 bùlír 见"不大离儿"条。

不溜丢 buliūdiū 形容词后缀,用于单音节形容词后,如酸不溜丢、甜不溜丢、侉不溜丢等,有贬义:吓死人了,这东西滑不溜丢,跟蛇一个模样,恶心死了!(冯育楠《津门大侠霍元甲》)/ ……准备烫个热水澡,一进去,老贾心里就犯堵,那池水大概两天没换了,灰不溜丢地泛着白沫。(阳煦山立《鸟市儿》)

不溜秋 buliūqiū 形容词后缀,用法同"不溜丢":灰不溜秋的墙上挂着一幅画像……(王筠《龙票》)

"哏儿都"说哏儿话——天津话这么说

不卖择 búmàizái 又说不卖挑,即卖东西的不允许买主挑选:六块一斤,不卖择。(口语)

白面 búmian 白,读 bú,二声,又说面白(bú);做面食时,为防止粘连而撒在案板上的干面:现代北方口语仍有白(bú)面的说法,专指擀面时为防止粘连而撒在案板上的那一层衬面。(温公翊《元人杂剧词语释义》)

不摸门儿 bùmāoménr 不清楚,不明白:看病不摸门,志愿者领道。(天津《今晚报》2011.12.22)

不挨边儿 bù'nāibiānr 不符合事实或道理:真不挨边儿,骂得着人家吗?(雪屏《南门脸》)

不挨盘儿 bù'nāipánr 形容做事没有次序,不合规矩:这个小保姆干活不挨盘儿。(口语)

不碍得 bú'nàide 没有妨碍,没关系:小童役端水给他洗手,不小心把水洒在他身上了,他直说不碍得,不碍得……(佚名《泥人张的故事》)

不安好心 bù'nānhǎoxīn 心怀鬼胎的意思:崔咏梅不安好心了,隔几天就跑到水芙蓉面前,讥讽嘲笑她一回……(南郭玉鹤《拆迁记》)

步辇儿 bùniǎnr 徒步:王胖子雇不到洋车,没辙,只好步辇磨蹭。(李云冲《王胖子的裤腰带》)

不善 búshàn 不简单,非同小可:这两家,都不善,打架成了家常饭。(金钰《楼上楼下》)

不识逗 bùshídòu 不懂得开玩笑:这位老先生怎么不识逗?(魏巍《魏文亮的故事》)

不拾闲儿 bùshíxiánr 又作不识闲儿、不失闲儿;形容人勤快,总也不闲着:……商品搬搬运运,手脚不拾闲儿。(张忠海《相亲》)/ 她勤勤恳恳,不怕累,不嫌脏……一天到晚不失闲儿……(韩映山《激奋》)

不是玩意儿 búshìwányir 骂人话,指人品质恶劣:但我还是同意教授的意见:那专员真不是玩意儿。我们共同祝愿他倒霉。(吴非

《"挪窝"》)

不舒服 bùshūfu 又说不舒坦；患病，多指持续时间不长、不严重的疾病：岳勇走进屋，问道："勇亮不舒服啦？"（冯育楠《银沙滩》）

不说 bùshuō 表示对于对方没做应该做的事的一种不满的态度，多用于规劝或指责对方的场合：大敌压境，你们不说打仗，反倒逃跑……（孙犁《光荣》）/ 要说亮子也真是，不说请个假在家侍候侍候。（吴炳晶《唠叨婆婆》）/ 他不知道，他妈还不知道？一家人也不说去医院看看你去……（南郭玉鹤《风雨春梦》）

不算人数 bùsuànrénshù 不具备做人的资格：谁也没提起黄毛，也没想他今天为什么不露面。在我们的心目中，黄毛已然不算人数。（吕舒怀《敌敌畏》）

不随地道 bùsuídìdao 不懂得人情世故，不符合为人处世的风俗、情理、习惯等。

不为过 bùwéiguò 恰如其分，毫不夸张的意思：赵大龙说，也不是吧？他的责任心很强啊，说以厂为家都不为过。（尚友朋《大热天》）

不行 bùxíng 不然的话，否则：今儿个，你不说清楚了，咱就没完！不行，咱就到街团委评理去！（南郭玉鹤《风雨春梦》）

不咋的 bùzǎdī 不好，不怎么样：也有人说，儿子可是不咋的，孝子头都没给老爹磕一个。（何斌《戒毒篇——天津警察讲段子》）

不在以下 búzàiyǐxià 用于比较的场合，表示数量、程度等和比较物相比有过之而无不足：采访女所的时候我听过一个提法，三百六十行，吸毒的最忙。看来做工程的也不在以下啊。（何斌《戒毒篇——天津警察讲段子》）/ 李维接着说：后来我们就去了医科大学附近的日租房，见面把我吓了一跳，那岁数比我妈也不在以下。（同上）

不着 bùzháo 用于动词后，表示不应该，没必要：那人一瞪眼

说:"爷爷我撩不着!"(魏金城《高买》)

不着边儿 bùzháobiānr 不着边际:嘱咐小子好好干活就是了,别得得(注:应为嘚嘚)不着边的了……(汤吉夫《忌烟》)

不着调 bùzháodiào 又说不着槽,形容人不务正业,作风散漫:……他还是《激情燃烧的岁月2》中那个不着调的军人石林。(赵毅《如此"不着调"》)/ 一农家女从贫宣队走出来,面目姣好知情达理,成了某领导不着调儿子的对象,随之她的生活就发生了巨大的变化。(何申《1974年的"恋情"》)/ 我们的政治老师更酷……整天拎着用尼龙条编的菜篮子上班,下班直接奔菜市场。弄得班里不着调的男生特别崇拜他……(王小柔《十面包袱》)

C

C

擦黑儿 cāhēir 指天快黑的时候,傍晚:……天擦黑的时候,只要往马路牙子上一站,立刻有高级车往她边上停。(王小柔《乐意》)/天刚擦黑,蚊子围绕他们上空盘旋,寻找着可乘之机。(吕舒怀《美人尖儿》)

踩蛋儿 cǎidànr 鸡交配。

踩点儿 cǎidiǎnr 到达的时间算得准确:他每天上班都是踩点儿来,早一分钟也不到。(口语)/小袁先生好像也是踩着点儿来的。(张仲《龙嘴大铜壶》)

踩挤 cǎiji 挤,轻声,又说踩巴、踩咕;排挤,倾轧:他太老实,在单位受了这么多年踩挤。(口语)/小院门外围了一堆人,人们已看出是怎么回事,更知道这张来顺是登门"踩巴人"的,没办法……(胡西淳《佛手》)/他生来热心肠……更不会去踩咕谁……(雪屏《南门脸》)

菜码儿 càimǎr 和捞面一起吃的生的或焯熟的蔬菜:老太太已经炒好了菜,打好了卤,焯好了菜码儿……(魏巍《魏文亮的故事》)/吃捞面条,他先吃光棍面,后吃菜码儿,最后再喝卤子。(裴伟《红砖的风格》)

菜团子 càituánzi 又叫馅饽饽;家常饭食,用玉米面做皮,包上菜馅,做成馒头大小,蒸熟而食:甲:……第二天吃午饭她带着食堂王老头往食堂门口一站……乙:干什么?甲:发菜团子。(冯巩 刘伟《红娘》)/她做了菜团子,放进去很多猪油和肥肉,咬一口,嘴角淌出

亮晶晶的油来。(吕舒怀《碎片上的女人》)

藏蒙个儿 cángménggèr 蒙,也念轻声;捉迷藏。

藏着掖着 cángzheyēzhe 躲避,隐瞒:讨了个漂亮的小媳妇就想藏着掖着,连喜酒也不请一杯?(蒋子龙《农民帝国》)/……逼着他说:"我姐姐究竟怎么样,你不许藏着掖着,实实在在对我说。"(吕舒怀《水铺》)

草鸡 cǎoji 鸡,轻声;示弱,退缩,甘拜下风的意思:……心想,平时你们跟着我什么大说什么,如今轮到节骨眼上都草鸡了。(张孟良《血溅津门》)

噌 cēng 因言语不和而发生口角,或关系破裂;后面多加了(啦):……晚饭后散步的时候,因为一点小事跟妻子说"噌"了……(曹怀新《兜圈子的出租车》)/他们俩以前特别好,后来不知为嘛闹噌啦。(口语)

蹭 cèng 不花钱而获得(商品、服务或其他好处),如吃不花钱的饭叫蹭饭,坐不花钱的车叫蹭车等:双职工加班,孩子饿肚子怎么办?……打个电话给邻居便可"蹭"顿饭……(天津《城市快报》2006.3.30)/评剧一代名伶鲜灵霞,幼年是个小戏迷,因为经常到南市聚华戏院去看"蹭戏",而引起聚祥社戏班的注意。(肖心月《鲜灵霞与小鲜灵霞》)/我的朋友把钱管得死死的,每天只给老公两元公交费,以至于老公经常在单位"蹭烟"。(王莉《我家实行AA制》)

叉 chá 挡住,卡住:小区门口儿的汽车叉死了,出不来也进不去。(口语)

揸 chá (往容器里面)装,放:……看着女儿一只大紫色木箱已装得满满的,一只大旅行包也基本揸满了,可她还觉得少些什么……(佚名《龙嘴大铜壶新传》)

茬 chá 本义为作物在一块地上种植或收获的次数,用以比喻人的批次:四年来,敬老院的服务人员换了几茬……(王学军 张艳红 王天裕《浓浓爱意,送到群众心里!》)

碴 chá 玻璃、瓷器等碎片碰破皮肉：碗摔了没关系，留神别碴了手。（口语）

岔 chā 又作叉；(恋爱、婚姻等关系)结束、破裂：一提亲就岔了，说他们是地主狗崽子。(王鸣录《皆大欢喜》)／你要是跟他岔啦……别怨我不认你张秀芳。(杜放《两家春》)／去年我搞了个对象，叉了。(玉鹤《八月十五云遮月》)

茬儿 chár 又作碴儿；指过去的或现实的某一件事：……她临进门强调一句："得爬啊！"在我早把这茬儿忘脖子后面的时候，我妈来监督了，进来就问："爬了吗？"(王小柔《乐意》)／核桃王觉得年纪轻轻就玩核桃，不说玩物丧志吧，也有点误人子弟之嫌，所以一直不理他这个碴儿。(叶子《核桃王》)／这家伙还挺有心，还惦记着我前些日子替他交一百块钱话费的茬……(王小柔《有范儿》)

碴巴过节儿 chábaguòjier 见"过节儿"条。

差道儿 chàdàor 比喻人的言行有悖常情，不合习俗：这人太差道儿。(口语)／好在那些年我怎么缺德，出的书，大多是有点意思的翻译小说，还算不太差道。(雪屏《写在〈义地〉前面》)

茶房 cháfang 房，轻声；旧时主家办红白喜事时临时雇来的服务人员：大办白事找茶房也很重要，他们表面上是来侍奉客人，但实际……起非常重要的作用。(佚名《天津地方丧事民俗》)

插关儿 chāguanr 关儿，轻声；门插关儿，旧时木门的门闩。

茶壶 cháhú 旧指妓院里的男仆：一流修脚二剃头，三流娼妓四流游……七奴八婢九茶壶。(佚名《天津歌谣集成·九流歌·下九流》)／大茶壶就是妓院老鸨的姘夫，见曹禺先生拿着纸笔记录和妓女的谈话……就带着妓院里的打手殴打曹禺先生。(孙喦《为了〈日出〉的创作》)／午后时分，班子里的姐儿刚起床……"茶壶"见我这时候进门，眼睛翻得全白……(龙一《恭贺新禧》)

差壶 chàhú 弄错，误会：哎哟，我是醋瓶子打酒——差壶了。(关飙 文琪《废品》)

岔豁 chàhuo 又作岔乎；转移话题或用别的事转移注意力：又要来劲儿，我还得给他岔豁岔豁……岔豁不开了。(王鸣录《看房》)

茬口儿 chákour 时机，机会，有时指某个特定的时机：早不来晚不来，瞧他来的这茬口儿！(口语)

差口儿的 chàkǒurde 特殊的、好吃的(饭菜)：赵奎元说："你们几位一块吃吧，挺爽神的，也没有什么差口的给你们单做。"(张孟良《血溅津门》)

插门 chāmén 旧时的木门关闭锁死时要用门插关儿插上，插门即锁门：韩芬出去看了看，婆婆和小姑子都睡了，就……插上了门。(南郭玉鹤《风雨春梦》) / 只要逮机会回来一趟，急急渴渴回房插门和媳妇热热乎乎闹一闹。(冯骥才《三寸金莲》) / 我晃晃悠悠去厕所，只听外面大呼："插门啊!"(王小柔《有范儿》)

岔头儿 chàtóur 事故、错误等，有岔子的意思：……我并不完全是嫌补助少。岔头儿是，这小子雁过拔毛，拿组织上的关怀当成了他自己对工人的赏钱！(台宝奎《补助》) / 您说的要是合我心意，我就点头。要是我琢磨着不老合适，还有嘛差(注：应为岔)头，咱们再商量。(南郭玉鹤《拆迁记》)

岔样儿 chàyàngr 又说差(乎)样儿；指变换不同花样的(饭菜)，特指好吃的(饭菜)：大家爱吃什么点什么，岔着样的做。(谢春兴《"小灶"传略》) / 只要哪家吃点差乎样儿的，他就坐在家里等着，保证落不了空。(志宇《刘二爷剥蒜——两耽误》) / 果儿戳了桃儿一手指头，"……人家七婶是个孤寡老人……特别疼我，做点儿差样儿的，还惦记着我……"(雪屏《南门脸》)

茶叶末子 cháyemòzi 又说茶叶末儿；比喻雀斑：你干嘛，瘦高个儿，一脸茶叶末儿，别认为自己挺不错！(相声《家庭论》)

插一杠子 chāyígàngzi 比喻参与到与自己无关的事物中，或是强行介入某事：……除了管生活小事，就连对方的工作都恨不得插一杠子，只可惜她的丈夫并不买她的账，管来管去两个人感情越

来越糟……(殷卫《男人的三样隐私》)/ 人家说话,你中间不要插一杠子……(王鸣录《聊天儿》)/ 曹军……刚要提及那件要紧的事,这工夫有人插了一杠子……(南郭玉鹤《风雨春梦》)

插一句 chāyíjù 插话:王亮说,我插一句吧……(何斌《戒毒篇——天津警察讲段子》)

蹅雨 chāyǔ 蹅,三声,雨天在泥水中行走:别穿着新鞋去蹅雨。(口语)

拆兑 chāidui 兑,轻声,发音不稳定,又作拆搭、拆掇;设法筹措、解决的意思:也抽上瘾了,喝上瘾了,你们也不管了。没钱就满地方拆兑去。(王鸣录《教训》)/ 走吧!蝶桥底下,就是没地界儿,我也能给您老拆搭拆搭,挤出块儿地界儿来!(南郭玉鹤《言老顺小传》)/ 嘎久儿……连忙说:"唉呀,赵大叔,这里没闲房呀……你老是不是再往别人家拆掇拆掇呀?"(张孟良《血溅津门》)

拆骨肉 chāigǔròu 骨,轻声;本义为鸡、鸭、肉等连骨头一起煮后,与骨头分离下来的肉,也比喻完整的东西被拆散:正规馄饨铺都有煮"落挂"的拆骨肉出售,以示正宗骨头吊汤,绝无欺瞒。(谭汝为《卫嘴子吃早点——泰嗐》)

馋虫 chánchóng 戏称对美味食品的向往:果然如他预料的那样,起码有一半的人馋虫被他勾出来了……故意馋我们啊。(裘山山《一碗铺盖面》)/ 这时,他想起了张哑巴的水爆肚。馋虫勾得他一溜小跑,直奔荣吉大街的张哑巴酒馆。(吕舒怀《小人书铺》)

铲子将 chǎnzijiàng 又作铲子匠;指对别人讽刺、挖苦,或是爱说风凉话的人:那你也不如我这个"铲子将"……自己个儿不好好干活,还给别人泼冷水。(慕容芹《摺挑子会》)/ 梨儿做铲子匠:"到你那时候,撑死做个凉拌西红柿。"(雪屏《南门脸》)

长脖儿老等 chángbórlǎoděng 本指鹭鸶;比喻长时间地等待,也指这种人:唉呀,你可来了,我们大伙都成了长脖老等了。(林希《天津话逗你玩》)

"哏儿都"说哏儿话——天津话这么说

敞开(儿)chǎngkāi 任意地,随便地,不受拘束地:阔人得有阔事,常说哪家办红白事摆排场,哪家开粥厂随便人来敞开吃……(冯骥才《三寸金莲》)/ 平时舍不得吃的,现在敞开了吃……(雪屏《废墟,我的1976》)

常来常往 chángláichángwǎng 形容经常来往,交往密切:平时他们几个同学常来常往的,宋大夫也没特意地留神过他们。(佚名《龙嘴大铜壶新传》)

长命 chángmìng 活得岁数大,不夭折(多指婴幼儿):过去民俗特意给孩子起"贱名",为的是长命。(李志强《中国北方俚曲俗情》)

长寿面 chángshòumiàn 过生日吃的面条:……可见当时已有生日吃长寿面的习俗。(马金鹏《风味捞面席》)

尝鲜(儿)chángxiān 能提前或及时地吃到新上市的时令瓜果、海鲜、蔬菜等:一年四季,新鲜瓜果一下来,都让婆婆先尝尝鲜。(孙仪《婉转病床前,久而不厌倦》)/ 玉妹笑道:"我爸托人从塘沽捎来了几斤海螃蟹,我妈说,给二婶儿,我哥还有嫂子你,尝尝鲜儿!"(南郭玉鹤《风雨春梦》)

潮 cháo 又说手潮;技艺不高明:这活儿怕干不好,他手艺够潮的。(口语)

潮虫 cháochóng 生长于潮湿、阴暗地方的一种虫子,学名鼠妇:鼠妇:又名潮虫。咬食幼嫩根、茎组织。(天津《今晚报》2007.8.29)/ 实在无聊,我只好陪着地下爬的潮虫子玩,拿粉笔画一个隔离区,不许它越过警戒线,爬出去就把它再捏回来……(雪屏《瓦砾》)

抄近道儿 chāojìndàor 走较近的路:为抄近道 闯机动车隧道下坡路陡,老人摔伤面部(天津《今晚报》2011.4.28)

潮脑球儿 cháonǎoqiúr 又作槽脑球儿;防虫蛀用的卫生球儿:记得小时候,大人在衣箱中放"槽脑球"(这里是记音,与"潮老"相近——原注),当即此物。(侯会《曾国藩教你收藏古货》)

超片子 chāopiānzi 影片的一些镜头被剪去不放映:……不知

什么原因许多镜头忽然被删掉了……"超片子"。(沙波《读书三戒》)

抄摊子 chāotānzi 比喻生意或其他活动结束。

吵殃子 chǎoyāngzi 吵闹,起哄;乞丐:……掌班的,老板们,可怜可怜我瞎子吧。翠喜:去,去,去。别在这门口吵殃子。没有钱!(曹禺《日出》)

扯 chě 形容女人性格过于开朗活泼,甚至超出常态,有时有贬义:他怎么不跟别人抢?你太"扯"了!(苏书棠《列车,消逝在远方》)/ 李园丽问道:"就是什么?就是有点厉害,还有点扯,是不是?"(张孟良《血溅津门》)/ 宋大夫见她又"扯",使劲打了她手背一下……(佚名《龙嘴大铜壶新传》)/"二",不是数字,却是个特别得体的形容词。在我们小圈子的语境里,跟"扯"差不多。(白花花《十面包袱·后记》《跟傻子赛的》)

撤 chè 用手掌打面部:气得他自己撤嘴巴子。(口语)

撤 chè 减轻、减少(味道、气味等):炒木须肉搁几片黄瓜就行,放多了撤味儿。(口语)‖ 离去:几位慢慢吃,我先撤了。(口语)

车带 chēdài 车胎,外胎叫外带,内胎叫里带,也简称带:车带瘪了,也看不见修车的。(口语)/ 恒大烟见抽不见卖,自行车光卖架子不卖带。(《中国民间文学天津卷和平分册·天津歌谣集成》)

扯子 chězi 又叫扯罐子;对性格过于活泼女人的贬称,有时有戏谑意味:女孩子过于活泼,"小扯子",还带有一点欣赏的意思……(林希《天津话逗你玩》)

沉 chén 表示时间上的短暂停歇,过一会儿、停一会儿的意思:那位同志沉了一会儿说,我不了解情况。(《这封人民来信为什么迟迟没处理》原载《天津日报》)/ 沉了一会儿,他……问茶摊主,一天能挣多少钱?(武歇《天津少爷》)‖ 等一等,过些时间(日子):这事马上办有难度,还是沉沉再说吧。(口语)

趁 chèn 富有,拥有:找个老太太,一个人的,跟前一个姑娘,趁一所房子、满屋子家具,我一过门,又是姑爷又是儿。(王鸣录《媳妇往哪娶》)/工厂里布满铁道,一个工厂竟然趁三列火车……(蒋子龙《一个老工人的述说》)/……就趁辆自行车跟树拴一块还丢呢……(王小柔《十面包袱》)

抻懒筋 chēnlǎnjīn 伸懒腰:等她醒来……抻抻懒筋,就听外屋她妈说……(雪屏《南门脸》)

抻练 chēnlian 练,轻声;锻炼,比试:桃儿……问:"谁欺负你了,我抻练抻练他去。"(雪屏《南门脸》)

抻条儿面 chēntiáormiàn 抻面,即用手抻成的面条儿,也比喻长时间地拖延,慢慢腾腾:……你们吃抻条面啦,就这种劲儿,能搞生产吗?(冯巩 刘伟《红娘》)

城犄儿 chéngjiǎor 又说城犄角儿,指天津旧城东西南北四条马路中,两条相接的地段,如西马路与南马路拐角处叫西南城角儿(简称西南角儿):这地界儿的人还把住的地方叫"城犄角儿",或者简短截说,叫"城角儿"。(张仲《龙嘴大铜壶》)

成精 chéngjīng 发展、变化得成了妖精,比喻人成熟、老练到极致:我们渐渐不懂得害羞了,有时候还会人来疯,最后修炼到露哪儿都不觉得露怯就成精了。(王小柔《十面包袱》)/有人骂她:"老不死的!小闺女不懂事,你都快活成精了也不懂人事!"(冯骥才《三寸金莲》)

成年论辈 chéngniánlùnbèi 又说成年论辈子;指很长时间,数年、数十年的意思:我成年论辈受不着你一点香火,你穷得响叮当的,到你家干什么去?(林希《天津话逗你玩》)/三寸大小脚丫子,比烟卷长点有限,成年论辈子,给裹脚布裹得不透气……(冯骥才《三寸金莲》)

撑死 chēngsǐ 副词,最大限度的意思:我问……中国同学,估计能考得多少分?他说:"撑死400分。"(佚名《海外求学的另一侧面》)

成天到晚 chéngtiāndàowǎn 整天,成天,一天到晚的意思:成天到晚地找碴砸巴这孩子……到底打算干什么?(郭维《笨人王老大》)

撑子 chèngzi 又叫撑(称);木器桌椅或其他器具等起支撑或连接作用的部件:祁敏架起他的胳膊,把双拐放到他的两个腋下,让他的双手分别抓住两个拐的横称……(尹建民《强一龙的路》)

吃 chī 能够并善于接受某种行为:大年三十,人人都"吃逗",没有人"翻呲"……(林希《春节让你笑个够》)/ 老傅望着紫偎的脸,心中暗暗窃笑,他想这个女孩之所以可爱就在于她特别吃哄……(阳煦山立《午夜的街》)

吃 chī 比喻以一定的手段从别人或某一行业中获得利益:自然,天下什么能人都有,也有"吃"当铺的。邓友梅先生小说《寻找画儿韩》写的就是天津一位"吃"当铺的高手。(林希《当铺》)

吃不了兜着走 chībùliǎodōuzhezǒu 比喻出现不好的结果后要负全责:……嘴里不饶人地嘟嘟囔囔:"你们小心点儿。私自窝藏周家人是闯下塌天大祸,回头叫你们一个个地吃不了兜着走。"(吕舒怀《水铺》)

吃不住劲儿 chībúzhùjìnr 吃不消,吃不住:碰上人他就问:"怎么样,还干得了吗?咱罢工吧!""对,吃不住劲儿啦,罢!"(棉二工厂史《在日本帝国主义屠刀面前》)/ ……讲习所吃不住劲,起了内讧,把他连那箱子小鞋全扔出来。(冯骥才《三寸金莲》)/ 子女说话略冲了些,老人就吃不住劲儿,非干起来。(李治邦《与老人聊天》)

吃碟儿 chīdiér 吃饭时,和筷子与勺等一起摆在吃饭人跟前的小个儿空碟子:魏文亮真的夹了两块大虾段儿,放在了冯立樟的吃碟儿里……(魏巍《魏文亮的故事》)

吃二磨 chīèrmó (获取)不应得的好处,有从中渔利的意思:……这糖水准是给老二预备的,我是托福吃二磨啊!(毕士臣《新弟妹》)

吃挂落儿 chīguàlàor 又作吃瓜落儿;指因被人牵连而受到无端损害,有受株连的意思:这么几年了,他张口就是"你这个地富子女",闭口就是"你是反动阶级的人"!说娶我这个媳妇,他们家三代贫农吃挂落。(王景愚《大老耿断案》)/ 自家开的商场……一旦国人再倡抵洋排外，还得跟着吃挂落儿。(吴裕成《劝业场：清末民初的时代记忆》)/ ……所以"吃瓜落儿"便由此而流传。(李大为《吃瓜落儿与吃挂落儿》)

吃过见过 chīguòjiànguò 形容阅历丰富，特别是经历过富裕的生活和奢华的场面：什么叫吃过见过？曹雪芹写得出《红楼梦》，赵树理就不可能写得出，他只能写他的李有才和小二黑。(朵渔《吃过见过》)/ ……那些没打过的，脸上也是一副吃过见过的样子，穿得跟戴孝似的，一身白运动服外加一顶白帽子。(王小柔《十面包袱》)/ 咱也不明白生鱼片为什么叫刺身，但吃过见过的人发话了，咱就得点！(王小柔《有范儿》)

吃劲 chījìn 表示有作用，有必要或者有关系，多加"不"用于否定：她和爱人商量说："四弟爱这块表，你也是快四十岁的人了，戴不戴不吃劲……"(赵玉兰 王淑琴《张文菊"三让"传佳话》)

吃凉不管酸 chīliángbùguǎnsuān 又作吃粮不管算；比喻生活中一切都靠别人安排、照顾，自己不费心思、力气：……他懂个屁，一个吃凉不管酸的主儿！(雪屏《南门脸》)

吃枪药 chīqiāngyào 又作吃呛药；形容人火气大：乙："干嘛？！"甲：你吃枪药了？说话跟炸子儿一样，受得了吗？(王鸣录《新婚之"喜"》)/ 祁敏忍不住了，来到他的面前：吃呛药啦？好赖话都听不出来。(尹建民《强一龙的路》)

吃人儿 chīrénr 比喻让别人花钱，自己得便宜：甄世熊是个惯吃人的手儿。(张孟良《血溅津门》)

痴傻呆苶 chíshǎdāinié 形容人傻里傻气、呆头呆脑或没精打采的样子：一娶了儿媳妇儿，老两口就"痴傻呆苶"了。(林希《天津话逗你玩》)

吃伤 chīshāng 指某种食物因一次吃得过多或次数过于频繁，而不想再吃，后面多加"了"：土豆他吃伤了，看见就想吐。(口语)

吃顺不吃戗 chīshùnbùchīqiāng 只能受表扬，而听不得批评：

她这人偏偏就吃顺不吃戗,两句好话就找不着大门了。(雪屏《南门脸》)

吃甜咬脆 chītiányǎocuì 又说吃着甜咬着脆;比喻自己得到了对方的好处,反倒嗔怪对方,有得便宜卖乖的意思:"别吃甜咬脆儿啊!"韩玲佯装生气……(李云冲《节振国勇闯天津卫》)/ 他打趣地说:"看见了不?人家是一个心眼,把咱甩在一边啦!""你呀,是吃着甜,咬着脆!"(赵鸿余《晨》)

吃味儿 chīwèir 多心,起疑心:这回,二姨成心给她上眼药,就是不招呼她,让她吃味儿。(雪屏《南门脸》)/ 对桃儿的话,最吃味的是瓜儿。(同上)

吃窝脖儿 chīwōbór 遭到拒绝:不吃窝脖,你总转不过脑壳来!(冯育楠《津门大侠霍元甲》)

吃香喝辣 chīxiānghēlà 又说吃香的喝辣的;形容食用美味佳肴,泛指富足而舒适的生活:黎七儿说,"……坦白地说,人只要有能力办法,不种园子地,也能吃香喝辣!……"(孙犁《铁木前传》)/ 胡大头淫邪地笑着朝大女孩走来:"你们姐儿俩是卖艺还是卖身?干脆,跟我走,保证你们吃香的喝辣的,过好日子。"(姚宗瑛《赌跤》)

吃主儿 chīzhǔr 愿意吃、吃得多的人:我端着个空盘子环顾左右,这别是场慈善会吧,打哪招的这么多吃主儿啊。(王小柔《乐意》)/ 一顿仨馒头?真是个吃主儿!(口语)

冲 chòng 形容人性格爽朗,大方,敢于出头露面:行,瞧这个女孩真够冲的。(马景雯 张宝明《我和爸爸马三立》)‖ 出手阔绰:有了海鲜城,大力花钱就更冲了。(姚宗瑛《赌跤》)

充大辈儿 chōngdàbèir 自认为辈分大:特别可气——这张二伯,见谁都充大辈儿:"喏,长那么大个子,见二伯不……不招呼一声?"(马三立相声)

重打锣鼓另开张 chóngdǎluógǔlìngkāizhāng 比喻不延续以前,而从头再来:顾永茂有些恼:"甭提啦!这一页算翻了过去,咱们重打锣鼓另开张……"(吕舒怀《舍命吃河豚》)/ ……正好可以收收他

的心,鼓励他重打锣鼓另开张……(雪屏《南门脸》)

冲盹儿 chōngdǔnr 打盹:桃儿说:"我一开会就犯困,总想冲盹儿。"(雪屏《南门脸》)

冲肺管子 chōngfèiguǎnzi 令人极度生气:就这样,蒯水二人成双成对,一同逛街,一同出摊儿卖货……可就冲了崔咏梅的肺管子,直气得她五脏翻滚,七窍冒烟!(南郭玉鹤《拆迁记》)

重样儿 chóngyàngr 同样的,相同的:妈妈一琢磨:"呦!重样儿啦,原来刘二爷今儿个也包饺子啊!……"(谭汝为《"赵老二扛房檩"与"刘二爷剥蒜"》)

虫子 chóngzi 又说虫儿;戏谑的说法,指强烈而执著的癖好:"办个跤场不容易吧?"我有点明知故问。"咱不是有这个虫子嘛。"他点点头又摇摇头……(姚宗瑛《二遇跤神仙》)‖戏称某个行业的内行人:……依这个脑子还不如就当个房虫子,倒腾几年,后半辈子就衣食无忧啦。(刘书宏《富贵理想化的未来生活》)/ 京城玩字画儿的"虫儿",几乎都熟悉冯爷的这对"阴阳眼"。(刘一达《画虫儿》)

搊 chōu 又说成周(zhōu)的音,搀扶,或从下面拉起来:老人倒地了,咱们把他搊起来吧。(口语)

臭遍街 chòubiànjiē 形容某种节令商品供应充足,严重滞销:谁还吃菠菜?都臭遍街啦!(口语)

抽抽摆囊 chōuchoubǎināng 又作抽皱摆囊;形容(物)不平整,(人)不舒展的样子:瞧她那裤子,抽抽摆囊的,还往外穿!(口语)/ 桃儿在传达室门口,一见瓜儿抽皱摆囊的模样,就知道出事了。(雪屏《南门脸》)

抽抽捏捏 chōuchounièniē 形容人腼腆,扭捏:大方点,别抽抽捏捏的。(口语)

臭底子 chòudǐzi 形容人或物历史上有劣迹、不光彩:"泔水筲改做木盆——臭底子。"(李炳德《李紫溪通晓天津俗语》)/ 他们怵我,怕我揭周家的臭底子。(吕舒怀《水铺》)

臭胳肢窝 chòugáziwō 狐臭。

臭嚼 chōujiáo 说絮叨的、没用的话:什么健谈？你这是空谈，耗费时间,穷聊臭嚼……(王鸣录《聊天儿》)

抽冷子 chōulěngzi 又作瞅冷子；突然，趁人不备:……赏赐给他一只百灵鸟,大麦不待见,抽冷子放飞了……(李治邦《1924年的深冬》)/……顶多就是瞅冷子从牲口料里抠唆出来点,抽空塞给她。(蒋子龙《农民帝国》)/ 晚上,我躺在床上抽冷子问土土,现在有个陌生人走过来问:"小朋友,你叫什么名字呀？"(王小柔《乐意》)

臭喽 chòulóu 又作臭娄；一种作为食用的、不值钱的肉鸽:养鸽人一听就笑了,你说的那种鸽子呀,臭喽。(林希《天津话逗你玩》)‖比喻人能力不强、技艺不高,也指这种人:……于是天津人就把不成器的人,叫做臭喽。(同上)

臭棋篓子 chòuqílǒuzi 戏称棋艺不高的人:街头巷尾老头们下棋,那些常败将军,就被人称作是"臭棋篓子"……(林希《天津话逗你玩》)/ 尽管他臭棋篓子一个,咱也别光赢呀,适当让一让吧。(南郭玉鹤《风雨春梦》)

臭油 chòuyóu 即沥青:泥墙砌砖要技术,咱干不了,熬个臭油,铺个油毡什么还凑合。(吕舒怀《小人书铺》)

臭鱼烂虾 chòuyúlànxiā 泛指不新鲜甚至腐坏的鱼虾等水产品。

杵 chǔ 站立:足有半个多钟头,两个大活人在场子里就这么杵着,谁愿意看？余下的观众也没了耐心,你走他走,走了个一干二净。(姚宗瑛《赌跤》)

出彩儿 chūcǎir (取得)精彩的效果:这种吆喝极平常,没有什么太出彩儿的地儿……(魏巍《魏文亮的故事》)/ 玩核桃首先要懂行,东西好还得有识货的,咱看着挺好的东西,行家不见得看好,看着不咋样的玩意儿,到行家手里一摆弄就出彩儿。(叶子《核桃王》)/ 这两位爷一见面一准儿掐起来,话茬子比台上说评书的还出彩。(张传

伦《这叫玩儿!》)

出出儿 chūchur 背后说人坏话:王裳……严肃地说:"小宋同志,有意见生活会上提,别在下头乱出出。"(董建津《党小组会前后》)‖小声说话,特指不愿意让别人听见的话:几个闺女又躲里屋瞎出出儿,把他晾了……(雪屏《南门脸》)

出锅 chūguō 食物做好后从锅里盛出来:又渴又饿时,喝才出锅的鲜豆浆,浆里还带皮,太好喝了。(老赫《长假怎么过》)

出坏 chūhuài 暗中破坏,出坏主意:我找他去,看他敢出坏不!(宋征《值班之夜》)

出来进去 chūláijìnqù 形容经常地,时时地:为了生活,我烧过锅炉,干过泥瓦匠,出来进去看别人脸色。(周德文《擦肩而过的"青年作协"》)‖泛指行动坐卧:三叔在国企的电力部门当个小头目……出来进去的,也像个老板。(何斌《戒毒篇——天津警察讲段子》)/"往后也不能出来进去总敞胸露怀了。"(雪屏《废墟,我的1976》)

出力长力 chūlìzhǎnglì (青少年)付出体力(经过锻炼)会增强体力:大小伙子出力长力,帮点忙算不上什么……(雪屏《废墟,我的1976》)

出溜 chūliu 溜,轻声,又作嗤溜,也说打出溜。瘫倒:只见刘胜发身子一歪,顺着门框出溜下去,栽在那里。(玉鹤《都是布头惹的祸·九排大院轶事之四》)‖比喻人的地位、身份等降低:从吃喝玩乐到吃喝嫖赌,一步步往下嗤溜,最后不可救药……(林希《天津话逗你玩》)‖滑,人站立不稳:这砖防滑防得有点儿大发劲儿了,不仅人在上面走不出溜,脏东西有什么算什么都能给你挂上。(王小柔《十面包袱》)/上了一遍泥的房顶很光,稍不留神就会打出溜。(尹学芸《鬼亲》)‖说了不算,反悔:咱说好,到时候别打出溜!(口语)

出埋体 chūmáiti 回民称出殡:"哭有嘛用!给穆二巴请阿訇念经,出埋体!"(张仲《龙嘴大铜壶》)

出门在外 chūménzàiwài 身处异地他乡:大伯……说:"今个天

冷,我给你抱了两铺两盖……出门在外,一别饿着,二别冻着……"(韩映山《夏加大伯》)

出门子 chūménzi 出嫁:那你一天给我挑两趟水!……挑到我儿子娶媳妇,挑到闺女出门子……(李克异《归心似箭》)/……已经出了门子的老大、老二多接济娘家一些,才没让几个妹妹辍学……(赵金波《家有九凤》)

出哪门进哪门 chū'nǎménjìnnǎmén 比喻具体的方法、步骤以及实施的门径、措施:……讲的是会过穷日子,精打细算,出哪门进哪门……(林希《天津话逗你玩》)/刘五爷出哪门进哪门,就把这事交给秃王三办了。(张仲《龙嘴大铜壶》)

出手(儿)不高 chūshǒubùgāo 不够规格、档次:呵,这什么钟点我吃锅巴菜?再说请人锅巴菜,出手不高。(王鸣录《财神爷》)

憷头 chùtóu 因胆怯或为难而不愿意(做什么事):我最憷头开车去天津站,因为那儿的地下停车场跟迷宫似的……(王小柔《乐意》)

出五服 chūwǔfú 五服指家族亲属关系的五代,即高祖父、曾祖父、祖父、父亲及自己共五代;出五服指超出五代血缘关系,表示亲属关系已经很远:……他说,这房甥舅,已出五服,洋人爱咋办就咋办,与他无关。(王维刚《"戈登堂"的传说》)/"烟酒不分家,烧饼果子不出五服。"(李炳德《李紫溪通晓天津俗语》)/ 晚饭以后,蒋干叫齐了没出五服的几个兄弟……(尹学芸《鬼亲》)

出息 chūxi 息,轻声;出落,长进:多亏你起早贪黑地给她补习功课,她才出息成这个样子……(王炜《录取通知书》)/ 天津人说,孩子是那个材料,用不着你花钱,孩子不是那个材料,你花一百万,他也是出息不了……(林希《其实你不懂天津人》)

出血 chūxiě 血又念一声;比喻花钱,有时专指吝啬的人花钱:……那眼神就意味着,又得出血请他吃饭了。(王小柔《妖蛾子》)/ 顾永茂连忙辩解说:"高处长……这回我'出血'请您,去哪儿您随便

点……"(吕舒怀《舍命吃河豚》)

出远门儿 chūyuǎnménr 到外地远的地方去：二唤没出过远门,哪知道沈阳到底在哪儿……(吕舒怀《水铺》)

怵阵 chùzhèn 不敢面对某些人或某种场合：……应对起领导干部来倒不怵阵……(蒋子龙《农民帝国》)

欻工夫 chuāgōngfu 又说欻空儿；趁着某个空闲的时间,抽空的意思：你欻工夫去一趟吧。(口语)

欻拐 chuāguǎi 又叫欻子、抓子儿；旧时一种女童的游戏,用骨头作工具的叫欻拐,用装着豆类或碎石的小布袋作工具的叫欻子儿、抓子儿：不管玩什么都精神十足。像欻(读 chuā)拐(羊骨头)、弹杏核儿、扇毛片儿……(马景雯 张宝明《我和爸爸马三立》)/再有时间就是玩,跳绳、跳皮筋、跳房子、跳马、爪(注：应为抓)子……(阳红宣《课余时间》)

欻空儿 chuākòngr 见"欻工夫"条。

擓 chuāi 动手打(人)：你再骂街我擓你！(刘思训《天津方言词语小考》)/……又如俩人打架,要是真动了手,就叫"擓起来了"……(刘思训《口语里不容易写的九个字》)‖ 某些场合表示打的意思：出门,才发现,她的自行车叫人把气撒了。赶紧叫姐夫拿气管子擓几下。(雪屏《南门脸》)/骑自行车也不能在外面打气,回家用气管子揣(注：应为擓)……(王小柔《妖蛾子》)

嘬 chuài 又作踹,使强进食：小孩子不能嘬,存了食就容易得病。(刘思训《天津方言词语小考》)‖ 强使人买：他实在卖不出去了,直往外嘬！(同上)‖ 强使人收下东西：年年她妈都包一大堆,给瓜儿一盆子,给果儿一盆子,人家少要了,她还不干,硬踹。(雪屏《南门脸》)

擓碱 chuāijiǎn 在发起来的面团里加食用碱并揉匀：如蒸馒头时擓面、擓碱……(刘思训《天津方言词语小考》)/ 又学了怎样活(注：应为和)白面,怎样发面,怎样擓碱……(玉鹤《八月十五云遮月》)

踹腿 chuàituǐ 死亡,贬义,有时有戏谑意味:另一面玩命地积攒私房钱,盼着老家伙有朝一日"踹腿"归西,为她以后的日子做打算。(吕舒怀《水铺》)

揣子 chuāizi 利用活塞工作原理,将液体呈雾状喷射出去的一种工具:这种气味呛人的透明液体掺入水,装进叫做"揣子"的喷雾器中,对准害虫出没的地方用力喷射……(吕舒怀《敌敌畏》)

传 chuán 互相通知,用于多人的场合:他从这天晚上八点钟就开始传,到十点挨个都通知了。(天津棉二工厂史《在日本帝国主义屠刀面前》)

传辈儿 chuánbèir 指物品可以保存或使用久远,以至到下一代或下几代:他们家一对椅子是他爷爷那时候的东西,传辈儿啦!(口语)

串换 chuànhuan 交换:可今年这瓜是临时从外地串换点种坨上的,不摸底……(李述宽 岳长贵《瓜嫂》)‖指(双方)相互往来得较为亲密的关系:……这才把串换都断了。(老舍《龙须沟》)

穿柜 chuānguì 买卖家清点现金:穿柜啦,今儿卖了多少钱?(口语)

串老婆舌头 chuànlǎoposhétou 背后传话,特指背后说容易引起矛盾或挑拨离间的话:……四年里大家说得最多的就是谁跟谁好了,谁谁谁这人怎么样,学习一点不耽误大家串老婆舌头。(王小柔《妖蛾子》)

船儿亮 chuánrliàng 又作橡儿亮,也说亮嗖(嗖,词缀,轻声);形容人明白事理,办事大方、干脆、周到:跟他一说他就明白了,人家船儿亮,马上拿出一千块钱,还说不够的话别客气。(口语)/杨平嘿嘿:"大姑,您这就是橡儿不亮喽……"(张仲《龙嘴大铜壶》)

串皮不入内 chuànpíbúrùnèi 串又作穿;比喻只在表面上有效果,而不解决根本的、内在的问题:说了半天也是串皮不入内,没辙!(口语)/……尽管媒婆将那些姑娘吹得天花乱坠,小康光给个

耳朵——穿皮不入内。(吕舒怀《小人书铺》)

串烟 chuānyān 屋里的烟因故跑到相邻的房子里，或者炉子烟囱里的烟排出不畅而冒出来：遇阴雨天气压低造成串烟或出烟不畅，常使人煤气中毒。(天津《城市快报》2005.11.18)

噇 chuáng 念"闯"的二声；跌落，跌倒：脚一滑，噇个大跟头。(口语) ‖ 填，装：仨口袋都噇满啦！(口语)/ 没几年，大伙跟兔子似的较着劲生孩子，三年多，愣把门口的幼儿园给噇满了。(王小柔《十面包袱》) ‖ 没有节制地吃喝：不怕撑着，你就噇吧。(口语)

噇丧 chuàngsāng 又作撞丧，噇有时发 zhuàng 音；骂人话，比喻四处瞎跑，贬义：这孩子，早上走的，天黑还不回家，又不知哪儿噇丧去啦。(口语)/ 高处长勃然大怒，冲他喊叫道："妈的，你撞丧呀！喝点酒就耍酒疯。没出息。"(吕舒怀《舍命吃河豚》)

吹大梨 chuīdàlí 又作吹大离；简说大梨；指吹牛，说大话，自我吹嘘：过去，在天津卫娘娘宫有个算卦的，很爱吹大梨……(孙树松孙树芳《天津劝业场的传说》)/ 我这财迷别碰上"大梨"了吧？(王鸣录《财神爷》)/ 坊间"吹大梨"是形象的说法，可不计虚实，但写还是要写成"吹大离"的。(穆怀升《应是吹大——离》)

吹灯拔蜡 chuīdēngbálà 比喻人死亡，或关系破裂，事情不成功：就说今天吧，只是因为一块欧米茄，你就要吹灯拔蜡。看来，你爱的不是我呀！(吴传海《今天我出嫁》)/ 大清国吹灯拔蜡了……(张仲《龙嘴大铜壶》)

吹气(儿)冒泡(儿) chuīqìmàopào 吹牛的意思：我得承认，从潜意识上我还是想吹气冒泡的。(王家斌《吹气与冒泡》)/"你倒爬得快，蹬鼻子就上脸。"桃儿笑话果儿吹气儿冒泡儿。(雪屏《南门脸》)

春不老 chūnbùlǎo 腌制的雪里蕻：旧时的物质生活相对寒苦，到了冬天不少家庭都要用坛坛罐罐腌咸菜，雪里蕻（雪菜、春不老）、芥菜疙瘩头……(由国庆《从一页故纸说到再制盐》)

春捂秋冻 chūnwǔqiūdòng 指冬天过去、春天来临时，要逐渐

地换去冬装,不要一下子穿得太少;而秋天即将过去,刚进入冬季时,不要一下子把冬装都穿上:春捂秋冻,养生之道……(老赫《春捂秋冻》)/ 春捂秋冻,到老没病。(俗谚)

戳 chuō (东西)竖立,(人)站立:……常常是挤上车去也是卖不了的秫秸——戳着。(章崇昭 胡世先《郊区女工愁苦多》)/ 赵六走过来,看看五爷:"戳在这儿,想嘛啦?五爷。"(王军强《天津票友》)/ 里面很宽敞,几盆绿色植物戳在角落里……(王小柔《妖蛾子》)

戳 chuō 长条形的东西因受猛烈撞击而受伤或损坏:玩垒球别戳了手啊。(口语)

戳儿 chuōr 背后的支持者:马德海被捕法办,罪有应得。但那纵容和包庇他的"戳"……做何对待?(何求《有问于"戳"》)

戳腿 chuōtuǐ 也说看戳腿,旧指不花钱买票,没有座位,站着看演出:乙:有,那是你看戏没票,跑后台"戳腿"去了。(《常宝堃相声选》)/ 鲜灵霞常到那里去"戳腿"(即不花钱,想法子钻进戏院去看戏),慢慢地对评戏入了迷。(赵德明《从"戳腿"步入艺坛》)/ 此时约莫十点来钟,我们发现戏院不要票就能进去……这有个名称叫"看戳腿"。(王行《和刘健民区长"看戳腿"》)

呲 cī 在事实面前承认失败,有丢脸的意思,后面多与"了(啦)"连用:可是真遇到技术难题,"呲"了,原来是一个二五眼。(林希《天津话逗你玩》)

刺儿 cìr 形容人爱挑刺,不随和:我给他提意见,他还说我刺儿。(宋勇 佟有为《好阿姨》)/ 而我呢,当时是一个黄毛丫头,当了路检员以后,一些人根本不把我放在眼里,他们说"刺"话,出难题……(万国儒《路畔红花》)/ 啃啃,这么刺儿?人家不就问问你吗?二丫挺委屈……(吕舒怀《美人尖儿》)

呲打 cīda 斥责,申斥:……孩子才七岁……不该这么斥(注:应为呲)打她……(孙犁《丈夫》)

呲拉 cīla 形容在室外接受风吹日晒:挺白的一个人,你看成天

"哏儿都"说哏儿话——天津话这么说

在外头呲拉的,都成黑人儿啦!(口语)

刺挠 cīnao 痒痒:她这么一说,一车的人都刺挠了,纷纷扠起来。(雪屏《大串联》)

瓷实 císhi 又作磁实;坚固,踏实,或完整的意思,也比喻人的技艺有功底:一个艺人想立住脚……自己的活头儿必须要磁实。(郭全宝《回忆"撂地"》)/ 马志明说,他只在每天上午饮茶,并且很少睡午觉,这都保证了他晚上睡得瓷实,一觉到天亮。(天津《中老年时报》2011.3.19)

刺儿头 cìrtóu 又说刺儿皮;指遇事刁难、不随和的人:……你别理她,这孩子天生"刺儿头"……(曹禺《日出》)

呲牙 cīyá 俗作呲牙,本字为齜,俗作呲,一声,露牙义;呲牙即露出牙齿(作凶恶或痛苦状):……或者就是李家的爷爷冲着我们家的小孙子呲牙,把孩子吓哭了。(林希《天津话逗你玩》)/ 就那同学,打小长着一口呲牙,上牙堂整天咬着下嘴唇,赶上雨天下巴都淋不湿……(王小柔《十面包袱》)

从 cóng 认可,同意:……把刘德华数落得跟自己不孝的女婿赛(似)的,那意思,我们一家人都这样了,你小子还不从了得了?(王小柔《妖蛾子》)

从打 cóngdǎ 自从:从打这,我表妹就和以前不一样了,跟我是急搭不理的……(南郭玉鹤《风雨春梦》)

凑 cóu 洗(衣服或其他纺织品),该词由搓、揉(均为洗衣服的动作)二词连读而成,即用搓的声母 c 和揉的韵母 ou 相拼的结果,声调随揉,二声:春雪应道:"……您一会儿把身上的衣服换下来,我给您洗一洗。"刘奶奶笑道:"……不用了,赶明儿,我自己凑吧。"(南郭玉鹤《风雨春梦》)

凑合 còuhe 和,轻声;又说凑乎,靠近的意思:看你再敢往前凑合,我拿火筷子把你捅成漏勺。(吕舒怀《水铺》)/ 他们……往前一凑乎,被傻哥三拳两脚都给打趴下了。(张孟良《血溅津门》)

粗粗拉拉 cūculālā 物品粗糙,不细致:他两手攥一种叫刺猬的核桃,这种核桃表皮疙疙瘩瘩粗粗拉拉……(叶子《核桃王》)‖比喻人性格大大咧咧,或外貌、衣着粗犷:武魁海看着粗粗拉拉,其实是个很细致,颇有心计的人。(魏巍《魏文亮的故事》)

粗鼓笼敦 cūgulóngdūn 鼓,轻声,又做粗鼓轮敦;形容人的矮胖体形:刘永发三十六七岁,长的矮矮的,粗鼓笼敦的个儿……(万国儒《踩电铃》)

蹿 cuān 喷射:水龙头坏了,水往外蹿。(口语)

窜 cuān 形容味道、气味浓烈,易于飘散:煎烹虾扁外焦里嫩,味微酸甜,晃虾味窜,原汁原味……(马金鹏《迎春虾》)

㨰儿 cuānr 发怒,发火:老廉,可坏了事了,连那些个不愁房子的人也都㨰(注:应为㨰)儿了!(李景城《分忧》)/ 那青年实在忍不住,提出和她交朋友,好家伙!姚红登时就㨰了,还跑到厂部告那青年是流氓。(吕舒怀《敌敌畏》)

攒局 cuánjú 找些人凑在一起聚餐或聚会:再没有人打电话给他,手机变作"植物机",再没有人找他"攒局"……(吕舒怀《舍命吃河豚》)

蹿稀 cuānxī 腹泻,拉水状的大便。

催生 cuīshēng 习俗,生日的前一天吃饺子,叫催生:生日前一天要吃催生饺子。(由国庆《雅俗饺子天天像过年》)

脆生 cuìsheng 生,轻声;说话做事干脆、痛快:"行!我就演你妈。""妈!""哎!""答应得还挺脆生。"(廉春明《三厢情愿》)/ 柳八爷摔得爽、摔得脆生的汝窑鸟食罐,不是前几回瞧见的那只……出门前换上了一只新仿的赝品。(张传伦《这叫玩儿!》)

皲 cūn 因皮肤湿,暴露在寒冷的室外而变得粗糙:老乡家有个男孩……两岁半。他光着脚丫,脸上皲得都是小口儿……(王小柔《有范儿》)‖儿化为皲儿,指皮肤上积存的污垢:天天洗脸不洗脖子,快洗洗脖子上的皲儿吧。(口语)

蹲 cún 二声,读如"存";腿、脚因震动而受伤:……果儿还

……哪儿错环了,哪儿蹲腿了,都得胡噜平了。(雪屏《南门脸》)

寸 cùn 巧合,凑巧:他刚要张嘴喊救命的,怎么这么寸,有个丸子顺着他鼻梁子骨碌到他嘴边儿上。(评书《狮子楼》)/ 有一次,一个北京的朋友问我在不在北京……怎么就那么寸,我正好采访完没事干在西单瞎逛游。(王小柔《如愿》)

寸劲儿 cùnjìnr 巧合,凑巧:接着就给她讲,谁谁谁放屁寸劲儿,把孩子掉了……(雪屏《南门脸》)

撮 cuō 吃:哪天请大伙儿撮一顿。(口语)

矬 cuó 形容身材矮小;可作名词,如矬子,也可作动词,使低矮义:看见矬人绝不道短,面对懒人绝不怪懒……(杨润身《"老好人"出席揭短会》)/ 在周晓兰跟前,魏文亮就显得太矮。他又故意地往下矬了矬身子,就更显矮了。(魏巍《魏文亮的故事》)

错非 cuòfei 非,轻声;除非:他轻易不上这儿来,错非到年节……的时候他才来。(评书《狮子楼》)

错环儿 cuòhuánr 脱臼:……果儿还……哪儿错环了,哪儿蹲腿了,都得胡噜平了。(雪屏《南门脸》)

矬老婆高声儿 cuólǎopogāoshēngr 指个子矮的人说话声音大,多用于对别人高声说话而不满的场合:人家怕瓜儿矬老婆高声儿,吓着月科儿的孩子。(雪屏《南门脸》)

错了包换 cuòlebāohuàn 又说错了管换;表示绝对正确、正宗:……就看他写得是不是顶满了格子。只要格子顶满了,以后就一定能写得漂亮。错了包换!(何斌《戒毒篇——天津警察讲段子》)

撮摊儿 cuōtānr 又作戳摊儿;指一个机构、组织成立时把人员凑齐:后来知道他们杂志刚戳摊,正在招兵买马……(刘思训《就这样进了出版社》)

矬子 cuózi 见"矬"条。

D

搭 dā 赔钱，损失的意思：言老顺下海经商……几百元钱的本儿，搭进去了，赔了个底儿掉！(南郭玉鹤《言老顺小传》)

打 dǎ 梳(辫子)：多多良晃晃荡荡地走进来，头发长得可以打小辫儿……(张孟良《血溅津门》)

大 dà 用在某些形容词或名称前，加强语气，表示强调或程度深：这位领导，大胖的身子还让您受累。(王鸣录《不正之风》)/ 这是谁？大喜的日子，给我添堵，找不痛快？(南郭玉鹤《风雨春梦》)/ 郝明被女兵问了个大红脸。(张孟良《血溅津门》)/ 最令我难忘的是全公园公认的大好人毕德玉，都称"小毕"。(孙学植《情系"水上"》)/ ……为我家的事大老远跑来，说什么我该请您吃顿便饭……(吕舒怀《水铺》)

褡巴 dāba 巴，轻声，又作搭布；旧时男人干体力活或摔跤时扎的宽腰带：……旁边还一边跟着一个……腰系青搭布的执事……(张松祺《活人大出殡》)

打㞎㞎溺 dǎbǎbaniào 婴儿把屎拉在裤里或床上。

打八杈 dǎbáchà 又作打八岔、打八叉；指没有固定职业，做各种临时工作(以维持生计)：他父亲刘文华没有正式职业，常靠做杂活、当小工、卖饽饽……养家糊口。用老天津卫的俗话说，就是一个"打八杈"的劳动者。(柳溪《异彩的光明——刘永昌》)/ 东沽——窑洼一带居民，过去大多是"打八岔"的劳动者。(张仲《东沽在哪里？》)

打把式卖艺 dǎbǎshimàiyì 指在街头空地表演武术以谋生：刚才有人给我送信儿，说有爷仨占了我的跤场打把势卖艺，我说闲着

也是闲着,谁用不是用?(姚宗瑛《赌跤》)

搭伴儿 dābànr 指青少年早恋:在这份调查中,普通中学、中职院校、技校的孩子与异性搭伴或所谓的"早恋"情况要更多一些。(天津《今晚报》2006.11.7)/用同学们的话说,这不算恋爱,这叫"搭伴儿"。(南郭玉鹤《癞蛤蟆要吃天鹅肉》)

大包大揽 dàbāodàlǎn 完完全全地承担、负责:母亲……正愁乡间没有学堂,二姨父大包大揽地说:……(田师善《珍贵的留念》)/闲人也不敢大包大揽,只答应"访访"吧……(林希《闲人》)

打保票 dǎbǎopiào 又作打包票;表示完全的承诺、保证:……一旦发现门当户对的对象,立即跑来说亲,而且打保票,放心,绝对可靠。(林希《一盏暖暖的灯》)/他跟二唤打包票地说:"二唤小姐你放心,三天后,我给你准信儿!"(吕舒怀《水铺》)/他给马秀萍的那个保票是白打了?看样子,事情不是他想象的那么简单。(冯积岐《村子》)

打奔儿 dǎbēnr 奔儿,一声;说话或做事不连贯,中间停歇;做否定的时候表示态度明确,毫不犹豫:姜铁嘴边下边说,边说边下……从不嘴软也从不打奔儿。(重阳《棋嘴》)/苏大娘见这孩子能说,一口气不打奔儿地说得这么流利,长得又漂亮、又文静的,一下子就喜欢上她了。(佚名《龙嘴大铜壶新传》)/人家连锛(注:应为奔)儿都没打,就承揽下来。(吕舒怀《舍命吃河豚》)

大变活人 dàbiànhuórén 魔术中以人为道具的一类节目:熬走冬季,春寒中某午后忽然暴暖,广场上老人孩子大变活人一般顿时欢天喜地冒出无数。(老赫《春捂秋冻》)/伙计又说:"我们认为您大衣里有问题!"那人莞尔一笑说:"有嘛问题?能大变活人……"(魏金城《高买》)

大憋气 dàbiēqì 形容心里恼恨却无从发作;多作补语:这让金杨氏闹了个大憋气。(扈其震《大画坊》)/二丫白了他一眼,挺恼火地说,哼,人家问你了吗?秃子弄个大憋气……(吕舒怀《美人尖儿》)

打驳拦儿 dǎbólánr 从中阻挠:谁也别打驳拦儿,这可是好事!

（口语）

打脖溜儿 dǎbóliūr 指不用力地打人的后脖颈处，是开玩笑的表示，也可以单说"脖溜儿"："打脖溜儿"只是象征性地在脖子后面刮一下……（林希《天津话逗你玩》）/ 鲁文天笑起来，顺手给了潘海斌一个脖溜儿……（武歆《天津少爷》）

大补 dàbǔ 形容对身体特别有补养的作用：李大腚屁股一抖："你受不了这种大补！"（肖克凡《白羊》）/ 后来听说火锅之所以火是因为锅底儿大补……（王小柔《十面包袱》）/"大补？啊，大补！"梆子又来了。（张仲《龙嘴大铜壶》）

打补丁 dǎbǔdīng 比喻临时做分外的工作：实在没人了，你去打个补丁吧。（口语）

大不了 dàbuliǎo 作最坏打算，实在不行的意思：我哥就对我妈说，赶紧给他找媳妇成个家吧。大不了婚后到我公司来打工，我也不可能看着他受穷呀！（何斌《戒毒篇——天津警察讲段子》）

打镲 dǎchǎ 或作打岔；开玩笑；也有戏弄的意思，有时用于埋怨对方的场合：唱起来一句词不会，人家说他是外行，他还说："你这不是拿我打镲吗？"（佚名）/ 想办一件什么事情，找到朋友，他满口答应，过些日子你以为事情办妥了，找到他门上去询问，他一拍脑袋瓜子："唉哟，你瞧，我怎么把这件事给忘了呢？"这才真是"打镲"了。（佚名）/ 天津话"打岔"，不是"打镲"。（李大为《打岔与打镲》）

答茬儿 dāchár 又作答碴儿、搭茬儿；接着别人的话说，也有回应别人话的意思：一说没有贼，他答碴儿啦："没有贼？没有贼我的棉袄哪儿去啦？"（张寿臣《贼说话》）/ 刘小娟多不愿意提这事，现在也只能搭茬了。（南郭玉鹤《拆迁记》）

打喳喳（儿） dǎchācha 喳喳，分别为一声、轻声；耳语，小声说话：……我就跟铁牛小声打喳喳说，你们看那个人有点像傻哥。（张孟良《血溅津门》）/ 小小子儿，坐门墩儿，哭哭啼啼要媳妇儿，要媳妇儿干嘛？做鞋做袜，还干嘛？吹灯打喳喳。（童谣）

打茶围 dǎcháwéi 旧指男人去妓院由妓女陪伴喝茶聊天,即俗称的"逛窑子":咱们记者部的刘时平……跟他们去妓院"打茶围"时,得知"国军"就要偷袭西柏坡,回来立即通过地下渠道报告周恩来。(肖荻《傅冬菊二三事》)

大敞四开 dàchǎngsìkāi 形容门完全打开:院子里没人了,就见牛丰田家灯火通明,房门大敞四开的……(南郭玉鹤《拆迁记》)/ 可是大门哗啦一声大敞四开,门外人反吓得往后退,胆小的撒丫子就跑。(冯骥才《三寸金莲》)

打车 dǎchē 又说打的;乘坐出租汽车:本市出租车年底前更换税控计价器 打车开票 不再手写(天津《今晚报》2006.12.6)

大吃八喝 dàchībāhē 形容在饮食上铺张:爷们儿死了,她还这么大吃八喝的,真是没心没肺……(雪屏《南门脸》)/ 周围的人都在疯狂地大吃八喝,一场地震似乎叫大伙儿一下子想开了,存钱顶个屁用,不花白不花……(雪屏《废墟,我的1976》)

打出溜 dǎchūliu 见"出溜"条。

打嘚嘚 dǎdēidei 后一个"嘚"轻声;哆嗦,颤抖:当晚大老张发高烧,浑身发冷打嘚嘚,一病不起。(叶子《核桃王》)

打的 dǎdí 乘坐出租汽车:端午节……一天半,165万人次打的(天津《今晚报》2012.6.23 新闻标题)/ 我实在忍不住,说:"爷们,你都这身价了,可别挤公交车了,起码打个的,这有小偷。"(何申《面对不给老年人让座的》)

大笛笛 dàdídí 幼儿语,指汽车:这城里也不让骑牲口上班,于是就动了买"大笛笛"的念头,再小也算机动车,不是砸了锁头就能偷走的。(王小柔《十面包袱》)

打…的牌 dǎ…depái 指牵涉到某人,与某人有关:……秋说过,他会帮助简,简一直为秋的这句话而感动。但是简没有打秋的牌。她不想向秋张嘴……(赵玫《偿还》)

打地铺 dǎdìpù 在地下直接垫上铺盖(睡觉):……今非昔比,

再也不用像过去那样打地铺了,现在房子宽敞了。(么庆旺《相约在2011年春天》)

打点 dǎdiǎn 座钟在正点或半点时自动敲出钟声:……桌上座钟打点敲出的响铜味儿……(肖克凡《小巷的雕塑》)

答对 dádui 又作打兑,答,二声,对,轻声;应对,回复,多用于双方不悦或矛盾的场合:老郑沉默了好一会儿才说:"好吧,我来答对。"(衡山《酒库老郑》)∥办理,解决:"……又简单又管事儿还省钱,门口找个缝穷的大娘们儿不就都打兑啦!"(烟雨苏州《美人西来》)

大发 dàfa 发,词缀,轻声;表示超过应有的限度或超出原来的想象,后面多加"了"(啦):一字千金价不多,十块钱,便宜大发了。(王鸣录《幕后》)/……这砖防滑防得有点儿大发劲儿了,不仅人在上面走不出溜,脏东西有什么算什么都能给你挂上。(王小柔《十面包袱》)

大仿 dàfǎng 旧时小学校的写字(书法)课中,一种练习较大的毛笔字的课程,多为在字帖上垫一层透明的纸进行描摹:……我这只在小学写过大仿……岂不被人讥讽嘲笑!(石坚《非不为也 实不能也》)

大概其 dàgàiqí 又作大概齐;大概:……记起来的那部分,也模糊,也只是个大概其。(雪屏《南门脸》)/指挥部不开议而不决的会,不允许"可能、好像、差不多、似乎、也许、大概齐"式的汇报……(李瑞环《谈"少讲空话 多干实事"》)

搭咯 dāge 咯,轻声,又作搁、瓜等;搭讪,闲聊:李园丽小姐……一直在旁边同玉凤瞎嗒咯。(张孟良《血溅津门》)/这"遮理"还真爱说话,跟胖子俩人搭瓜上了。(王鸣录《不正之风》)/阿绿跟谁都熟,到处搭隔……(王小柔《十面包袱》)∥介绍,联系:有合适的您给我搭搁着。(王鸣录《媳妇往哪娶》)/就在媳妇怀孕待产的那几天,亚军跟哥哥公司里一个叫少江的业务经理搭咯上了……(何斌《戒毒篇——天津警察讲段子》)

打咕 dǎgu 咕,轻声;开玩笑似的打闹:春凤看见春莺的狼狈相,笑着说道:"你们又打咕嘛了?"(南郭玉鹤《风雨春梦》)/ 果儿其实也想跟她们打咕,她们姐几个就是在打打咕咕中长大的。(雪屏《南门脸》)‖ 形容双方过分谦让(有时激烈得像打架一样):别打咕,这钱你收着给孩子们买点糖果吃。(武歆《暗杀木村德二》)/ 桃儿说:"……一点力气活儿他也不让我沾手,我一干,他就跟我打咕。"(雪屏《南门脸》)

大姑姐 dàgujiě 大姑子,即丈夫的姐姐:几个大姑姐小时候都尝过挨饿的滋味……(木易《婆婆是位"30后"》)

搭罐儿 dāguànr 比喻出局,淘汰:这个外援下半场就被搭罐儿了。(谭汝为《这是天津话》)

大鬼 dàguǐ 扑克牌中的大王:玩扑克牌的朋友都知道,一看见大鬼、小鬼,别人就不敢出牌了。(林希《天津话逗你玩》)

搭和 dāhé 又作打合,打和;为有矛盾的或是关系破裂的双方说和,使达成一致或关系和好:"一毛三行不行?""一毛三少点儿。"……这时旁边一个卖红小豆的小伙子说:"你若全买下,我给你们二位打打合,就按一毛四咋样?"(佚名《集中漫步话行情》)/ 常岚在旁边打和说:"这是怎么说的呢,真是大水冲了龙王庙,一家人不认一家人了。"(张孟良《血溅津门》)

打虎 dǎhǔ 指不肯定,没有把握:这是打虎的事,谁知以后怎么样。(口语)

打滑 dǎhuá 因地滑而站不住,走不稳,或某些东西表面过于光滑,拿不住:……结果手机从上衣口袋一跃而出,直接掉手盆里了……冯冬笋一捞一打滑,就差下网了。(王小柔《十面包袱》)

打会儿 dǎhuìr 民间一种经济上互助的活动,几个相熟并互相信任的人组织在一起,每个人每月投入相同钱数的钱,凑在一块儿,每个月便有一人可使用一笔合计的钱,顺序可商定或抓阄决定,称打会儿。

打货 dǎhuò 指零售商以批发价购进商品:刘康健不顾自己的

买卖了,全力帮助贾佳妍上货,打货,运货的。(玉鹤《都是布头惹的祸·九排大院轶事之四》)

大货 dàhuò 机动车里大货车的简称:大货急转弯,盘条洒一地(天津《今晚报》2010.11.24)

大家伙儿 dàjiāhuǒr 大家,大伙儿:"大家伙都和老爷子有交情……"对于这次笔会少马爷很有感触。(高丽《书画与相声跨界"联姻"》)

大件儿 dàjiànr 指家庭里比较值钱的生活用品,20世纪六七十年代流行过所谓"三大件儿",指自行车、缝纫机、手表,21世纪以来所谓大件儿指电视机、洗衣机、电冰箱等家电:……估计人家为了迎合我们的需要把值钱的东西都转移走了,脸盆都得算大件。(王小柔《有范儿》)

打卷儿 dǎjuǎnr 指平直的东西卷起:……潘妈抱着一团油布,已经烧死,人都打卷儿了。(冯骥才《三寸金莲》)

耷拉脸 dālaliǎn 又说嘟噜脸;形容不高兴的神情:……可司机不这么想,内向的也就耷拉着脸,外向的已经数落开了,不是嫌老年人动作慢就是怀疑……(王小柔《如愿》)/"别嘟噜着脸,有什么话尽管说。"秦惠廷……早看出来了。(雪屏《南门脸》)/没想到后勤科长倒不乐意了,脸子嘟噜下来……(同上)

大老爷们儿 dàlǎoyémenr 成年男子:玉燕见他有些吞吐,推了他一把:"都大老爷们了怎么还这样,有话快说!"(佚名《龙嘴大铜壶新传》)

打愣 dǎlèng 愣神儿:牛科长见顾永茂光打愣,不吱声,有些急不可耐……(吕舒怀《舍命吃河豚》)

大梨 dàlí 见"吹大梨"条。

大力丸 dàlìwán 旧时街头贩卖的一种号称可以强壮身体的药丸:这是把研究成功规律的学问,变成了可以兜售贩卖的大力丸。(东剑涛《成功学不是大力丸》)/……反正就是包治百病,比传说中的大力丸要厉害多了。(王小柔《妖蛾子》)

大梨赚财迷 dàlízhuàncáimí 戏称骗人的勾当：秦惠廷在一边暗自发笑——真是大梨赚财迷……(雪屏《南门脸》)

打脸儿 dǎliǎnr 戏曲演员面部化装，也比喻女人化妆（有讽刺调侃意味）：……真正赛猴王不慌不忙地收起了烟枪，打脸儿，穿行头。(张松祺《真假"美猴王"》)/ 当赵文雯描眉打脸长达半年之久，我也动了让自己苦争春的念头……(王小柔《十面包袱》)

打恋恋 dǎliānlian 指关系亲近，经常在一起（的人）：现在跟杨四打恋恋的老人儿，光剩下秃王三跟满大掌柜的。(张仲《龙嘴大铜壶》)

大了 dàliǎo 主家有红白喜事时，专门请来办事张罗的人：季氏后人为把老爷子的丧事办得隆重些，特地请来了一位"大了"。(王筠《龙票》)/ 村里有一个"大了"，谁家有红白喜事都少不得他……(尹学芸《丧俗》)/ 一个大了(liǎo)似的人物……叮嘱新郎新娘不能急，说什么新婚三天没大小，没人闹不热闹。(王小柔《妖蛾子》)‖指民间调解纠纷的人：众人见终于来了位"大了"，自然都忙给他闪出一条道路……大了，便是包揽调解万般纠纷的民间和事佬。(林希《天津闲人》)

打溜须 dǎliūxū 溜须拍马，谄媚奉承：……上饭馆有人引路，上厕所还有人打溜须——您也亲自来啦？(何申《步步登高》)

大马金刀 dàmǎjīndāo 马，轻声，刀，可以儿化；形容人大气，沉稳：正如形容一个小孩子，不毛毛躁躁，很沉稳，像个"小大人儿"，而用"大马金刀"，说白了就变成"大模斤道"了。(周恒《"捯饬"或是"刀尺"》)

大毛(儿) dàmáo 对单位里一把手的戏称（背称）：今天大毛出去开会。(林希《天津话逗你玩》)

大门大户 dàméndàhù 旧指人口众多并且阔绰的人家：他要做的第一件事，就是和当地乡绅，大门大户人家疏通关系……(林希《百年记忆》)

大面儿 dàmiànr 表面上，面子上：一面是经济上道德上的千

疮百孔，一面是仪式上、程序上、大面儿的隆重辉煌。(王蒙《漫话〈红楼梦〉》)/ 唉……大面儿还得过得去，买几瓶罐头吧，亲戚终归是亲戚。(南郭玉鹤《风雨春梦》)

打磨磨 dǎmōmo 因心里着急、无计可施而来回踱步："怎么办呀？"王春芳急得就地打磨磨。(南郭玉鹤《风雨春梦》)

大拇哥 dàmugē 拇，轻声；拇指：……凑一块儿总议论说：津海皮鞋厂的"郭一瓶"真是条汉子……然后，高高翘起大拇哥。(吕舒怀《饮者留其名》)

大拿 dàná 掌握权力的人，也指在技术等方面具有权威的人：庖长自然是大拿，可庖长就是个幌子，很少到厨房。(李治邦《1924年的深冬》)/ 在人们眼里，麻秆儿仍是津门开锁"大拿"……(胡西淳《佛手》)

打溺 dǎnì 婴儿在大人怀里摇摆，不听话：这孩子抱着也不老实，怎么老在大人怀里"打溺"！(刘思训《天津方言词语小考》)‖比喻纠缠不休：这个人可不好惹，留神她跟你"打溺"！(同上)

打蔫儿 dǎniānr 没精打采，精神不振：打蔫儿，打不起精神，遇事想不开……(林希《天津话逗你玩》)/ 就是现在你去逛滨江道，满街还是就只听见女人吆喝，男人都坐在摊前打蔫儿。(林希《其实你不懂天津人》)

打便宜人 dǎpiányirén 人，有时儿化；指为与自己无关的事打人，有占便宜的意思：开始我乘公车，很挤，稍微不小心就会踩了人家的脚……要是踩了哪个泼妇，就算是倒霉了，骂你是流氓，旁边的闲人就趁机借见义勇为的名义打便宜人。(雪屏《废墟，我的1976》)/琴声道："……这时候去打便宜人，打一只死老虎算什么英雄……"(白青《大船》)

打起 dǎqǐ 又说打起来，用于天气，指由阴转晴：打起好天太阳一晒，大水很快就能退下去。(蒋子龙《农民帝国》)

大气 dàqi 气，轻声；大方，有气派，可用于人或物：到那去大气点，别不好意思。(口语)/ 大气天津成了聚客锚地（天津《今晚报》

2012.6.23）

打…旗号 dǎ…qíhào 比喻以什么为借口或幌子的意思：佟绍华……打着二少奶奶的旗号，说二少奶奶找他，挺着肚子就回来了，佟忍安也没辙。（冯骥才《三寸金莲》）

大人不计小人过 dàrénbújìxiǎorénguò 计，又作记；形容人心胸大度，善于原谅别人：小姚佯装生气，说：……我大人不记小人过，谁让咱们是铁哥们儿哪。（吕舒怀《命运符》）

大仁果儿 dàrénguǒr 花生：又因品种不同，有大大仁果和小大仁果之分。（李志强《中国北方俚曲俗情》）

打扫 dásao 扫，轻声，常说成 si 的轻声；指吃净吃剩下的饭菜：大夫说："……大娘，以后想吃鱼让孩子买，别总打扫剩的了。"（王小柔《妖蛾子》）/ 中午，她特意在食堂打了一份四喜丸子……吃两口，就嫌味儿不对，让给了三道眉儿来打扫……她要不要这一套，三道眉儿准不吃。（雪屏《南门脸》）

大少 dàshào 大少爷：熟悉他的人都管他叫"丁大少"……这位曾经的丁家大少爷，卖糖堆儿出了名。（甄光俊《自食其力的"丁大少"》）

大手 dàshǒu 指花钱大手大脚，不知节俭的意思：……稍一"大手"，半个月的日子就没了，拉下亏空，总也缓不过气来。（林希《天津话逗你玩》）

大水冲了龙王庙 dàshuǐchōnglelóngwángmiào 龙王，神话中掌管兴云降雨的神，比喻自家人互不相认：郭运起……连忙掩饰说，"小姐……这不是大水冲了龙王庙了吗？……"（张孟良《血溅津门》）/ 大水冲了龙王庙——一家人不认一家人。（俗谚）

打水漂儿 dǎshuǐpiāor 指钱白花了，没得到应有的回报：刘立的父母也很苦恼，眼瞅着儿子这几次无果的爱情投入都打了"水漂"，既心疼儿子，又心疼钱……（吴瀛《80后婚事何时让爹妈省点心》）/ 吃那么多，还瘦得貌似博取同情心，肯定是吸收有问题。那么多高脂肪高蛋白高糖高淀粉，穿肠而过，都白白打了水漂了。（荆歌《胖瘦

之间》)

大塔 dàtǎ 对吹牛的人的讽刺、挖苦话：对文学情况一无所知，你还做电视，做大塔吧……一次在宾馆遇见一位爷，向我吹嘘说准备收买几颗卫星，走出宾馆，正看见这位爷也从宾馆出来，一扬手，唤住了一部出租车，也是夏利。你还买卫星？买大塔吧……(林希《话说天津味：大塔》)

打嚏喷 dǎtìpen 喷，轻声，发音不稳定，常说成 fen；打喷嚏。

大天 dàtiān 多作动词"说"的补语，无论如何的意思：然而，说下大天来也让人难以相信……（蒋子龙《农民帝国》)/刘副局长……说：我不跟你对话了，说出大天，今天强一龙不出来给个说法，我们不走了。（尹建民《强一龙的路》)

打通腿(儿) dǎtōngtuǐ 由于睡觉的地方狭窄，两个人方向相反睡在一起：确实是没地方睡啊！实在没办法只能"打通腿"。（王学军《过年，从"受罪"到"享受"！》)

大头儿 dàtóur 在总数中占比例最大的部分：英国人请病假醉酒占大头儿(天津《今晚报》2007.12.20)/ 她拍着我的肩膀说："我们所有的积蓄都搭进去了，过日子的钱大头儿就是还房贷……"（王小柔《十面包袱》)

打头碰脸 dǎtóupèngliǎn 经常见面的意思：心里没有群众，就算领导走进百姓的人堆里，与百姓打头碰脸，见了群众的难处也还会是熟视无睹、无动于衷。（郭庆晨《用脚决策与用心办事》)/……车间挨着车间，经常的打头碰脸，熟得不能再熟了。（南郭玉鹤《言老顺小传》)

打托儿 dǎtuōr 经暗中预谋，以表面公正的态度实则替一方说话：酒宴上，大家竭力打托儿，夸大其词地赞美老裴如何优秀……(吕舒怀《命运符》)/ 犹如构筑阴谋诡计，制定下主角怎么进攻，其他人怎么"打托儿"。（同上)

打歪歪 dǎwāiwai 反悔：她就是结婚了，不迁户口，户口在这，跟你成心打歪歪，你也没辙。(南郭玉鹤《拆迁记》)/ 我们不是定了八一结婚嘛，谁知佩茹又要打歪歪。(南郭玉鹤《风雨春梦》)

大王 dàwáng 扑克牌中可以充任任何角色的那张彩色牌："梅花 K"接班当"大王"(天津《今晚报》2007.1.6)

打窝儿 dāwòr 窝儿，四声；比喻设计圈套：万事俱备，可拿什么"打窝儿"、作药饵？总不能摁着常有田的脑袋往陷阱里扎吧。(吕舒怀《水铺》)

大戏 dàxì 旧称京剧：过去，天津劝业场的天华景戏院，大部分时间是演京剧，当时人们都管京剧叫"大戏"……(孙树松 孙树芳《天华景的〈天仙配〉》)

大虾杆儿 dàxiāgǎnr 见"虾干儿"条。

大仙(儿) dàxiān 神仙：我们不信自己，也无法相信别人，每个人却都跟大仙似的。(王小柔《妖蛾子》)/ 我没到过"五仙堂"，但七十年前我姥姥家堂屋佛桌上就供奉着"五大仙"。(邓友梅《一点异议》)

打小空儿 dǎxiǎokòngr 指旧时丧礼出殡或娶亲时在仪仗队里打执事，是穷苦人家男孩子干的活：……从小逃荒，一个人流落到天津，拣煤核儿、拾破烂儿、打小空儿、扛大个儿……(王鸣录《看房》)

大卸八块 dàxièbākuài 指杀人后将尸体肢解，也比喻将完整的东西拆得七零八落：……接着密令校尉数人，去将常夫人大卸八块，"各以一脔赐群臣"。(冯磊《疗妒》)/ 好端端的一个大企业被大卸八块，变卖的变卖，破产的破产。(蒋子龙《一个老工人的述说》)

打哑巴禅 dǎyǎbachán 嘴不出声，而用面部表情和手势动作互相交流：俩人在郭运起身后互相努努嘴儿，挤鼓挤鼓眼儿，指指郭运起的后脑勺，比比划划地打了会子哑巴禅。(张孟良《血溅津门》)

打眼 dǎyǎn 买东西没看出毛病，上了当；也比喻对事物看得不准确，判断失误：外行上摊儿上买文物，就不怕打眼？(口语)/ 七婶懊悔地说，刘奶奶，我这回真是瞅打了眼，把一个忘恩负义的陈世美介绍给秋丽。(吕舒怀《碎片上的女人》)

大眼儿溜睛 dàyǎnrliūjīng 形容人眼睛大,有精神:呦,小伙子长得别提多帅了,大眼儿溜睛的。(南郭玉鹤《风雨春梦》)

打野食 dǎyěshí 从家庭以外找饭吃,也比喻与配偶以外的人发生性关系:缸里没米,袋里没面……所以他专门爱去饭店门外闲逛,这叫打野食。(林希《天津闲人》)/他媳妇长得多俊啊,这小子还上外边打野食。(口语)

大尾巴鹰 dàyǐbayīng 对过分夸大自己财力、能力的人的戏称:我心想……我可别充大尾巴鹰,于是说对不起我也念不出来。(老赫《从"大相径庭"到"大跌眼镜"》)/你怎么又跟我装大尾巴鹰呢?我看你是活腻了,作死啊!(肖克凡《天津俗人》)/不等董江湖答话,胡大头愣充大尾巴鹰,一晃大脑袋,狗仗人势地说:……(姚宗瑛《赌跤》)

打一晃 dǎyihuàng 又说打个晃;露个面,短暂停留:趁"二饼"还没来,我去陈自由家打了一晃。(龙一《恭贺新禧》)/我一个劲儿给民兵抱拳作揖:"我进去打个晃就出来,绝不耽误时间,求求你啦。"(雪屏《瓦砾》)

打印子 dǎyìnzi 本义为旧时的一种高利贷,比喻花冤枉钱:要买就买好的,你买这破玩意儿三天两头儿的坏,不是打印子吗!(口语)

打游飞 dǎyóufēi 旧指无正当职业的人,每日里四处游荡找活干,比喻在外面闲逛:那些散了的长随,还有几个没找饭主,满处里打游飞的。(《儿女英雄传·第十三回》)/"别满世界打游飞了,直接家去呀。"桃儿嘱咐她一句。(雪屏《南门脸》)

大狱 dàyù 旧称监狱:玉姑觉得这个人好像十年没见荤腥了,今儿刚从大狱里出来。(肖克凡《一九三五年的真相》)

打圆盘 dǎyuánpán 为纠纷的双方说和:他爱人一看……打算给打个圆盘……(相声《钓鱼》)

大字 dàzì 大楷,旧时小学校里书法课俗称大字课。

大子儿 dàzǐr 旧时货币中的铜钱,也比喻很少的钱:……包括红果馅的小佛手、秫米面的小聚宝盆……一个大子儿可买一大堆。

(张仲《天津回民的家常便饭》)

打总(儿) dǎzōng 总之、根本的意思:开始……人们还能买到一点橡子面、飞罗粉、山芋干,后来打总什么也买不了……(张孟良《血溅津门》)/往年,过年过节的还露个面,从去年他打总儿就不来啦。(口语)

打嘴架 dǎzuǐjià 打嘴仗,吵嘴,吵架:有的喜欢观棋,可偏偏爱支个嘴,说话尖酸刻薄,难免会打起嘴架。(米学如《无事莫生非》)

大嘴马虎(儿) dàzuīmāhu 马念一声,虎念轻声;形容吃东西时狼吞虎咽的样子:郝明……说着自己也剥开一个,大嘴马虎地吃起来。(张孟良《血溅津门》)

逮 dǎi 三声 寻找、趁着(某种机会、场合):只要逮机会回来一趟,急急渴渴回房插门和媳妇热热乎乎闹一闹。(冯骥才《三寸金莲》)

怠答不理 dàidābùlǐ 又作待答不理、带答不理;形容对人冷淡,怠慢,爱答不理的意思:从打这,我表妹就和以前不一样了,跟我是怠搭不理的……(南郭玉鹤《风雨春梦》)/她变得很怪,不大说话,……对谁都是待答不理的。(王朔《痴人》)/他们在胡同口凑一堆抽烟,我追过去,他们像没看见我一样,带搭不理的。(吕舒怀《碎片上的女人》)

待见 dàijian 见,轻声;喜爱的意思,用否定的时候多:整一大桌子菜的方式已不招人待见了……(阿成《做年饭》)/她那时也常到我们家来玩儿,姥姥妈妈都不待见她……(一默《水缸》)

带手儿 dàishǒur 顺手,顺便:东北城角和河北大街两伙混星子打群架,带手把锅店街四十八家买卖铺全砸了。(冯骥才《三寸金莲》)/……说是牛五爷弄来几件好东西,带手拿给佟忍安,问问铺子收不收。(同上)‖手儿,轻声;抹布:来块儿带手儿,擦擦桌子。(口语)

逮ＡＢＡ dǎiABA B一般为动词,两个A为同一个名词或代词,义为向多个对象施行一个行为:等他将"电三马"停好,才明白是怎么回事,老赵那鸟正逮谁问谁:"您吃了吗?"(阳煦山立《鸟市儿》)/……小家伙伶俐着呢,又十分好奇,逮什么学什么……(雪屏《每个

葡萄架下都有一只狐狸在等着》)

担 dān （为某事而）担心、担忧，也有承受的意思：刘恒大想跟老伴说说二良，又怕她担不住事……(尚友朋《大热天》)

惮 dán 念二声；搭理，理会，也有怕的意思，多用作否定，表示不放在眼里：报纸曾登过一则读者来信……里面说："……售货员告诉他，是工商局的人来检查质量，他竟然说：别惮他！"(刘思训《天津方言词语小考》)/ 节振国连惮都不惮他们一眼，紧咬钢牙，昂首屹立。(李云冲《节振国勇闯天津卫》)/ 拯立朝刚毅，贵戚宦官为之敛手，闻者皆惮之。(《宋史·包拯传》)

淡 dàn 动词，冷淡地对待：崔咏梅偏偏淡着一人，就好像这人根本就没在屋里。(玉鹤《八月十五云遮月》)/ ……淡着婆婆才是聪明儿媳妇的做法！(麦芒《有一种现象：儿媳"淡着"婆婆》)/ ……明显是在嘲讽他、冷落他、淡着他。(何斌《戒毒篇——天津警察讲段子》)

淡巴嘴儿 dànbazuǐr 巴，轻声，又说干巴嘴儿；指光吃主食而不就菜：连咸菜也不就，淡巴嘴儿吃俩馒头。(口语)/ 程雪用力扶起他，问道："要醋不？"他说："还那么讲究，干巴嘴吃吧。"(吕舒怀《舍命吃河豚》)

单摆浮搁 dānbǎifúgē 放在东西上部的表面，而不与下面紧密连接，不固定住：这种单摆浮搁的井盖轻轻一撬就起来，盗贼怎能不起贼心？(米学如《热切期盼井盖更新》)/ 底部没固定 机柜站不住 通讯设施哪能单摆浮搁(天津《今晚报》2011.4.28)

单打独斗 dāndǎdúdòu 比喻独自一人进行（某种活动）：现在的洗澡都是把自己关厕所里，电热水器一开，单打独斗二十来分钟就出来了……(王小柔《十面包袱》)/ 单打独斗我必定不是他的对手。(龙一《恭贺新禧》)

单夹皮棉 dānjiápímián 泛指一年四季的衣服：贫穷让我学会了精打细算，单夹皮棉自己缝做……(周清音《冯育楠失业》)

单裤 dānkù 只有一层布料的裤子（与夹裤、棉裤相对）：这天儿,单裤单褂儿,正好。(口语)‖只穿一条裤子(里面没有穿秋裤、毛裤等):可算熬到能穿单裤的时候,我在柜子里东翻西找没有,心里咯噔一下……(王小柔《有范儿》)

单另儿 dānlīngr 单独,另外:你媳妇晌午儿除了吃了一个馒头,单另喝了半碗鸡蛋汤……(雪屏《南门脸》)/ 每次他们来,赵老板……把好茶好烟单例(注:应为另)儿给供上。(王军强《天津票友》)

单挑 dāntiāo 挑,三声;一对一地进行(较量等):实在不行,我就与"二饼"单挑?……但"二饼"是何等高手……单打独斗我必定不是他的对手。(龙一《恭贺新禧》)

单条虎 dāntiáohǔ 戏称一条大腿有残疾或缺失的人,也指动物:我们俩争执不下,他讽刺我是独臂英雄,我挖苦他是单条虎,最后也没个结果……(雪屏《瓦砾》)/ ……谁料大哥余之忠的一条败将单条虎,瞅冷子送进常胜大将军的宋窑老盆里……(林希《蛐蛐四爷》)

蛋子儿 dànzǐr 睾丸的俗称。

当 dàng 当作,误以为:我当你走了,怎么还不动窝儿?(口语)

当 dàng 四声;上当的意思:太便宜,就是当!(天津《今晚报》2010.11.24)

当不当正不正 dāngbùdāngzhèngbúzhèng 比喻说话做事的时机或位置不当,不妥:正纳闷的工夫,自己肩上的"票友"当不当正不正地喊了声:"好!"(阳煦山立《鸟市儿》)/ 把板凳儿放边儿上,这么当不当正不正的,留神绊倒人。(口语)

挡道儿 dǎngdàor 挡住道路,也比喻阻挡:这人可恨,干嘛挡道呢?(南郭玉鹤《风雨春梦》)/ 好狗不挡道儿。(俗谚)

当家的 dāngjiāde 的,轻声;旧指丈夫:……我那当家的也是在天津卫混事,去了半年了,也没给家来个信。(王维刚《诸葛亮的七星灯》)

当间儿 dāngjiànr 间儿,四声;中间的位置,当中:桂华站当间儿,我紧挨着她。(周连群 王家骏《竞赛小曲》)/ ……疯姑头上蒙着红盖头,走到院子当间儿……(张孟良《血溅津门》)

挡口的 dǎngkǒude 又说挡口菜；指味美而量大的菜肴,如鸡鸭鱼肉之类：天津人讲究吃喝……满桌酒席若没有一两样"挡口的"炖肉、"硬实的"扒肘子,那请客的主儿或许会让人瞧不起……(由国庆《开坛十里飘肉香》)/ 这个时令蒜毫正好下来,塔么(注：应为鳎么)跟有肥有瘦的猪肉片、蒜毫一起炖,是一锅蒜香鲜美的挡口菜。(白金贵《老食客》)

当啷 dānglang 啷,轻声；物体下垂而悬空,耷拉：跟她一起在教学楼前坐在石台子上, 当啷着腿把酸奶喝得稀里哗啦的情景还那么清晰……(王小柔《妖蛾子》)

当年勇 dāngniányǒng 指过去岁月的辉煌：为了捍卫自己在孩子眼中的地位,不少爸爸或把自己吹嘘得天花乱坠,或翻来覆去地提"当年勇"……(叶丹 何帆《"吹大梨"的爹妈》)

挡戗 dǎngqiàng 起到抵挡的作用："……我挡戗可以,可有一节,你们都得服从命令听指挥。"桃儿她妈说。(雪屏《南门脸》)

当玩儿 dàngwánr 当,四声；平平常常,不在话下的意思：本来佟绍华骑白金宝脖子上拉屎当玩……(冯骥才《三寸金莲》)/ ……一卖铁器的,大号王五,人恶,打人当玩,周围的小混星子们都敬他,……(同上)

当下 dāngxià 现在,眼前：看当下世界,都还在玩命地争,拼命地斗,哪有为自己准备后事的样子？(蒋子龙《"活见鬼"及其他》)

当央 dāngyāng 当中,正中：沈一啸跃起身,扒窗户朝楼下望,见二唤站马路当央,挺诡秘地对他招手。(吕舒怀《水铺》)

当院(儿)dāngyuàn 院子里：我站当院骂他去！(吕舒怀《最后的喝彩》)/ 一堆的破烂儿物品,搬到了当院,有用的留下些,没用的全拽了。(南郭玉鹤《风雨春梦》)/ 当院摆的金鱼缸足有一人多高,看鱼非登到珊瑚石堆的假山上不可。(冯骥才《三寸金莲》)

当子 dāngzi 又说当儿；距离,空隙：一会照相时,大家当子小点,紧凑些,别留那么大空当儿。(口语)

档子 dàngzi 量词,相当于回,多用于事件：教堂里边是怎么档子事,咱们全不摸底……(冯育楠《津门大侠霍元甲》)/ 佟家人全副戒备候着她……没料到这么轻而易举走掉,谁也不明白怎么档子事。(冯骥才《三寸金莲》)/ 越剧是从南边兴过来的,那么北方越剧又是怎么档子事呢?(吕舒怀《小人书铺》)

捯 dáo 二声;一步一步往前追根儿:二十六个字母单拿出一个来问谁挨谁,我立刻干瞪眼,得在心里默唱一遍字母歌才能捯出来,默念都不行。(王小柔《十面包袱》)/ 这事得往前捯十来年,那时候我们还上学,并且亲密地睡在一个屋子里。(同上)

倒 dǎo 三声;躺倒,休息的意思:要不就算了吧,你再去倒会儿,哪天再画吧。(南郭玉鹤《风雨春梦》)

道 dào 量词,用于院落;过去大户人家人口多,房子也多,一个大院里包含好多小院,且相互连通,每个小院叫一道:……侯家大院腾过一道小院,给义和团立个"坛口"。(林希《百年记忆》)/ 只听大门两边隔扇哗啦哗啦打开了。现出佟家人深居的三道院。(冯骥才《三寸金莲》)

倒背手儿 dàobēishǒur 两只手从背后握着的姿势、动作:……之后,拿着一把大木尺在黑板报前倒背手,踱来踱去……(范凤《"美化"的尴尬》)

到不到 dàobúdào 客气话,周到或不周到的意思:往后有个到不到的,您可多担待呀!(刘兴华《枪毙曲香九》)

道常 dàocháng 指在某种特定场合露个面而不久留:这个饭局若不是前总理大臣设宴,若不是关系着华北政局和众人安危,四六爷一准要只道个"常",施礼便走。(林希《天津闲人》)

捯肠子 dáochángzi 比喻思虑,挂念:你走后,你妈没少捯肠子。(口语)

捯扯 dáoche 扯,轻声;思忖,寻思,有时指回忆往事:他越倒(注:应为捯)扯心里越起火。(张孟良《血溅津门》)

捯饬 dáochi 饬,轻声,又作刀尺;梳妆打扮的意思:今天精心

地捯饬，一方面因为介绍人说琪琪条件很好……另一方面是因为晚上要陪领导应酬。(菩钰《大龄女低调相亲 效果会更好》)/ 胡刀尺。(王鸣录《教训》)‖ 泛指修饰、加工、美化:捯饬可以指容貌以外的事物,将住房捯饬捯饬……(林希《天津话逗你玩》)

道道儿 dàodaor 后字轻声;主意,办法:这时李连柱又画了个道道:"听说大哥和王大姐认识……"(南郭玉鹤《风雨春梦》)

叨登 dāodeng 翻腾:东西我都收拾好了,别再叨登乱啦。(口语)‖ 旧事重提:你要老叨登那些事,只能给自己造成不愉快。(口语)

到个儿 dàogèr 指排队等候时轮到了:人家就从中午十一点多卖到下午一点,一点零一分到你个儿了,对不起……关门不卖了。(王小柔《十面包袱》)

捯根儿 dáogēnr 也简说捯;追究事情的起因和根源:你就别捯根儿了,知道了是谁干的,又怎么样?(口语)

道号儿 dàohàor 量词,种,类,用于人,贬义:方文星这道号的人,起初厂里就不该留下他。(裴伟《刮刀落地》)/ 就三道眉儿这道号的,竟然还能写小说……(雪屏《南门脸》)

到家 dàojiā 用于动词后,作补语;说明达到很高的程度:……反正我们是不懂规矩,说到家还是别让邻居们笑话就行了。(王筠《龙票》)/ 拿不到金牌还真别怪运气,要怪就怪自己练得不到家。(杨先华《五金壮举 无关运气》)‖ 用于形容词后,作状语,特别、十分的意思:在场的人全看傻了,这事算邪到家了吧?(冯骥才《三寸金莲》)/ 我们当地一个老光棍说起来真是懒到家……(周友斌《懒人》)

倒脚 dāojiǎo 倒,三声;两只脚左右替换着原地踏步,跺脚(多为抵御寒冷):那些胆子小守规矩的……冻得蜷着身子在那倒脚……(王小柔《有范儿》)

到了儿 dàoliǎor 到终了(liao),到底,即最后的意思:到了儿,他也不知道做菜时身后边出了嘛声。(王维刚《王梅和"素扒白菜"》)/ 他好了一辈子戏,也学了一辈子戏……到了儿落个业余爱好,好不

心酸。(叶子文豹《耍板》)/ 周茂城气归气,闹归闹,到了只能甘吃哑巴亏。(吕舒怀《水铺》)

倒霉催的 dǎoméicuīde 运气不好的意思:突然那哥儿们说:"说借(这)话可是那阵子了,有一份倍儿真的感情摆在我眼皮底下,我倒霉催的,愣没当回事……"(王小柔《妖蛾子》)

倒霉蛋儿 dǎoméidànr 遇事不利、遭遇不好的人:还有那些"文革"初期挨斗的那些人,都自以为是,所以个个都是倒霉蛋。(吕舒怀《碎片上的女人》)/ 反正马路上那么多车,自己愿意往火坑里跳的倒霉蛋儿多了,可飞来横祸要落你身上可就窝火了。(王小柔《十面包袱》)

倒霉德行 dǎoméidéxing 行,轻声,又作性;骂人话:艺术家摇了摇头,倍儿没规矩地搂住我的肩膀往楼梯上推……我心想,倒霉德行……(王小柔《十面包袱》)

倒霉鬼 dǎoméiguǐ 倒霉的人,常用作骂人话:照你怎(这)么一说,我还是个倒霉鬼。(王鸣录《幽灵自供》)

倒霉样儿 dǎoméiyàngr 表示对人不满意,骂人话,有时可以作玩笑话:我发现我并不认识她。"呀,瞧你这倒霉样儿。打老远我就瞅着像你,怎么,认不出我啦?我是二丫!"(吕舒怀《美人尖儿》)

到哪算一站 dàonǎsuànyízhàn 一种感叹的说法,比喻何日是尽头的意思:谢涛说……毕竟咱也是个男人!这么下去,到哪儿算一站呢?(何斌《戒毒篇——天津警察讲段子》)/ 当时我也太天真了,误以为他已经吸了戒、戒了吸的四年了,我要等到哪天算一站呢?(同上)

捣皮拳 dǎopíquán 俗称拳击运动:李大师感慨道,中餐跟西餐比赛,就像让中国的太极拳跟洋人的"捣皮拳"比,从标准上就排斥我们。(高成鸢《奥林匹克烹饪大赛的尴尬》)

捯气儿 dáoqìr 呼吸不畅,也形容呼吸困难、濒临死亡的样子,常被看作即将死亡的征兆:别说这个,连国产电影投资小点的都光剩捯气儿了。(《郭德纲逗你玩》天津《假日100天》2006.2.10)/ 临死前,尚

老头捯着气,拉住二唤的袖子……(吕舒怀《水铺》)

刀枪不入 dāoqiāngbúrù 不怕刀砍和枪挑,形容武功好:后来,我们一致认为小石应该拜个师傅练身刀枪不入的功夫再买那套贵得不靠谱的平房。(王小柔《十面包袱》)‖比喻人经验老到,能抵御外界一切干扰:你要是见了她,就知道什么叫刀枪不入了。(何斌《戒毒篇——天津警察讲段子》)

道手儿 dàoshǒur 量词,多与数词连起来使用,表示手续、环节:工序从选料到淋小料,一共38种配料,72道"手儿",才算做成……(杜琨 曲若《正宗锅巴菜这样出炉》)/ ……当中间隔了好几道手,瓜儿没法儿跟人交待。(雪屏《南门脸》)

倒腾 dāoteng 倒,一声,腾,轻声;比喻来回转移,反复掉换:我那古玩店刚刚开张……资金实在是倒腾不开了。(王筠《龙票》)/ 过去有过误区,认为咨询主要是谈话,谈话就是做思想工作。我也是参加了国家级的心理咨询师培训之后,才把这俩概念倒腾清楚的。(何斌《戒毒篇——天津警察讲段子》)/ 一上午的工夫,分散在各个城市的六大位神人分别冲动地请了年假,倒腾倒腾存款,把机票都给订完了。(王小柔《如愿》)‖倒买倒卖:我这人除了吸毒之外,也该算个比较勤奋的人吧?从当年倒腾电影票开始……(何斌《戒毒篇——天津警察讲段子》)

倒头 dǎotóu 人死亡:王婆道:"你哥哥一倒了头,家中一文钱也没有……"(《金瓶梅·第八回》)

倒土 dàotǔ (家庭居民)倾倒生活垃圾:这时我才知道,我已经走到她家的胡同口了,她的妈妈正好出来倒土,看见了我。(安远辉《追到爱人多亏桂顺斋糕点》)

倒血霉 dǎoxiěméi 倒霉的意思,但程度重:大兄弟,不瞒你说我现在倒了血霉啦……(蒋子龙《农民帝国》)/ 整天地爬电线杆子,一个不注意,轰的一声,地下一响,电线杆子一倒,谁他妈赶上,谁就算是倒了血霉了!(南郭玉鹤《风雨春梦》)

"咱儿都"说咱儿话——天津话这么说

倒牙 dǎoyá 倒,三声;形容吃较多酸性食物后,牙齿的不舒服感觉:这红果,吃得我牙都倒了。(口语)

道酉 dàoyōu 俗作倒有;指春节时贴的具有吉祥内容的福字、吊钱儿、春联等:……二十六,鱼炖肉;二十七,宰公鸡;二十八,把面发;二十九,贴道酉……(成者《冬至大如年》)/ "道酉"之俗,在以开封为首都的北宋时期即深入人心。(孟宪明《贴"道酉"》)/ 二十九这天,有人说是"蒸馒头",也有人说是"贴倒有"……(张振宁《民俗专家给您介绍天津年俗》)

嘚啵 dēbo 嘚,一声,啵,轻声,又说嘚啵嘚;说的意思:姐几个……越嘚啵越来劲儿……(雪屏《南门脸》)/ "……再喝点儿酒……嘚啵嘚啵,全听他的了!"(南郭玉鹤《风雨春梦》)/ 这一路开,他就想:这女的每次一上车就嘚啵嘚嘚啵嘚嘚吵吵没完……(王小柔《如愿》)

嘚啵嘴子 dèbozuǐzi 嘚又念一声;指说话多且唠叨的人:天津人称宋世雄先生是"叨白(注:应为嘚啵)嘴子"。(林希《天津话逗你玩》)

嘚嘚 dēde 后字轻声;叨叨:菜咸了,崔明通吃饭时,不乐意了,嘚嘚起来。(南郭玉鹤《风雨春梦》)

得合乐 déhelè 合,轻声,又作得赫勒;中国式摔跤的一种将对手摔倒的姿势:如果你准备不足,冒冒失失应战,准得让他给你来个"得合乐"!(赵志明《不服?咱出去比划》)/ ……使了半个"得赫勒",将他摔倒在地……(龙一《恭贺新禧》)

得活 déhuó 完成:……炒个菜,熬个汤,喊里咔嚓就得活了,也没糟蹋忒多的油。(雪屏《南门脸》)

得楞 déleng 楞,轻声;又作得弄;修理,收拾:"你给我得楞得楞吧。"三下两下,车子修好了。(林希《天津话逗你玩》)|| 比喻整治人:所以,人不可张扬,动不动就想"得楞"别人的好汉……弄不好就被别人"得楞"了,那时可就要吃大亏了。(同上)/ ……动不动就在楼里跟人显摆:"你搅闷吗?再界(这)么打镲,回找人得楞你。"(王小柔《乐意》)/ "板寸头"一把揪住挑事的打工仔说:"……我先收拾了你,再

得弄那帮孙子。"(吕舒怀《舍命吃河豚》)

得噜儿 delūr 得,轻声,噜儿,一声;后缀,用于某些单音节形容词后,褒义:打一锅糨得噜儿的卤子,吃捞面。(口语)/ 老太太爱吃肥得噜儿的肉。(口语)

德性 déxing 性,轻声,又作德行;骂人话,指人长相或打扮难看:他妹妹长的跟他一个德性。(潘保安《老二黑离婚》)/ 春梅骂道:"瞧你那德性!打扮得男不男,女不女……"(南郭玉鹤《风雨春梦》)‖ 指人的品质低下、能耐不大或技艺不佳:他……勒住了马缰,心想,这十发子弹不定打得个什么德行……(张孟良《血溅津门》)/ 物业报了警,惊动了110。110一看东子那副德行,就把他带回所里验尿了。(何斌《戒毒篇——天津警察讲段子》)‖ 用于物,指东西质量差,不好看:这缸以前就在妈妈家他们怎么不认识呢?难怪!那时这缸是嘛德行……(一默《水缸》)

得亏 děikui 亏,轻声;幸亏,多亏:又一想,得亏杆蜡来得及时才使祖传核桃脱离虎口,心里一阵欣慰……(叶子《核桃王》)/ 周得贵说:得亏我有武生底子,登梯爬高的还行。(吕舒怀《小人书铺》)/"还用说,这得亏人家梆子!"秃王三……(张仲《龙嘴大铜壶》)

嘚勒 déilei 嘚念dei的二声,勒,念"累"的轻声;形容人胖,也指肥胖的人,有戏谑意:俩月没见,怎么成胖嘚勒啦?(口语)

扽 dèn 拉,拽:比如我们说,把床单扽平了,把绳子扽直了,等等。(刘思训《口语里不容易写的九个字》)/ 核桃王听了听动静,小心翼翼地从床下扽出那件精致的核桃箱……(叶子《核桃王》)

蹬 dēng 一声;穿(鞋):……脚上蹬着一对千层底青色软帮靸鞋。(张孟良《血溅津门》)/ 玉霞……蹬上鞋,手扶着床栏站了起来……(南郭玉鹤《风雨春梦》)‖ 抛弃,甩:他是真疼她,可是,她却把他给蹬了。(雪屏《南门脸》)

灯 dēng 鸡鸭等去除了肉的骨架,如鸡灯、鸭灯:不过印象最深的还是那个姓张的师傅……加工熏制雁肉、雁灯(剥去了雁肉的骨架,便

宜卖给贫苦人)……(梁广中《大直沽宫前买卖(四)·肉食摊铺》)

蹬 dèng 又作登,四声;量词,用于台阶、楼梯的层数:我虽嗜好金莲,比您,至少还差着三蹬台阶。(冯骥才《三寸金莲》)/ 于芬用围灯照了照,见洞口有台阶,一登一登地延伸下去……(张孟良《血溅津门》)

登鼻子上脸 dēngbízishàngliǎn 登又作蹬,又说跐鼻子上脸;比喻不满足,有得寸进尺的意思:蒋干也不瞅后生:"别登鼻子上脸,你还把自己臭花生当人儿了。"(尹学芸《鬼亲》)/"你倒爬得快,蹬鼻子就上脸。"桃儿笑话果儿吹气儿冒泡儿。(雪屏《南门脸》)

等门 děngmén 在家里等候晚归的人,以便开门(旧时院落的大门从外面开不了):房东……谄媚地跟顾永茂搭讪:"顾先生,您多时回来,我给您等门。"(吕舒怀《舍命吃河豚》)

等米下锅 děngmǐxiàguō 比喻事情紧急:"我能不急吗?剧组里百十人等米下锅呢……"(雪屏《天堂的助跑》)

登梯爬高(儿) dēngtīpágāo 泛指爬到屋顶等高处:唱惯了戏,改行干建筑,那活儿可累,你受得了?周得贵说:得亏我有武生底子,登梯爬高的还行。(吕舒怀《小人书铺》)/ 郑建国说,我的鞋开胶了,脚后跟都露出来了。我说,谁叫你总登梯爬高的。(雪屏《大串联》)

蹬腿 dēngtuǐ 死亡;可以儿化,有时作戏语:"……老丫头,爹求你一件事。我蹬腿闭眼以后,你想方设法救你姐姐……"二唤她爹嘱咐完这几句话,便咽了气。(吕舒怀《水铺》)

地道 dìdao 道,轻声;人品优秀,行为正派:……四处传谣,闹得满城风雨,街坊邻居都说孙老太太和王三爷不地道。(烟雨苏州《美人西来》)

底儿掉 dǐrdiào 作某些动词的补语,比喻完全、彻底,贬义:有经验的巡警三查两问问得小保姆底儿掉。(高红十《小保姆偷钱》)/ 小艾……多年前,就下海做生意但赔得底掉!(刘晓鸥《女工小艾》)/ 她妈……像审臭贼似的,审个底儿掉。(雪屏《南门脸》)

地方 dìfang 方,轻声;旧时,在一个小的地区范围内,由居民

自发组织,或由当局指派,管理当地公共事物的松散机构,其管理人员称地方:舍棉衣要有仪式,事先也要登记,登记的事情由"地方"负责。(林希《百年记忆》)/ 地方虽然不是官员,但是官家有什么事情,要通过"地方"来办……(林希《天津话逗你玩》)/ 闲人躲开点儿,地方过来了!(京剧《遇皇后》)

地根儿 dīgēnr 从前,一开始:果儿跟首蓿闹硌扭儿,不是三天两后晌了,打地根起,就挺皱巴。(雪屏《南门脸》)

嘀咕 dígu 嘀,二声,咕,轻声;因没有把握而胆怯:从来没有参加过这样的演出,孟祥光多少有点儿嘀咕。(魏巍《魏文亮的故事》)‖做事犹豫彷徨,没有主见:他当年因为干什么都嘀嘀咕咕的,所以早年落了个外号叫嘀嘀咕咕……(王小柔《十面包袱》)‖ 怀疑,不敢肯定:银行倒是仗义……老路一边嘀咕自己还能不能活三十年,一边颤巍巍地把表填了章盖了首付交了……(同上)

嘀咕神(儿) dígushén 戏称爱嘀咕的人:桃儿跟小嘀咕神儿似的叽咕叽咕眼儿。(雪屏《南门脸》)

递话(儿) dìhuà 通过一定的途径表达意见:只要他打个招呼递个话,没有办不成的。(邓忠强《贪鄙者的投机》)

地界儿 dìjièr 界儿,一声;地方,部位:可眼瞅着老外那儿都落钱了,咱这还没动静,一打听才知道咱这地界儿油价买涨不买落。(王小柔《十面包袱》)/ 老人们说,这儿是皇船坞——皇家修船的地界儿。(王筠《龙票》)/"南市"对于天津乡亲来讲,也是个……再熟悉不过的老地界儿了。(李健新《清末时的"南市大街"》)

提拉甩挂 dīlashuǎiguà 拉,轻声;形容因困倦或疲劳而精神不振的样子:瞧你那提拉甩挂的,怎么啦?(电视剧《一个姑爷半个儿》)

提拉孙儿 dīlasūnr 泛指曾孙、重孙以下的后辈:你算得上"十八奎"的提拉孙儿就不错了!(张传伦《这叫玩儿!》)

底漏 dīlòu 比喻已婚女人用婆家的财物暗中资助娘家:这老婆子打小儿没爹,年轻时就底漏。(口语)

提搂 dīlou 搂,轻声,又作提溜;提:……说完一把提搂起鼻青脸肿的戈登,往面缸里按……(刘兴华《泥球张痛打戈登》)/ 她身边的朋友……都成了无辜的牺牲品,时不时就被提溜起来,东甩西甩,最后抡圆了扔出去二里地,还不准你喊疼。(白花花《十面袱·后记》《跟傻子赛的》)

低眉顺眼 dīméishùnyǎn 形容恭顺小心的样子:那会儿正值豆蔻年华的我们……以实习为旗帜低眉顺眼地给那些在职职工当保姆,打水、扫地、打饭……(王小柔《有范儿》)

地排子 dīpǎizi 排,三声,子,轻声;一种人力的运货车:……有担挑的,有提筥的,更有拉着小地排子车的。(点子《甜甜滦河水》)/ 四五十辆地排子大车分别排列在东铺胡同和西铺胡同里。(张孟良《血溅津门》)

地起 dīqǐ 从来、压根儿的意思:就你们说的那事,我打地起就不相信。(电视剧《一个姑爷半个儿》)

底气 dǐqì 十足的信心:这样,才能有底气,有主见……最后把事情办好。(李瑞环《谈"少讲空话 多干实事"》)/ 底气不足,罗马痛失好局地区(天津《今晚报》2006.8.27)

低头不见抬头见 dītóubújiàntáitóujiàn 又说抬头不见低头见;免不了见面的意思:小区里抬头不见低头见的都是离退休的老年人,生活日复一日……(信捷《左邻右舍网购忙》)

底子 dǐzi 基础,可用于身体、知识、能力等:……这哥们儿朝着汽车就撞过去了。亏得从小锻炼底子好,只落下个胸骨的软组织挫伤。(何斌《戒毒篇——天津警察讲段子》)/ 其实阿达是那种喝凉水也能长肉的胖底子……(王小柔《妖蛾子》)/ ……把心一横,大不了再走回来,咱有在荒山野岭徒步的底子。(王小柔《乐意》)

颠 diān 跑,有时指跳着跑:他三蹿两纵,颠上楼去。(张孟良《血溅津门》)/ 他紧颠了几步,歪着脖子,满脸奸笑地说……(同上)

掂 diān 烹调的主要技法之一是掂翻炒勺里的菜肴,俗称掂

勺,故常以"掂"代表菜肴的烹调制作:开门就端着菜出来,见不到里边是怎么在火上掂出来的。(李治邦《1924年的深冬》)

垫 diàn 吃饭之前稍微吃一点东西:……说着从抽屉里"哗啦"倒出一堆零食:"这些给你,饿了垫一口……"(北方熊之舞《女人墙里的纯爷们》)

点儿 diǎnr 指某个特定的钟点或时间:最早流行吃维生素药片那会儿我也尝试过,就是到了吃饭的点儿,人家吃饭你吃药……(王小柔《十面包袱》)/ 那会儿已经不是堵车的点儿了,但她依旧能把车三挡二挡么开……(王小柔《如愿》)

垫背 diànbèi 比喻代人受过:我绝不能让他们就这样把我丢进火炕里,要死也得拉上个垫背的……(龙一《恭贺新禧》)/ 我们真的就老了……幸亏老的不止我一个,还一大群垫背的呢……(王小柔《有范儿》)

点儿背 diǎnrbèi 运气不佳:你们二位的故事都算不得新闻。就像赌博,不过是点背而已。(李其祥《撞到枪口上的贪官》)/ 马琴、吴招娣连连地往外掏钱,心想,这老婆子今天邪门儿啦!吴招娣一个劲儿还怪自己点儿背。(玉鹤《都是布头惹的祸·九排大院轶事之四》)/ 我们小区跟全中国大部分点儿背的小区一样,等你背一身债住进去,发现房子裂了,临时电能把电器全毁了……(王小柔《十面包袱》)

颠荡 diānde 荡,轻声,有时发 da 或 de 的音;又作颠腾;因道路不平而颠簸:城市立交桥 怎能摸黑又颠荡(天津《城市快报》2006.3.15)/ ……一路轻轻开车,有个石头瓦块什么的赶紧绕开,生怕一颠腾老太太再承受不住。(王小柔《如愿》)

点儿低 diǎnrdī 形容人的地位低下或运气不好:咱知道自己点儿低,不敢往里面搀和。(林希《天津话逗你玩》)/ 张飞问赵云了:"怎么样哥们,有戏吗?"赵云唆(说):"我崴了!他们银(人)太多,一帮一伙儿,我打不过他们呀!我今儿个是脚心长瘩子——我点儿太低了!"(刘文亨相声)

颠儿颠儿 diānrdiānr 形容快速而高兴地：甄世熊……说罢，便颠颠儿地跑走了。(张孟良《血溅津门》)

掂对 diānduì 又说掂排、掂配，后字轻声；斟酌、筹划的意思：她自打村干部们一进门就在心里掂对好了，以高粱面为主，掺上红薯干面儿……(蒋子龙《农民帝国》)/"嗯，行，还是你小子会办事儿，你去掂排吧……"(烟雨苏州《美人西来》)/ 秦惠廷嘱咐老伴儿掂配俩菜，犒劳犒劳二丫头……(雪屏《南门脸》)

点火就着 diǎnhuǒjiùzháo 又说沾火就着；比喻脾气暴躁，容易生气、发作：……我这样说，并非是让人像炮仗似的，无论什么情况都点火就着。(柳萌《顺其自然气通达》)

惦记 diànjì 又说惦着；希望，向往：桃儿妈妈说，她总惦记生儿子。(雪屏《南门脸》)/ 梨儿伸手就要抢，桃儿手疾眼快……："惦记拿走，没那么容易……"(同上)/ 无奈，余大将军只得自立旗号，从此走南闯北打天下，总惦着有朝一日能面南登极。(林希《蛐蛐四爷》)

点脊梁骨 diǎnjǐlianggǔ 戳脊梁骨：钱花光了，名誉扫地，走在路上被点脊梁骨。(林希《天津话逗你玩》)

掂配 diānpei 见"掂对"条。

电三马儿 diànsānmǎr 指一种有三个轱辘、带车厢的电动车：第二天，老贾带上"票友"上鸟市，故意将"电三马"往人最多的地方开……(阳煦山立《鸟市儿》)

点痦子 diǎnwùzi 用一定的方法把身上的痦子去除：……可这些年把整容说得跟点痦子那么简单……(王小柔《妖蛾子》)

电匣子 diànxiázi 旧称收音机：鲁文天走后，潘海斌在家里又玩了一会电匣子……(武歆《天津少爷》)/ ……吐字行腔跟电匣子播的差不多。(吕舒怀《碎片上的女人》)

点心 diǎnxin 心，轻声；早点。

点子 diǎnzi 量词，一些的意思，多为贬义：他心说，现在玩字画的净是点子梁三这号的棒槌……(刘一达《画虫儿》)

掉 diào 指孕妇小产(称"孩子掉了"):为了不要这个孩子,我从猪圈的围墙上往地面上跳,可孩子硬是没掉。(闻心《骗婚》)

䆖角儿 diàojiǎor 俗作吊角;形容距离远:我们所在西北郊,黑牛城在东南郊,两个吊角,好几十公里。(王学孝《吃够折腾苦,更觉安定甜》)

掉脸儿 diàoliǎnr 形容脸色变得严峻,不悦:冯老辛把脸儿掉下来了。大声说……(张孟良《血溅津门》)/桃儿她妈瞧老头子掉脸了……(雪屏《南门脸》)

掉链子 diàoliànzi 自行车是靠车链子与齿轮的咬合前行的,链子从齿轮脱落叫掉链子,导致车子无法骑行;比喻正在需要的时刻而不能起到作用:直至12时多,损坏的供电线路修复,居民生活才恢复正常。至于为何备用电源"掉链子",有关部门正在调查中。(姬培栋《临上阵备用电源"掉链子"》)

调么 diàome 么,轻声;斟酌处理的意思,多用于具体操作的场合:秀娥接过布哇,左调么,右调么,照着旧棉袄哇,来回直比划。(陈鹤禄 王家骏《做棉袄》)

吊钱儿 diàoqianr 习俗,春节时贴在门窗上的一种红色民间剪纸,在图案中常镶嵌一些吉祥词语:环保"吊钱儿"更吸引人(天津《城市快报》2006.1.13)

吊死鬼(儿) diàosiguǐ 传说中上吊死亡的人变作的鬼,形象为吐着舌头,突出眼睛,极为恐怖:是的,他真看见鬼了,一个活无常,北方人叫做吊死鬼……陈四爷看见的,正是扮作吊死鬼的土匪。(林希《百年记忆》)

吊汤 diàotāng 用猪、鸡、鸭等原料长时间煮汤:正规馄饨铺都……以示正宗骨头吊汤,绝无欺瞒。(谭汝为《卫嘴子吃早点——泰嗜》)

掉闸 diàozhá 因用电负荷过大而自动断电:但即便如此,若电器全开还掉闸。(王家斌《电之缘》)

掉渣儿 diàozhār 本义为酥脆或不结实的东西洒落碎屑,多比

喻东西老旧(作"老"的补语):胡同里有一座老得掉渣儿的四合院。(王筠《龙票》)

盯 dīng 注意力集中(于某事):新房买好了,当时正装修。谢涛本该盯着装修房子的,空闲却被朋友拉来赌博了。(何斌《戒毒篇——天津警察讲段子》)/ 亲家家在外地,所以平日只能我们老两口帮忙盯着工人装修。(丽慧 菩饵《丈夫家务责任感 需妻子培训》)

顶 dīng 预备,等待,承受(不好的结果):好好,我顶着受罚还不行吗?(张孟良《血溅津门》)

顶 dīng 到(某个时间):你说下午来,顶天黑也没见你影儿。(口语)/ 顶十点多钟。老头儿吃完了饭……(张寿臣《小神仙》)

顶 dīng 形容某种食物吃得过多而不愿再吃,多作"吃"的补语:永元德的羊肉实在是好吃,兴奋还有馋嘴,那顿涮羊肉我吃顶了!(白金贵《老食客》)/ 老伴说我没出息,一吃炸酱面,准"顶"!(侯会《好吃不过炸酱面》)/ 那天,我们拣了整整一脸盆的海梭鱼,都把我给吃顶了。(王小柔《十面包袱》)

顶 dīng 双方语言发生冲突:有人说,现在年轻人和老人无话可说,一说就顶……(李治邦《与老人聊天》)

顶不济 dīngbújì 又说顶不济死、再不济;表示预料最坏的情况,至少的意思:……顶不济还有姐妹伴随,蹦单儿的极少……(肖克凡《天津娃娃》)/ ……顶不济还可以省出我那份口粮,就把今年的青黄不接扛过去了。(蒋子龙《农民帝国》)/ 后来连学也不用上,我和黄毛几个十一二岁的孩子,不是去和平路瞧过游行队伍,就是去劝业场一带抢传单,再不济了,就跑到水上公园溜冰打尜尜玩。(吕舒怀《敌敌畏》)

叮当五六 dīngdāngwǔliù 又说叮当五四;形容动作速度快,力度大:他不顾疯姑劝阻……抡起大斧子,叮当五六,一连砍倒了三四个……(张孟良《血溅津门》)/ 跟着就是一通"瓦儿特拳",叮当五四把你揍瘫了算。(佚名)

丁点儿 dīngdiǎnr 量词,很少一点,常与"一"、"不"连用,作一丁点儿、不丁点儿:县官急忙派人去找,任广智说的一丁点也没错……(张士杰《秫秸船》)/ 好吧,我知道你的脾气,心里放不下一丁点儿的事儿……(南郭玉鹤《风雨春梦》)

盯…点儿的 dīng… diǎnrde 威胁的话:……对方气势汹汹。"别管我是谁。你小子干的缺德事别以为我不知道。……你小子盯我点儿的,看哪天把你废了你都找不着人!"(吕舒怀《命运符》)

顶对 dǐngduì 顶撞,辩驳:"孩子今年二十七啦,还不该办事?"老伴不软不硬地和他顶对,而且也绝不肯转移题目。(汤吉夫《房》)

顶盖肥 dǐnggàiféi 盖多儿化;原指螃蟹的肉丰满,比喻封闭的器物、设施里面内容物充满,没有空间:东丽区先锋路上许多运土车虽然车顶两侧有苫盖,但却满载得"顶盖肥","冒尖"的泥土随车沿途撒漏,造成路面污染。(天津《今晚报》2011.10.29)

定规 dìngguī 既定的主张、主意:商家千言万语 老汉自有定规(天津《中老年时报》2012.11.17)

定规 dìnggui 规,轻声;约定:大嫂你怎么又出来买东西了?你病刚好……咱不是定规好了吗,天天给你送去。(相声《学习张士珍》)/……她把鸡汤撂下,再去多伦道——他们定规好的地界儿……(雪屏《南门脸》)

顶花儿带刺儿 dǐnghuārdàicìr 指黄瓜上带着花和刺,形容鲜嫩:突然他见我们仨一人手里举个顶花带刺的黄瓜,怀疑我们顺手牵羊……(雪屏《大串联》)/ 老贺女朋友……越打扮越不正经,每天都顶花带刺儿、珠光宝气地去上班。(王小柔《十面包袱》)

顶碱 dǐngjiǎn 指做发面的食品时,已经发酵的面里加的碱比应该放的数量稍多一点儿:蒸馒头顶点儿碱好吃。(口语)

定量 dìngliàng 特指20世纪60年代节粮度荒期间,经压缩后给城市居民规定的每月粮食定额:父亲每月的粮食定量才28斤。(毛永昶《父亲与二斤定量》)

丁零当郎 dīnglingdānglāng 又作丁零当啷;零,轻声;形容身心疲惫、无精打采或衣衫不整的样子:整整两天的时间,天津妓女把美国水兵口袋里的钱都掏光了,到此时,美国水兵回舰的时间也到了,一个个丁零当郎地回大光明码头来了。(林希《百年记忆》)/ 弱不禁风,丁零当啷,豆芽菜,谁也不会用你,啃老吧。(林希《其实你不懂天津人》)

顶门儿 dǐngménr 指到达某处的时间为该处早上刚一开门(家庭刚起床或单位开始办公、营业等)的时间:可倒早巴儿,顶着门来呀。(李云冲《节振国勇闯天津卫》)/ 我就佩服她干什么事都跟买国库券似的,要求自己必须顶门儿。(王小柔《如愿》)

顶门立户 dǐngménlìhù 在家里起主要作用,支撑一个家庭的意思:……可顶门立户、拖家带口的就得思前想后。(夏凯《"软骨头一族"》)

顶戗 dǐngqiàng 指能起到应有的作用:林红玉觉得这两个小伙子不错,能给她的班子顶戗……(李世瑜《"里是鱼":李世瑜——我和朋友马三立》)/ ……他们觉得捡了个"便宜",来了马上能顶戗,何乐而不为?(刘思训《就这样进了出版社》)/ 他们粮店的头儿……一开会就说:"整个粮店一个顶戗的没有,就果儿刨外。"(雪屏《南门脸》)

顶天立地 dǐngtiānlìdì 形容室内柜子等家具的高度直至屋顶(天花板):靠墙一排顶天立地的旧书架,书架的格格里码放着一本本小人书。(吕舒怀《小人书铺》)

顶药 dǐngyào 治标不治本的药:……又犯了?除不了根儿,那是顶药啊!(马志明相声)

订桌 dǐngzhuō 又作定桌;事先到饭店预订座位、房间(雅间):淘气儿接了钱就跑出去定桌……(烟雨苏州《美人西来》)

冬底下 dōngdǐxia 下,轻声;冬天:在海河口还有一种秋刀鱼……一般老百姓买来腌了晾鱼干儿,冬底下或来年开春在灶膛里或是在铛上焙了就馇馇吃……(吕中《跑海》)

动劲儿 dòngjìnr 动弹,泛指开始、启动:"他蒯娘,你们家还没

动劲儿?"常友礼的媳妇……照看着几家搬出来的东西……与吴招娣打着招呼。(南郭玉鹤《拆迁记》)/ 姜燕没动劲儿,晓红便在后面推着她,一步步走来。(南郭玉鹤《风雨春梦》)/ 上学那会儿忘了去哪旅游,一大群人,路上堵车半天动不了劲儿……(王小柔《十面包袱》)

懂局 dǒngjú 懂得规矩和门道:本来就是一个院子的酱缸,再摆一个缸出来当嫁妆,怕不懂局的邻居笑话。(一默《水缸》)

冬煤 dōngméi 指为了冬季用煤炉取暖,购买并贮存的过冬用的煤:……一看是玉良,林颖坐在前座上答道:"我和妈妈去买冬煤。"(佚名《龙嘴大铜壶新传》)

懂眼 dǒngyǎn 有眼力,内行:哪位要是懂眼,真能三子两子儿,买到上好的字画珠宝玉器……(冯骥才《三寸金莲》)

东一榔头西一杠子 dōngyīlángtouxīyīgàngzi 比喻说话没有逻辑,漫无边际:"没办法,老崔说话东一榔头,西一杠子……再喝点儿酒,那就更要命了,嘚啵嘚啵,全听他的了!"(南郭玉鹤《风雨春梦》)

动真格的 dòngzhēn'géde 采取真实的、实际的行动(而不是嘴上说说):天津人讲话,还是要动真格的。(林希《天津话逗你玩》)/ 赵文雯想搬家了,她跟我说了不止一次,看得出来,她被现实生活逼得要动真格的了。(王小柔《妖蛾子》)

逗 dòu 索取的意思:他老早就把"中原"看成是块肥肉,总想平常买点便宜货,年节逗几个。(孙树芳 孙树松《贾六砸院子》)

豆瓣儿绿 dòubànrlǜ 形容很鲜艳的豆绿的颜色:袁文会坐在车上……头上戴一顶青缎瓜皮小帽……帽前面镶着一块豆瓣儿绿的美玉……(张孟良《血溅津门》)/ 这当中,最吸引人的自然是那豆瓣儿绿的渤海大对虾。(王家斌《拖头》)

逗哏(儿) dòugén 有趣,使有趣:说相声,一个逗哏,一个捧哏。(口语)

逗咳嗽 dòukésou 开玩笑:柳八爷和王三爷常去的这间鸿运茶馆……去听书的人多半是爱看爱听这俩人叫板饫火逗咳嗽。(张传伦

"哏儿都"说哏儿话——天津话这么说

《这叫玩儿！》）

抖愣 dōuleng 愣，轻声，又作扔；颤抖，哆嗦，抖动：那老爷子为嘛在那屋里，脸色红红的，全身乱抖愣？（南郭玉鹤《拆迁记》）/ 多多良吓得像鸡炸毛似的抖扔了一下身子……（张孟良《血溅津门》）

豆篓儿 dōulōur 豆包儿：什么熬腊八粥了、二十三糖瓜祭灶了……二十九蒸豆篓……花样多了去了……（佚名《龙嘴大铜壶新传》）

抖落 dōuluo 又作抖搂；振动衣物等（以便使尘屑脱落），或其他抖动的动作：把身上的雪抖落干净再进屋。（口语）/ ……我的儿子，会将我书包里的东西抖落一地……（苏书棠《倾斜的世界》）/ 高地虎抖搂抖搂敛钱的破草帽，摇摇头……（姚宗瑛《赌跤》）‖ 揭露，暴露："……到时候，我把你的丑事全抖落出来。"（王维忠《院墙内外》）/ 回去的时候赵文雯一直生闷气，觉得自己倒霉。我只好把自己的倒霉事抖搂出来以宽她心。（王小柔《十面包袱》）/ 一个人要把所有的心事都闷在罐儿里，不抖搂出来……憋得慌。（雪屏《南门脸》）‖ 浪费，挥霍：……俩人对吃对喝，一下子就把家业抖落净了。（张士杰《秫秸船》）

抖落手 dōuluoshǒu 又作抖搂手、抖拢手；形容无计可施的样子：张寿臣急得直抖落手……（魏巍《魏文亮的故事》）/ 三哥到车队和领导一说，领导们也直抖落手。（王舒《南市人家》）/ 不大功夫整个宝局一片狼藉。苏先生急得直抖落手："这不赛抄家吗！"（烟雨苏州《美人西来》）

逗闷子 dòumènzi 开小的玩笑，笑谈：……就怕小两口没事"逗闷子"……（常宝堃 赵佩茹《家庭论》）/ 冯爷并没跟大伙儿编故事逗闷子，钱大江确实是冯爷二哥的小学同学。（刘一达《画虫儿》）/ 秦惠廷跟她逗了一句闷子……（雪屏《南门脸》）

抖勺 dōusháo 炒菜时用手抖动炒勺，是厨师烹饪的一种技法：自打买了那本书，我一下班就往集市里炒菜的摊位前一站，看那师傅跟杂技团出身似的，连西红柿炒鸡蛋他都得抖把勺……（王小柔《妖蛾子》）

堵 dǔ 为了找到不易碰见或故意躲避的人，寻找机会前去堵截：……弄得大伙天天到站里来堵我。你就是堵上我，那个下水道能通吗？(王鸣录《扯皮专家》)/ 仨人合计，多带人手，打听到柳青的住处，把他堵在家里。(烟雨苏州《美人西来》)

堵 dǔ 通过语言使对方无言以对：我不太懂高科技，张嘴问了句有什么智能，就让人家给我堵回来了，"你用过电脑吗？电脑能干吗这手机就能干吗。"(王小柔《十面包袱》)

独单 dúdān 有一间卧室的单元房：独单的租赁价格每月要在500元至600元。(天津《城市快报》2006.3.10)

嘟嘟 dūdu 连续不断地说，嘟囔：结果……事发那天，孩子就跟他妈在嘟嘟，如何如何被女方看不起嘛的，妈妈就在那哭啊，也心疼孩子。(佚名)

嘟嘟车 dúdúchē 旧称摩托车：……就是刚才骑嘟嘟车那个，干这个啦！(张仲《龙嘴大铜壶》)

嘟噜脸 dūluliǎn 见"耷拉脸"条。

独门独户 dúméndúhù 又说独门独院儿；指一家人独自住一所房子(院里没有邻居)：斗转星移，老城厢出现了大杂院，独门独户的时代终结了……(林希《一盏暖暖的灯》)/ 晓红的家也是独门独院……(南郭玉鹤《风雨春梦》)

肚囊子 dù'nángzi 肚腹：这个大肚囊子，三碗饭还不够！(口语) ‖ 肚量，胸怀：桃儿她妈知道，老伴仍为那本子秘方堵心……"你的肚囊子就不能宽绰点儿，都是过去的陈年老账了。"(雪屏《南门脸》)

肚脐锁 dùqísuǒ 没有锁头，插上钥匙就能开启的锁：……小柜子分上中下三层，下层放着几个包袱。中间是个带着肚脐锁的大抽屉……(南郭玉鹤《拆迁记》)

堵心丸 dǔxīnwán 比喻使人心里憋闷、别扭的事：免费开胃菜怎成堵心丸？(天津《今晚报》2006.5.15)

独一份儿 dúyīfènr 独一无二，没有相同的：偌大的南市只有张

"咱儿都"说咱儿话——天津话这么说

十三一个人在卖冰棍儿,绝对独一份。(肖克凡《天津俗人》)/杨四的大铜壶,独一份儿!(张仲《龙嘴大铜壶》)

端 duān 端架子,即拿架子:当然"端"也得讲火候,"端"得太过火,也就没人来白送礼了。(王日强《天津旧舞场琐闻》)/过去谁也不如咱,现在他们日子越过越好,见了我老是小碗面——端着,咱哪儿受过这个呀。(王鸣录《满院春》)/袭皮发话了"咱紧着贵的吃吧,把318吃回来!"话令人振奋,三个女的都不端着了……(王小柔《有范儿》)

端 duān 拿、取的意思,也比喻捣毁、摧毁:转天一早,当井源岸介……见邮品已被人悉数端走,心中好不气恼。(王筠《龙票》)/俩月疯狂作案十余起 一盗车团伙被端(天津《今晚报》2006.10.12)

段儿 duànr 指某一方面,某一领域:顾永茂挺纳闷:"您一个大处长,还用烦别人?"……高处长……道:"小顾,你瞧明白了吗,在市商业局我是处长……我管不着那段儿,不烦人哪行啊。"(吕舒怀《舍命吃河豚》)/南门外警察——就管这一段儿。(俗谚)

断不了 duànbuliǎo 经常或有时候:他虽然回乡隐居,断不了还有以武会友的武林高人找上门来。(冯育楠《津门大侠霍元甲》)

断道儿 duàndàor 互相间不再有交往:天津则不然,天津人富了,和穷亲戚就"断道"了,穷亲戚也不讨那个"没味儿"去了,日久天长,同姓不同宗了。(林希《其实你不懂天津人》)

端斗儿 duāndǒur 手心朝上,顺着别人的下巴颏向上抹,是一种开玩笑的动作:你说我都快八十的人了……你们那小宝贝儿一伸手端我俩"斗"。(王鸣录《教训》)

断流儿 duànliúr 比喻连续着的事情中断了:虽然大闺女不再登台唱戏,钱却没断流,照样派人送。(吕舒怀《水铺》)

断烟火 duànyānhuǒ 比喻后继无人:"是!"他坚定地说,"我们就是要为恢复天津跤出把力,最起码让中国式摔跤在民间不能断了烟火。"(姚宗瑛《二遇跤神仙》)

躲心静儿 duǒxīnjìngr 离开某种环境或事物,以图清静:桃儿

成心说:"要不您啦就及早褪套儿,找地界儿躲心静去,跟着受这份累,何必。"(雪屏《南门脸》)

鎚 duī 三声,碰撞,击打:车距不拉开,前面的一刹车,后面的不留神就鎚上了。(口语)‖用拳头捣,或用语言顶撞:不管我说嘛,一张嘴他就把我鎚回来,干脆我也不言语了。(口语)

兑 duī 下象棋时,以丧失自己某个棋子为代价而吃掉对方同样的棋子,叫兑,如兑车、兑马、兑炮:满盘象棋都是车,见面就"兑"没法走。(李瑞环《谈"少讲空话 多干实事"》)

对靶子 duìbǎzi 比喻双方没有差别,旗鼓相当的意思:好!好!我说的呢!也就这俩姑娘,能对上靶子!(南郭玉鹤《风雨春梦》)

对茬儿 duìchár 相吻合,相符:这俩人说的不对茬儿。(口语)

对付 duìfu 又作对乎;给予或得到,含有张罗、筹办的意思:她还给我对付二两,还买俩大松花。(周连群 王家骏《竞赛小曲》)/ 沈建景笑着接过了车条:"好极了,哪趸来的条?""这是局里刚发下来的,我对乎了一张……"(南郭玉鹤《风雨春梦》)/ ……我可得跟红娘认识认识……有合适的也给我对付一个。(冯巩 刘伟《红娘》)‖ 因不甘心而解释、说明或恳求等:甭瞎对付了,你就是给我端个聚宝盆来,我也不卖!(张士杰《秋秸船》)/ 大夫把糨子一样的东西往肚子上一抹,然后说:"尿憋得不够啊。"我妈大概也溜达累了,想躺会儿,跟人家对付:"你就大概看看吧,我去年也没事。"(王小柔《如愿》)‖ 关系、感情密切和谐(多用于否定):这俩人看样子有点不对付。(口语)

对钩儿 duìgōur 对号儿,即表示正确的符号:我仔细观察了一下,她的脸除了惨白,把黑眉毛还都给连根儿拔了,取而代之的是两个倒过来的咖啡色对钩儿。(王小柔《妖蛾子》)

堆乎 duīhu 乎,轻声;瘫倒:……有哭的,有骂的,有唱的,也有尿裤堆乎成泥的……(王维刚《巧激杀人性》)/"谢谢您,大叔。"剪票的一听年轻人这样称呼他,吓得差点没堆乎地上……(吕舒怀《水铺》)/ 桃儿腿肚子发软,不扶着炝锅非堆乎了不可。(雪屏《南门脸》)

对口儿 duìkǒur 水或食物的温度与体温相近,不凉也不热:大碗茶。有热的,有对口的,喝来吧!(张孟良《血溅津门》)

对头儿 duìtóur 形容从头至尾:对头儿不到一年,儿子总算告诉了杨四……(张仲《龙嘴大铜壶》)

镦 dūn 重重地往下放:售货员打完醋,把醋瓶子往柜台上一镦,老太太吓一跳。(口语)

蹲 dūn 因爽约而使人白白等待:哎,咱一言为定,风雨无阻,可别蹲我!(刘思训《天津方言词语小考》)/……数落顾永茂:"都几点啦?小顾哇,你蹲谁也不能蹲我呀。"(吕舒怀《舍命吃河豚》)//饭菜做好后在锅里闷一会儿:比如煮面条,老太太牙口不好,想吃烂点儿的,就说:"煮熟了,在锅里蹲会儿再捞。"(刘思训《天津方言词语小考》)

趸 dūn 比喻从别人那里学习、获得,有戏谑意味:我又索然无味地讲了几个从别人那趸来的关于小三的笑话。(王小柔《乐意》)

蹲肚 dūndù 腹泻,闹肚子:向凯还不依不饶……"我本来好好的,怎么突然间就蹲起肚来……"(雪屏《南门脸》)

蹲票 dūnpiào 因客满,在剧场门口等退票:上午小张对他说:"去蹲票吧,昨晚我去了一会儿就蹲着了。"(佚名《蹲票》)

墩儿上 dūnrshang 上,轻声;指厨师里负责切菜和配菜的工作,做此工作的人叫墩儿上的:……你说灶上、墩儿上、面案上哪样你行?(王鸣录《向您道歉》)/……你们给帮帮忙找个厨子和墩上的。(李治邦《津门十八街》)

炖水 dùnshuǐ 把水加热或烧开:两把铁壶,这把水炖开了,又等那把……(张仲《龙嘴大铜壶》)

多半拉 duōbànlǎ 见"少半拉"条。

躲开 duǒkāi 被动离开的意思:这时恰好华雄走了过来,用折扇捅了他一下:"躲开!"皮鞋咔咔地走了进去……(冯育楠《津门大侠霍元甲》)

多前儿 duōqiánr 什么时候:有一次同事打电话找他,问他干

什么去了,他回答:打羽毛球去了,同事又问:多前儿?他马上回答:25元钱每小时,同事笑翻。(天津《假日100天》2006.3.17)

躲清闲 duǒqīngxián 为了清闲而故意离开:晓红叫道:"你们俩可会找地界儿,跑这躲清闲来了。批判大会几点开呀?"(南郭玉鹤《风雨春梦》)

多手(儿) duōshǒu 多此一举的意思:……这是谁干的呢?这不是多手吗?(武歔《天津少爷》)

多说少道 duōshuōshǎodào 说不该说的话:我一会审案的时候,可不许你多说少道,假充能耐呀?(张士杰《秫秸船》)/ 而老二郭敬时……不多说不少道,凡事都听哥哥的。(蒋子龙《农民帝国》)/ 陈先生倒是个稳当人,不言不语不多说少道……(叶子《核桃王》)

多晚儿 duōwǎnr 见"晚儿"条。

剁小人 duòxiǎorén 春节旧俗,正月初五这天要包饺子,准备馅时剁肉剁菜谓之剁小人,剁的响声动静越大越好,即诅咒小人之意:天津人还有一天必须吃饺子,那就是大年初五,这一天,家家户户都杀气腾腾……因为那天是"剁小人"的日子。(王小柔《十面包袱》)

多余 duōyú 不必、没有必要的意思:要叫我说啊,你就多余让她上文化馆去。(电视剧《一个姑爷半个儿》)

多咱 duōzan 咱,轻声(由早的声母和晚的韵母连读相拼而来);多早晚,即什么时候:听到这个消息,他心中暗喜,耐不住地问:"那要等到多咱呀?"(柳溪《异彩的光明——刘永昌》)/ 大哥也不小了,多咱给他办喜事儿呀?(南郭玉鹤《风雨春梦》)/"那个炮楼多咱拆掉的?"(雪屏《天堂的助跑》)

三

E

二巴巴 èrbābā 指普通的、平常的,而非特殊的、出众的(人或事):别小看介(这)草台子,二儿巴巴的老斗(外行)不敢往前凑乎,怕露怯,没两下子的就更不敢坐介(这)地界儿充大尾巴鹰了。(叶子文豹《耍板》)/ 我终于脱离了生我养我的知识分子大杂院,学了满嘴二巴巴的人听不明白的天津话。(王小柔《乐意》)

二八大梁 èrbādàliáng 简说二八;指辊辘尺寸为直径28英寸的男式自行车:但在30年前,人们的交通工具大都停留在"二八大梁"的时代。(王学军《过年,从"受罪"到"享受"!》)/ 纪才女扶起倒在地上的二八破驴,虽说不会骑,推车还是勉强可以的!(佚名)

二把刀 èrbādāo 指能力、技艺等水平不高,也指这种人:瓜儿要驮梨儿,梨儿却坐到桃儿的后倚架上,她知道瓜儿骑车二把刀。(雪屏《南门脸》)

二百五 èrbǎiwǔ 戏称做事不分轻重、不得体、不得当,也指这样的人:……其实谁不是呢,只是,我们在她面前大大咧咧装二百五的时候,把这样的惦记隐藏得风平浪静。(王小柔《乐意》)

二不愣 èrbulēng 不,轻声;中等的,适中的:……而《楚狂接舆合下章》里还用上了……"二不愣"等天津方言和俗语。(高洪钧《清代杨辉祖的曲艺创作》)‖指人的语言、行为不合常情,这种人叫二不愣子:这个人有点二不愣的,你别在意。(口语)/ 她好奇——这个二不愣子究竟能写出什么样的小说来……(雪屏《南门脸》)

二不愣子 èrbulēngzi 见"二不愣"条。

"咂儿都"说咂儿话——天津话这么说

二大袄 èrda'ǎo　大，轻声；指旧时中式比长袍短、比一般上衣长的袄，如系棉衣称二大棉袄：得，师傅既然这样，咱们更不敢风光了，还是穿上我那件打补丁的二大袄吧……（冯育楠《津门大侠霍元甲》）/ 第二天晚上，贾六穿着二大棉袄，系着半尺多宽的"腰硬"，……大摇大摆地来了。（孙树芳 孙树松《贾六砸院子》）

儿大不由爷 érdàbùyóuyé　俗谚，孩子长大后不再听长辈的话：儿大不由爷，杨四拦也拦不住。（张仲《龙嘴大铜壶》）

二道手儿 èrdaoshǒur　又说二遍手儿；指在前一次做的基础上再做一次的工作：人家盖房子的说了，反正我们怎么装修业主也嫌次，与其过二道手，还不如干脆就不费这劲了。（王小柔《十面包袱》）/ ……人家已经砸一遍了，怎么新业主还要过二遍手啊？（同上）

二等 èrděng　被自行车驮带叫"坐二等"：……卡（凯）迪拉克、林肯……代替了拖拉机、小运输、自行车二等、公家小车……（来新夏《婚礼》）/ 将自行车稍加改造，利用其后架驮人的一种交通工具，旧时称之为"二等"。（常宏才《二等》）

耳底子 ěrdǐzi　见"耳朵底子"条。

耳朵 ěrduo　家庭制作的馄饨：后来的馄饨，肉馅越来越少，……耳朵的名称，也就没人再叫。（李志强《中国北方俚曲俗情》）

耳朵底子 ěrduodǐzi　又说耳底子；中耳炎一类的耳病：炝锅……说："你闹耳朵底子了，我跟你说话，你怎么不言声儿？"（雪屏《南门脸》）

耳朵根子 ěrduogēnzi　即耳朵，用于听觉时的强调：大热的天儿，就应该哪儿舒服在哪儿呆着，干什么非往厂里跑呀？整天乱乱哄哄吵得耳朵根子疼……（尚友朋《大热天》）

二个 èrge　又说二子，个、子均轻声；旧时对行二孩子的通称：甲：一条没钓来。一进门儿他爱人又问啦："二个他爸爸，你钓来啦吗？"（相声《钓鱼》）/ 甲：他倒急啦，"姥姥，您这怎么啦？……那谁，二个他妈妈，你给我烙仨糖饼！"（同上）

耳根子软 ěrgēnziruǎn 也说耳朵根子软；形容人没有主见，容易听信别人：买房子最容易出现给自己加码的烦恼，高女士"耳根子软"，没有坚持自己的原则，遇事听命于人。(微文《你给自己做"减法"了吗》)

耳掴子 ěrguāizi 耳光。

二乎 èrhu 又作二虎；形容人不明事理，处事不分轻重、不合常情，这种人叫二乎头：人们都说我有点二乎。(李景城《分忧》)/"在姐姐眼里，你还是小时候那么二乎。"果儿说。(雪屏《南门脸》)/……村里人背后喜欢说她二二虎虎，少个心眼……(蒋子龙《农民帝国》)

二乎头 èrhutóu 见"二乎"条。

耳会 ěrhuì 留心，在意，注意到：上班一赶喽，还可以分分心，她自然不耳会她妈的话了。(雪屏《南门脸》)‖喜欢(吃某种食物)：饺子、捞面他不耳会，就爱吃米饭。(口语)

二荤铺 èrhūnpù 旧时一种只卖以猪肉和猪下水为主的中档饭馆：韩大鸭子和凤五魁一高一矮一胖一瘦走过老铁桥……找了一家清净的二荤铺……(烟雨苏州《美人西来》)

二进宫 èrjìngōng 戏称释放后第二次又进监狱、看守所或其他被关押的地方：因为他是"二进宫"，高大队就特意盯得紧了些。(何斌《戒毒篇——天津警察讲段子》)

二毛子 èrmáozi 旧指为外国人做事的人，也指与外国关系密切的中国人：义和团运动最"伟大"的壮举：杀二毛子。(林希《百年记忆》)

二米 èrmǐ 指大米和小米：……再来碗二米稀饭、酱菜什么的，实乃……应节吃食。(白金贵《老食客》)/ 此刻，我又十分怀念支(注：应为炙)炉烙的白面饼……夹上炸晃虾，再来一碗二米稀饭，就着香油疙瘩头咸菜……(同上)

二皮脸 èrpíliǎn 形容脸皮厚，不知羞耻，也指这种人：是的，你可以征服世界，却奈何不了无耻……你不会为它变成二皮脸。(马德

《无耻》)/桃儿她妈叹了一口气:"唉,这俩人也不知道愁,还有说有笑的耍二皮脸。"(雪屏《南门脸》)

二五眼 èrwuyǎn 水平不高,或处于中等水平,可以用于人、物以及事:说到学问二字,我实在是个二五眼。(林希《天津话逗你玩》)/您问朋友:"最近买卖怎么样?"回答:"二五眼,马马虎虎。"(谭汝为《二五眼》)

二性子 èrxìngzi 一个东西兼有两种不同的性质和特点:这瓜像菜瓜,又像香瓜,二性子。(口语)

二盐 èryán 颗粒比大盐小、比盐面儿大的盐(多用于腌制咸菜):老天津人俗称大颗粒原盐为"大盐""粗盐"……小颗粒盐叫"二盐"。(由国庆《从一页故纸说到再制盐》)

二一 èryi 一,轻声;第二;依此类推,三一、四一即第三、第四,但仅限于十以内:商人见二一招又不行……(张士杰《秫秸船》)

二尾儿 èryǐr 雄性蟋蟀:天津人管蟋蟀叫"油胡鲁"……叫"三尾巴枪子",雄的就叫"二尾儿"。(行者《卫嘴子嚼字》)

二尾子 èryǐzi 指两性人,也指行动坐卧像女人的男人:他识文断字……有几分女里女气,村里也确实有嘴损的人背地里叫"二尾子"。(蒋子龙《农民帝国》)

F

F

法儿 fár 量词;代,辈:老姐姐,还记得当年上幼儿园接孩子吗?如今,他们这法儿都起来了,咱们能不老吗!(佚名)

发憷 fāchù 胆怯,畏缩:这只狗……虎视眈眈的样子似要随时跃起扑咬,我心里也一阵阵发憷……(孙见喜《风景》)

发横财 fāhéngcái 指短时间内突然发财:发了横财的鸟市人提前买了周围的公寓楼,钱少的鸟市人靠银行贷款住进三环线边上的……(吕舒怀《舍命吃河豚》)

发坏 fāhuài 做坏事,使坏:看不上归看不上。这小娘们儿,要是成心发坏呢?没准!(南郭玉鹤《拆迁记》)/有两个小子,正按住一个大闺女,要发坏!(南郭玉鹤《风雨春梦》)

发紧 fājǐn 感觉紧张,担忧:春节,窗外爆竹声一阵接一阵,我的心也随着一阵阵发紧。宝宝平时就害怕放炮……(天津《城市快报》2006.2.25)

发小儿 fàxiǎor 指从小就认识并熟悉(的人),或一起成长起来(的人):七岁就跟着发小儿兄弟们拾煤茧儿,捡破烂儿,打小空儿……(刘思训《天津人热心肠儿》)/他和孙生是发小,绝对的铁哥们儿。(乔歌《对爱情精通无比》)/我在工厂六年时间,与Z形影不离,是发小儿,也是好朋友。(肖克凡《舞台与角色》)

发性 fāxing 性,轻声;指某些食物导致伤口溃疡加重:她却说:"我后脊梁长了个疖子,吃鱼我怕发性。"(雪屏《南门脸》)

翻 fān 不满意地看:好在崔咏梅……只用白眼球翻了翻崔咏

竹而已。(玉鹤《八月十五云遮月》)/ "我交学费了,凭什么出去?"她竟然翻了我一眼!(苏书棠《列车,消逝在远方》)

翻儿 fānr 见"翻呲"条。

范儿 fànr 原指模子,比喻人的形象、风范:……就是穿着大褂在台上,也没有老艺人的"范儿"……(魏巍《魏文亮的故事》)/ 娱记酷评金像众星 我眼中的明星"范儿"(天津《今晚报》2006.4.20)/ ……看看镜子里映出的,是伟岸的英雄范儿,还是忘形的小人相儿?(侯会《犯傻之人》)/ 这是因为他们……觉得居高临下才有当爹的"范儿"。(叶丹 何帆《"吹大梨"的爹妈》)

反把 fǎnbǎ 反悔,不承认说过的话:说好了,可不许反把啊!(口语)

犯病儿 fànbìngr 比喻心情不好,闹别扭:这孩子又犯病儿了,别理她。(口语)

犯憷 fànchù 畏缩,不敢面对:你不用犯憷,明儿我陪你一块去。(口语)

翻呲 fānci 简说翻儿;翻脸:大年三十,人人都"吃逗",没有人"翻呲"……(林希《春节让你笑个够》)/ 大老张三花脸一翻呲,摔门气乎乎走了。(叶子《核桃王》)/ ……可我们家那个轴蛋说嘛也不去,最后我跟他翻儿了……(李景城《分忧》)

犯歹 fàndǎi 错误的、不被允许的(语言或行为):我的话并没有犯歹的地界儿呀!(南郭玉鹤《拆迁记》)/ 我一直以为只有那些犯歹的事才会摧残婚姻,没想到所有细枝末节追究起来更具杀伤力。(王小柔《妖蛾子》)/ "我又犯什么歹了?"(雪屏《废墟我的1976》)

犯嘀咕 fàndígu 猜测怀疑,忐忑不安:妻子见丈夫跟老姜走了直犯嘀咕,平日三家来往都有限,可今天老姜又送鱼,又请客,谁知是怎么回事?(邢平权《六号大院星期天》)/ 到公园一看,没有几个人,核桃王心里犯嘀咕,难道练身体也算四旧吗?(叶子《核桃王》)/ 他们沉默着,老裴心里犯起嘀咕。(吕舒怀《命运符》)

饭点儿 fàndiǎnr 吃饭的时刻或当口,饭口:邻里之间相处得极好,赶在饭点上我到哪家都可以端起碗来就吃,宛如一家人。(雪屏《那座石灰楼》)/ 眼看快到饭点儿,小张青为讨主人高兴,亮出绝活……(烟雨苏州《美人西来》)

犯豆子 fàndòuzi 做费力不讨好的傻事:他点点头又摇摇头,"为难事就甭提了……要不是为把中国式摔跤搞上去,我们这帮人岂不是犯豆子?"(姚宗瑛《二遇跤神仙》)

犯风 fànfēng 因风向的关系,燃煤炉子的烟不能顺利从烟筒排出:……天天还要烧锅腔子。有时因为犯风,向外呛烟……(孙树松 孙树芳《小老妈开了个珠宝店》)

犯肝气 fàn'gānqì 因与自己没有直接关系的事而心怀不满并发泄:宋金山有个做饭的王师傅跟我挺合得来,他买我鱼的时候常犯肝气,骂汉奸太混账!(刘同叔《突破第一线》)/ 姐,来这你可别犯肝气……用不着大惊小怪。(南郭玉鹤《风雨春梦》)

翻过来掉过去 fānguòláidiàoguòqù 翻来覆去的意思:……过去天津卫看不见这样的鞋。瘦老头子……翻过来掉过去一看,就喊:"呀!鸦头履,苏北坤鞋!"(冯骥才《三寸金莲》)

翻江 fānjiāng 比喻事态严重:哎呦,大兄弟,快家瞅瞅去吧,家里都"翻江"了。(王柱亭《星期天》)

翻坑 fānkēng 指因故河、湖里的鱼大量死亡而漂浮水面:垂钓中心鱼塘翻坑 疑与闷热天气有关(天津《今晚报》2009.7.8)

饭门 fànmén 比喻生活来源:因为兵荒马乱,嘛饭门都没了……(张仲《龙嘴大铜壶》)

烦门子 fánménzi 请有关的人出面帮忙:奶奶为了小永昌学算命,就多方托人烦门子……(柳溪《异彩的光明——刘永昌》)

翻篇儿 fānpiānr 翻转书页:……赶紧翻书,拿放大镜把人体解剖图看了三遍……我的手冰凉,翻篇儿都不分溜儿了……(王小柔《妖蛾子》)

翻丘 fānqiu 指(背后)说人不是：谁谁谁就是爱背后翻吡(注：应为丘)人。(林希《天津话逗你玩》)

烦人 fánrén 烦劳别人(帮忙办事)：告诉咱爸,不用去烦人啦,……(南郭玉鹤《风雨春梦》)/……嫌离市里太远——一百里地,烦人调到一家大酒店……(闲耕《逐客饺子》)

凡人不理 fánrénbùlǐ 形容人清高孤傲,看不起别人：……偏偏小魏又生就一副凡人不理的孤傲性格……一句客气话不会说……(薛炎文《美编魏钧泉》)/我猫在房间里,很少与人交往……还凡人不理。(雪屏《大串联》)

烦人托窍 fánréntuōqiào 想方设法、找各种门路请人帮忙(解决问题)：首先,要买镜子你又得楚摸条儿,等到烦人托窍搞到了,怎么把它弄回家又成了一件头疼的事。(刘明泉《买镜子》)/我烦人托窍弄来借书卡……借阅中外名著。(杨茂江《享受小说创作》)

犯傻 fànshǎ 做傻事：其实中国人从前也有不少"犯傻"之人……(侯会《犯傻之人》)

犯态度 fàntàidu 态度不好,发脾气：当初大哥犯态度,也不能说是他出走的主因。(何斌《戒毒篇——天津警察讲段子》)

犯恶 fànwù 厌恶：她最犯恶的是,首蓿张嘴就说……我没休了你,就是你上辈子修来的福了！(雪屏《南门脸》)‖相克,抵牾(某两种食物不可同食)：报纸登的哪几种东西不能同时吃,犯恶,也大多没有科学依据。(口语)

翻心 fānxīn 胃部不舒服,要呕吐的感觉：正看得我直翻心,阿绿在里面叫我……(王小柔《十面包袱》)

犯性 fànxìng 发脾气,耍性子：原先不知白金宝为嘛跟她客气,现在也不知白金宝为嘛跟她犯这么大性。(冯骥才《三寸金莲》)

犯瘾 fànyǐn 瘾发作：……等什么呢？等着下回犯瘾。再犯瘾之后呢？还是找毒、吸毒、睡觉；再找毒、吸毒,恶性循环,到死为止。(何斌《戒毒篇——天津警察讲段子》)

饭辙 fànzhé 泛指生活费用的来源、维持生活的办法:艺多不压身,学大鼓倒是条出路,大红大紫不敢想,儿子算有了个新饭辙。(吕舒怀《饮者留其名》)‖指具体的吃饭门路:……往往就是一间屋子半间炕,三顿饭的饭辙都得现蒐摸……(烟雨苏州《美人西来》)

犯嘴 fànzuǐ 指轻微的吵架拌嘴:这么多年,娘儿俩从没犯过嘴。(口语)

妨 fāng 影响、导致(坏的结果),有迷信色彩:人们都说桂英命硬,妨丈夫……(王炜《录取通知书》)/李大雨……骂道:"你天生的这把穷骨头,还能享了福!把我的水车也妨坏了。"(葵园《白维鹏的故事》)/女老板颠颠跑过来,说:"呦,顾先生,您的病好啦?"顾永茂瞧不起这俗不可耐的胖女人,瞪她一眼说:"少妨我,我没病。"(吕舒怀《舍命吃河豚》)/程雪……说:"……连累你把心爱的女人都丢了,我是妨人精。"(同上)

房产地业 fángchǎndìyè 旧指个人所有的房屋、土地等不动产:袁文会又叮嘱说:"你告诉嘎久儿,给三爷我看好了房产地业。"(张孟良《血溅津门》)

房倒屋塌 fángdǎowūtā 房屋倒塌:如果继续生产,可能会房倒屋塌、危及员工生命安全……(尹建民《强一龙的路》)/其实,这座城市房倒屋塌的现象并不普遍,尤其是市区,有限的几座。(雪屏《废墟,我的1976》)

访访 fǎngfang 后字轻声;义同访,有调查、寻觅的意思:闲人也不敢大包大揽,只答应"访访"吧……(林希《闲人》)

放话 fànghuà 扬言的意思:二十五岁的时候他……在我们这群朋友里放了话,说非大夫不娶……(王小柔《妖蛾子》)/骆天彪又在落马湖放出了话,任何人敢给大素兰赎身,让他知道必要报复。(烟雨苏州《美人西来》)/哈德雷放出话来:"……谁想仗着人多欺负人,天津卫也不是没人!"(同上)

方前左右 fāngqiánzuǒyòu 附近:我们家方前左右连个卖菜的

都没有。(口语)

房头儿 fángtóur 旧时大家庭中,父子兄弟等住在一起,凡已成家的均有单独的住房,每个小家庭叫一个房头:各个"房头"还有自己的陪房丫环,每个孩子有一个专门的佣人。(林希《百年记忆》)

放一马 fàngyìmǎ 比喻不予计较和追究:得知以重金利诱刘鹿都不肯放他一马,案犯竟恼羞成怒……(刘思训《人民的警星 罪犯的克星》)

放鹰 fàngyīng 女人以结婚为幌子进行诈骗的行为:过了一段日子,有几个警察来找来宝调查李丽红是否放鹰诈骗的事……(许春樵《来宝和他的外乡女人》)

防震棚 fángzhènpéng 1976年大地震后,人们在户外用木棍、竹竿和塑料薄膜等搭建的暂时栖身的住所:大家七手八脚,根据各家的人口数,绑出了面积不等的防震棚。(邵宗和《永远的芳邻》)

飞 fēi 失去,本应得到的而没有得到:这一百元拿得太巧了,晚一天就飞了。(蒋子龙《一个工厂秘书的日记》)

沸 fèi (液体等)因沸腾而溢出容器:锅都沸了,差点把火浇灭!(口语)

废 fèi 动词,用暴力手段致人残废:常听见有人说,把他"废"了!语言污染……(林希《天津话逗你玩》)/ 我在学习班里总琢磨,是哪个小人揭发我的?被我查出来是谁,我废了他。(吕舒怀《碎片上的女人》)

飞花 fēihuā 形容完整的东西变得破碎、散乱:……可滕大班头手也是肉长的,打飞了花,多一下也没法受……(冯骥才《三寸金莲》)/ 就这样,一本英汉字典在他手里"飞花"了,他居然能半半落落地阅读《北京周报》了。(佚名《孙毅夫有志竟成》)

肥年 féinián 指饮食富足的春节:但那对我们已经是"肥年"了——忙了一年,总算没有白忙。(林少华《肥年》)

肥瘦儿 féishòur 有肥也有瘦的肉:到了肉铺子,如今谁还要肥瘦儿?(口语)

肥田粉 féitiánfěn 旧称化肥:最近几天……往新仓库运肥田

粉。(张孟良《血溅津门》)

飞帖打网 fēitiēdǎwǎng 又说飞帖撒网,指旧时有势力的人,以办理婚丧嫁娶、生日满月为借口,广撒"请帖",以收礼敛财的勾当:这种欺人的手段,就是所谓的"飞帖打网"。(李志强《中国北方俚曲俗情》)/中秋节到了,王金刚忙着"飞帖打网"搜刮钱财……(肖克凡《天津俗人》)

废铜烂铁 fèitónglàntiě 又说破铜烂铁;泛指金属类垃圾:至于废铜烂铁,麻秆儿看得更仔细,可用的或将来有用他都留下来……(胡西淳《佛手》)

肥头大耳 féitóudàěr 形容肥胖,贬义:您让大家看看,这肥头大耳的,多富态。(王鸣录《财神爷》)

费唾沫 fèituòmo 又说费唾沫星子;费口舌:再说,跟这些小子们费唾沫也没嘛用……(棉二工厂史《在日本帝国主义屠刀面前》)/……老规矩了,还用得着我费唾沫星子!(雪屏《南门脸》)

废物 fèiwu 形容人没能耐,没有用:二唤……说他一个顶天立地的汉子,竟比女人还废物。(吕舒怀《水铺》)/工会主席也废物,出去赶了几次,也没见效。(雪屏《南门脸》)

废物蛋 fèiwudàn 没用的人,废物:他要给妻子争气、露脸,他要叫妻子看看自己并不是什么也干不好的废物蛋。(蒋子龙《一件离婚案》)

废物点心 fèiwudiǎnxin 称无能的人:一连几天,对象那边催着问这男孩怎么样了,还数落这男孩耷(厌),爹妈废物点心。(佚名)/谁让那小子冲能耐梗,却原来是废物点心!(南郭玉鹤《凤雨春梦》)

废物鸡 fèiwujī 无能之辈:天津俗语说的废物,有两种人,一种是废物鸡,一种是废物点心……(林希《天津话逗你玩》)

费眼 fèiyǎn 耗费眼睛,影响视力:商场的监控录像像素都挺低的,看起来挺费眼吧?(天津《城市快报》2006.3.6)

粉 fěn 指鱼虾等因不新鲜,肉质虽未腐坏但变得发软,不再劲

道:虾米一直放冰箱里,怎么肉都粉啦?(口语)

分份儿 fēnfènr 把总体的东西分成一份一份的:穿衣吃饭也是大姐安排,家境不好,吃饭有定量,大姐负责分份儿,谁也不许争执。(林希《其实你不懂天津人》)

奋丘 fènqiu 丘,轻声;指没有目的地活动身体,多用于小孩:老实点别奋丘,妈抱不动你啦!(口语)

逢年过节 féngniánguòjié 遇到春节以及其他节日:逢年过节,我们中不少人也都挺害怕"聚"的。(吴知《你害怕"应酬"吗?》)

风丝儿 fēngsīr 很小的风:出了村子似乎有了点风丝儿,身上感到凉爽了一些。(蒋子龙《农民帝国》)

封鞋 fēngxie 旧俗;办丧事该穿孝的人,要在鞋上缝上一层白布,称封鞋:但是,灵位从老龙头火车站迎到,当场孝子们要封鞋披麻戴孝……(林希《蛐蛐四爷》)/再有用白布封鞋,后跟钉一块红布,其意是为后辈人"留福"。(佚名《天津地方丧事民俗》)

佛心儿 fóxīnr 形容心地善良,慈悲为怀:马三爷相声……说脖子上有个臭虫,咬得好痒,捏出来,您把它捻死了?我佛心儿……(林希《佛心儿》)

呋哧 fūci 又作呋呲;形容呼吸急促的样子:您听,介不找茬儿馁火吗?说呋哧就喘,白爷也不吱声,低头拉弦……(叶子文豹《耍板》)/他连大气儿也不敢呋呲……溜了进去。(张仲《龙嘴大铜壶》)

浮囊 fū'nang 又作呋囊;形容坚实的东西因在液体里浸泡而变得膨胀、松软:……反倒赛白水煮鸭子,松松垮垮浮浮囊囊……(冯骥才《三寸金莲》)/当美女变成作家,就像一块注水肉,尽管上秤高高的,其实早泡呋囊了。(王小柔《妖蛾子》)

浮皮 fūpi 头屑及皮肤脱落的碎屑:咱也不知道,一副老身板,弄一张嫩脸蛋儿……身上掉着浮皮,脸上挂着露珠,简直就一活鬼。(王小柔《有范儿》)

浮皮蹭痒 fúpícèngyǎng 又说浮皮蹭痒痒、浮皮潦草;比喻肤

浅,不深入,或不起实际作用,微不足道:盐商中人对于艺术总是浮皮蹭痒、水过地皮湿……(张仲《盐商文化与天津民俗》)/……所有这些还算浮皮蹭痒痒,真叫人急赤白脸的是因为一张照片。(雪屏《南门脸》)/我还没细看,只是浮皮潦草地溜了一眼。(口语)

浮皮潦草 fúpíliáocǎo 见"浮皮蹭痒"条。

浮色 fúsāi 指新的、着色不牢固的器物表面上容易脱落的颜色:……一个小木珠手链,我刚要戴,她说:"……得把浮色蹭下去,要不都抹毛衣上了。"(王小柔《有范儿》)

浮头儿 fútóur 浮,四声;(东西的)表面,最上层:……里面用白搪瓷方盘盛着黄澄澄的豌豆黄,浮头还点缀着通红的京糕片……(夏华《话说天津的地、事、人》)

浮焉(儿) fūyan 焉,轻声;形容液体在容器里很满,要溢出的样子:……一颗老么大的鱼头……在浮焉浮焉的汤里。(天津《假日100天》2006.3.3)

G

G

嘎儿 gār 食物在锅中煎或烙时结出的硬而脆的表层：煎焖子无须用油过多，否则难以煎成两面黄嘎。(白金贵《老食客》)／做饭吧，也做不好，烙出大饼，损了吧叽不说，两面都是嘎，还糊吧啦臭！(南郭玉鹤《风雨春梦》)

玍 gǎ 俗作嘎，又说玍古(咕)；形容心眼多，狡黠：她怕……那些玍古小子拿他的腿找乐儿。(雪屏《南门脸》)／天津人形容嘎小子，有个比喻叫踢球打蛋儿。(何斌《戒毒篇——天津警察讲段子》)／……铸二车间的嘎小子们就叫他"鬼子"。(尹建民《强一龙的路》)

嘎巴 gāba 黏的东西附着于器物上：稀饭太糨，嘎巴锅了。(口语)∥附着于器物上干了的黏稠东西(巴，儿化)：这孩子，吃完饭一抹嘴，回头袖子上全是嘎巴儿。(口语)

锅巴菜 gābacài 又作嘎巴菜；早点食品，事先摊好绿豆面煎饼，凉后切成小菱形块，另熬制卤子(保温)，出售时将煎饼块儿拌在热卤子里，加麻酱、腐乳、香菜末等：还有卖锅巴菜、煎饼馃子的……(夏华《话说天津的地、事、人》)／……很多人主张天津"锅巴菜"就应直接写作"嘎巴菜"。(陈善群《嘎巴菜好吃"大福来"》)

嘎巴铁叶 gābatiěyè 形容衣物不干净，不平整：他穿衣裳总是嘎巴铁叶的。(口语)

嘎嘣脆 gābēngcuì 脆的形象说法：……所以吃起来"嘎嘣脆"，由辣而变甜……(张仲《卫青萝卜》)／天津姑娘……发扬天津话的干脆利索传统，嘎嘣脆……听着令人振奋。(林希《其实你不懂天津人》)

疙瘩 gāda 比喻心中排解不开的别扭事,也指这种心情:当时我心里挺复杂的,疙疙瘩瘩的。(何斌《戒毒篇——天津警察讲段子》)

疙瘩襻儿 gādapànr 中式衣服上用布条做成的纽扣:霍恩弟见此人内里穿着件疙瘩祥(注:应为襻)对襟黑衣……(冯育楠《津门大侠霍元甲》)/ ……解疙瘩襻儿。过去人们穿长衫,大襟上一排布疙瘩纽襻儿……(林希《小心扒手》)

疙瘩汤 gādatāng 汤里加佐料,煮面疙瘩做的一种饭食:还有一种疙瘩汤,最适宜老人、小孩子和生病的人食用。(白金贵《老食客》)/ 可他自己下馆子,只让后厨做一碗疙瘩汤……(侯会《好吃不过炸酱面》)

疙瘩头 gādatóu 简说疙(gā)头;用芥菜的块茎腌制的一种咸菜:酷暑季节吃咸菜,非疙瘩头不可,泡上老醋更是别有味道。(白金贵《老食客》)/ 赵奎元端着个小黑瓯子,手里捏着块咸疙瘩头搂嘴,喝得正起兴。(张孟良《血溅津门》)

嘎嘎 gāga 后字轻声,形容大声说笑:你嘎嘎一句,他撬话一句,没辙,屈掌柜只好从自己手上撸下一枚黄澄澄的戒指……(李云冲《逗孩子》)

尜儿尜儿汤 gárgartāng 在煮面条的汤面里,加入手工团成的放入佐料的尜尜形玉米面块儿,一并煮熟:……再变着法做,又出来了尜尜汤。(白金贵《老食客》)/ 这时,白师傅走了进来说:"外屋锅里还剩点儿尜尜汤,谁还能把它吃掉?"(孙锐《喝汤打赌》)

尜尜天 gágatiān 指早晚两头凉、中间热的天气:老头的寿日正赶上了嘎嘎(注:应为尜尜)天,晌午挺暖和,一早一晚却齁冷。(雪屏《南门脸》)

嘎咕 gǎgu 嘎,又作尜;机智,巧妙:说起幽默滑稽漫画,"精髓"就是两条,一是点子"嘎咕",二是技法高妙。(李键新《天才漫画家冯朋弟》)

旮旯儿 gālár 角落:我很怯场……恨不能找个旮旯扎那儿……(王小柔《乐意》)

蛤蜊牛儿 gáliniúr 又说蛤啦牛;螺蛳:不同的季节里,你还可以低下头看一看卖着的一盆盆莲蓬或小蛤蜊牛……(李亚军《大光明桥畔的桃花》)

疙头 gātóu 见"疙瘩头"条。

嘎杂子 gāzázi 又说嘎杂琉璃球儿;调皮捣蛋或搞恶作剧的人(多指青少年):甭说有一帮子嘎杂子捣乱,光那……你就治不了。(韩映山《春月夜》)/ 他一笑,怎么看怎么像个嘎杂琉璃球儿……(雪屏《南门脸》)

嘎子 gázi 旧称戒指:……两只手……共戴着八只大金戒指。天津人称戒指为"嘎子",常爷的绰号叫八嘎子……(林希《蛐蛐四爷》)

盖板儿 gàibǎnr 又说盖帘、盖垫板(垫,轻声);旧时用高粱的细杆制作的盛放饺子等生的面食的炊具:好家伙,上回上我们家去,吃锅贴儿,你自个儿就吃了两盖板儿,还说半饱哪。(相声《爱缺点》)/ ……轧了一盖垫板合捞……(蒋子龙《农民帝国》)/ 在灯下……包好的饺子放在秫秸做的盖帘上,放满了就冻出去……(王祥夫《春节过后话春节》)

改词儿 gǎicír 改变原来的做法、说法或想法:买不着韭菜,咱改词儿,包白菜馅儿的饺子吧!(口语)/ 小翠改……改……改了词了。不怕黑三了!(曹禺《日出》)

改口儿 gǎikǒur 改变口味,换新的东西吃:于是,从此就芹菜青椒西红柿。想改口,就鸡蛋韭菜素水饺。(王家斌《土豆翻新》)

改人 gǎirén 也简说改;用刻薄的话讽刺、挖苦人,或以恶意的玩笑达到讽刺、挖苦、取笑的目的:这个坏小子鬼点子太多,整天就琢磨着怎么改人啦!(谭汝为《糟改·改人》)/ 你这不是拿我改吗?(同上)

盖儿头 gàirtóu 头上像扣着一个盖儿的发型:我用手扒拉了一下脑门:"你别给我弄成盖儿头行吗?"(王小柔《十面包袱》)

改性 gǎixìng 性,轻声;改过、纠错的能力,多与有或没有连用:你怎么这么没改性呢,要有改性,打今儿起就忌烟!(刘思训《天津方言词语小考》)/"人得有个改性。"她想。(雪屏《南门脸》)

该着 gāizháo 迷信的人认为命中注定,有无法避免的意思:哎,谁让咱命不济,该着一辈子打光棍儿……我算全完啦!(吕舒怀《碎片上的女人》)/ 也该着有事,就在他进了医院附近的一家食品店时,遇上一人。(南郭玉鹤《风雨春梦》)

干 gān 形容因受冷落、慢待而处于尴尬境地:偏偏今天侯四六爷不开面,将自己"干"在了饭店门外。(林希《天津闲人》)/ 常三狗子干在那儿,不知如何是好。(烟雨苏州《美人西来》)‖ 寂寞地,无聊地:我在喷泉旁边干坐着等人的工夫……一会儿拿起本杂志,还是全英文的,也不知道说的嘛……(王小柔《有范儿》)

赶等 gǎnděng 等到:赶等这三家儿都走啦,车厂内掌柜的出来关门……(张寿臣《小神仙》)

赶点儿 gǎndiǎnr 在到达时间的计算上,过于精确而不留有余地,也指为了赶时间而匆匆忙忙:铁路部门提醒……旅客千万不要"赶点",至少提前半个小时到站才可买到车票。(天津《今晚报》2007.1.6)

干烙儿 gānlàor 用面皮包馅烙(或煎)熟的馅饼类食品,圆形:合子以煮食最常见,也有人爱吃烤烙的合子,俗称"干烙儿"。(游子《天津人过年吃合子》)

赶落 gǎnluo 又作赶罗、赶喽;时间紧张、繁忙的意思:……我一个人赶罗不过来。(雪屏《南门脸》)/ 上班一赶喽,还可以分分心,她自然不耳会她妈的话了。(同上)‖ 催促:有你这病人也倒血霉啦,瞧这赶落人劲儿的。(魏文亮《喝水》)‖ 抓紧做的意思:我叫大伙把这批活儿赶落出来……(相声《"左不拐"》)

干嘛吆喝嘛 gānmàyāohemà 比喻恪尽职守:……我去洗碗她还拦着,说:"你都干了我还干嘛,咱得干嘛吆喝嘛。"(王小柔《十面包袱》)/ 三爷绷着脸说:"……干嘛不吆喝嘛,哪有不萧条的!"(魏锡林

《三不管传奇》)

赶门儿去 gǎnménrqu 又作改门儿去;旧时对上门讨饭乞丐说的拒绝施舍的话,就是让乞丐去另一个门儿要饭的意思:"喂!刘春莺!我来了!"晏扬喊了一句。春莺低头看了看,笑道:"我们家没有剩的,赶个门儿去吧!"她把晏扬开玩笑,成了要饭的。(南郭玉鹤《风雨春梦》)

擀面棍儿 gǎnmiangùnr 擀面杖:我们家那擀面棍儿他给烧了!(刘云峰 春鸣《开玩笑》)

敢情 gǎnqing 见"敢则"条。

泔水筲 gānshuīshāo 简说泔筲;天津人说话有"吃字"现象,比如派出所说成"派所",百货公司说成"百公司"等,这里也可省略"水";旧时很多居民区没有下水道,居民都在自家门前放一木桶,盛污水用,这种木桶叫泔水筲:张家说李家把泔水筲放得堵住他家门口了……(林希《天津话逗你玩》)

干噎 gānyē 只吃干粮,而没有菜肴、粥或汤:永绪媳妇掀开锅盖:"唉!可真有你的,连口稀的都没做,就那么干噎呀?!"(郭维《笨人王老大》)

干杂样儿 gānzáyàngr 各种干货,如柿饼、红枣、核桃、瓜子、榛子等的统称:春节干货市场一扫往年冷清景象"干杂样"丰富多彩(《天津日报》1980.1.19)

赶早不赶晚(儿) gǎnzǎobùgǎnwǎn 为了不迟到宁可提前到达:我妈是个急脾气,任何事都赶早不赶晚,体检这么大的事就更甭提了……(王小柔《如愿》)

敢则 gǎnze 则,轻声,有时与"子"音相近,又作敢子、敢自、赶子,也说敢情;表示猜度,也指发现了原所不知的情况:敢则都十二点啦?快睡吧!(刘思训《天津方言词语小考》)/ 他出手阔绰,五个人用30张票。我撕下一张看,敢情是最后一天不用就作废了。(王小柔《有范儿》)‖表示事理明显,完全赞同:胡:……这身衣服我穿着不错

吧？福：赶子，我看您这身比哪一身都好。(曹禺《日出》)

赶嘴 gǎnzuǐ 指正赶上别人吃东西时，也参与同吃：能在家里喝凉水，不跑十里赶个嘴。(《天津谚语集成》)/你瞧，刚要吃饭，赶嘴的来啦！(口语)

港 gǎng 形容词，流行于20世纪七八十年代，时髦的意思(港指香港)："你这口罩的戴法够港的呀。"谁见桃儿都这么说。(雪屏《南门脸》)

钢板儿 gāngbǎnr 金属辅币，即钢镚儿：最后找钱找了一堆钢板儿……(张忠海《相亲》)/……把几个抽屉底儿都倒过来抖弄了，才找出了一小堆儿的硬币，就是所谓的钢板儿……(南郭玉鹤《风雨春梦》)

缸靠(儿) gāngkào 见"靠儿"条。

杠头 gàngtóu 爱抬杠(争辩)的人：别理他，这个杠头！(口语)

刚头儿 gāngtóur 刚刚，刚才：我家五姨太没失踪，蔫么劲儿回了娘家。您没听她妹妹刚头承认啦。(吕舒怀《水铺》)

罡着 gàngzháo 注定，命该如此(有迷信色彩)：咳，"是儿不死，是财不散"。这都是罡着，该她没那份财喜。(曹禺《日出》)/……人家能干吗？这就亮起了家伙。也杠(注：应为罡)着崔三儿命短，不禁捅，一攮子下去，就玩儿完了……(南郭玉鹤《风雨春梦》)

高 gāo 形容喝酒过量，多作为喝的补语：……听说把他姑丈给喝高了。(杨朝楼《向长辈敬酒》)/顾永茂今天酒喝得有些高，头晕乎乎的……(吕舒怀《舍命吃河豚》)

搞扯 gāoche 带有歉意的解释，说明：三道眉儿还一个劲儿跟她搞扯："你为什么不行？"(雪屏《南门脸》)

高低 gāodī 也说高低贵贱，无论如何的意思：这回高低得去一趟！(刘思训《天津方言词语小考》)/……白酒呢，高低贵贱就是不给他们上。(何斌《戒毒篇——天津警察讲段子》)

糕干 gāogan 糕点类食品，主料为大米面，有豆沙、红果等馅，

以天津杨村所产最著名,称"杨村糕干":天津附近的杨村糕干……别有风味。(夏华《话说天津的地、事、人》)

高丽棒子 gāolibàngzi 旧时对朝鲜(韩国)人的蔑称:我……讨厌高丽棒子……讨厌他们对中国人的态度……(小希希《天津饭》)

高买 gāomǎi 旧指在高档商店盗窃值钱商品的窃贼:今天这个高买很机灵,知道你们发现他后,又将东西放回原处。(魏金城《高买》)

搁 gē 放在、发生在谁身上或什么时候的意思:婚姻发展到这个阶段,搁在谁身上,也都会别无选择了。(何斌《戒毒篇——天津警察讲段子》)/ 搁平时,康家会受不了这份尴尬劲儿……今儿他耗着不动窝……(吕舒怀《小人书铺》)/ ……咱这地方生活水平跟国际接上轨了,这是搁以前做梦都想不出来的。(王小柔《如愿》)

哥儿 gēr 见"姐儿"条。

个半 gèbàn 一个半:……一个人顶个半人干,到头来混不下个肚子圆。(杨润身《路员大老崔》)

隔辈(儿) gébèi 指隔着一个辈分,如爷爷和孙子:看到何派伴奏艺术有了"隔辈人",师父脸上露出了欣慰的笑容。(朱建中《恩师何顺信教我演奏胡琴》)/ 好多新东西咱都不明白,动不动还得求教隔辈人……(老赫《春捂秋冻》)

个别 gèbié 形容特殊,与众不同,有时贬义:这些外国毛子就是个别,怎么姑子、老道在一个庙里呢?(冯育楠《津门大侠霍元甲》)/ 今儿个这里的人们怎么都有些个别啦?(南郭玉鹤《风雨春梦》)/ 郑洲说,他们最初沾毒的原因有许多种,只有东子的说法比较个别。(何斌《戒毒篇——天津警察讲段子》)

胳膊肘儿往外扭 gēbozhǒurwǎngwàiniǔ 扭又说拐,吃里爬外的意思:勤务兵……说:"连长,您就放心,如果谁要是胳膊肘往外扭,他就不是中国人!"(张孟良《血溅津门》)

搁不住 gébúzhù 禁不住:老太太心眼儿都软,搁不住几句好话。(王鸣录《向您道歉》)

个儿顶个儿 gèrdǐnggèr 又作个儿对个儿,顶、对,有时轻声;个个、每一个的意思:以前我们种的瓜,不是自夸,差不多个顶个都像加了蜜一样。(李述宽 岳长贵《瓜嫂》)/ 报纸上说月嫂个儿顶个儿受过培训知道怎么给孩子洗澡,怎么照顾新生儿。(王小柔《十面包袱》)/……个对个的全成了鬼啦,饿得直不起腰……(《棉二工厂史》)

个个 gège 后字轻声;乳房:桃儿……说:"你的个个儿怎么这么老大呀?"瓜儿……赶紧拿衣裳盖住……(雪屏《南门脸》)川奶水:当年你们离开天津卫时,长江还吃个个呢。(魏巍《魏文亮的故事》)

个个(儿) gègè 每一个:"……活吗?""您看,个个活。"(相声《钓鱼》)

个个儿 gègèr 个儿,二声或三声;称自己:你们甭管,我个个儿去。(口语)

咯叽 gējī 形容词后缀,根据词干发音不同而有不同表达法,如湿了咯叽、傻了呱唧、稀了咣叽、笨了咯叽等;起加强语气、语音繁复的作用:做学问上,半了咯叽,凑合着能讲个课。(林希《天津话逗你玩》)/ 李卫本以为,自己的伯伯说话半拉隔唧,办事小小气气的,他的屋里能留下什么好东西……(南郭玉鹤《拆迁记》)/ 傻拉呱唧的儿子果然拿起大杯敬我,并且直到把我喝醉。(杨朝楼《向长辈敬酒》)

格局 géju 指建筑、陈设等合理、规整:张奶奶觉着我家院子"不格局"是有道理的,那是因为这个院子和北京传统的四合院大相径庭。(王敦煌《吃主儿》)

硌楞 géleng 楞,轻声;单腿跳着走:"硌楞"本是冀鲁及津门土语……(李大为《硌楞绷子献肷儿》)

硌楞蹦子 gèlengbēngzi 楞,轻声,发音近似于"了(le)",蹦,三声,又作绷,又说个拉蹦子;指人不合群,不随和,处处跟大伙不同,也称这样的人,贬义:……也把那种不合群的"硌楞蹦子",称为是外国鸡。(林希《天津话逗你玩》)/……这个人,你不知道,有点个拉蹦子。(雪屏《南门脸》) / 一听天津人说某人是"硌楞绷子",就知道这个

人一定脾气"各色",甚至举止怪异。(李大为《硌楞绷子献肱儿》)

隔路 gélù 指人的举止特别,与众不同,有贬义:戏,又演了一阵子,那位还一个劲儿地喊倒好。偏巧今儿个全场都特别安静,所以就显得他有点儿隔路。(张松祺《真假"美猴王"》)/ 再瞧这人的打扮可算隔路……(冯骥才《神鞭》)

硌扭儿 gèniǔr 嫌隙,别扭:果儿跟苜蓿闹硌扭儿,不是三天两后晌了,打地根起,就挺皱巴。(雪屏《南门脸》)

隔三差五 gésānchàwǔ 每隔几天,即不断的意思:那前儿,他家附近有个野戏班子,隔三差五地在戏院子里唱大戏,煞是热闹。(王筠《龙票》)

格涩 gèsè 又作各色,形容人的性格或行为与众不同,少见,有贬义:你这孩子也"格涩",放着生意不做,一天就懂得哭。(曹禺《日出》)/ 不消说,俩人在报社门口显得挺各色,一眼就把对方认出了。(郝卫宁《跑步的女人》)/ ……你的性格特别各色……你想成功几乎没有可能……(冯仑《什么是王牌》)

各是各码 gèshigèmǎ 指两件或两件以上的事互不关联,各自独立:三个闺女一台戏,各是各码。(电视剧《一个姑爷半个儿》)/ 我更反对的是不能以贪官的存在当作假货盛行的理由。各是各码,都要反。(杨心恒《〈卖柑者言〉是文化糟粕》)

个数月 gèshuyuè 数,轻声;一个来月的意思:就这样,一直跑了个数月。(康素珍 李书宇《中国的望乡》)

搁其末末 géqimòmò 其,轻声;指不值得提起的小节,不重要的事:你去不去倒还搁其末末,主要是愿意不愿意呢?(口语)

硌窝儿 gèwōr 壳上有裂纹或有些破损的鸡蛋、鸭蛋:乙:这么便宜?甲:按隔(注:应为硌)窝处理。乙:隔(同上)窝也没这么便宜。(高玉琮《园丁曲》)

隔心 géxīn 不心心相印:桃儿她妈点着她们的鼻子说:"你们几个小没良心的,都跟我隔着心,我算是白养活你们了。"(雪屏《南门脸》)

"哏儿都"说哏儿话——天津话这么说

硌硬 gèying　指遇到某些不喜欢的东西而产生的厌恶心理：……还有那种"一贴就灵",看着真让人硌硬。(林希《天津话逗你玩》)

个月期程 gèyuèqíchéng　一个来月的意思：这一趟,用不了个月期程准回来。(刘思训《天津方言词语小考》)/ 这厮倒也说的是,我在这船只上个月期程,也不曾梳篦的头……(关汉卿《望江亭》)

胳肢 gēzhi　不用力地在别人身上抓挠,使人发痒：……一下把小蒲按在地上,骑着她"胳肢"。(韩映山《水乡风俗画》)

给 gěi　相当于"被",用于主语后面,表示主语被如何：我听见警察问诗人的名字,诗人说："我是诗人……"警察给气乐了。(王小柔《妖蛾子》)‖用于主语后面,说明被主语如何：别找了,那个杯子昨天不小心我给摔啦。(口语)/ 以为是没用的东西,老太太给卖了。(口语)

给面儿 gěimiànr　给面子,让人在面子上过得去：劈头的第一句话就是："唉呀,兄弟……有难处跟大爷说,大爷不会不给面儿……"(林希《其实你不懂天津人》)

根 gēn　把握,多与有或没有连用：英国工部局的董事长狄更生听说此事,似乎挺有根："嗨,小事一段……"(王雅亭 王维刚《"戈登堂"的传说》)/ 佟忍安单手端小茶壶……不知有根还是没词,不搭腔……(冯骥才《三寸金莲》)/ ……有一词"纵横捭阖"……但第三个字是念"柏"还是"牌"没根。(老赫《从"大相径庭"到"大跌眼镜"》)

艮 gěn　形容人性格坚强,有忍耐力,心肠硬：沈一啸同情地唏吁良久……二唤比他艮,逼着他说："我姐姐究竟怎么样……实实在在对我说。"(吕舒怀《水铺》)/ 还有一次,烧烧姥姥……把孩子的小暴脾气激起来了,烧烧多艮啊,随手在桌上抓起一块五就塞嘴里了……(王小柔《有范儿》)‖食物硬而不脆,贬义：买主明知吃这萝卜甚至比梨价还高,也心甘情愿。因为它不艮、不辣,甜中透脆……(夏华《话说天津的地、事、人》)

哏儿 gěnr　滑稽,有趣(可以不儿化)：是他的技艺精湛?……还是因为他的年龄太小就显得很哏儿?(魏巍《魏文亮的故事》)/ 不过,

经过那么多年的发展,天津话挺独特的,倍儿哏儿。(王小柔《十面包袱》)/ 俩红包,都送人,没吃没喝哏不哏。(于志忠《错赴婚宴》)‖对事物的肯定性评价,好的意思:没事老钓鱼去,回来就熬鱼吃,这玩意多哏……(相声《钓鱼》)

嗝儿屁 gěnrpì 死亡,贬义:我早知道是你!自从崔三嗝儿屁了,你就纠缠上了佩玉!(南郭玉鹤《风雨春梦》)/ 姚红她妈出殡那天,我和娃娃、黄毛、秃子追随没几个人的送葬队伍后面纵情高呼……大破鞋嘎(注:应作嗝)屁啦!(吕舒怀《敌敌畏》)/ 京、津两地方言中均有"嗝儿屁"一词……既然是描述这样一种自古就有的死法,为何在1900年以前的中文文献中无法找到使用"嗝儿屁"的实例?(金海民《"嗝儿屁"是个外来词》)

嗝儿屁朝凉 gěnrpìcháoliáng 又说嗝儿屁着(zháo)凉;死亡的戏谑说法:"你知道你喝水之后的严重后果吗?……你就艮(注:应为嗝)儿屁朝凉啦!"(魏文亮《喝水》)/ 酒喝干了,肉吃完了,药性发作了,他也伸腿瞪眼,哏(注:应为嗝)儿屁朝凉了。(李云冲《元宝》)

跟上溜儿 gēnshangliùr 比喻紧紧跟随,不落下:天津地图改版快跟不上溜儿了,新路新桥新楼群,上岁数的人都得有人领着……(王小柔《十面包袱》)

跟手儿 gēnshǒur 随即,接着:庞昆勉强住下以后,跟手拨出赈灾款项……(评书《三侠五义》)/ 单说吊兰,垂下一棵,打这棵里又蹿出一棵,跟手再从蹿出的这棵当中再蹿出一棵来。(冯骥才《三寸金莲》)/ 火奶奶……跟手一巴掌打得凤五魁直转圈……(烟雨苏州《美人西来》)

哏硬 gényìng 硬,轻声;(食物)既柔软又有韧性,有咬头:刀削面比一般的面条哏硬。(口语)

工夫 gōngfu 指某个时候:那工夫工人们和这两位"先生"都分不开了。(《棉二工厂史·在日本帝国主义屠刀面前》)/ 这工夫,在医院住院部的门口,走来了一位姑娘……(南郭玉鹤《风雨春梦》)

公共 gōnggòng 公共汽车(即公交车)的简称：我现在没急事干脆不开车了,花一块五坐上大公共哪儿都能去……(王小柔《十面包袱》)

拱火(儿) gǒnghuǒ 用言行促使人发火或发更大的火：我们就这么败走麦城了？黎彩英还不依不饶。我小声警告她,你再跟着拱火,出了人命你负责。(雪屏《大串联》)

公母俩 gōngmuliǎ 又作么母俩;指夫妻二人：一大娘问："家里几口人？"我说两口。老人说："噢,公母俩呗？"旁人笑："两公的。"(何申《看〈知青〉说"插队"》)/ 老姑么俩这是去哪儿呀？(林希《天津话逗你玩》)

工钱 gōngqian 钱,轻声;工资：今年,我们都拿到了工钱。(天津《今晚报》2007.2.16)

够板 gòubǎn 形容为人豁达,做事讲交情、够朋友：而且您这人也好,干嘛事都够板。(魏巍《魏文亮的故事》)/ 这个说："你这一回不够板,过节儿全不讲。"(杨一昆《天津论》)

够哥们儿 gòugēmenr 见"不够哥们儿"条。

狗拿耗子 gǒunáhàozi 比喻做不是自己分内的、不该做的事：过去说"狗拿耗子,多管闲事",因为那是个恪尽职守的时代……(霍春光《狗拿耗子》)

狗尿苔 gǒuniàotái 生长在潮湿地方的一种真菌,菌盖带红色,有臭味,学名鬼笔：那是一棵大柳树,树下长着两棵狗尿苔……(张士杰《秋秸船》)

狗爬 gǒupá 比喻字写得难看：如今写狗爬字的人越来越多……(王小柔《十面包袱》)/ ……现在写的字都跟狗爬似的,确实退化挺快。(同上)

狗刨儿 gǒupáor 指一种没受过训练,不正规的游泳姿势："水贼过河,谁也别用狗刨",我径直说明来意……(龙一《恭贺新禧》)

狗碰头 gǒupèngtóu 旧指用薄木板打制的廉价棺材：烧死者状如小狗大小……"白头会"舍了批"狗碰头"装殓拉走。(马贺添《粥

棚的传说》)

狗骑兔子 gǒuqítùzi 一种农用三轮机动车,制动性能差,噪音大:上世纪七十年代,"马路杀手"是用小柴油发动机改装的"土汽车"……天津叫"狗骑兔子",唐山叫"老头乐"……(何申《豪车、牛二、高衙内》)

够戗 gòuqiàng 又作够呛;指事情到达相当严重的程度:……到了急诊室,医生说她的瞳孔已经扩散,人够呛了。(郭子斌 张越《"共苦"的日子见证情比金坚》)‖对事物一种不敢肯定甚至否定性的判断:到南大桥,就能找着闲房了?我看够戗!(南郭玉鹤《拆迁记》)‖形容困难,不顺利:"大热的天儿,可真够呛。"卖水女人又插嘴说。(张孟良《血溅津门》)

勾腮帮子 gōusāibāngzi 勾引,吸引,使人欲罢不能:……不会是编八造魔地鼓捣个什么故事,来勾她腮帮子吧?(雪屏《南门脸》)

狗食 gǒushí 又说臭狗食、狗食盆子;骂人话,指不成器的人,也指人不成器:臭狗食!滚!不然老娘放狗了!(方心《家有恶犬》)/ 要说我小子当年也是个狗食盆子……(烟雨苏州《美人西来》)/ 而且,那时我已经自暴自弃,也就彻底地狗食了。(何斌《戒毒篇——天津警察讲段子》)

狗食馆儿 gǒushíguǎnr 对低档小饭铺的戏称:又岂止大餐馆,连"狗食馆"乃至路边的摊上都"敢"……谓之扬州炒饭……(白金贵《老食客》)/ 市井狗食馆,多用这种肉做馅卖饺子……(林希《天津话逗你玩》)/ ……因为我觉得落地的玻璃和爵士乐无法把我包装成小资,我更喜欢街边"狗食馆儿"的随意。(王小柔《十面包袱》)

狗眼看人低 gǒuyǎnkànréndī 骂人话,比喻势利小人以貌取人,瞧不起别人:来到王新武家,大门外车水马龙,拜客盈门。仆人狗眼看人低,把我拦在门口道……(龙一《恭贺新禧》)/ 此时小香水也想让滕半仙看看……别总狗眼看人低。(胡西淳《佛手》)

够揍儿 gòuzòur 前面多加"不",骂人话,指人的品行极坏:

……最可气的是那个钳工小张,背后骂您不够揍儿!(石世昌《巧练唇舌》)/那汉子……挥手一指老陈就骂上了:"你够揍儿吗?你他妈的不是人……"(台宝奎《补助》)

咕 gū 词缀,用于单音节动词后:他们用刺刀向面里捅咕几下,见嘛也没有,好奇怪。(刘兴华《泥球张痛打戈登》)

箍棒槌 gūbàngchui 又作咕棒槌;背地说人坏话,打小报告:他总在领导那打小报告,箍个小棒槌儿,谁受得了?(王鸣录《选队长》)/钢镚儿干脆跟他们犯起浑来:"谁他妈的在背后给我们咕棒槌?……"(雪屏《废墟,我的1976》)

鼓捣 gūdao 捣,轻声;泛指修理,摆弄,干,做:年逾花甲的王少玉……喜欢鼓捣各种机械。(葛登阳《"木牛流马"行走自如》)/在座的领导同志所在单位哪个比煤建行业差?为什么有的同志把所在单位鼓捣得那么不让人家爱,反而使得职工要求调到煤建公司?(李瑞环《谈"少讲空话 多干实事"》)‖鼓动,挑拨,设法支使:……可是背地里趁着那股乱乎劲儿,却鼓捣人外出盖房。(冯育楠《银沙滩》)

古董玩器 gǔdǒngwánqì 泛指古玩:走到一个拐角,都是些折腾碑帖字画古董玩器的。(冯骥才《三寸金莲》)

咕嘟 gūdu 动词,菜肴用小火在锅里慢慢煮:炒匀后,小火咕嘟1分钟,然后用淀粉勾芡……(《八小时以外》2007.6)/那一大盆剩菜啊,她吃了三天了,而且菜汤子跟老汤似的总往里添菜咕嘟来咕嘟去……(王小柔《如愿》)/黄花鱼咕嘟豆腐,汤汁要宽一些,鱼香美味浸透豆腐块……(白金贵《老食客》)

骨朵 gūduo 朵,轻声;一种泛指的量词,部分的意思:这种"几演一"的演法……容易使戏显得一骨朵一块,不贯串,不流畅……(刘琦《从"一演几"到"几演一"》)

骨节儿 gūjier 节儿,轻声,又作箍节儿;量词,用于长条形物体或路程,段儿,节儿:买一骨节儿甘蔗。(口语)/过竹竿巷……这一箍节是石板路,颠蹬屁股……(雪屏《南门脸》)

孤老户(儿) gūlǎohù(r) 没儿没女的老人家庭：那砖头是孤老户刘奶奶拾破烂时，用小竹车吱扭吱扭地推进来的。(邵宗和《永远的芳邻》)

骨立 gúli 骨，二声，立，轻声；挺拔，直立：孩子才八个月，多骨立！(口语)

骨碌儿 gūlur 量词，泛指不太长的一段距离，多用于绳索、棍棒等长条形的东西或路程等：拐过弯儿，再走一骨碌儿就到了。(口语)

轱辘马 gūlumǎ 一种用于运载货物、有轨道的人力车：他又豁命推"轱辘马"当挖河工，累得人不像人鬼不像鬼。(杨润身《路员大老崔》)

鼓囊 gǔ'nang 囊，轻声；鼓起，涨大：……在工地上撬多半年大勺，腰里装的差不多能和那些大工一样鼓囊。(司葆华《村里的首席大勺》)

鼓求 gǔqiu 求，轻声；鼓弄，摆弄：嗐，说不上技术好，瞎鼓求。(林希《天津话逗你玩》)

骨头节儿 gūtoujiér 骨节：第二天早晨……浑身疼得连翻身都困难，骨头节仿佛绑上了钢筋，几乎不能打弯……(雪屏《每个葡萄架下都有一只狐狸在等着》)

固甬 gùyong 又说顾秋；幅度较小的动弹，蠕动：瞧，那条虫子没死，它还固甬呢！(刘思训《天津方言词语小考》)/……上面是都美化完了，再看这人，跟肉虫子似的，只能在地上顾秋。(王小柔《十面包袱》)

挂 guà 打赌时的赌注：你不信？咱打赌，你说挂点儿嘛？(口语)

挂不住 guābúzhù 又作挂不住脸；丢面子，因羞辱而脸面不好看：几个坏小子坏笑着，赵林有点儿挂不住了……(闻心《伤痕女人心》)/哼，自己养不起自己的娘儿们，活王八也当那么些年了，脸上还有什么挂不住的！(曹禺《日出》)/崔咏柏有些挂不住脸了……(南郭玉鹤《言老顺小传》)

寡妇门前是非多 guǎfuménqiánshìfeiduō 独居的寡妇容易招

惹是非:寡妇门前是非多啊……只好每天预备一根棍子防身。(巩胜男 田淑敏《女人花》)

寡妇失业 guǎfushīyè 形容女人因守寡而生活困顿无助:花痴和花痴的娘不容易,寡妇失业半辈子,换了谁谁也守不住!(尹学芸《鬼亲》)/……老太太、太太还说你寡妇失业的,可怜,不够用……(曹雪芹《红楼梦》)

瓜果梨桃 guāguǒlítáo 泛指水果:无论鱼鳖虾蟹,鸡鸽猫狗,瓜果梨桃……(李志强《中国北方俚曲俗情》)/瓜果梨桃概括所有的水果……(戴锦锟《四字语义场》)

呱唧 guāji 唧,轻声;鼓掌,拍手:突然,如春风乍起,围观的戏迷众声叫好,巴掌拍得山响,"好——呱唧呱唧!……"(叶子文豹《耍板》)

挂脚一将 guàjiǎoyījiāng 不特意,顺便(做某事):刘鹿一听,正好在附近,干脆挂脚一将,先别回队了。(刘思训《人民的警星 罪犯的克星》)

刮剌 guāla 勾搭,形容具有某种关系,贬义:那一口的道:"我说与你罢。西门庆刮剌上卖炊饼的武大老婆……(《金瓶梅·第四回》)

挂脸(儿) guàliǎn 脸上表现出不悦或尴尬等神色:掌柜的可就挂脸了:"宋先生……您的话多少有点太重了吧?"(王维刚《宋则久跪哭"谦祥益"》)/瓜儿见果儿有点儿挂脸儿,怕闹翻了……(雪屏《南门脸》)

挂相(儿) guàxiàngr 从外表、表情表现出不为人知的情况:在新西兰……真富翁从来不"挂相"。(天津《今晚报》2006.7.25)/白金宝更怵香莲……其实香莲根本不挂相,好赛没这回事。(冯骥才《三寸金莲》)/要不都说,搞对象的人脸上挂相呢。(雪屏《南门脸》)‖表现出病容:你看他这场感冒,脸都挂相儿啦。(口语)

褂罩儿 guàzhàor 穿在毛衣、棉衣等外面的中式上衣:过去老城的东北角大胡同住着一位核桃玩家,姓王,中年人却很老派,身着中式褂罩……(叶子《核桃王》)/刘五爷让杨四换了件青洋布的

新裰罩儿……(张仲《龙嘴大铜壶》)

掴打 guāida 用手掌拍打:那男孩子听了,把他的衣兜也翻过来掴打掴打……(张孟良《血溅津门》)

拐弯儿 guǎiwānr 用于数字之后,说明超过该数(用于言其多的场合):丁查理……对自己这个小女儿爱如掌上明珠,哪肯给年纪大了一倍还拐弯儿的贝勒爷?(烟雨苏州《美人西来》)

拐子 guǎizi 鲤鱼:买活蹦乱跳的大拐子哟!(冯育楠《津门大侠霍元甲》)/他……心里暗暗念叨着:"但愿,但愿今天能够钓上条大拐子来!"(南郭玉鹤《风雨春梦》)

管 guǎn 介词,跟、向的意思:……翻腾半天,终于找出台旧唱机……管媳妇要块抹布,小心翼翼擦起来。(吕舒怀《小人书铺》)

灌 guàn 指较量双方的输赢,甲输乙赢叫乙灌甲或甲被乙灌:……不成想在场上一下子把意大利队给灌了……(蒋子龙《光脚不怕穿鞋的》)/晓红笑着说:"你这两下子,我还不知道,在咱们家,你也就能灌小虎子!"(南郭玉鹤《风雨春梦》)‖强令人喝酒:等你半推半就把捂在酒杯上那只手缩回去,一杯一杯就灌开了。(王小柔《十面包袱》)/在酒桌上……把那些……人灌得服服帖帖……(吕舒怀《饮者留其名》)‖喝(水):某日气温骤升,热得我一路走一路把能脱的都脱了……一瓶半矿泉水直接给自己灌进去了。(王小柔《有范儿》)

管饱 guǎnbǎo 允许人吃饱:就一张饼,不管饱啊?(口语)‖解饿:……赶紧去找医生,医生却说:"他现在什么都不能吃,再输一瓶液吧,输液也管饱。"(雪屏《废墟,我的1976》)

管不着 guǎnbùzháo 表示没有权利干涉、过问:"谁跟你瞎白话的?"……"这你管不着,你实话跟我说……"(吕舒怀《水铺》)

官的 guānde 形容合理的、合法的、公开的:有人认为杨慧英身为劳资科长……通过"关系"给孩子换个好工种那是"官"的。(管光英《"管人"三十年"后门"堵得严》)/……这也不是偷,都是"官"的。(赵北望《"拜年"之前》)/傻子都能看出这就是个托儿啊……可电视里这

是"官的",打110都没用。(王小柔《乐意》)

灌缝儿 guànfèngr 对吃饭时最后进食流质食品的戏谑说法:不少老辈天津人管喝粥叫做"灌缝儿"……(边界《过年,从腊八粥开始》)

管够 guǎngòu 给予足够需要,没有数量限制,多用于饮食方面:吃饭不要钱 好吃还管够 多哈亚运会为记者提供免费自助餐(天津《今晚报》2006.11.29)/ 从那以后女篮再来,琵琶虾早已备足,吃多少都管够。(白金贵《老食客》)/ 我呀,要是管够,能喝个十斤八斤的。(张孟良《血溅津门》)

官面儿 guānmiànr 旧指官府,后泛指政府机构:……反正来钓鱼的都不掏自己的腰包。唉,就怕官面上的人……(赵鸿余《上任不足三个月》)/ 陆文宗身在商界,与"官面儿"没有来往,且"官面儿"最忌与商界来往……(林希《天津闲人》)/ 恰巧那天有几个"官面"上的人物坐在台下看戏……(肖心月《鲜灵霞痛失幼子》)

关钱 guānqián 关饷,发工资。

逛荡 guàngdang 松弛,不紧凑:手上的镏子戴不住,胳膊上的镯子直逛荡。(单出头《王二姐思夫》)‖ 颠簸:逛荡了将近一个半小时可算到了。(王小柔《十面包袱》)

光棍儿酒 guānggùnrjiǔ 比喻只喝酒、不就菜:他说:"我在院子里散步看见领导在这儿喝光棍儿酒,那怎么行!"(闲耕《一枚咸鸭蛋》)

光棍儿面 guānggùnrmiàn 比喻吃捞面时,不加拌面的菜肴:桃儿问她妈:"你怎么吃起光棍面了,卤也不摆?"(雪屏《南门脸》)

光屁溜儿 guāngpìliúr 溜儿,二声;裸体:另一个屋里摆的更邪行,巨幅照片,拍的是一光屁溜男的把自己埋进土里全过程。(王小柔《十面包袱》)/ 老婆儿过去拴驴,一摸,光屁溜儿。"哎,当家的,驴可回来啦,笼头没回来。"(张寿臣《小神仙》)

光眼子 guāngyǎnzi 光屁股,多比喻一无所有:安三太笑着骂了一句:"真他妈输得光眼子啦!"(烟雨苏州《美人西来》)

鬼 guǐ 心眼多,聪明:高处长呵呵乐起来,说:"你这小子鬼,猜

到我心里去了。……"(吕舒怀《舍命吃河豚》)

贵宝地 guìbǎodì 敬辞,指对方的籍贯或居住的地方:天津人同贵宝地的人一样……(张仲《话说天津人》)

鬼秤 guǐchèng 指分量不准,对卖者有利而对买者不利的秤,这种秤所称出的分量高于货物的实际重量:对于消费者如何应对"鬼秤",质监执法人员建议……(佚名《疯狂的"鬼秤"》)

鬼龇牙 guǐcīyá 指黎明前的一段时间:……"鬼龇牙"了(即东方天上露出鱼肚白色),宴会散了,留下一片狼藉。(李云冲《为嘛不许说谷子》)/天蒙乎亮,鬼龇牙了!平安拉起杨四去挤公共汽车。(张仲《龙嘴大铜壶》)

鬼打墙 guǐdǎqiáng 一种迷信的说法,指在荒郊野外或夜晚黑暗处发生的奇怪的迷路现象:……有第二个人出现时,鬼打墙就会不攻自破。(佚名《揭开"鬼打墙"的神秘面纱》)/莫非是鬼打墙?(北方熊之舞《女人墙里的纯爷们》)

归了包堆 guīlebāoduī 又作归里包堆;加在一起,总共的意思,多言其少:那帮小子……说:"扯一身的确良,归里包堆才十块钱,至于乐成这样吗?"(雪屏《南门脸》)

鬼难拿 guǐnánná 形容人心眼多,精明过分:这回"鬼难拿"变成"鬼打墙"了。(王鸣录《向您道歉》)

归齐 guīqí 最终,总之的意思,多用于"说了"之后:说了归齐,还是老子高明:"道可道,非常道……"(蒋子龙《母道》) / 归齐我一打听,明儿还一拨儿。(高英培《钓鱼》)

滚刀块儿 gǔndāokuàir 指切菜时,把圆形、圆柱形的原料,在砧板上滚动着切出的块儿。

滚刀肉 gǔndāoròu 比喻不通情理、软硬不吃、胡搅蛮缠的人:这位敢情是块滚刀肉!(王鸣录《向您道歉》)/ ……当时我们居住的那片地区……所谓"滚刀肉"、"母老虎"之类应不乏其人……(庚子《又到清明》)

"哏儿都"说哏儿话——天津话这么说

滚开 gǔnkāi 又说开锅;(正在加热的水、汤等)沸腾:汤都滚开了,窝鸡蛋吧。(口语)

过 guò 过火,过头:吴碧芳的这席话是有一点过……(魏巍《魏文亮的故事》)

过 guò 有时儿化;指交情,形容双方的关系亲密,可以进行某种交往:不过咱们爷们儿跟你们没有嘛过儿,凭嘛就借给你们三张球票?(南郭玉鹤《风雨春梦》)/ 就是有几个要好的朋友……千儿八百的,也"过"……(林希《天津话逗你玩》)/ 王疯子……又惊又喜地说:"咱们哥们儿还过这个吗?"(张孟良《血溅津门》)

过 guò 生活,过日子:不少年轻人结婚以后想自己过……(沙联《五世同堂的和睦家庭》)/ ……局长的少爷要分家另过闹别扭。(李云冲《建楼记》)/ 杆蜡自小跟着奶奶过……(叶子《核桃王》)

过(儿) guò 用在动词后面,加"得"做补语,表示划算、可取:甲:哎,你瞧花钱不多,车还可以。乙:这么说还骑得过。(相声《夜行记》)

锅炮鱼 guōbāoyú 经晾晒、炮烙的干鱼:天津地方盛产锅炮(读 bāo)鱼,也就是小干鱼,寸长大小,微咸。(白金贵《老食客》)

馃箅儿 guōbìr 又作馃算儿,馃俗作果;把面押得很薄炸出的馃子,方或长方形,可折起:当然,要吃现炸的馃子、馃箅儿……那得到铺子里去买。(夏华《话说天津的地、事、人》)/ 至于"果子",作油条解固无不可,北人常用的却是薄脆,天津人称做"果算儿",一块一块,不是一条一条。(余斌《煎饼记》)

过处 guòchu 可以简说过(儿);说明原因的词,用在具体的原因之后,前面加"的":感冒了吧?穿少了的过处啊!(口语)/ 他没有信来,是离家远的过。(孙犁《光荣》)/ ……向凯问她好多话,她都含而糊之,还是不熟悉的过儿。(雪屏《南门脸》)

过风(儿) guòfēng 到室外空气流通处(呼吸新鲜空气):我又耐心地请求她们给打一针,万没想到,这位女同志竟说:"出来过过

风就好了。"(《天津日报》读者来信,1980.9.4)

过过 guòguo 后字轻声;过些日子的意思,多指不远的将来:……她站起来抻着她的衣裤:"你这衣服穿着又肥又不合身,过过我给你量体裁两身做出来……"(佚名《龙嘴大铜壶新传》)

过话 guòhuà 双方交谈,也指传话:他不拿黑眼珠瞅小香水,只和范忠良过话。(胡西淳《佛手》)/ 她最后还是狠狠心,坚持不跟他过话。(雪屏《南门脸》)

锅伙 guōhuǒ 旧时的黑社会团伙以及乞丐组织:据说锅伙内部有很严格的潜规则。(林希《将门底子佛门后》)/ 这骆老七便是衙役中的混混……又兼做三义庙锅伙的寨主。(烟雨苏州《美人西来》)

过季 guòjì 错过季节的意思:婚庆、装修消费集中"过季"产品热度不减(天津《今晚报》2006.9.27)

过家家儿 guòjiājiar 儿童游戏:晚上童一震到茶园唱大鼓,俩孩子在家里"过家家"玩……(吕舒怀《饮者留其名》)

过嫁妆 guòjiàzhuang 旧俗,指举行婚礼以前,选定一个日子,按照一定的程序,女方把嫁妆送到男方家里:那时候过嫁妆前一天要把嫁妆摆在院里让街坊四邻大人孩子来参观……(一默《水缸》)/ 金爷继续眉飞色舞地说着,一个犹如过嫁妆的行列已经出了御膳房……(李治邦《1924年的深冬》)

过节儿 guòjier 又说碴巴过节儿;嫌隙:什么过节儿没有,就是替人拔闯……(林希《天津话逗你玩》)/ 你想利用我,我也想利用你,原本就是"生意",所以,"二饼"那个"过节儿"不难解开。(龙一《恭贺新禧》)/ 就是因为有这个面子,所以他才能了(注:音 liǎo,解决的意思)北京跤场和南台子哈德雷之间的过节。(烟雨苏州《美人西来》)

过劲儿 guòjìnr 超过应有的限度,过头:怕柿子熟过了劲,趴了蛋,民兵都忙着上山收柿子了!(柳溪《窦老乐救盟弟》)/ 等老太太絮叨得差不多了,煤都有点烧过劲儿了。(黑儿《住在我隔壁的女人》)/ 这下了不得了,再瞅这位的脸色,瞬间,由白变成了红,红过了劲儿了

……(南郭玉鹤《风雨春梦》)

锅里吃锅里拉 guōlichīguōlilā 比喻父女、母子间的乱伦行为:她骂发面馎馎他妈"锅里吃锅里拉"是最恶毒的骂人话,一桩见不得人的事……(吕舒怀《碎片上的女人》)

过门子 guòménzi 女人出嫁:香莲刚过门子时,待她那股子客客气气劲儿全没了。(冯骥才《三寸金莲》)

果藕 guǒǒu 旧时在水果店出售,可以当作水果生吃的优质藕,比作为蔬菜的藕价贵:水果店出卖的"果藕",是生吃食品,以鲜、脆、嫩、肥为其特色……(李志强《中国北方俚曲俗情》)

锅盆碗灶 guōpénwǎnzào 盆、灶多为儿化;泛指炊具、餐具:一间大屋子豁豁亮亮,锅盆碗灶样样齐全……(谢春兴《"小灶"传略》)

锅腔子 guōqiāngzi 旧时一种烧柴的灶,上面置一口大铁锅,兼有做饭和冬季取暖的功能:从前天津人土炕土屋都有烧炕的"锅腔子"……(马金鹏《漂洋过海的天津饭》)

过去 guòqu 死亡的委婉说法:二声道,奶奶"过去"不到三年,我怎么也得和兄弟妹妹过个年……(闲耕《逐客饺子》)

果仁儿 guǒrénr 花生米:孩子们不安分,这桌扒几口饭,那桌抓把果仁……(邵宗和《永远的芳邻》)

锅是铁打的 guōshìtiědǎde 比喻明显的、不可更改的事实、道理:"我算知道锅是他妈的铁打的啦!"秃王三……(张仲《龙嘴大铜壶》)

过水 guòshuǐ 指做卫生时用湿布擦拭家具等器物:时间长了,家具光掸土不行,得过水。(口语)‖面条煮熟捞出后先在冷水里浸泡一下:有人爱吃过水面。(口语)‖给饲养的观赏鱼换水:初次养鱼空缸情况下,过水就简单多了。(刘键《给金鱼"过水"》)

过帖儿 guòtiěr 旧俗,订婚时男女双方交换写有生辰八字的帖子:亲事说妥后,第一件事是"过帖儿"……(冯育楠《津门大侠霍元甲》)

馃头儿 guǒtóur 馃子的一种,饼形,较厚:甲:咱有路子,布铺小赵跟我是关系户,卖着卖着布想起我来了,甩块头,当等外品处

理给我啦。 乙:你拿它就换馃头了。(高英培相声《不正之风》)

锅碗(儿)瓢盆(儿) guōwǎnpiáopén 泛指炊具、餐具:烧饭使用的炊具称锅碗瓢盆……(戴锦锟《四字语义场》)

过油 guòyóu 做菜时首先将某些原料用油炸一下:在我家过油时最多在锅里倒一薄层,在这,倒半锅!(王小柔《妖蛾子》)

果(儿)油 guǒyóu 花生油:不行,果油限量供应,我不能拿大家的东西送人。(赵廷君《不搞"关系学"的女采购员》)

锅子 guōzi 旧称火锅菜肴:天凉了,今晚吃锅子。(口语)

馃子 guǒzi 一类油炸的早点食品的统称,在和好的面中加盐、碱、矾等调料经油炸而成,依据大小、薄厚、形状和配料的不同,有馃头儿、馃箅儿、馃子饼、棒槌馃子、糖皮儿等不同品种:其中的白菜馃子素饺子清香适口,在津久盛不衰。(由国庆《雅俗饺子天天像过年》)/ 他又买了一斤馃子,给家里的那几位捎回早点去。(南郭玉鹤《风雨春梦》)

H

H

哈 hǎ 日常简易的长度度量单位,将手的虎口尽量张大,拇指指尖到食指(或中指)指尖的距离叫一哈。

哈巴儿 hābar 东西分叉的地方:脚哈巴儿痒痒。(口语)

哈巴腿儿 hābatuǐr 走路时像鸭子一样两腿向外撇的姿势,也指这种人。

哈哈儿 hāhar (被人)取笑的事,可笑的事:咱好好干,别让人家看哈哈儿。(口语)/ 天津人……好打哈哈取乐。(张仲《话说天津人》)/ 他说,我来告诉你个哈哈儿,杨四儿的大铜壶是假古董……(张仲《龙嘴大铜壶》)

哈喇子 hālázi 流出的口水:灵子找到傻子,探明了情由,喜得直滴嗒哈啦(注:应为喇)子。(张士杰《秫秸船》)

蛤蟆秧子 hámayāngzi 蝌蚪:……黑黑糊糊,麻麻匝匝,像些蛤蟆秧子,看了半天也不知嘛玩意儿。(刘兴华《李鸿章得"天书"》)

海 hǎi 极言其多:电影院门口人都海啦!(刘思训《天津方言词语小考》)/ 沙发、衣柜、书桌、软床、酒柜、电视、相机、风扇、摩托……用天津人话讲——"海啦"!(赵连甲 李文秀《鸡飞蛋打》)‖ 形容毫无节制地:这孩子整天胡吃海塞。(口语)

害孩子 hàiháizi 见"害口"条。

害口 hàikǒu 又说害孩子,指因怀孕而出现的恶心、呕吐、食欲异常等妊娠反应:你算吧,打我爱人"害口"那时候开始……(王鸣录《财神爷》)/ 张瘦溜说跟我说话的时候手里还抓着块烤山芋往嘴里

塞呢,害口,但不能不吃,肚子里有争嘴的。(王小柔《有范儿》)

海下 hǎixia 下,轻声;旧时对天津东南部海河下游一代的通称:上世纪五十年代,村里人一般自称是"海下"双港村的……(吕中《跑海》)

预 hān 粗,大:比如说,马路不够宽,管子不够预,运不进来,拉不出去,工业怎么发展?(李瑞环《谈"少讲空话 多干实事"》)/你小声点儿,就咱俩,干嘛嗓门儿这么预!(赵连甲《铁扁担》)

预脸皮厚 hānliǎnpíhòu 又说预皮赖脸;形容人不知羞耻:没见过这么预脸皮厚的人!(口语)/进来二话不说冲陈先生预皮赖脸一抱拳,来段儿《二进宫》……(叶子《核桃王》)

寒气 hánqì 指因屋里暖室外冷而凝结在窗户玻璃上的水蒸气:隔寒气的玻璃都热得冒汗,滴答水儿。(冯骥才《三寸金莲》)

行 háng 形容物品质量次,不坚牢:别光图省钱,做得这么行,一用就坏!(刘思训《天津方言词语小考》)

行道儿 hángdaor 道儿,轻声;行业:……他们这行道儿,也有个近似"杀富济贫"的特点。(何斌《戒毒篇——天津警察讲段子》)

行子 hángzi 子,轻声;指不喜欢的人或物:你看他又来了,别搭理这行子。(口语)

薅 hāo 揪;抓:商人……窜上去,一手薅住仙女的裙带……(张士杰《秫秸船》)

耗 hào 拖延,消耗时间:那地方还真不错,上班先吃早点,然后看看报,耗到午饭后,拿着游泳衣去游泳馆游泳……(王小柔《妖蛾子》)/饭吃不安稳,电视看不下去,好不容易耗到十点多钟,顾永茂又悄悄溜进饺子馆。(吕舒怀《舍命吃河豚》)‖泡蘑菇,软磨硬泡:你要不给我办,我就跟你耗了,看谁耗得过谁!(口语)

好吃好喝好待承 hǎochīhǎohēhǎodàicheng 承,轻声;形容无微不至地招待、照顾:我往后更得给你好吃好喝好待承啦!(雪屏《南门脸》)

好歹二三 hǎodǎièrsān 将就地,凑合地(做某事):好歹二三,

混了好几年,出学校,进商场,当了售货员。(甄金堂《三个售货员》)/ 崔相影洗不下去了……用毛巾好歹二三擦了擦身子,溜进更衣室,穿上衣服。(南郭玉鹤《八月十五云遮月》)

耗点儿 hàodiǎnr 拖延,耗费时间:那天,我一个人待在大会议室里耗点儿,因为签售现场要求我必须时间到了才能下楼。(王小柔《如愿》)/ 这女人也不走,都没话了还耗点儿……(王小柔《有范儿》)

好利索 hǎolīsuo (病症)痊愈:您老可先消消气儿,看样子病还没好利索。(于成《郭专长告状》)

好脸儿 hàoliǎnr 爱面子,顾脸面:天津人好脸……好打哈哈取乐。(张仲《话说天津人》)

好么 hǎome 么,轻声,又作吗;叹词,相当于好家伙:我一打量,好么,抻出来的睫毛全一边长,跟排笔赛的……(王小柔《十面包袱》)/……好么,全电影院里的人那叫一个齐,全跟着喊退票。(同上)

好么眼儿 hǎomeyǎnr 无缘无故地,毫无来由地:"怎么,你们要打架?""好么眼儿的,打嘛架呀,她又没惹我?"(南郭玉鹤《风雨春梦》)

好鸟(儿) hǎoniǎo 见"鸟"条。

嚎丧 háosang 丧,轻声;大声哭叫,贬义:……烧它个净光,叫小鬼子嚎丧去吧。(张孟良《血溅津门》)

好事头 hàoshitóu 好,四声,事,轻声;"事"天津旧读"寺"(sì),这里又念轻声,常说成"耗子头"。指好事之徒:这个好事头,没有他不掺和的事!(口语)/天津卫好事头、喜热闹的,比九州八县都多……(张仲《龙嘴大铜壶》)

好说好道 hǎoshuōhǎodào 形容语气和蔼,态度谦和:我就见过一位平素本也好说好道的仁兄,被这深渊一般的孤独岁月,竟然搞得失去说话的功能。(肖荻《寂寞难耐亦难得》)

好死不如赖活着 hǎosǐbùrúlàihuózhe 即使不受罪地死亡也不如艰难地活着:我说,可别,好死不如赖活着,大千世界,莺歌燕舞

……(崔武《羊跳圈》)

好这口儿 hǎozhèikǒur 见"口儿"条。

耗子 hàozi 子,轻声;老鼠。

河坝 hébà 江河边的码头:……他爹老子河坝上扛活的,一辈子没玩过蛐蛐。(林希《蛐蛐四爷》)

喝大酒 hēdàjiǔ 无节制地饮酒,多指长期喝酒过量:困,太可怕了。严重影响大脑思维,一点不比喝大酒劲儿小。(王小柔《如愿》)/下班以后老裴常和一些朋友同事聚一块儿喝大酒。(吕舒怀《命运符》)

豁个儿 hēgèr 形容不顾一切,不要命:她平时对存先顺从惯了……此时如果不跟他豁个儿,就劝不住他。(蒋子龙《农民帝国》)

河海两鲜 héhǎiliǎngxiān 指河里和海里出产的水产品:今年水产品产量将达 36 万吨 河海两鲜 质优量足(天津《今晚报》2012.4.11)

喝居 hējū 酒桌上的客套话,酒喝得满足并恰到好处的意思:就是到了公款吃喝的时代,酒席上也还是要说"喝居了,喝居了"……(林希《天津话逗你玩》)

豁裂捣撇子 hēléidǎopiězi 又作豁雷捣撇子;豁出去,甚至拼命的意思:像什么"豁裂捣撇子""糟改""翻呲""瞎咧咧"这些词都是打他嘴里出来的……(王小柔《乐意》)/主教练王宝泉在大赛临场指挥,激励队员斗志,爱说"豁雷捣撇子"……(谭汝为《关于"豁雷捣撇子"》)

河漂子 hépiāozi 人溺水而亡,漂浮上来的尸体:"刚捞上来个河漂子。"车夫没有停步,只目光向桥下望望……(林希《天津闲人》)/"冤死鬼呀。这年头冤死鬼太多,海河哪天不捞上十几个河漂子……"(吕舒怀《美人尖儿》)

喝破烂儿 hēpòlànr 收购废品;从事该行业的人叫喝破烂儿的:"打鼓儿"是北京人的称呼,就是天津的"喝破烂儿"的……(李志强《中国北方俚曲俗情》)/这天儿虽然凉快了,但也能将就着穿短袖,但阿绿居然在 MSN 里挂着一张穿羽绒服的照片,跟喝破烂的似的

……(王小柔《十面包袱》)

核桃酥 hétaosū 一种中式糕点,酥脆,易碎:1976年,天津发生了大地震,幸运的是人都没事,可两间破房震得像核桃酥。(赵金波《家有九凤》)

豁腾 hēteng 又说豁登;泛指贬义的动作、行为:别老豁腾窗户,蚊子都进来了。(口语)/ 他想,办两桌就可以了……豁腾忒大,下半年就得系脖颈儿了。(雪屏《南门脸》)

喝五吆六 hēwǔyāoliù 形容人趾高气扬的样子:大丈夫输得起赢得起……胜了,小人得志,家门口子喝五吆六;败了,立时就孙子……(林希《蛐蛐四爷》)

喝药 hēyào 吃药,服药(可用于内服的中药、西药或片剂、汤剂等所有的药品):明哲……就斟了杯水,喝了一片退烧药。(南郭玉鹤《风雨春梦》)

合着 hézhe 用于总结或说明结果的词,表示发现原来不知的情况,有难道、原来的意思:哼,合着这房子是给俺一个人盖的?你就连把手儿都不伸!(上官柳《两不误》)/ 合着我们家祖祖辈辈离不开地主啦。(王鸣录《皆大欢喜》)/ ……吓得我一哆嗦,合着女厕所跟男厕所对门,我没拐弯直接就进来了。(王小柔《十面包袱》)/ 合着我们出来,就是给这帮小子腾地方……(雪屏《大串联》)

合子 hézi 一种类似饺子的食物,用上下两个面皮包馅,四周捏严,或捏成花边儿,呈扁圆形,煮着吃:"初三合子往家赚"……合子寓团圆。(成者《"初一饺子初二面"》)

黑灯影儿 hēidengyǐngr 晚上灯光照不到的黑暗处:他心里一惊不敢动了,虽说是在黑灯影里,却也感到自己的脸烧得生疼。(蒋子龙《农民帝国》)

黑儿唬 hēirhu 又作嘿儿唬;指责,训斥:她妈黑唬桃儿一句:"你别贫嘴呱嗒舌……"(雪屏《南门脸》)/ 刘五……有点急了,冲杨四嘿儿唬起来……(张仲《龙嘴大铜壶》)

黑响儿 hēishǎngr 晚上：这一黑撒儿（注：应为晌儿）不知怎么过来的……（叶子《核桃王》）

黑下 hēixia 下，轻声，发音类似 xie，又作黑歇；夜里：到黑下，胡同外传来敲锣游街和口号声……（叶子《核桃王》）/ 从今儿个黑歇起，你该怎么着还怎么着……（王维刚《"金爪"张四》）

恨人 hènrén 令人生气，憎恨：这是谁干的缺德事，真恨人！（口语）

横 héng 见"横是"条。

横插一杠子 héngchāyīgàngzi 也说插一杠子，比喻毫无来由地介入：……马金龙真就怕言老顺横插一杠子……所以才尽快地给言老顺办了病退。（南郭玉鹤《言老顺小传》）

哼哼 hēngheng 后字轻声；呻吟：……睡觉时，整整哼哼了一宿，因为脚太疼。（雪屏《废墟，我的 1976》）

横是 héngshi 副词；是，轻声，常省略，简说横；表示揣测，大概、可能的意思：……拾翻了横有半个钟头，才算完事。（雪屏《南门脸》）/ 瞧！你妈横不能骂你白吃饭了吧？（郭维《笨人王老大》）

横丝肉 héngsīròu 横肉：为首那人留板寸头，满脸横丝肉……（吕舒怀《舍命吃河豚》）

横躺竖卧 héngtǎngshùwò 形容多人躺卧得不规则，有横有竖，或东西放得纵横杂乱：……新书见缝插针、横躺竖卧……（沈独《游弋词典》）

红果儿 hóngguǒr 山楂，即山里红：这些水果有苹果、橘柑、梨、红果……（《天津日报》1980.1.19）/ 小南台子有个混混……本是推车卖红果酪儿的。（烟雨苏州《美人西来》）

哄哄 hōnghong 哄传，纷纷传说：外边哄哄又要调息了。（口语）‖与别人一起做（某事），但不担任重要角色，贬义：只缘……跟定慈禧瞎哄哄一辈子……（何申《"好爸爸""赖爸爸"》）

红口白牙 hóngkǒubáiyá 形容确实是某人说的，不容怀疑：我问权队，永振对我可是红口白牙花里胡哨的，怎么到你这却变成了

实话实说?(何斌《戒毒篇——天津警察讲段子》)

红脸儿 hóngliǎnr 见"白脸儿"条。

哄弄 hòngnong 弄,又说楞,轻声;又作胡弄;欺骗,耍弄,蒙混:别来这套,胡弄谁呀?(王鸣录《不正之风》)

红头涨脸 hóngtóuzhàngliǎn 形容因炎热或兴奋、愤怒等原因而脸红气粗的样子:刘树圃眼盯着红头涨脸的刘秀峰……(冯育楠《银沙滩》)

红眼儿 hóngyǎnr 对孙子女的戏称(相对于外孙子女的"白眼儿"):你瞧,又是时代进步,"白眼儿"和"红眼儿"一般亲。(林希《天津话逗你玩》)/可她婆婆是个孙子迷,整天"白眼儿"、"红眼儿"地念叨。(佚名《姥姥》)‖指汤圆因变质,煮熟后变成红色:正好……就新鲜咱俩煮点儿吃。就煮了十来个,但煮出来一看"红眼"了……(玉山《厂长家访》)

齁儿 hōur 词,很、特别、十分,多作为不好的评价时使用:老头的寿日……晌午挺暖和,一早一晚却齁冷。(雪屏《南门脸》)/"不喝,沏得这么酽,齁苦的。"(同上)/她问我:"你说为嘛这方糖化那么快呢,齁甜齁甜的。"(王小柔《如愿》)

猴儿 hóur 顽皮,不庄重:猴了巴叽的,一点都不稳重。(相声《比喻》)

猴儿 hóur 逮捕,关押:要是林彪、"四人帮"横行的时候,不管你犯法不犯法,一句话就能给你"猴儿"起来。(常宝霆 朱学颖《笑灾乐祸》)/……这要是搁在三十年前或四十年前,早他妈的都猴起来了。(雪屏《废墟:我的1976》)

后脖梗子 hòubógěngzi 脖子的后部:忽然,她揪着我后脖梗子上的皮点评电视……(王小柔《如愿》)

后槽牙 hòucáoyá 臼齿:见我看她,她夹了口菜说:"我从来不用后槽牙嚼东西,那样瓜子脸就不好看了。"(王小柔《十面包袱》)

后戳儿 hòuchuōr 简说戳儿;背后的支持者,靠山的意思:人家既然敢踢你,人家就一定有后戳儿……(林希《天津话逗你玩》)/有人在前面闹事,有人出来拔闯,还有人在背后当戳儿,算是一套"活"。(同上)/姓李的笑笑,摇摇头,并不在意,他后戳硬,怕谁?(冯骥才《三寸金莲》)

后脊梁 hòujǐliang 后背:他……后脊梁痒嗖嗖憋闷得难受。(蒋子龙《农民帝国》)

后脸儿 hòuliǎnr 指人或东西的背面:看后脸儿就知道是你。(口语)/他们家房子后脸儿就是一家小超市。(口语)

后脑海 hòunǎohǎi 见"后脑勺儿"条。

后脑勺儿 hòunǎosháor 又叫后脑勺子、后脑海;脑袋的后部:他不等人家说完就转过了脸,只给人家一个后脑勺。(王蒙《说客盈门》)/"郭一瓶"的学名叫郭为才。小时候,后脑勺总拖条小辫子,辫梢系根红头绳……(吕舒怀《饮者留其名》)

后晌儿 hòushǎngr 晌儿,三声;晚上:佟忍安走过来只说一句:"后晌,你来我屋一趟。"(冯骥才《三寸金莲》)

厚实 hòushi 实,轻声;厚:这床被挺厚实。(口语)‖形容人忠厚诚实:这个人厚实,我愿意交这样的朋友。(口语)

后凿子 hòuzáozi 指人后面长得比较突出的脑袋:这人长得前梆子后凿子。(口语)

厚子 hòuzi 又叫草厚子;俗称草鱼。

乎 hu 又作忽、糊,一般为轻声;单音节形容词后缀,可以"××乎乎"、"×乎乎"的形式重叠使用,有时儿化:叶厂长在家里"软乎"了点儿,在厂里,那可是雷厉风行,说一不二。(龙惊云《怕老婆外传》)/……再从池塘里拉来水浇在土上,将土洇成潮乎土。(王军杰《黄土高原的板筑墙》)/当我终于游到对面,发现有一块水倍儿热乎,谁刚在这尿了泡尿?(王小柔《十面包袱》)/邪乎事绝不止这两件。(冯骥才《三寸金莲》)/恍惚中,他感觉脑袋晕忽忽的,什么也记不起来。(北方熊之舞《女人墙里的纯爷们》)/用碎砖垒起的半截院墙、屋内黑糊糊的墙壁……(王学军 张艳红 王天裕《浓浓爱意,送到群众心里!》)

胡儿 húr 京胡的省略说法:……发现他的京胡不一般,原来陈

先生这把胡儿竟是著名琴师曾用过的家传之宝……(叶子《核桃王》)

胡巴拉臭 húbalāchòu 巴,轻声;又作糊爆辣臭、糊吧啦臭;形容食物或其他东西烧糊所发出的难闻气味:……一股子胡巴拉臭的味道,直冲我的鼻端。(相声《"左不拐"》)/ 他……就用叉子把鱼叉起来……放在火上去烤,烤得糊爆辣臭的……(张孟良《血溅津门》)/ 烙出大饼,损了吧叽不说,两面都是嘎,还糊吧啦臭!(南郭玉鹤《风雨春梦》)

胡不拉 húbulā 不,轻声,拉,三声;指幼稚、不明事理的人:"您就别唠叨了,我又不是胡不拉。"果儿说。(雪屏《南门脸》)

胡吃海塞 húchīhǎisāi 形容毫无节制地吃喝:都睡觉钻被窝了,还胡吃海塞。(王家骏 周连群《说储蓄》)/ 晚上我们胃口大开,胡吃海塞一番……(王小柔《十面包袱》)

胡吃闷睡 húchīmènshuì 形容人除了吃饭就是睡觉:您算说对了,要不然七姨太就说我胡吃闷睡火化食了。(张孟良《血溅津门》)

胡臭儿 húchòur 指像小孩子一样的幼稚行为,也指这种人:你这么干,简直太胡臭儿啦!(口语)/ 孟潞这类胡臭儿们所以进来,主要是最初的是非不明,后来的毒品诱惑,促使道德滑坡。(何斌《戒毒篇——天津警察讲段子》)/ 我心想,原来是六个胡臭儿。(同上)

呼打 hūda 呼扇:车厢里跟蒸笼一样热,我们男生都敞开怀,拿报纸当蒲扇呼打……(雪屏《大串联》)

胡混 húhùn 胡乱地、不正经地混日子:他死在外边?乔六桥说,多半到上海胡混去了。(冯骥才《三寸金莲》)/ 老路说如今这世道到年龄不结婚的除了特好的就是特坏的,还有一种是胡混的……(王小柔《妖蛾子》)

乎拉 hūlā 又作忽喇;双音节词语后缀(个别可用于单音节词后),贬义,起强调的作用:嚷嘛?吓人乎拉的!(刘思训《天津方言词语小考》)/ 秀才家能软款,会安详,怎做这般热忽喇的勾当?(李好古《张生煮海》)

胡拉天儿 húlatiānr 又说胡天儿,吹牛,胡诌,或说话不着边际:……胡说八道,满嘴胡拉天,光说没边儿的话。(林希《天津话逗你玩》)/ 我觉得谈话到这份上就有点胡天儿的成分了。(王小柔《妖蛾子》)/ ……凭他那满嘴胡天儿的能耐,确实发了不少财。(孙树松 孙树芳《鱼虫斋的"胡天儿"》)

糊了倒账 húledǎozhàng 了,轻声,倒,三声,又作胡噜倒账;糊涂,脑子不清楚,也指事情混乱:他爷爷这两天糊了倒账的,我怕他算错了钱。(佚名)/ ……千叮咛,万嘱咐,给果儿立了一堆胡噜倒账的规章制度。(雪屏《南门脸》)

胡擂 húlēi 胡说,瞎说:狗戴嚼子——胡勒(擂)。(俗谚)

糊里八提 húlibātí 里,轻声;糊里糊涂的意思:既然有糊涂、糊里糊涂,干嘛非来个"糊里八提"不可呢?(刘思训《天津方言词语小考》)

胡噜 húlu 噜,轻声;抚摸,或用手沿物体表面移动:……"哎哟啊!"一个劲儿胡噜后脑壳!(李润杰《劫刑车》)/ 一开始宠物一闹老王便起床抚慰宠物,拍拍宠物的小脑袋,胡噜胡噜宠物的皮毛……(王蒙《尴尬风流》)/ 那时候我才知道讲究人洗脸不能拿手或者毛巾直接胡噜,要用洗面海绵……(王小柔《十面包袱》)

胡噜 húlu 噜,轻声;应付,维持:老爸爸一月七十几元工资,一家三口的挑费全从那里出,紧胡噜都胡噜不圆……(汤吉夫《忌烟》)/ 我自己还有一家子人哪,实在是撂掳(注:应为胡噜)不过来。(蒋子龙《农民帝国》)

囫囵个儿 húlungèr 囵,轻声;整个儿:别买半拉,要囫囵个儿的。(口语)/ 你老爸爸六十五了不退休,不是为了囫囵个地挣那七十三块五吗?(汤吉夫《忌烟》)‖ 比喻和衣而卧:第二天正月初一,他睡得很晚……他囫囵个爬起来,推门一看……(罗春荣《金糖葫芦》)

胡弄局儿 hùnongjúr 胡,四声,弄,轻声,又作糊弄局儿;装样子,敷衍,蒙骗:后者通过一个"胡弄局"秘书的自白,辛辣地讽刺了……(笑暇《第二届"津门曲荟"侧记》)/ "野鸭儿拿兔子——糊弄局儿。"(李炳德《李紫溪通晓天津俗语》)

护食 hùshí 吃东西时一点也不给别人：没出息护食，倒霉孩子没出息！我尝尝怕嘛呢？（马三立相声）

虎势 hǔshi 势，轻声；形容身体挺拔，健壮：……身穿……大褂，长得很虎势。（郝润来《神卦"妙知心"》）

壶套 hútào 放茶壶的器具，套在茶壶外面，以利茶水保温：只是在寒冬腊月，才不得不用藤编壶套套着茶壶到水铺直接冲泡。（荆硕甫《"平民茶道"续貂》）

胡天儿 hútiānr 见"胡拉天儿"条。

忽悠 hūyou 不稳定，晃动，飘动：风大，旗子忽悠忽悠的。（口语）‖用花言巧语使人上当受骗：他已经把"忽悠"女人的功夫练到了最高的层次：游刃有余！（海剑《等你上钩：对一个骗子的深度调查》）‖用语言影响人：其实我这师傅没教她什么好，把一个那么踏实肯干的孩子忽悠得朝三暮四，整天想着跳槽。（王小柔《妖蛾子·自序》）

唬着 hǔzhe 错误地判断，误以为：天阴了，我唬着下不了雨呢，也没带伞。（口语）

胡诌白咧 húzhōubáiliě 又说瞎诌白咧；胡说八道：这怎么是胡诌白咧呢？（肖克凡《天津俗人》）

糊嘴 hūzuǐ 因食物黏稠，吃起来嘴感觉不清爽：我嫌星巴克的咖啡糊嘴，还有人觉得像吃了一块咖啡糖……（王小柔《十面包袱》）/我一直不明白为什么身边的人那么喜欢吃火锅……不管什么都要抹一口糊嘴的麻酱或香油……（同上）

胡作 húzuō 胡作非为：今天不答应你这样胡作！（佟有为《刹住歪风》）

滑呲溜 huácīliū 光滑，贬义：下完雨，地滑呲溜的。（口语）

话茬儿 huàchár 又作话碴儿，也说话茬子；话头："真的？……你说话得算数！"正躺着看书的我接过了话茬。（孙锐《喝汤打赌》）/白帽盔哈哈笑着接过话碴儿说……（张孟良《血溅津门》）‖指口风，口气：乡丁们一看：哟！这位老太太真阔呀，听话茬儿这个主儿可是惹不得!(李润杰《劫刑车》)/ 她的为人宗旨是,不管你是什么人,在我的面前,和我谈话,你的话茬子不能压过我的话头。(南郭玉鹤《拆迁记》)/ 经常接到一些不着边际的电话……那话茬子说得跟中了五百万还不用上税似的……(王小柔《十面包袱》)

话长 huàcháng　表示要叙述的是久远的事:赵奎元……笑呵呵地说:"说起来话长了,光绪二十五年……"(张孟良《血溅津门》)

话赶话 huàgǎnhuà　两个话字均可儿化;不是主动说的,是由别人的话而引出的话,多指言语不当的情形:"泥鳅"嘿然一笑道:"您别多心,这不是话赶话说到这儿了吗?……"(刘一达《画虫儿》)/ 从当时的语言环境看……俩人话赶话才有的。(何申《新〈三国〉更"演义"》)/ 其实就是话赶话……那边已经决定去西藏了。(王小柔《如愿》)

花糕 huāgāo　春节时家庭自制的一种上供食品,先用发面加枣蒸制大小不一的数个扁圆形的饼,然后以下大上小的顺序叠起成宝塔形,总高约一尺有余:……"花糕"若不叠得那么高,也就是枣花卷或枣饼了。(李志强《中国北方俚曲俗情》)

花花肠子 huāhuāchángzi　比喻狡猾的心计:留神啊,那人花花肠子太多。(口语)

花活 huāhuó　花招:难怪城里人的心眼儿都曲里拐弯的花活那么多……(蒋子龙《"篱笆灯"与〈人气〉》)/ 五花八门,反正什么花活都使遍了……(吕舒怀《敌敌畏》)

划价儿 huájiàr　买者压低卖者的要价,讲价:不划价就吃亏……数码卖场"谎"太大。(天津《今晚报》2007.8.14)/ 并且,在哭穷和穷横中总结了一套行而有效的划价方法。(王小柔《十面包袱》)

划拉 huála　拂拭,抓取:把桌上的瓜子皮儿划拉走!(口语)/ 八只脏兮兮的小手,一起朝铁锅里乱划拉丸子,抓了手往嘴里塞。(吕舒怀《碎片上的女人》)‖ 随意涂抹,写字潦草:好好写,别划拉!(口语)‖ 比喻为自己捞取物质利益或其他好处:小脚踢球——横划拉。(俗谚)/ ……庄上干部,特别是书记队长,会计保管,划拉的女人就更

多了,有些还是大闺女呢。(蒋子龙《农民帝国》)‖寻找,搜索:他死了以后,家里却划拉不出丁点值钱的物件……(王维刚《金少山和老乞丐》)‖收拾,处理:别看我今年六十六岁了,有个十个、二十个的洋鬼子,还不够我划拉的。(张孟良《血溅津门》)

话痨 huàláo 指说话过多,也指这种人,有贬义:"你得了话痨了",可见话说得太多,就讨厌了。(林希《天津话逗你玩》)/她妈一下子成了话痨儿了……(雪屏《南门脸》)

话里话外 huàlǐhuàwài 虽然没有明说,但话语里流露出言外之意:……话里话外,选择体检中心完全取决于哪儿的早点好。(王小柔《如愿》)/……但人家说邀请了很多名流,话里话外我也算其中一个,我一糊涂就答应下来了。(王小柔《乐意》)

花脸儿 huāliǎnr 旧时男孩子一种戴在脸上的面具,用纸浆制成,再涂以戏曲脸谱图样:坐三轮车回家时,我就戴着花脸,倚着舅舅的大棉袍执刀而立……(冯骥才《花脸》)

画龙 huàlóng 比喻车辆行驶时左右摇摆,轨迹似龙:……突然发现一辆吉普车时快时慢还在马路上"画龙",遂上前拦住检查。(天津《今晚报》2012.2.14)

花面糖色 huāmiantángsāi 面,轻声,色念sai,三声;故意卖弄,华而不实:有嘛说嘛,别跟我花面糖色!(口语)

花案儿 huā'nànr 涉嫌强奸、猥亵等的刑事案件,也指涉及男女关系的事:有个同学无中生有,硬说刘砚平是"花案"……(赵金铭宁可《枯萎花朵又重开》)/"果儿,你也知道,人一沾上花案儿,想抖搂干净就难了。"(雪屏《南门脸》)

滑石猴儿 huàshíhóur 旧时儿童玩具,用滑石经简单雕刻而成,用处类似粉笔:因为滑石猴虽然只像一方图章大小,但是,下棋时,可以用它画棋盘,"跳房子"可以用它在地上画格……(张仲《滑石猴》)

话匣子 huàxiázi 旧称收音机,也比喻说话多:唱快板……他是听话匣子学的……(魏巍《魏文亮的故事》)/我们请老人说说,老人

"哏儿都"说哏儿话——天津话这么说

……打开了话匣子……(佚名)

花眼 huāyǎn 眼花缭乱的意思,多作"看"的补语:玉霞看花眼了,早把要走的事,抛到一边。(南郭玉鹤《风雨春梦》)/……眼都花了,看谁都像"你"。(王小柔《乐意》)‖用于可供选择的东西多,不知选什么好:拿定主意,别挑花了眼呀!(口语)

花子根儿 huāzigēnr 又说花根儿;指乞丐,骂人话:天津人骂一个人是"花子根儿",那就更刻薄了。(林希《天津话逗你玩》)/姑娘道"张四,你这老花根,老奴才……"(《金瓶梅·第七回》)

怀 huái 怀孩子:我提醒她:"反正你受法律保护啊……现如今不受法律保护的还没完没了地怀呢。"(王小柔《有范儿》)

怀抱(儿) huáibào 指婴儿时期:……我家里还有八十岁老母和怀抱的儿子呢!(冯骥才《神鞭》)

坏水儿 huàishuǐr 比喻狡诈的心计,坏主意:那些没事都冒坏水的男人在婚宴上成了主导者……(王小柔《妖蛾子》)/再说韩大鸭子……眼珠一转,又有了坏水儿……(烟雨苏州《美人西来》)

欢实 huānshi 起劲,活跃:肥胖的母猪……多么欢实喜人。(韩映山《激奋》)

谎 huǎng 指卖东西的以高出正常的价格要价(以备买东西的压价),常说要谎或不要谎:不划价就吃亏 提醒才给赠品 数码卖场"谎"太大(天津《今晚报》2007.8.14)/马路卖东西的都要谎,要三十的,最多给他十五就能买下来。(口语)

黄花菜 huánghuācài 作形容词,比喻早已过时或没有指望:那件事呀,别指望了,早黄花菜了。(林希《天津话逗你玩》)

晃晃儿 huànghuangr 有的时候,多指不经常:也说不定,晃晃儿他就来。(天津《老年时报》2009.2.13)

皇会 huánghuì 旧时每年妈祖诞辰日民间举行的一种仪式和花会:邵公庄萃韵音乐老会历史上曾出过"皇会"……(葛登扬 曹金萍《"洼引"传承百年不衰》)/阳光明媚的春天,农历三月二十三日为天后

娘娘的生日……每到出皇会,全城空巷……(邓家驹《油画〈皇会图〉创作前后》)/ 所以,天津卫的老皇会娘娘"出巡"是"五驾"……(周汝昌《礼敬天后宫》)

黄梨 huánglí 比喻滥竽充数的人:我们这儿全都是行家,没一个黄梨。(口语)

黄鼠狼单咬病鸭子 huángshulángdānyǎobìngyāzi 比喻祸不单行:咳!真是黄鼠狼单咬病鸭子!(张仲《龙嘴大铜壶》)

晃虾 huǎngxiā 产于海河入海处的一种虾,早春时节上市,色白而透明,味道鲜美:老天津卫庶民百姓,在晃虾上市时,家家户户烙大饼,煮绿豆稀饭,炸晃虾……(马金鹏《"迎春虾"》)/ 争似春来新味好,晃虾食过又青虾。(佚名《津门竹枝词》)/ 晃虾……上市期只有十几天左右,可谓一晃而过。(温暖《对虾晃虾竞鲜美》)

荒馅儿 huāngxiànr 指做饺子、包子等带馅的食品时,用的菜多肉少的馅:把大白菜帮、叶切碎,略加羊肉末成馅,俗谓"荒馅"……(张仲《天津回民的家常便饭》)

慌信儿 huāngxìnr 未经证实的或没有确定的消息:霍元甲神色骤变……连声说道:"师傅,您别急,说不定此事是个慌信儿……"(冯育楠《津门大侠霍元甲》)

毁 huǐ 把成件的旧东西经过拆改而制作成另外的东西:她妈妈很节俭,手也巧,妹妹的衣裳都是姐姐穿小了毁的。(口语)

毁 huǐ 伤害,糟蹋:牛科长……痛心疾首地说:"小顾呀,你可把我毁到家啦。弄个祸害精到我身边,差点没坑死我。……"(吕舒怀《舍命吃河豚》)/ 抽大烟毁人,嘬上一口,盼什么,眼前就浮现什么……(吕舒怀《水铺》)

囗儿 huǐr 四声,念 huir 或 hunr(天津话 hui 和 hun 儿化后读音相同;以下书证作者用"魂"字代替,待考);指打麻将时按规则抽取的一张牌,这张牌可以任意当作别的牌使用:但很快,鸟市人发现顾永茂……像麻将牌中的"魂儿"——表面上看什么都不是,却

可以替代所有的"什么"。(吕舒怀《舍命吃河豚》)

会过 huìguò 会过日子的省略说法,即善于持家:甲:街坊邻居谁家的火闲着了,有剩下的热一热,吃一口就完了。乙:真会过呀。(王鸣录《离婚》)

回过神儿 huíguòshénr 又说回过味儿;明白过来,醒悟:我终于回过神来,想问母亲是如何和那个"非典"病人接触的。(流沙《母亲要隔离》)/ 第一个回过神儿来的是我……(雪屏《大串联》)/ 张胜道:"蒋二哥,你这回吃了橄榄灰儿——回过味来了……"(《金瓶梅·第十九回》)

会会 huìhui 指抱着某种目的与对方见面,有时含有挑战或应战的意味:霍元甲奋然而起,忿忿说道:"我去会会他!"(冯育楠《津门大侠霍元甲》)/ "……我来会会乌爷的跤!"(烟雨苏州《美人西来》)/ 他非要见我?行,我再会会他。(尹建民《强一龙的路》)

会来事儿 huìláishìr 见"来事儿"条。

回手 huíshǒu 认为对方给的不够多而再要的一种委婉说法:崔四找祖父要了两块大洋,每人一块,轿夫说:"这哪行?再回回手吧!"(李世瑜《孀妇再醮》)

回四 huísì 民俗,即新媳妇回门,天津地方风俗结婚后第四天,新婚夫妇一起到女家拜见长辈和亲友,称回四:咱们准备东西"回四"用……(魏巍《魏文亮的故事》)

回头 huítou 清真饭馆卖的一种馅饼,面剂子擀成圆形,中间放牛肉或羊肉菜馅,再将面皮相对的两侧向中间折叠,压严,成长方形,经烙烤而熟:他……到了南市建物大街,卖煎饼果子、老豆腐、回头、全羊汤等小吃的比比皆是……(李云冲《节振国勇闯天津卫》)

灰头土脸 huītóutǔliǎn 形容浑身上下落满灰尘的样子:兵抵山东,女排首训灰头土脸(天津《城市快报》2005.12.27)‖形容精神不振,神态消沉:没看他灰头土脸的?检察院找他啦!(口语)

回碗儿 huíwǎnr 用于吃喝的场合,指吃完一碗后再吃一碗:他

把碗藏在身后,说什么也不回碗了。(蒋子龙《农民帝国》)/ 嘎巴菜分大小碗,要了小碗一吃……欲罢不能呀,接着又回了一小碗。(白金贵《老食客》)/ 以前坐飞机免费饮料都得"回碗"好几次,现在人家就喝咖啡,而且叮嘱空姐"半杯"。(王小柔《有范儿》)

混 hún 形容人不明事理,不识好歹:居民区里一个小无赖,混不讲理……(林希《天津话逗你玩》)

混 hùn 工作,生活,生存的意思,有贬义:白领扎堆儿的地方很不好混,格子间划分出私人领域,只要你一走动,定有无数目光开始上下打量……(王小柔《妖蛾子》)

混吃等死 hùnchīděngsǐ 骂人话,指人光吃饭不做事,也形容人没有追求和理想:春梅手指着他的鼻子道:"你呀,你呀,成天的混吃等死!"(南郭玉鹤《风雨春梦》)/ 房东……说:"瞅人家顾先生,活得地道,哪像咱们——混吃等死。"(吕舒怀《舍命吃河豚》)

混混儿 hùnhunr 地痞,无赖:原来他在天津卫地道外得罪了一帮子混混儿,无可奈何才举家外迁……(魏巍《魏文亮的故事》)

混论 húnlun 笼统地,不细致地:他不分好坏,混论着说了一遍。(《天津老年时报》2009.2.23)

混球儿 húnqiúr 混蛋:老张心中嘀咕——什么混球的"饺子王",吹的!(刘吾福《饺子的味道》)/ 老高挂在墙上喊:"混球!你走了我咋办!"(何申《挂在墙上》)

浑身打浑身 húnshēndǎhúnshēn 孑然一身,也指没有身外之物:郭运起家中被洗劫一空,所剩无几,把一家七口发丧以后,落了个浑身打浑身。(张孟良《血溅津门》)/ 手里一个大子儿没有,爷儿俩浑身打浑身,一间屋子半间炕……(张仲《龙嘴大铜壶》)

混星子 hùnxīngzi 仗势欺人的地痞无赖:天津土棍之多,甲于各省,有等市井无赖游民……自谓混混,又名混星子。(张焘《津门杂记》)/ 这个大脑袋……是地道外出了名的混星子,专干踹寡妇门挖绝户坟的缺德事,是个无恶不作的地痞流氓。(姚宗瑛《赌跤》)

货 huò 指人，有鄙夷的意思，也作骂人话：一个花枝招展的女郎骑着……坤车，利用过桥下坡的冲力闯红灯……他一着急说了一句天津话："这货！"(蒋子龙《警察的幽默》)/ 矮个子说："这货刚才拿了支玩具枪把那个抢包的吓了个半死。"(张毅静《愤怒的拖把》)/ 原来这金莲自嫁武大，见他一味老实……抱怨大户："普天世界断生了男子，何故将我嫁与这样个货！……"(《金瓶梅·第一回》)

火 huǒ 比喻买卖兴隆，场面热烈：《今晚经济周报》卖火了（天津《今晚报》2006.4.11）/ ……开餐厅做生意的也多是开一个火一个……（老蛋《富贵 一个城市的财富博弈》）

活报儿 huóbàor 活生生的现世报："……我现在是见人就说，咱小子就是活报儿，哥儿几个，做人一别逛二别赌三别抽大烟扎针儿……"(烟雨苏州《美人西来》)

火爆 huǒbào 爆，四声或轻声，又作暴；旺盛，热烈，蒸蒸日上：饺子馆越办越火爆（《天津日报》1980.6.9）‖ 形容人脾气暴躁：……俩人很快急眼，全是火暴脾气。(王小柔《有范儿》)

活蹦乱跳 huóbèngluàntiào 形容小孩健康活泼或动物鲜活：买活蹦乱跳的大拐子哟！(冯育楠《津门大侠霍元甲》)/ 不要紧，有钱，我有钱。我一定可以把小东西还是活蹦乱跳地找回来。(曹禺《日出》)

和大泥 huódàní 和泥（和泥是一种强度很大的体力劳动，所以加"大"字）：这跟当年放两天假，忙着……和大泥、盖小房，真是不可同日而语。(老赫《长假怎么过》)

伙单 huǒdān 有两间或两间以上卧室的单元房，每户（每家）住其中的一间，厨房和厕所共用的房子；也指这种居住格局：河西区无锡道附近，一个15平方米的伙单需要400多元。(天津《城市快报》2006.3.10)/ 中国人要住什么样的房子，开发商说了算，搁80年代，有个三十平米的屋子都得弄成"伙单"，至少挤两家，做饭、上厕所什么的得排队。(王小柔《十面包袱》)

活该 huógāi 该当，有自作自受的意思：……我没有生气，只是

想谩骂一下这帮不知自爱的拜金女,都是活该。(小希希《天津饭》)

活话(儿) huóhuà 不肯定的话,可能这样,也可能那样:人家什么没见过,说着活话敷衍,让你句句听到的都是希望,但哪句也没什么具体意义。(王小柔《十面包袱》)

祸祸 huòhuo 损坏,损害,糟蹋:表现之一,乱丢杂物,"祸祸"环境。(峻屹《消除丑陋》)/ 这边守着山水怕人来祸祸,人家那边已经千村万寨迎游客了……(何申《"大旅游"》)‖对少女性侵犯:那个祸祸小学生的小子,逮起来了。(口语)

火钩子 huǒgōuzi 捅炉子、清炉灰的工具,细铁棍儿做成,一头儿有钩儿:他还没来得及搂机,就被工人们一火钩子打下马来。(《棉二工厂史·在日本帝国主义的屠刀面前》)

活流儿 huóliùr 活水:"奶奶今天怎么不让我刷碗了呢?"……兰兰抢着说:"奶奶说了,你刷碗长流水,活流儿。"(杨文训《活流儿》)

火烧连营 huǒshāoliányíng 比喻发生火灾时,一处失火,累及四邻:我老娘想得更细,让我把腌咸菜的大缸推出来,灌满水,以防火烧连营。(邵宗和《永远的芳邻》)/ 堆放大量塑料橡胶 回收站仓库火烧连营(赵瑜新闻文章标题)

火柿子 huǒshìzi 旧称西红柿:桃儿见香莲嘴巴赛火柿子了,不敢再往下说。(冯骥才《三寸金莲》)

活受儿 huóshòur 活受罪的省略说法:小扛活的一听,得,还得去活受儿。好死不如赖活着,忍着吧。(李云冲《求神》)

祸头 huòtóu 祸首,引起纠纷、祸患的人:比如有位工人……打破生产定额,"冒了尖儿",有人就说他是什么"祸头"啦……(崇实《管"闲事"与说"闲话"》)/ 桃儿她妈回来了,瞅见……堵心——这个老娘们就爱满嘴跑舌头,祸头一个。(雪屏《南门脸》)/大胖裹理顿时气得脸色泛青,他知道今天遇到了祸头。(肖克凡《一九三五年的真相》)

活物儿 huówùr 指昆虫、动物等有生命的东西,指人时有调侃意味:郭敬时说我是顺着河边溜达回来的,有水的地方就有活物,我也就有吃有喝,还净是好东西。(蒋子龙《农民帝国》)/ 当初为了追求田园风光的蛛蛛,在富人区住了快两年,连只麻雀都没看见过,唯一的活物是夏天从纱窗往屋里挤的蚊子。(王小柔《妖蛾子》)/ 孩子真是个多动的活物儿……片刻,你再看这屋,没法下脚了。(王小柔《有范儿》)

伙友儿 huǒyǒur 旧指商店或其他服务场所的下层雇员:福:我的爷爷,旅馆正忙……我得回去照应。 胡:你不是托别的伙友照应了么!(曹禺《日出》)/ 杨以俭青年时曾在……盐店中当伙友、打杂。(张仲《杨以德与〈杨三姐告状〉无关》)

活鱼摔死卖 huóyúshuāisīmài 比喻弄巧成拙,把好事办坏:你也太不会办事了,简直是把活鱼摔死卖!……(刘思训《天津方言词语小考》)

ノ

济 jǐ 尽先,优先(考虑、给予)的意思:林萍对待孩子更是知冷知热,有东西济他们吃,有衣服济他们穿。(高林友《"她比亲娘亲三分"》)/ 她笑着答:"女人嘛,吃什么都行。有那好吃的,得济着丈夫和孩子。"(魏巍《魏文亮的故事》)/ 林铁军道:"家具不着急,先济工作,等工作稳定下来了,再慢慢添家具不迟。"(南郭玉鹤《风雨春梦》)

迹 jī 痣:那闺女长得挺好,就是脸上有块迹。(口语)

几儿 jǐr 用于询问日子,哪一天:武魁海问:"文亮,记得今儿几儿吗?"(魏巍《魏文亮的故事》)

急不得恼不得 jíbùdenǎobùde 着急和恼恨都无济于事:我女儿为保持体形,好几年不吃一口大米饭……弄得我老伴急不得恼不得。(何申《主食与副食》)

急茬儿 jíchár 指紧急的事,或急急忙忙的样子:你什么事总是急茬儿的,现在才告诉我,还来得及吗?(口语)/ 最后宣布散会,那些跟被点了穴一样的人突然全活了,还都急茬儿的,一个推一个往外走。(王小柔《有范儿》)

鸡吵鹅斗 jīchǎonédòu 比喻相互争吵、拌嘴:……一家人吃得津津有味,从不为吃饭鸡吵鹅斗……(赵金波《家有九凤》)/ 生活中虽免不了"鸡吵鹅斗",但年轻时无暇深究……(阎侃《做好生活伴侣角色》)

急赤白脸 jíchibáiliǎn 又作急呲白脸;因心里着急而脸色难看,态度不好:孙月清急赤白脸:"说呀……"(蒋子龙《农民帝国》)/ 我急呲白脸地问:"为嘛不接我电话呢?……"(王小柔《如愿》)/ 沈一啸敢在

鬼市急赤白脸砸价,却不敢主动走过马路,跟意中人搭讪一句半句。(吕舒怀《水铺》)

记吃不记打 jìchībújìdǎ 比喻重复犯一样的错误,不接受教训:即便是这样……她还是……替苜蓿评功摆好,桃儿烦了,就骂她记吃不记打。(雪屏《南门脸》)

挤对 jǐdui 又说挤拉(了);用逼迫、要挟等手段,或因无奈而使人屈从:你说,要把他挤对好歹的,你还跟谁过啊?(相声《要条件》)/……这全是丁不住催的,私心挤拉的。(王维忠《院墙内外》)/因为一些不检点的医院对患者的态度总是来一个宰一个,挤了得我们个顶个地都登上了健康快车……(王小柔《妖蛾子》)

叽咕 jīgu 小声说话,也指背后说人坏话:看这俩人,不定又叽咕嘛啦。(口语)/……若不顺着他,他在日本人面前一叽咕,就得开除回家。(张法元 张金凤《揍国舅》)

· **挤咕眼儿** jǐguyǎnr 眨眼以向人示意:节振国接过五打儿鬼子票,朝川岛挤咕挤咕眼儿……(李云冲《节振国勇闯天津卫》)/……三言两语,互相一挤鼓(注:应为咕)眼……(张孟良《血溅津门》)/生孩子那会儿我们都去道喜……那同学……跟我们直挤咕眼儿。(王小柔《妖蛾子》)

激火儿 jīhuǒr 故意使人生气,发火:王管事的话像是激火儿。(魏巍《魏文亮的故事》)

挤挤插插 jǐjichāchā 又作挤挤擦擦;形容拥挤,环境不宽松:晚上,大食堂里挤挤插插坐了一千多名员工,气氛异常严肃。(马景雯 张宝明《我和爸爸马三立》)/……商家云集,店铺林立,遛街购物的人们,也是挤挤擦擦,摩肩接踵。(南郭玉鹤《风雨春梦》)

叽叽嗦嗦 jījisuōsuō 也作叽叽索索,又说嗦嗦叽叽(缩缩唧唧);形容因寒冷而身体不舒展的样子或感觉:人们一看,是个冻得叽叽嗦嗦,皮包骨头的老要饭的。(王维刚《金少山和老乞丐》)/确实有这样的情况,一幢楼"近端"的热得冬天敞窗开门,"末端"的再加上

电暖器还"叽叽索索"。(将为《供热计量收费,好》)/ 我们从饭馆出来一个一个缩缩唧唧,跟从食品厂冷库出来似的。(王小柔《有范儿》)

鸡尖 jījiān 指肉鸡的尾部:鸡尖,又称"鸡屁股",肉质肥嫩……但这个部位是淋巴腺集中的地方……(刘波 潘怡《选购鸡肉,这样辨"鲜活"》)

犄角 jījiao 牛羊等动物头上的角。

犄角旮旯儿 jījiāogālár 角落的意思:西广开的攒车贩子们……流散到东西南北的犄角旮旯重操旧业。(肖克凡《傻罐儿》)/ 在座的人们当中……果儿跟梨儿是最消停的两位,躲犄角旮旯不吱声。(雪屏《南门脸》)

蒺藜狗子 jílígǒuzi 草本植物蒺藜的成熟果实,有刺:警犬中,最小的那只……总往草窠子里钻,沾了一身的蒺藜狗子扎得慌,它就往人身上蹭……(雪屏《废墟,我的1976》)

激凌 jīling 凌,轻声,又作灵;因受惊吓或外界刺激而猛然一惊:汽笛"哞"的一响,吓得她在床上一激凌!(赵连甲《汽笛怒吼》)/ 魏文亮一激灵:"啊?"(魏巍《魏文亮的故事》)/ 张艳红冲过来"啪"拍他肩膀一下,赵振华吓得一激灵……(北方熊之舞《女人墙里的纯爷们》)

鸡零狗碎 jīlínggǒusuì 指非重要的,零零碎碎的:以"段子"知名的津门女作家王小柔,几年来坚持不懈地用她的哏段子涂写我们鸡零狗碎的日子……(佚名)

急脾怪脸 jípíguàiliǎn 形容人态度不好的样子:我很自觉……可这时,协勤急脾怪脸地冲我嚷……(王小柔《有范儿》)

急眼 jíyǎn 着急,发火:假如真碰上那单身没结婚的主儿,一准跟你急眼。(小妖《年龄的猛境》)/ 俩人很快急眼,全是火暴脾气。(王小柔《有范儿》)‖ 表示程度到达极限:为什么我们的父母看自己的孩子到了一定年龄还"没动静",就跟急眼了似的到处张罗……(王小柔《妖蛾子》)/ 饿急眼,他就转到菜市场心惊胆战地"拣"起了几个破烂萝卜。(陈家骥《温暖》)

饥一顿饱一顿 jīyīdùnbǎoyīdùn 形容饮食不当,饱饿不均,也比喻做事忽冷忽热，没有规律：由于他常年不爱运动……再加上饥一顿饱一顿……（张玉林《向"懒"开炮》）/"……像咱们这个岁数……切忌饥一顿饱一顿……"（雪屏《大串联》）

鸡一嘴鸭一嘴 jīyizuǐyāyizuǐ 七嘴八舌的意思：后来屋里人鸡一嘴鸭一嘴都在说……（王小柔《乐意》）/"干吗这么鸡一嘴鸭一嘴的，看我好欺负是不是？"（雪屏《南门脸》）

鸡子儿 jīzǐr 鸡蛋：……多年不见他变得比以前可精神（啦），推个大光头，像红皮大鸡子……（天津快板《摸鸡子》）

夹 jiā 上下眼皮用力合拢，表示不满意地看：走到大街上，看见对面走来穿"老虎皮"的，他眼皮连夹也不夹照直往前走……（张孟良《血溅津门》）/……崔咏梅只用眼角夹了夹她。（玉鹤《八月十五云遮月》）

架不住 jiàbúzhù 禁不住：……一说就跟癌症挂着，我手心里直冒冷汗……架不住就对号入座……（王小柔《妖蛾子》）/本来我很本分地要求自己工作工作再工作，可架不住没完没了一堆不认识的人祝我中秋节花好月圆。（王小柔《如愿》）

家长里短 jiāchánglǐduǎn 又说家巴长里巴短；家常：说起话来，家长里短的，一点架子也没有。（王炜《录取通知书》）

家大人 jiādàren 泛指孩子的父母、长辈：小时候家大人常常会从外边端豆浆油条回来当早点……（王祥夫《说麻花儿》）/回头孩子再自卑，家大人都长那么顺溜，怎么到他这成歪瓜劣枣了。（王小柔《十面包袱》）

夹个儿 jiágèr 夹，二声，又说成qiá的音；指不按顺序排队，而插入队列中间：谁要买东西"夹个"，对不起，老大娘们也要唠叨他几句。（崇实《管"闲事"与说"闲话"》）/"不许夹个！""我们手里都有号！"（南郭玉鹤《拆迁记》）

夹股道儿 jiágudàor 夹道儿：西南角有一条小夹股道，通向后院……（张孟良《血溅津门》）

家来 jiālái 回到家里来：她……埋怨丈夫不家来，忘了她。（孙

犁《丈夫》）

家里的 jiālǐde 指妻子：二奶奶……就对爸爸说："小三你打小没离开过我……再说你家里的（指我妈妈）人性好,疼人……"（马景雯 张宝明《我和爸爸马三立》）

家里外头 jiāliwàitou 家里和外面,里里外外的意思：可是,家里外头就你一个人过日子,不闷得慌吗？（张士杰《秋秸船》）/ 简单说,东子为了家里外头的这些事,连续忙活了好几天……（何斌《戒毒篇——天津警察讲段子》）

假门假氏 jiǎmenjiǎshì 又作贾门贾氏、假模假式；十分虚假,装样子的意思：大家为了个银沙滩急得七窍冒火,您倒假门假氏闲篇咕嘟起豆腐来了……（冯育楠《银沙滩》）/ 当傅朋再一次找来,并表示要把玉镯送给她时,她假门假氏地反复说："拿了去,拿了去！"（金梅《以多胜少也是艺术》）/ ……最起码敲着鼓拿着板拿着键子,我也能假模假式地唱上一段来。（郭德纲《我叫郭德纲》）

家门口子 jiāménkǒuzi 形容互相住得近,即近邻的意思：知道我是谁吗？家门口子,你也打听打听……（林希《天津话逗你玩》）/ 劈头的第一句话就是："唉呀,兄弟,这是怎么的了……家门口子,可别让我说出话来……"（林希《其实你不懂天津人》）/ 小老头脖子一梗,说："你这不对哇！——都家门口子,怎么见外哇！"（张仲《龙嘴大铜壶》）

架弄 jiàleng 弄,发 leng 音,轻声,又作架楞；做作,不自然,不随意：制服就是礼服哇……那年月要穿这么一件上来,台底下能嚷,你得架弄着！（张寿臣《贼说话》）/ 世上有些人放不下身段,总在那里架架楞楞……（肖荻《放下身段路更宽》）

家雀儿 jiāqiāor 麻雀：你是家雀学老鹰,想得太远了！（冯育楠《银沙滩》）/ 我父亲把麻雀叫做"家雀儿"……（王祥夫《想起了麻雀》）‖ 称男孩的生殖器,又叫小雀儿：忽然,她凑近我,伸手对我的裤裆掏一把……我说,大洋马掏我家雀儿。（吕舒怀《碎片上的女人》）

家去 jiāqù 回到家里去：英华苦笑着说："……我今天不家去了，以后再说吧！"（孙犁《杀楼》）

家势 jiāshì 指一个家庭的产业、财势：二哥好赌，三哥爱嫖，多大的家势也经不住他们折腾……（林希《蛐蛐四爷》）

架势 jiàshi 势头、姿态、样子：常友礼……一看这架势，马上找了他们三拨搬运工的负责人……（南郭玉鹤《拆迁记》）/ 李红……摆出一副"死猪不怕开水烫"的架势说，"行啊……"（吕舒怀《舍命吃河豚》）/ 老裴总是摆出大记者的架势，以居高临下的姿态跟人家说话。（吕舒怀《命运符》）

架弦儿 jiàxiánr 为戏曲、曲艺等唱段拉琴伴奏：为他架弦儿的是陈先生——瘦高个儿穿着黑呢短大衣……（叶子《核桃王》）

加小心 jiāxiǎoxīn 特别地留神和谨慎：快过年了，您得加点儿小心（天津《城市快报》2006.1.11）

架眼儿 jiàyǎnr 店铺里摆放商品的货架：临到启程，绍富叫架眼儿掉下来一个铜乌龟砸断脚背，一步挪不动。（冯骥才《三寸金莲》）

架秧子 jiàyāngzi 吵闹，起哄；又说起哄架秧子：……类若"架秧子"之类的行为，为正人君子所不齿。（林希《天津话逗你玩》）

加载儿 jiāzàir 增加负担：陈若飞马上说："这可是你自己给自己加的载儿？"（魏巍《魏文亮的故事》）

假装疯魔 jiǎzhuāngfēngmó 装疯卖傻的意思：……此时却不敢说实话，假装疯魔地在木匠兜子里乱翻……（蒋子龙《农民帝国》）/ 而《楚狂接舆合下章》里还用上了"假桩疯魔混事虫"——天津方言和俗语。（高洪钧《清代杨辉祖的曲艺创作》）

夹子 jiāzi 旧时将碎布用糨糊一层层粘起，晾干，叫打夹子，夹子是旧时做布鞋鞋底用的材料：她闲不住，捡些碎布块，用糨子一层层粘接在一起，糊成"夹子"……（吕舒怀《碎片上的女人》）/ 刚入民国那阵儿，这边儿还是荒凉地带，住的都是打夹子的、卖肉皮的、修鞋钉掌儿的……（烟雨苏州《美人西来》）

家走 jiāzǒu 回家去:"家走吧。哭不顶事了!……"(张士杰《秫秸船》)/ 赶紧"家走",你老伴还等着你打酱油呢!(侯会《大宋君臣"顶牛"没商量》)

家做(儿) jiāzuò 指自己制作、不是购买的(现成的衣服鞋帽等):他戴一顶浅驼色绒线帽,灰色家做小棉袄……(阳煦山立《师徒》)

尖 jiān 自私而吝啬:人太尖就没有朋友了。(口语)

见 jiàn 副词,用于形容词前,表示数量、程度等的变化,有"显得……"的意思:……平时粗手大脚,说话粗声豪气,一沾搞对象连嗓子眼都见细,说话音儿都见小。(王鸣录《离婚》)/ 目睹这场风波,我真有些见傻了。(台宝奎《补助》)

煎饼馃子 jiānbingguǒzi 一种通常作为早餐的食品,先摊一个绿豆面煎饼(可加鸡蛋一起摊上),翻个儿后裹入馃子,抹面酱、腐乳、辣椒等制成:一大清早,卖各种早点小吃的叫卖声便不绝于耳……煎热的煎饼馃子、馄饨开锅!(夏华《话说天津的地、事、人》)

尖馋 jiānchan 馋,轻声;形容人对于饭食过分挑剔:"尖馋":味道价值的反面尺度。(高成鸢《"尖馋":味道价值的反面尺度》)

煎炒烹炸 jiānchǎopēngzhá 泛指各种烹饪方法:烹饪食物的方法概称为煎炒烹炸……(戴锦锟《四字语义场》)

简单截说 jiǎndānjiéshuō 又作简断截说、简单结说、简短截说;表示下文是简要的、概括性的话:简单截说……唰唰唰一口气,把人都砍了。(王维刚《巧激杀人性》)/ 咱们简单结说,杆蜡得知核桃王到文玩斋找他,吓得不敢露面……(叶子《核桃王》)/……或者,简短截说,叫"城角儿"。(张仲《龙嘴大铜壶》)

见干见湿 jiàn'gānjiànshī 又说见湿见干;指莳养某一类盆花时,盆土不能总干,也不能总湿:……要浇透水……这叫做"见干见湿"。(朱章荟《养好观叶植物》)

贱骨肉儿 jiàngǔròur 贱骨头:……哼,都是人,谁生下来就这么贱骨肉,愿意吃这碗老虎嘴里的饭?(曹禺《日出》)/ 乙:我看这男的

都是贱骨肉儿。甲：你可也是男的。(王鸣录《一对沙发》)

见好(儿)就收 jiànhǎo(r)jiùshōu 事情做到恰到好处便停止,以免画蛇添足：只是……最后一搏,明明是凶多吉少,天津卫俗话,见好就收……(林希《蛐蛐四爷》)/ 俗话说,三十六计,走为上。不如见好就收……(吕舒怀《水铺》)/ 柳二爷为人,见好就收。(烟雨苏州《美人西来》)

见棱见角儿 jiànléngjiànjiǎor 棱角分明：我亲眼看到他们怎样把卤水搅到池里……变成见棱见角的盐块……(赵大民《那一方咸土》)/ 梨儿的声音小得不能再小了,不见棱也不见角儿。(雪屏《南门脸》)

间量 jiānliang 指房间的面积：临建棚间量不算大,檐头不很高……(辛一夫《真没想到》)

捡漏儿 jiǎnlòur 利用、抓住别人的漏洞,而自己获得好处：他说他一直以为这几张纸钞值很多钱,问我是不是想在他这个外行手里捡漏。(周海亮《位置与价值》)

见数儿 jiànshùr 数清数量：养鸭的何师傅……问："见了数儿不？鸭子少不少？"(韩映山《水乡风俗画》)

尖头 jiāntóu 不吃亏的人：咱们拿弓量量,我一点也没多种。你是正南巴北的尖头！(韩映山《日常生活》)

捡洋落儿 jiǎnyánglàor 得到意外的财物或好处：秦惠廷老两口听说瓜儿有了喜,跟捡了洋落一样得意……(雪屏《南门脸》)

简直 jiǎnzhí 用于走的路线,直的意思(与"曲"相对,即不拐弯)：过了这个路口,简直走就到了。(口语)/ 看见那条大宽马路了吗？你就简直下去,别拐弯儿。(口语)

尖嘴猴(儿)腮 jiānzuǐhóusāi 形容人长得瘦,贬义：乘客中有个小伙挺刺眼……尖嘴猴腮三角眼……(陈阵《路打不平》)

将 jiāng 刚刚,仅仅,表示勉强达到某种程度：爷爷是个皮匠……生活贫困,将能糊口。(柳溪《异彩的……》)

糨 jiāng 比喻人多拥挤,超过了空间可容纳的人数：最后把心

一横,坐地铁吧。这里面人都糙了,地铁一趟一趟倒是挺快,可上得去吗?(王小柔《有范儿》)

讲本图利 jiǎngběntúlì 又作将本图利;(做买卖)不仅要把本钱收回来,还要有利润:自个儿觉得干小买卖将本图利……(张仲《龙嘴大铜壶》)

讲话(儿) jiǎnghuà 用于复述别人常说的话,有"按照某某说的"意思:……生活富裕不知道怎样合理享受,天津人讲话"吃了都是赚的",不加选择地乱吃……(蔺洪柏《过年把好嘴头》)/ 天津人讲话,还是要动真格的。(林希《天津话逗你玩》)

酱货 jiànghuò 泛指酱制的熟肉(杂碎)制品:在回家的路上,正有一家卖酱货的……好家伙!猪头肉,肝儿,肚儿……买了足有七八斤。(魏巍《魏文亮的故事》)

将就材料 jiāngjiucáiliao 凑合,聊胜于无:……干脆不等了,将就材料得了。(何斌《戒毒篇——天津警察讲段子》)/ 秃子当和尚——将就材料。(俗谚)/"我叫魏吉祥,是赶鸭子上架,将就材料。"……我对这当这份秘书差事丝毫不感兴趣。(蒋子龙《一个工厂秘书的日记》)

讲面儿 jiǎngmiànr 又说讲面子;顾忌脸面,重视交情:这小子别看混横,倒是讲面儿。(口语)

浆子 jiāngzi 豆浆:这种浆子……极有营养价值……(李志强《中国北方俚曲俗情》)

江米藕 jiāngmǐ'nǒu 小吃,把用水泡过的江米填在藕孔里,蒸熟切片,蘸白糖吃:至于小吃,那就更多了……有吆喝:粽子热呀,江米藕……(夏华《话说天津的地、事、人》)

嚼 jiáo 说的意思,有时用于贬义的场合:得,我嚼不过你,我听你的!(杜仲华《杨议:将快乐进行到底》)/ 死丫头……没看见我嚼得口干舌燥的,还不快给我倒点水喝。(张孟良《血溅津门》)

叫板 jiàobǎn 因不服气而挑战:魏老师,您说《歌曲漫谈》,就是跟我们这些唱歌的"叫板"啊。(魏巍《魏文亮的故事》)/ 谁跟他一挑衅,他就挺着胸脯跟人家叫板:打,有胆子你朝这打!(雪屏《大串联》)

较比 jiàobǐ 副词;比较:下午太热,还是明儿早上去较比好。(口语)

觉病儿 jiāobìngr 又作叫病儿;对某事明显的感觉或反应,多用于孕妇即将临盆的先兆:我们家牛红,刚才叫病儿了,几人忙活着送她去医院……(南郭玉鹤《拆迁记》)‖加"不"作否定,指没有自知之明:大伙儿都躲着他,他还不觉病儿。(口语)

脚脖子 jiǎobózi 脚腕子:路上不小心,还崴了脚脖子。(衡山《酒库老郑》)/ 迈步时,脚脖子给上劲,一甩一甩……(冯骥才《三寸金莲》)

叫呲 jiàocī 使人丢面子,难堪:得,这下可把魏文亮叫呲了,别说他,就是魏文华兜里能有几个钱?(魏巍《魏文亮的故事》)/ 酒席上天津爷们儿钱火喝酒,不溜桌子不收场,咱爷们儿不能被别人叫"呲"了……(林希《其实你不懂天津人》)

脚蹬子 jiǎodēngzi 自行车左右两个踏脚的部件:赶上不认识路可麻烦了,别想像自行车一样一支脚蹬子,这人不知道问那人……(王小柔《十面包袱》)

脚垫 jiǎodiàn 由于穿鞋不当而在脚掌上发生的病变:夏天沤得发臭!冬天冻得长疮!削脚垫!挑鸡眼!苦到头啦!(冯骥才《三寸金莲》)

脚豆儿 jiǎodòur 脚趾:我天生胆小,就乖乖地猫在屋里,自己数自己的脚豆解闷……(雪屏《废墟,我的1976》)

嚼耳朵根(儿) jiáoěrduogēn 嚼舌,搬弄是非:过去有人给我嚼耳朵根……说某某在背后说我的坏话……(陈鲁民《"倒走"的启示》)

嚼个儿 jiáoger 勉强糊口的意思:我再捎带摆个茶摊,对付个嚼个儿。(张孟良《血溅津门》)

嚼钩儿 jiáogōur 英文 joker 的音译,系扑克牌中的两张王牌,比喻手艺全面、能力超群、到哪都能干的人:生活中有一种人就被人视为是嚼钩儿……(林希《天津话逗你玩》)

搅和 jiǎohuo 和,常念作 hu,轻声,又作搅乎;破坏,扰乱:……但他们就硬生生把我的事情给搅和了。(郭德纲《我叫郭德纲》)/ 顾永

茂……说:"大清早搅乎我睡懒觉的人纯属自找倒霉,我不打勤的、不打懒的,专打不长眼的。"(吕舒怀《舍命吃河豚》)‖ 混合,搀和:剩了点饭,倒点菜汤,一搅和就吃了。(口语)/ 你洗车我洗渔具 如此清洁 真不该 河水被搅和得"一锅腥"(天津《今晚报》2012.4.9)

搅理儿 jiǎolǐr 强词夺理:你呀,别搅理儿啦……(苏文茂《学习张士珍》)/ 高大队介绍,雷子的旁门左道里,有几个关键词:挑事儿、拴对儿、搅理儿、平事儿。(何斌《戒毒篇——天津警察讲段子》)

交料 jiāoliào 对不可造就的人的评语,表示无可救药,后面多加"了(啦)":一年赔了一年,证明这个人不适于做生意,交料了。(林希《天津话逗你玩》)

觉闷 jiāomèn 见"不觉闷"条。

胶皮 jiāopí 又称胶皮车;人力车,即洋车:拉胶皮的孙三停住车,在铺子外面喊她……(吕舒怀《水铺》)/ 今天他想赶在日本人前面,出家门就坐上了胶皮……(姚宗瑛《赌友》)/ 立即,我爷爷叫来胶皮车,又将我的曾祖父拉回来了。(林希《百年记忆》)

叫起儿 jiàoqǐr 早上唤人起床:老裴知道女友懒散,不会自理,在报社工作时,每天都是他打电话叫起……(吕舒怀《命运符》)

嚼情 jiáoqíng 语言冲突,口角,有时指无理狡辩:明明自个儿错了,还嚼情嘛呢?(刘思训《天津方言俗语小考》)/ 小徐到工会组长那儿交会费……要用食堂的菜票交,工会组长不收,两个人正嚼情……(裴伟《两个好姑娘》)‖ 挑剔,发泄不满:别嚼情饭,饺子都不爱吃,要吃嘛呢?(刘思训《天津方言俗语小考》)

嚼舌头根儿 jiáoshétougēnr 又说嚼舌头根子;贬义的说:闲着没事,乱嚼舌头根儿!(南郭玉鹤《拆迁记》)/ 苜蓿却拉住她的手,她一个劲儿挣歪,大白天的,叫街坊瞧见,不定怎么嚼舌头根子呢……(雪屏《南门脸》)

脚丫子 jiǎoyāzi 脚:她……把俩脚丫子往玻璃茶几上一搭……(王小柔《妖蛾子》)/ ……我战战兢兢地还没伸出魔爪呢,她就把

脚丫子举老高……(王小柔《乐意》)

叫早儿 jiàozǎor 清晨唤人起床：……天不亮就"叫早儿"，耕耩锄耙都得干，晚上还得喂牲口。(李云冲《求神》)/ 叫早(桔儿《叫早》)

较真儿 jiàozhēnr 又作叫真儿；认真：马某认为自己没必要和一个喝醉的人较真，就转身离开了。(天津《今晚报》2006.10.24)/ 抬抬手就过去了，干嘛那么叫真？(安雪岩 徐凤琴《曹振贤同志的故事》)

觉知 jiāozhī 心里明白，能够感觉到：拨鱼儿爱聊天儿……耽误人家生意他也不觉知。(雪屏《南门脸》)/ 她妈一拍大腿："傻闺女，自个儿有了还不觉知。"(同上)

截 jiē 一声，又作接；隔着：串门来的拍门环，守在门洞里一个小佣人，截门就喊一嗓子："全瞧灯去啦，家没人！"(冯骥才《三寸金莲》)/ 截门缝吹喇叭——名声在外。(俗谚)/ 屋里的秦惠廷老公母俩儿，接着窗户瞅着他们的俩闺女……(雪屏《南门脸》)

结 jié 完结，解决，后面多与"了"连用于反诘句：冯老辛……说："干哪行，说哪行。我们是苦力，你把话说清楚不就结了吗……"(张孟良《血溅津门》)

解 jiē 从：一猫腰伸手，解柜橱里把菜刀拿出来了……(马三立相声)

姐儿 jiěr 姐妹；姐妹二人叫姐(儿)俩儿，三人叫姐儿仨，三人以上在数字后加"个"，如姐儿四个，姐儿五个，以此类推(用于男性时，哥儿即哥们儿，弟兄的意思，称多人时与姐儿的用法一样)：这姐仨越聊越上瘾，吃完了谁都不想回家，大冬天胳膊挎胳膊在马路上消食。(王小柔《有范儿》)

揭不开锅 jiēbùkāiguō 形容生活或经营陷入困境：胡三泰一拍桌子说："新舞台你是怎么管的，都揭不开锅了……"(魏锡林《三不管传奇》)

芥菜疙瘩 jiècàigāda 芥菜的根块，主要腌制咸菜用：这叫什么比喻？你说我儿子是芥菜疙瘩，还是洋白菜？(王鸣录《爸爸、儿子》)

接茬儿 jiēchár 答腔,接着别人的话头说,也比喻继续(做某事):……"您是谁啊?"对方并不接茬……(王小柔《妖蛾子》)/吃完饭咱们接茬儿干。(口语)

接长不短 jiēchángbùduǎn 形容(时间或距离)虽然不连续,但也不中断,不断地:……只有大道当中接长不短的有几个粪蛋子。(张士杰《秫秸船》)/不仅如此,东子还要接长不短地去几次北京的天上人间……(何斌《戒毒篇——天津警察讲段子》)

劫道儿 jiédàor 拦路抢劫:没考上官职,路上又遇见了劫道儿的倒霉透了。(李云冲《吸烟的由来(之一)》)/柳青摆了摆手笑道:"别多心,我一不劫道儿,二不绑票儿……"(烟雨苏州《美人西来》)

节骨眼儿 jiēguyǎnr 比喻紧要的、起决定作用的环节或时机:心想,平时你们跟着我什么大说什么,如今轮到节骨眼上都草鸡了。(张孟良《血溅津门》)

结结实实 jiējieshīshī 形容完全而有力:……二话不说,结结实实给了胡大头一记耳光,胡大头被打得转了一圈。(姚宗瑛《赌跤》)

借酒撒疯 jièjiǔsāfēng 撒酒疯:我曾经有一次手挥两把没开刃的大菜刀,借酒撒疯把案板都快劈了……(王小柔《十面包袱》)/那些老大不小的男的还没喝呢就开始借酒撒疯,说点荤段子……(同上)

揭老底儿 jiēlǎodǐr 将别人不为人知的负面往事公开出来:这回没嘛说的了吧,非得要证据,我这人其实不愿意揭别人的老底儿。(南郭玉鹤《风雨春梦》)

解腻歪 jiěnìwai 开心,解闷儿:……再说我们不靠他长大了挣钱养活我们,有这玩意儿解腻歪就完了。(王鸣录《教训》)/短信这东西确实挺有意思,无聊的时候能解解腻歪……(王小柔《妖蛾子》)

接土 jiētǔ 承受灰尘污染,有调侃意味:现在……家具都扔了,还留着缝纫机在阳台上接土呢。(王小柔《有范儿》)

接下茬儿 jiēxiàchár 接着别人的话往下说,特指不该接话的场合:……我的话刚落地儿,她就接起下茬儿。(苏书棠《列车,消逝在远方》)/ 他们能叫出演员的名字,知道包袱在哪里,还能接下茬儿……(佚名《幽默塘沽 海河夜景》)

裚子 jièzi 又叫屄屄裚子;尿布:脏裚子成叠在盆里放着,一块干净的也没有。(吴炳晶《唠叨婆婆》)/ 桃儿说:"扯几尺布,做巴巴(注:应为屄屄)裚子。"(雪屏《南门脸》)

劲儿 jìnr 指烟酒的浓烈程度,多与有或没有、大或小连用:……心里高兴,这又喝的是果酒,哈哈,没嘛劲儿。(南郭玉鹤《风雨春梦》)/ 关东烟,劲儿大啊!(口语)

紧巴 jǐnba 拮据:我笑着问他:"你生活这么紧巴,怎么还非要儿女双全?"(台宝奎《补助》)

劲道 jìndao 劲,一声,道,轻声,又作靳道;形容食物有韧性,有咬劲,耐咀嚼:嚼上冷面条,十分劲刀(注:应为道)。(杜秋英《朝鲜冷面馆开业第一天》)/ 玉楼戏道:"六丫头,你是属面劲的,倒且是有靳道。"(《金瓶梅》)

尽管 jǐnguǎn 任意地,无限制地:她说,工作尽管慢慢找,用钱奶奶给。(何斌《戒毒篇——天津警察讲段子》)/ 有嘛事你尽管说,只要我能办的。(口语)

紧乎 jǐnhu 经济上不宽裕,拮据:经济上不富裕,天津人说日子过得"紧乎",顾得上吃、顾不上穿……(林希《天津话逗你玩》)

近乎 jìnhu 关系亲密、亲热:这两家走得挺近乎。(口语)/ 他怕胡茬扎疼孩子,躲着闪着,拿脸上光溜一点的地方和孩子近乎近乎。(汤吉夫《房》)/ 郭运起巴不得和七姨太近乎近乎……(张孟良《血溅津门》)

劲儿劲儿的 jìnrjìnrde 形容劲头十足,执著:真正的好电影好电视……人们也还是看得劲劲儿的……(刘兴雨《酒瓶子与鸟笼子》)/ 前几天在交通口等红灯,一辆津D牌照的车居然在车堆儿里要调头,而且最牛的是只看前面不看后视镜……倒得劲儿劲儿的,那还

有好吗……(王小柔《十面包袱》)/ 我给他一巴掌,戳穿他,"……看你整天病病怏怏,末了,把我们都熬没了,你还活得劲劲的呢。"(雪屏《大串联》)

进人 jìnrén 指窃贼入户盗窃:……老伴外出归来说:"昨晚,三楼的一家进人了。""进人?""就是招贼呀!"(王家斌《飞贼》)

进人添口 jìnréntiānkǒu 家庭增加人口:郭家进人添口一下子多了两张嘴,而且他们还是穷人家的"圣宝贝"……(蒋子龙《农民帝国》)

今儿 jīnr 今天:"文亮,记得今儿是几儿吗?"(魏巍《魏文亮的故事》)

今儿个 jīnrge 今天:竹板这么一打呀,是别的咱不夸,咱夸一夸今儿个吃的狗不理包子……(天津《假日100天》2006.3.17)/ 今个一早儿,我故意从他那门口过……我看了个满眼儿。(张孟良《血溅津门》)

进去 jìnqu 隐语,指被捕坐牢:老板坦然一笑说:"放心吧,顾先生,我比您怕出事。河豚拾掇不彻底,吃了会死人的!要是那样,饭店得关门,我得进去。"(吕舒怀《舍命吃河豚》)/ 出狱仅一周 再伸"贼手"这名男子又"进去了"(天津《今晚报》2012.8.24)

禁黵 jīnzhǎn 衣服等纺织品的颜色不易脏:白衣裳不禁黵。(口语)

紧着 jǐnzhe 尽先的意思:公司找员工又不是找对象,当然紧着舍己为人的用……(王小柔《妖蛾子》)/ 裘皮发话了:"咱紧着贵的吃吧,把318吃回来!"(王小柔《有范儿》)

精 jīng 副词,用于某些单音节形容词前,表示非常、十分:傻子虽然淋个精湿,见救活了狐狸,很欢喜。(张士杰《秫秸船》)/ 三十年代初期,天津南市的大街小巷,几乎随时都能见到他精细大长的身影。(肖克凡《天津俗人》)/ 大麦问刘三百,那女人好看吗?刘三百回答,好看个屁,精瘦精瘦的,像条狼。(李治邦《1924年的深冬》)

精 jīng 名词;指精于某个方面的人,贬义:饭局交朋友 原是"骗人精"(天津《今晚报》2012.4.24)/ 秦惠廷……赔了个不是:"我……在外头没本事,回家来长精。"(雪屏《南门脸》)

景 jing 虚词,轻声;用于季节等名词后,多与"天"连用:女同志呢,到夏景天吃完了晚饭,领着孩子上马路边上凉快去了……冬景天老早就拢着孩子睡了觉。(王鸣录《离婚》)

京糕 jīnggāo 将山楂去核煮熟,制成果肉泥,加糖及淀粉等晾凉成块状:山楂蜜糕,又叫山楂糕,金糕或京糕……(李志强《中国北方俚曲俗情》)

精气(儿) jīngqì 形容人聪明伶俐,多用于冒、透、带等动词之后,作宾语:赵庄的村秘是个里外都透着精气的小伙儿……(王序凡《剪彩》)

精气神儿 jīngqìshénr 精神,表现出来的活力:你们这一拽,把我的盹也赶跑了,精气神又来了。(蔡园《白维鹏的故事》)/ 要有精气神儿,就吃炒虾仁儿。(马金鹏《老天津卫饮食俗语》)

一经心 jīngxīn 在意:小时候看央视春节联欢晚会,是不大经心的,只是在冯巩露面的时候能消停一会儿。(佚名《幽默塘沽·海河夜景》)

净心 jìngxīn 又说净意;故意,成心:……小脚好赛净心晾在外边给她出丑。(冯骥才《三寸金莲》)/ 桃儿……:"……她是净心糟践我。"(雪屏《南门脸》)/ 桃儿净意不悍她的话茬儿。(同上)

匀 jiū 可以加后缀说匀和(乎);添加,掺入:嫌水热,再匀点儿凉的。(口语)

就 jiù 仅仅,只有:我伸脖子往里看了一眼,假山、小河沟、凉亭……就几个保安在里面溜达……(王小柔《十面包袱》)/ 就你一人在家,人都哪去啦?(口语)

揪巴 jiūba 互相撕扯着打架:我一听这话,就跟二宋揪巴起来了。(何斌《戒毒篇——天津警察讲段子》)

就地 jiùdì 就,三声或一声;地上:她沉住气,搬了个小板凳往堂屋门口就地一坐,继续搓起麻绳来。(冯育楠《银沙滩》)/ 别提拉啦,搁就地吧,怪重的。(口语)

就合 jiùhe 合,轻声,发音不稳定,常说成就乎;将就,凑合:一

般人认为,修旧如旧是凑合、就合的意思……(姜维群《五大道喜忧录》)/在社区里,人们经常听到这样的话:"今天就我们俩吃饭,好就乎。"(米学如《疼爱自己不算自私》)/搬了家,在外面就乎一年半载,回来就住上新楼房了!(南郭玉鹤《拆迁记》)

酒劲儿 jiǔjìnr 饮酒后人的醉酒反应:……遂借着酒劲儿上前与马某高声理论起来。(天津《今晚报》2006.10.24)

揪揪 jiūjiu 后字轻声;(心情)不舒展,揪心:他一走,我的心就揪揪着。(口语)

就内儿 jiùnèir 本来,原来:他就内儿身体就弱,这一感冒更坏了。(口语)

就坡(儿)下驴 jiùpō(r)xiàlú 简说就坡下,也说顺坡下(驴);借用某种机会,做想做而不好主动做的事:后来,田长三又暗地许给刘局长两根金条,刘局长才就坡下驴……(康素珍 李书宇《中国的〈望乡〉》)/后来有同志和师大新闻学院合议给学生搞个"肖荻作品研讨会",我"就坡下驴",好!……(肖荻《年近八十的感言》)‖比喻能够审时度势,知趣地掌握进退:偏偏这位老兄不知趣,他不但不知道顺坡儿下,还死乞白赖地和人家耗着……(林希《天津话逗你玩》)/……他便顺坡下驴地把自己打扮成了一个贪财的特务……(龙一《潜伏》)/只要有人劝,自己正可以就坡下驴……(烟雨苏州《美人西来》)

就着 jiùzhe 趁着:我大娘也说了,叫您去住些日子。就着淑怡在,你们娘俩儿都去吧。(南郭玉鹤《风雨春梦》)‖依托,依靠:七姨太的灵棚设在袁家的大门对过,就着那个大影壁搭起来的……(张孟良《血溅津门》)

拘 jū 又作局;表示顾及脸面和情义:他从心里也信服高大队,既然面子拘在这,如果还隐瞒,他也就不是雷子了。(何斌《戒毒篇——天津警察讲段子》)/小老头伸出一个小指头……:"拿面子给局住了,嘛事就好办啦!"(张仲《龙嘴大铜壶》)

聚聚 jùju 后字轻声;大家相聚喝酒、吃饭:出了影院,手机

响了,是个毒友打来的,说要一起聚聚。(何斌《戒毒篇——天津警察讲段子》)

局气 júqi 气,轻声;形容人规矩,文雅:这话,桃儿她妈不爱听了……"一个看着挺局气的闺女,怎么说话这么没轻没重?这不是念损吗!"(雪屏《南门脸》)

卷 juǎn 又说卷街;骂:钱给的多,谁都会烧高香,念阿弥陀佛;不然,就会……骂你,卷你。(台宝奎《补助》)/……把草放在牛圈里,赖着不走,总能蹭上一顿"黄的"吃,不会被二大娘"卷"(我们那里的土话,意思是"骂"——原注)出来。(季美林《另一种回忆录》)/坐车的有说"小偷太恨人"的,有卷街骂小偷的……(闲耕《逐客饺子》)

卷 juǎn 卷逃,指趁方便的机会将别人的财物据为己有,而后潜逃:丈夫卷走全部拆迁款。(杨静《妹妹命苦 嫁错了人》)/昨天晚上,读者王女士在四名好心人的帮助下找回被人卷走的包和重要证件,非常感激。(天津《今晚报》2012.2.21)/现在我唯一庆幸的是我们小区物业卷款走了……(王小柔《十面包袱》)

圈 juàn 四声;动词,比喻把人限制在一定的空间或范围内:他……干活都干习惯了。现在把他圈在传达室里,坐上一天……浑身不得劲儿!(南郭玉鹤《言老顺小传》)

卷包(儿)烩 juānbāohuì 又作卷包会;指趁着方便的机会将别人的财物全部偷走,销声匿迹,有戏谑色彩:上班没几天 上演"卷包烩" 美发店小工盗窃获刑(天津《今晚报》2010.10.23)/工商部门随时了解经营者状态,很大程度上避免了商家"卷包会"。(王绍芳 左磊《预付卡"户口"专防"卷包会"》)

卷边(儿) juǎnbiān 形容人容貌憔悴,衣衫不整,或物品不舒展,不平整:几天没见怎么卷边啦?(口语)/"都是那些卷了边泛了黄的书本把你害了。"(雪屏《每个葡萄架下都有一只狐狸在等着》)‖边,儿化;指衣服袖口、裤腿儿的边缘部分向上卷起,或其他薄的东西边缘折叠:……我打算卷边的裤腿儿也被她一剪子剪掉了。(王小柔《有

范儿》)/ 我们直奔最有气派的大卖场,人家那儿的书,撕角的,卷边儿的都不给你便宜……(同上)

卷圈儿 juǎnquānr 小吃食品,与春卷类似,豆皮(或面皮)内卷上以绿豆菜为主调制的素馅,经油炸而成:那时每当赤日西沉,卖炸虾、炸鱼、炸素卷圈……的,街头巷尾比比皆是。(夏华《话说天津的地、事、人》)

卷子 juǎnzi 骂人话,有戏谑色彩:卷子者,市井中詈人语也……(冯问田《丙寅天津竹枝词》)

绝 jué 形容极好或极坏:绝了!蕴古斋的月柳图真是画绝了!(刘兴华《李鸿章买画》)/ 这是谁出的馊主意?可够绝的!(刘思训《天津方言词语小考》)/ 那厮也够绝的,电话里惊讶地说……(王小柔《十面包袱》)‖ 做事不留有余地,不讲情面:你张老铁做事这么绝,或迟或早,你也会有今天的。(张宇《土地的主人》)

撅 juē 不客气地拒绝,使人尴尬:二唤有件事麻烦您,您千万不能撅我。(吕舒怀《水铺》)/ 让俩孩子在他地儿上使活,那是瞧得起他,是抬他的点儿,他愣把我给撅了……(魏巍《魏文亮的故事》)/ 这几句话一下把梁三给撅在那儿了……他张口结舌,一时无言以对。(刘一达《画虫儿》)

K

坷垃 kāla 又说土坷垃,指小的土块儿:筛子筛,簸箕簸,搓坷垃,拣沙石儿……(李志民《三考替手》)/……哪是金子呀,拾的都是碎砖、破瓦、大土坷垃啊!(张士杰《秫秸船》)/走路累了,渴了,谁都可以拾块土坷垃,照树上那青光闪闪处径直砍了去,噼噼啪啪掉下来一堆青枣……(张鹏《青枣的思念》)

开 kāi 打破人的头部:没想到……刘砚平却把一个同学的脑袋给"开"了。(赵金铭 宁可《枯萎花朵又重开》)/我……用砖头开了他们八九个……(吕舒怀《碎片上的女人》)

开 kāi 作动词"说、谈"等的补语,表示清楚、明白,多用于解释原委、消除误会的场合:我……就说:"……反正都是过去的事了,说开了,也就算啦。"(万国儒《路畔红花》)

开 kāi 用计谋或强硬的手段让人离去:就是有外来户迁进来……城里人看你不顺眼……就能把你"开"出去……(林希《其实你不懂天津人》)‖开革,开除:我妈在一边说:"……人家把你开了,不要你了……"在我妈东奔西走下,我家老二终于没有被开除……(雪屏《废墟,我的1976》)

开锅烂 kāiguōlàn 锅可以儿化;形容菜肴容易煮熟煮烂:核桃纹青麻叶……更大的优点是"开锅烂"。(李志强《中国北方俚曲俗情》)‖特指天津特产青麻叶大白菜:天津青麻叶大白菜……还叫"开锅烂",味道鲜美清淡。(张存信《天津青麻叶大白菜》)

开面儿 kāimiànr 讲情面,给面子;加"不"用于否定的时候多:

偏偏今天侯四六爷不开面,将自己"干"在了饭店门外。(林希《天津闲人》)/ 他们如果识相,开面儿,自然是钱钞馈送……(李志强《中国北方俚曲俗情》)

开瓢儿 kāipiáor 比喻把脑袋打破(有诙谐意):可吓死我了……我还没怎么说了,她就想把我开了瓢!(南郭玉鹤《风雨春梦》)

开市 kāishì 旧俗,从大年三十起,家庭有些禁忌,如女人不能来串门等,到初一至初五选择一天,请人(一般为所谓"全科人")到家里来,念"喜歌",方解除禁忌,称开市:……你忘了过年"忌女人"吗,我不"开市"就去人家串门,更不礼貌。(龙一《恭贺新禧》)

开涮 kāishuàn 开玩笑,取乐:李铎净拿他开涮,一会儿说他没劲,一会儿笑他没三块豆腐高……(万国儒《风雪之夜》)/ 俺可不是成心拿人家开涮,俺是认真的!(燕赵剑客《只比"宝马"少俩轱辘》)/ 我……到处展览自己生活里的段子,心狠手辣地拿朋友还有自个儿开涮。(王小柔《乐意》)

开溜 kāiliū 不辞而别,私自走掉:体彩屋员工"自开工资"开溜(天津《今晚报》2012.3.13)

开气儿 kāiqìr 指衣服的某个部位从完整过渡到分成两部分,如旗袍腰部以上是圆筒形,到腰以下的某个位置分成前后两片:最绝的是,裤腿儿从底下直接大开气儿到膝盖,跟刚和流氓作完斗争似的。(王小柔《乐意》)

开膛 kāitáng 为取出内脏,将宰杀的家畜、家禽腹部剖开,也指用刀捅人的胸腹部:……有种跟俺下车去,老子给你来个大开膛!(陈阵《路打不平》)

开通 kāitong 形容人大方,不扭捏:她说话真有个开通劲儿……(李子泉 刘鹏《欢乐的风波》)

开洼 kāiwā 指开阔的野地或农田等没有遮挡物的地方:二叔抬手指着村外,让他向开洼看。(蒋子龙《农民帝国》)/ 等瞧见眼前白茫茫的一片开阔地,小康登时傻了眼。深更半夜的,怎么跑到这大开

洼来啦?(吕舒怀《小人书铺》)

开戏 kāixì 开演,多指戏曲等演出:这一天傍晚,正要开戏呢,非要挤进来看戏不可……(张松祺《真假"美猴王"》)

开药方儿 kāiyàofāngr 比喻为达到自己的目的,不直接地表达出想让对方办的事:安三太大笑……道,"你个猴儿,给梅二爷开药方儿来啦!"(烟雨苏州《美人西来》)

砍 kǎn 使劲把东西扔出去打:他话没说完,梁红娟顺手抓起桌上的一件东西,就砍了过来。(南郭玉鹤《风雨春梦》)/ 走路累了,渴了,谁都可以拾块土坷垃,照树上那青光闪闪处径直砍了去,噼噼啪啪掉下来一堆青枣,你只管去吃。(张鹏《青枣的思念》)

看扁 kànbiǎn 看不起、小看、轻视的意思:永绪媳妇不服他:"别把人看扁啦!……"(郭维《笨人王老大》)/ 在我们身边,有的人经常把"爱"挂在嘴上……久而久之,他的爱也就被人看扁了。(乔淳欣《"爱"的厚重在哪?》)

看不过眼儿 kànbúguòyǎnr 又说看不过、看不过去;看到某种现象心里不能接受,无法坐视:……秃子看不过眼了,他嫉恨二丫对来子好,也心疼二丫受来子的轻漫。(吕舒怀《美人尖儿》)/ 此时滕半仙被打得满脸是血……终有几位血性汉子看不过眼……拦住打人的。(胡西淳《佛手》)/ 这时候旁边的一个胖子看不过,见小张老闹了起来,便道:"小张老儿,你先坐下!……"(烟雨苏州《美人西来》)/"人家记者大老远来的,你们对人家得客气一点。"警察大概是看不过去了,在旁边……说。(雪屏《废墟,我的1976》)

看不上眼(儿) kànbushàngyǎn 看不起,不喜欢:……提出申请的有十六人,但领导对谁也看不上眼……(袁静《为什么出现这样的怪事?》)

看得过眼儿 kàndeguòyǎnr 指看着还顺眼,不难看的意思,也指从表面看还可以:人家都说有丑男无丑女,女的好歹打扮打扮就能看得过去眼儿……(王小柔《十面包袱》)

"咱儿都" 说嘛儿话——天津话这么说

看瓜 kānguā 一种恶作剧玩笑,几个人把男人的裤子当众强行扒下来,露出生殖器,大家取乐:让我们更惊讶的是,这里的男女工人平时非常放肆地开玩笑……几个女工甚至一起将与她们打逗的男人裤子当众扒掉,来个"看瓜"……(阎凤葛《学工劳动》)

看哈哈 kànhāha 末字轻声,哈哈二字可以儿化;看热闹,也有幸灾乐祸的意思:我要做点新鲜事,他们准得来看哈哈……(张士杰《秫秸船》)/ 韩大鸭子疯了一样乱骂了半天……闲人们都站住了看哈哈。(烟雨苏州《美人西来》)

砍价 kǎnjià (买东西)讲价:据专家介绍,消费者一般有5次砍价机会。一是期房开盘之初……(天津《今晚报》2006.10.18)

看家护院 kànjiāhùyuàn 看守家庭住所,保护院落安全:现如今,住楼房安防盗门还挡不住贼呢,住平房还得雇看家护院的,想省钱就得自己会武。(王小柔《十面包袱》)

看进去 kànjinqu 形容能够深入地读:要说她可不是个能看进去书的人,家里连书架都没有……(王小柔《十面包袱》)

看热闹 kànrè'nao 观看热闹的景象,有围观的意思:看热闹的立刻变得鸦雀无声。(张士杰《秫秸船》)// 看笑话,有时含冷眼旁观、幸灾乐祸的意思:那屋又打起来啦,别言语,咱就看热闹吧。(口语)

看人下菜碟儿 kànrénxiàcàidiér 简说看人下菜;比喻对不同的人给予不一样的对待,不一视同仁的意思:买卖不成仁义在,不能"看人下菜碟",冷了顾客的心。(佚名《不能看人下菜碟》)/ 无论是……看人下菜的茶房王福升,还是顾八奶奶……无不在陈白露的客房进进出出。(赵珩《京津沪的老饭店》)

看上眼(儿) kànshangyǎn 经过观察,感觉合意,看中:赵文雯发短信说正堵在路上,让我在五星级宾馆大堂里瞄会儿有没有看上眼的老外。(王小柔《有范儿》)

看摊儿 kàntānr 商贩摊主在摊位上卖东西,或受雇于人在摊

位上卖东西:我一个人既要上货又要看摊,根本照顾不过来……(巩胜男 田淑敏《女人花》)

看香 kànxiāng 旧时迷信事,指巫婆、巫师为人避祸祈福:幼时,外婆迷信,家里遇到烦心的事,就去找一个师傅看香。这位师傅姓刘……进得门来,刘师傅并不问你有什么事,只问你:"看香吗?"(林希《"心诚则灵"》)

看嘴 kànzuǐ 以眼馋的表情、心情看别人吃东西:抚今追昔,我时常会记起自己小时候,因看嘴挨打的往事。(祁建颖《看嘴挨打》)

扛 káng 忍耐,忍受,挨着:不少准妈妈咬牙"扛"到猪年 生娃挑日子,不可取(天津《今晚报》2007.2.19)/ 身体不舒服 千万别扛着(同上 2009.9.20)/ 车开了将近10个小时,因为错过了上厕所的机会,只能死扛……然后死活恳求赵文雯跟我说话,能转移点注意力多扛会儿。(王小柔《有范儿》)‖ 抵挡:……我刚把昨天晚上剩的饭和菜一起当早饭给打扫了,大鱼、大肉、大馒头,扛到下午4点没问题……(同上)

扛大个儿 kángdàgèr 旧指在车站、码头做搬运货物的苦力工作:……打小空儿、扛大个儿,连饭都吃不上,别说住房了。(王鸣录《看房》)/ 拉胶皮、扛大个儿的穷人买不起好核桃,玩的多是价格便宜的铁核桃。(叶子《核桃王》)

炕单子 kàngdānzi 又说炕单儿;睡觉时铺在炕上的布单儿。

扛刀 kángdāo 简说扛;没有饭吃,挨饿的意思:你要是不拼命干,对不起,过两天潮落了,你再想干,也没有你的份儿了,天津人说:"扛刀去吧,您哪!"(林希《其实你不懂天津人》)/ 早晨他扛一顿……(王家骏 周连群《说储蓄》)‖ 中间加"烟",比喻忍受烟瘾:……需要凭票供应,烟民到了"扛烟刀"的境地,望"烟"兴叹。(由国庆《捉蟋蟀》与"锦卤烟"》)/ 跟我一块堆儿进厂的一个哥们儿说我:"显你趁钱是不是……我要跟你一样,也交了这五毛钱,我这俩礼拜就得扛烟刀,没烟抽了,你真是祸头。"(雪屏《废墟,我的1976》)

扛时候 kángshíhou 又说搪时候;指某种食物吃了以后能长时间不饿,禁饿的意思:都是饼,有人喜欢自己烙,有人愿意进有背景音乐的地方吃比萨饼,这是不同的喜好,而我,喜欢能扛时候的家常饼。(白花花《十面包袱·后记》《跟傻子赛的》)

炕围子 kàngwéizi 见"墙围子"条。

炕沿(儿) kàngyán 炕是用砖垒的,够高度以后,按炕的平面在靠近地面一侧的边缘嵌一条大横木,称炕沿:结果,半瓶酒下去,童一震先醉了,趴炕沿"哇哇"大吐。(吕舒怀《饮者留其名》)

靠 kào 姘,多用于女性,也指男人和女人的不正当关系:牛瘸子说:"咳,除了靠娘们还有他妈的什么好事。"(张孟良《血溅津门》)

靠儿 kàor 又说缸靠儿;布料、衣服的颜色,即浅蓝色:重孝子屋内的床单、门窗挂帘、椅套垫等全部换上白布的,但在孙媳室内要全换上"靠"色布的。(佚名《天津地方丧事民俗》)/ 只见他里头穿着一件半新的靠色三厢领袖秋香色盘金五色绣龙窄裆小袖掩衿银鼠短袄。(曹雪芹《红楼梦·四九回》)

靠谱(儿) kàopǔ 可靠,靠得住,合乎情理,可以相信:郑洲说,你吸毒,怨领导,好像不大靠谱吧?(何斌《戒毒篇——天津警察讲段子》)/ 大家都认为很般配,却不长久,大家都认为不靠谱,却厮守恒久。(陆春祥《关于"剩经"和〈非诚勿扰〉》)

靠前儿 kàoqiánr (遇事)主动出面、上前:……或者磨磨蹭蹭,躲在别的车子后面不靠前的,这些车子大部分有毛病。(万国儒《路畔红花》)/ 崔咏松……瞅着南郭玉龙,心里话:"连我都不敢靠前,就你,能劝得动她们?"(玉鹤《八月十五云遮月》)

靠人儿 kàorénr 指女人与人保持婚外性关系:老婆有外遇,靠人……这事一经别人的嘴说,崔咏柏心里的邪火,陡然而起。(南郭玉鹤《拆迁记》)/ 我是单身一人不假!可我,行的端,做的正!我没浪得在外面靠人儿……找野汉子!(同上)

刻 kē 制作(棺木):最讲究而贵重的(也是少见的)为阴沉木,

其次是……一般能说的出的是用杉木十三圆,就是用十三棵杉木刻成一棺。(佚名《天津地方丧事民俗》)

可 kě 形容整个的、全部的,可着的意思:学校好紧张,怕着火,一讨论就派人拎着水桶可楼转悠。(何申《"重阳"后又升起一轮艳阳》)/ 要说想吃枣可大街都卖,但自己打枣摘枣的感觉就是不一样。(老赫《长假怎么过》)‖最大限度地:……又来一拨吊嗓子的……互相拍背,然后可脖子喊……(王小柔《十面包袱》)/"您没瞧报上登的,日元可劲儿升值。"季乃强说……(王筠《龙票》)

磕巴 kēba 口吃:……当时小王磕磕巴巴,有的词也说不上来。(《天津团讯》1980.1)/ 我这人……一生气就语无伦次,而且说起话来还磕巴。(王小柔《妖蛾子》)

磕打 kāda 比喻经受挫折和锻炼:脾气好是没得说,实际上,这也是从小吃这碗"开口饭",让世道磕打出来的。(王维刚《马三立怒戏汉奸狗腿子》)

磕打牙 kēdayá 说话,特指用语言讽刺、挖苦及以别人的事作为谈笑资料的意思:您老今天大概是公休日,闲着没事儿,拿我磕打牙玩儿。(王鸣录《买鸡蛋》)

可钉可铆 kědīngkěmǎo 比喻认认真真,一丝不苟,完全符合需要:……嘴上发牢骚,工作却还得可钉可铆地干。(何斌《戒毒篇——天津警察讲段子》)

克夫 kèfū 迷信的说法,指妻子导致丈夫死亡:……她总归要再婚,人家一看你有孩子,而且老人用迷信的讲法,克夫。(李岩《突然有一天,我老无所依》)

可好 kěhǎo 反语,表达与词面相反的意思,即不好:但现在这"康熙皇帝"却好生郁闷,用他的话:朕,平生最喜天然景致……这可好,这才多少年……想要的样样都看不见,不想要的呢,样样全来到……(何申《望眼欲穿的"皇帝"》)

磕灰 kēhuī 旧时一般居民在家大便是用粪桶,每日清洁工来

倒粪桶叫磕灰：磕灰二班负责的大直沽和大王庄两个街是老住宅区……(尚悦《群众爱戴的老掏粪工》)

可交 kějiāo 值得做朋友：但以我的经验，有一些人却是事先就可以断定"不可交"的……(陈世旭《可交与不可交》)

可看 kěkàn 难怪的意思：晓红笑道："……可看到了他们的家，瞧这横劲儿，我得小心点儿……"(南郭玉鹤《风雨春梦》)/ 他起床了。李大娘说："可看是礼拜天了，一觉就睡到这晚儿！……"(同上)

磕碰儿 kēpengr 比喻困难、挫折等不顺利的境遇，或幼时身体上的损害：想你从小就没受过磕碰，如今落到这个地步……(章诒和《伶人往事》)/ 梨儿早先也不总这样绷着个脸，只是这二年变了……显见是受了什么磕碰……(雪屏《南门脸》)

可人心 kěrénxīn 符合人意，令人满意：……年轻人说话可人心。(李子泉 刘鹏《欢乐的风波》)

可身(儿) kěshēn 形容衣服合体，合身。

可算 kěsuàn 终于(用于由坏变好的场合)：可算熬到天亮了。洗手池子那儿人多了起来……(王小柔《有范儿》)

可惜了儿 kēxiliǎor 可以省略"惜"作"可了儿"；可惜，令人惋惜的意思：这个机会一错过，就耽误了一辈子的前程，那可真是可惜了儿的。(冯育楠《银沙滩》)/ 将来怎么样？还成得了江洋大盗？可惜了儿你这把子年纪……(辛一夫《真没想到》)/ 他可惜了那么大人，简直不要脸……(陈庆昌 周连群《老潘忌烟》)

磕响头 kēxiǎngtóu 磕头时头着地发出声响，多比喻感激不尽：麻秆儿……恨不得给滕半仙磕个响头。(胡西淳《佛手》)/ 不指望有多大出息，没灾没病咱就磕响头了。(口语)

剋 kēi 用指甲掐(以便将粘连着的东西分开)。

□ kěn 念肯的一声；惋惜，令人心疼：丢就丢了，别□得慌啦。(口语)

啃 kěn 戏称吻：虽然不总在一起，但我的孙孙一到我家，马上

会扑到爷爷奶奶的怀里,又亲又啃的,实在招人喜爱。(王春玲《双喜临门》)

裉节儿 kènjier 关键处,关键时刻:当年,我爸留给我这幅画儿,就是让咱们在遇到裉节儿的时候,用它来救急的。(刘一达《画虫儿》)/在这个裉节儿上说这种亵渎的话,不是寒心吗!(雪屏《南门脸》)

吭哧瘪肚 kēngchibiēdù 又作吭哧憋肚;形容想说又说不出来,或不知说什么好的狼狈、尴尬状:那位师傅臊红了脸,憋粗了脖子,吭哧瘪肚地说:"佩服,佩服……"(冯育楠《银沙滩》)/刘康乐不善言谈……吭哧憋肚半天就那一句:"大哥大嫂没有正式工作,咱妈是可怜他们。"(玉鹤《都是布头惹的祸·九排大院轶事之四》)

坑蒙拐骗 kēngmēngguǎipiàn 坑蒙,坑骗:……穷得紧张兮兮,坑蒙拐骗,穷得丢了格失了度,失了自尊和自信……(蒋子龙《人富心穷》)/欺诈老百姓的手段有坑蒙拐骗……(戴锦锟《四字语义场》)/她琢磨……坑蒙拐骗的比拾毛篮的还多。(吕舒怀《水铺》)

空手儿 kōngshǒur (去别人家该送礼而)不带礼物:当然,去师傅家过节,我们当徒弟的不能空着手去……(安晓明《难忘的劳动节》)/王管事的突然来了,没空着手,拎了二斤小八件儿。(魏巍《魏文亮的故事》)

空手套白狼 kōngshǒutàobáiláng 见"套白狼"条。

孔眼儿 kǒngyǎnr 窟窿眼儿:特技人员交叉地安装了带有许多小孔眼的长水管……(涂家宽《艺术的真实来自生活》)

口儿 kǒu 指食物的味道:……甜口儿(菜肴有甜味)……(刘思训《天津方言词语小考》)‖特指好吃的味道:这个瓜够口儿。(同上)‖表示人对于食品味道、质量的要求:瞧他口儿还挺高,炒菜不搁高汤都嫌不好吃!(同上)‖指喜好的东西(如某种吃的喝的),也比喻喜爱某种事物(多指反常行为):"哎,这叫嘛?武大郎玩夜猫子,一个人好一路鸟儿。有人爱吃天一坊,有人爱吃明湖春,你知道人家好哪口儿？……"（烟雨苏州《美人西来》）/……咱不是中学生了，眼角和脖子上都长横纹了，男的凭嘛放着年轻貌美的不追求非好这口呢。（王小柔《乐意》）/ 原本这个酱园是姥姥爸爸创办的，几十年来稳稳当当方圆左右人们离不开这口儿……（一默《水缸》）

口刁 kǒudiāo 形容人对于食物的要求过于挑剔：穷人会骂这是"吃饱撑的"，但从理论上得说这哥俩是"口刁"的真正典型……（高成鸢《"尖馋"：味道价值的反面尺度》）

扣痂儿 kòugār 伤口结痂的意思（某些 j 声母字读 g 声母，是天津话语音的一个特点，比如街 jiē 有时说"该"gāi）。

口干舌燥 kǒugānshézào 由于说话多而嘴里发干的感觉：一间寝室八个人，就这么重复着……一个个口干舌燥，一次次笑翻了天。（何斌《戒毒篇——天津警察讲段子》）

口冷 kǒulěng 自谦的说法，指可能说出冒犯对方，或是令对方不爱听的话：……笑道："唱戏您非得从小练。恕我口冷，像您……玩玩可以，真唱怕是唱不出来了。"（王筠《龙票》）

抠门儿 kōuménr 吝啬："妈，您就别抠门儿啦……"（张福珍《喜迁新居》）

扣屎盆子 kòushǐpénzi 比喻污蔑，中伤：气得陈秀花死的心都有了："你说老了老了，他给我扣这屎盆子，我丢不起这人，我没脸活了。"（阿荣《男人情事 80岁老翁的猜想》）

口条儿 kǒutiáor 原指作为烹饪原料的猪、牛等舌头，用于人是骂人话：我很费力地上车后，问司机为什么不开门？我是南方人，普通话说得不好，司机骂我叫我把口条捋直了再说话。（天津《中老年时报》2012.3.26）

口头福 kǒutóufú 口福：你怎么才来？我们刚把西瓜吃完，你真没有口头福！（口语）

眍眼儿 kōuyǎnr （由于生病或疲劳等原因导致）眼珠深陷在眼眶里：几天没见，怎么眍眼儿啦？（口语）

扣眼儿 kòuyǎnr 衣服上与扣子配合的小口儿：衣服做好了，还没锁扣眼儿。（口语）

口壮 kǒuzhuàng 又说嘴壮，形容食欲旺盛，吃得多：这就好了，口壮肚子里的才硬朗。（罗春荣《金糖葫芦》）

口子 kǒuzi 指配偶（夫或妻），前面多加这或那：回到家，我们那口子也起来了。我问他，你知道今天什么日子么？他说知道。（李岩《突然有一天，我老无所依》）

苦 kǔ 形容某些过分的行为：别把指甲剪得太苦。（口语）

苦 kǔ 形容戏剧情节人物悲惨，令人难过：他干了大半辈子"后台"，悲角苦戏见得多了。（肖克凡《小巷的雕塑》）/ 那出戏太苦，看得老太太们都掉泪了。（口语）

苦大累 kǔdàlèi 又作苦大力；大，轻声；苦力，做体力劳动的穷苦人：毛福生是个苦大累的出身，对于做买卖一窍不通……（张松祺《毛贾货栈》）/ 刘二爷人缘挺好，仗着苦大力出身，有个好身子板……（志宇《刘二爷剥蒜——两耽误》）

裤兜子 kùdōuzi 裤裆：小康依然如梦游者，说着梦呓："……我才放心。过会儿才知道怕，尿了一裤兜子。"（吕舒怀《小人书铺》）

裤褂儿 kùguàr 指包括上衣和裤子的一套衣服：挣下钱买了一身新裤褂，还没穿一次，就被骗子骗走了。（杨润身《路员大老崔》）

裤腰带 kùyāodài 腰带：大伙为了使自己的同事、兄弟不至于饿死，都勒着裤腰带，给他凑了80块钱……（《棉二工厂史·在日本帝国主义的屠刀面前》）/ ……宁可勒紧裤腰带，也要加大教育的投入。（刘峰岩《难忘的岁月》）

哭着喊着 kūzhehǎnzhe 副词，形容急切地、执著地：小小子儿，坐门墩儿，哭着喊着要媳妇儿……（童谣）

侉 kuǎ 口音与本地人不同，或衣着打扮不时尚：上世纪30年代，天津人的时髦，其实就是赶上海……赶不上上海，就是"老侉"……（林希《其实你不懂天津人》）/ ……阿绿居然在MSN里挂着一张穿羽绒服的照片,跟喝破烂的似的……简直侉到家了。(王小柔《十面包袱》)/ 别看这小子一身四不像的侉打扮,还挺得意。(冯骥才《神鞭》)

挎 kuà 挎胳膊:转天,大家还惊魂未定,打架的两口子挎着就进来了。(王小柔《有范儿》)

侉捯饬 kǎdáochi 不适当或不合时宜地修饰打扮:……同事戏谑曰:"真是侉捯饬,肉埋在饭里了。"(扈其震《自行车情结》)

胯骨轴儿 kuàguzhóur 指髋骨中活动的位置:三十年前腊月下乡去坝上,零下二十度,212吉普,车门子关不严,胯骨轴受风……(老赫《春捂秋冻》)/ ……一上身才知道,胯骨轴绷得慌。(雪屏《南门脸》)

跨栏儿背心 kuàlánrbèixīn 肩部很窄的男式针织背心:贴身穿红腰子是否舒适没体验过,但看上去很民俗,至少比跨栏背心有内涵。(王爱英《后套词典》)

扩 kuāi 用指甲抓、搔,如扩痒痒:俗谚曰:"自个儿吃,自个儿买,自个儿痒痒自个儿扩。"(刘思训《口语里不容易写的九个字》)/ 那行者……抓肠扩腹,翻跟头,竖蜻蜓,任他在里面摆布。(吴承恩《西游记》)/ 郭有先扩扩头皮……(蒋子龙《农民帝国》)

扩 kuāi 舀取:他每次拿大长勺扩完作料都得在锅边上当地一磕,有多少作料咱不知道,但那一声挺响,倍儿有韵律感。(王小柔《妖蛾子》)/ "扩勺儿汤喝!"这里扩系舀义。(刘思训《口语里不容易写的九个字》)

块儿 kuàir 指某个地方或处所:我住的那块儿买东西不方便。(口语)

块儿 kuàir 指人的身材体积、重量的大小,有时特指肌肉:12年前买这房时我49岁,在游泳池里还和年轻人比块儿。(何申《步步登高》)

宽 kuān 动词;脱(外衣,如大衣、外套、长衫等)的客气说法:翠:(奉瓜子)四爷,八爷,四爷您不宽宽大衣?(曹禺《日出》)/ 说一回,房里放下桌儿,请西门庆进去宽了衣服坐(《金瓶梅·第三十八回》)

宽 kuān 多的意思:黄花鱼咕嘟豆腐,汤汁要宽一些,鱼香美味浸透豆腐块……(白金贵《老食客》)/ 吃完一碗后,明明吃不下去

了,也要再挑上一箸子面,宽宽地浇上卤……(王敦煌《吃主儿》)

亏了 kuīle 幸亏:你说亏了亲自试试,果然找出毛病来了。(王鸣录《让"贤"》)/ 亏了天都亮了,要是半夜有这动静,估计保安全得拿桃木剑出来。(王小柔《十面包袱》)

捆人 kǔnrén 比喻受束缚,没有时间,没有自由:耿宝林先生认为……在电台说相声……不像剧场那么"捆人"……(马景雯 张宝明《我和爸爸马三立》)

阔 kuò 好的意思,多用于赞扬:怎么办?这时王坚强把手一拍,又一指:"看了嘛,那个地界儿太阔了!咱们也上那去!"(南郭玉鹤《风雨春梦》)/ 小三轮,轮着蹬,二老潇洒逛津城;小三轮,轮着坐,津城美景真叫阔。(佚名)

上

拉巴 lāba 艰难地抚养、培育(子女、弟妹等):我还跟家里说啦,说媳妇不忙,我这个当哥哥的必得把底下的全拉巴大喽再娶亲。(烟雨苏州《美人西来》)

腊八(儿)醋 làbācù 农历腊月初八叫腊八(儿),这天前后用醋浸泡蒜瓣制成的调料,叫腊八醋:泡腊八醋也是此日民俗……(成者《"冬至大如年"》)

啦巴叽 labājī 又作了巴叽、啦吧唧、里巴叽,首字轻声;单音节形容词后缀,本身不表义,具有使语言繁复以及表达一定感情色彩的作用:这当口,忽听背后有人酸啦巴叽问:"哟,你是哪位大爷呀?……"(刘兴华《枪毙曲香九》)/那时我倒是想难为情了,可是傻啦吧叽一个十几岁的小子,还不知"难为情"三个字……(南郭玉鹤《风雨春梦》)/王小柔本名王晨辉,俗了巴叽的,干脆叫王灰尘算了……(孔庆东《十面包袱·序》)/衣着破破烂烂、脏了吧唧的叫花子,一向被禁止入庙……(董季群《话说天后宫禁忌》)

拉抽屉 lāchōuti 比喻对于答应过或已经确定的事又反悔,或对于某事的主张和态度反复变卦:拉抽屉 伊俄再谈折衷方案(天津《城市快报》2006.3.15)/怪当头儿的拉抽屉儿,当初还不是他们让人家畅所欲言的。(雪屏《南门脸》)

啦呱叽 laguājī 又说了呱唧(叽),首字轻声;单音节形容词后缀,作用同"啦巴叽":当今文坛有一种……松啦呱叽,老说"被边缘化了"……(蒋子龙《文人能"相亲"吗?》)

拉忽 lāhu 拉,三声,忽,轻声,发音不稳定,有时发 he 音;马虎的意思:咳,这事我知道,可一拉忽给忘了。(口语)‖拖延:下周就到日子了,抓紧办,别拉忽啊!(口语)

落空 làkōng 指失去获得好处的机会:只要哪家吃点差乎样儿的,他就坐在家里等着,保证落不了空。(志宇《刘二爷剥蒜——两耽误》)

落落 lála 洒落(用于液体或其他散碎的东西):瓜儿……"地下的水是谁落落的,还不找墩布擦擦。"(雪屏《南门脸》)

辣死杠儿 làsigànr 十分关键的时刻:核桃王一听,心里一亮:"好,走为上!你伯我这里正赶在辣死杠儿上,你来得正好!"(叶子《核桃王》)

邋遢三儿 lātasānr 戏称穿戴不整洁的人:他……背心上有俩窟窿儿,还穿着,跟邋遢三一样。(雪屏《南门脸》)

拉晚儿 lāwǎnr 晚睡觉,也指该下班而继续工作:……腾出手来听戏游乐,或睡觉拉晚儿,所以正好在饿的时候拿馒头就年菜吃。(张仲《天津的年菜》)

拉小绊儿 lāxiǎopànr 指旧时穷人家的孩子帮助人力车夫作为副手拉车:干上一季一百多天,一个童子能赚上一年的吃喝,比做小买卖、拉小绊儿赚得多。(林希《蛐蛐四爷》)

拉主顾(儿) lāzhǔhu 顾,念乎,轻声;招揽顾客的意思,也指吸引回头客:其实……多说两句话,为的是多拉主顾。(武歆《天津少爷》)

来 lái 隐语,指来月经:她略微停顿了一下,稍有羞涩地告诉琴生,她这个月没有来,感觉有点不对劲,好像有了……(白青《大船》)

擶 lāi 拉,拖,抓:注意,擶住扶手,别掉下来!(口语)

癞 lài 又作赖;身体不健康,或不舒服:这孩子打小就癞不叽的。(口语)

赖巴 làiba 巴,后缀,轻声;常以 AABB 形式叠复使用,吃力地,勉强地:小青赖赖巴巴地算是念完了大专……(余彧《四块月饼》)‖形

容身体不好或精神不振:整天赖赖巴巴的,哪儿不舒服?(口语)

赖词儿 làicír 反悔,抵赖:说好了,可不许赖词儿啊。(口语)

赖歹 lāidai 不好,也可以说"不赖歹",表示不错、很好:田栓笑着说:"大娘别不知足了,我大伯如今还赖歹呀?……"(韩映山《日常生活》)

来劲儿 láijìnr 形容某种状况加剧:秋凉,心血管病来劲儿了(天津《今晚报》2007.9.15)/别理他,你越说他越来劲儿。(口语)

赖皮脸 làipíliǎn 耍赖皮,也指这种人:……再说得重些:赖皮脸。(林希《天津话逗你玩》)

来气 láiqì 不由得生气:……电话那边是一个女的……问我平时打不打高尔夫。我一听心里就来气,问她我手机号哪来的……(王小柔《十面包袱》)/树特老实,一动不动,弄得老大爷还挺来气,出手越来越快越来越狠,自己疼得直叫。(同上)

来事儿 láishìr 指迎合、讨好,多与会或不会连用,有时有贬义:咱和人家比不了,人家多会来事儿呀?(林希《天津话逗你玩》)/既要会来事儿,又不能光会来事儿,才是务实的天津人。(天津《今晚报》2011.7.21)‖生出事端:心想,这是干嘛,何必呢?我哪里是看见老公和漂亮女人说话就来事的人啊。(李洪彬《能说句实话吗》)

懒蛋 lǎndàn 称懒惰的人,骂人话或戏谑语:刘俊杰骂了一句懒蛋……(尹建民《强一龙的路》)

蓝靛纸 lándiànzhǐ 复写纸:许四……把画片剪下来,下面垫上蓝靛纸,这样就可以把图案的线条印在葫芦上再用烙铁精心描绘。(阳煦山立《烙花葫芦》)

兰花豆儿 lánhuādòur 又称老虎豆儿;小食品,蚕豆泡软后经油炸而成:天津人喝酒的时候,喜欢来一碟又香又脆的"兰花豆"……(马锡骏《翠英中排浅碧珠》)/她爸每天喝盅小酒,桌上总摆一盘油炸蚕豆,天津人叫老虎豆。(惟诚《老虎豆儿》)

懒龙 lǎnlóng 把发面擀成大片,均匀地摊上馅儿,卷起蒸熟:

……且制作比包子省事多多,故又名"懒龙"。熟后切段食用。(张仲《天津回民的家常便饭》)

蓝眼 lányǎn 形容十分着急:他还真沉得住气,把女人市场摸得很透彻,说上三十的女人现在都急蓝眼了,永远都是男方市场……(王小柔《十面包袱》)

浪 làng 淫荡的意思,多形容女人:要是在天津说人"浪",那可是骂人的话。(王亚琴《让"浪"给吓着了》)/ 顾永茂……说,"……叫一个浪货阴谋得逞,我顾永茂还有脸混吗?……(吕舒怀《舍命吃河豚》)/ 我是单身一人不假!可我……没浪得在外面靠人儿……找野汉子!(南郭玉鹤《拆迁记》)

啷当 lángdāng 用于年龄(多是年轻的)之后,表示大约、上下的意思:发面饽饽的爸爸二十啷当岁那阵儿……(南郭玉鹤《风雨春梦》)

浪荡子儿 làngdangzǐr 纨绔子弟:那帮浪荡子既然有钱乱糟蹋,就叫他去糟吧,活该!(李志强《中国北方俚曲俗情》)

狼牙狗啃 lángyágōukěn 形容残缺不全或不整齐的样子:倒座门楼已经狼牙狗啃,顶子被掀去,惊见云天。(冯骥才《从大水冲了龙王庙说起》)

落 lào 将固定于某处的东西用工具或通过一定的操作取下来:……进门就抄家,逮什么拿什么,连灯泡都给落走了。(王鸣录《皆大欢喜》)/ 发黑的棕色大漆木板门和窗户,都是从别家已经倒塌的楼房上"落"下来的。(辛一夫《真没想到》)

落 lào 表示由于某种原因而导致身体伤病:李学勤已经五十一岁了,十二年风里来,雨里去,身上也落下不少毛病。(赵廷君《不搞"关系学"的女采购员》)/ ……我干脆把车卖了,跟着它整天提心吊胆,都快落毛病了。(王小柔《十面包袱》)

老八板儿 lǎobābǎnr 拘谨守旧,也指这样的人:人终有一老,我老了又会有何作为呢?难道真的就能摆脱老八板、老顽固、老菜

帮吗？"（邢大军《话说老了》）

老帮子 lǎobāngzi 对老年男人的蔑称：后来，从店里又传出来风言风语说："姓席的不是东西，老帮子了，还挖心眼祸害青年妇女。"（贾菊生 温超藩《席连瑞和他的"关系户"》）

落包涵 làobāohan 对不起人，受人埋怨：……咱们可是规矩人家，您可不能办出闲白的事情来让我落包涵。（于立福改编《评书聊斋志异·青凤》）/反正事情是办砸了，也没有办法补救了，唉。"落包涵"了。（林希《话说天津味：包涵》）

老绷 lǎobeng 形容成熟，不幼稚：别看这孩子不大，说话挺老绷的。（口语）/余之诚用心地聆听着外面的蛐蛐叫声，不时地对吴氏作些提示，"正北方向，有一只青尖头，叫的声音多'老绷'呀……"（林希《蛐蛐四爷》）

老鼻子 lǎobízi 形容极大、极多：这么多的大骡子，到家一卖。这财就发得老鼻子啦！（张士杰《秫秸船》）/"我再晚退半年就是正处了，别小看这半级，福利待遇差老鼻子了。"（武桂珍《活着最重要》）/"这些警犬都是纯德国种的，值老鼻子钱了。"（雪屏《废墟，我的1976》）

烙饼 làobǐng 比喻辗转反侧，难以入睡：郭运起回到铁血队，兴奋得一宿没睡着觉……翻来覆去地在床上"烙饼"……（张孟良《血溅津门》）

落草儿 làocǎor 婴儿出生：你说相声都二十六七年了，小春子才"落草儿"，她跟你比？（魏巍《魏文亮的故事》）

落单儿 làodānr 指某种场合下只是单独一个人，而没有同伴：三人中，他和张立已经共事六年多，碰到危险任务时，从不会让对方落单……（天津《今晚报》2012.3.24）

落道 làodao 轻浮，不庄重，也指物品质量不佳：有时后起新秀的混混对读书人不敬，老混混见了还要教训："有你们这么要落道的吗？读书人念的是圣人的书，不敬圣人，要哪门子落道？"（烟雨苏州《美人西来》）/穷雇工则很看重这份收获……好点的，人吃；"落道"

(坏,不好)的,尚可喂猪。(李大为《吃瓜落儿与吃挂落儿》)

落道帮子 làodaobāngzi 道,轻声,发音不稳定,故又作落地帮子;指不务正业、游手好闲的人:我们小时候在家门口,都躲着那些被视为落地帮子的人走……(林希《天津话逗你玩》)

老的儿 lǎoder 指父母:你们都大了,老的说一句,你们就顶十句。(南郭玉鹤《风雨春梦》)/ ……什么光惦记着工作,置个人问题而不顾,还得由老的替她操心。(雪屏《南门脸》)/ 果儿说:"你们结婚之前,两边的老的儿总得见个面吧……"(同上)

落地 làodì 结束的意思:叶涤凡性子急,不等梅二爷话音落地便站起来……(烟雨苏州《美人西来》)

落地砸坑儿 làodìzákēngr 比喻(说话)确凿无疑,铿锵有力,绝不食言的意思:放心,他说话从来都是落地砸坑儿。(口语)

老底儿 lǎodǐr 多年积下的钱财:再次要有"老底",有自己的积蓄。一是防儿女不孝,二是自己支配自由,精神才能放松。(于云江《长寿五要点》)

老掉渣儿 lǎodiāozhār 比喻十分陈旧,老掉牙的意思:小姚笑得最凶:裴军呀,瞧你的观念都老掉渣啦……(吕舒怀《命运符》)

老疙瘩 lǎogāda 指家里最小的孩子。

老赶 lǎogǎn 又作老憨;形容没见过世面,或赶不上时髦;也指这种人:而且花自家辛苦挣来的钱,不必让人戳脊梁骨。我也不怕人说我"老赶"。(侯会《好吃不过炸酱面》)/ ……想不认这壶酒钱吗?拿我当"老憨"吗?(邓友梅《喜多村秀美》)‖ 对外地人的蔑称:剪票的见对方是外地"老赶",便松了一口气……(吕舒怀《水铺》)

落挂 làoguà 又说落架;原指完整的物体倒塌、散碎,多用于带肉的骨头及鸡鸭等经长时间熬煮后,因过火而肉从骨头上分离下来(这种熬煮主要为了吊汤,肉的营养成分已大大流失):正规馄饨铺都有煮"落挂"的拆骨肉出售,以示正宗骨头吊汤,绝无欺瞒。(谭汝为《卫嘴子吃早点——泰嗜》)

老寒腿 lǎohántuǐ 天冷时腿部不适的病症,多发生于老年人:秋季,谨防老寒腿"趁虚而来"(天津《今晚报》2006.9.21)

落好儿 làohǎor 获得赞扬,取得别人的好感:……里外没落好儿(天津《今晚报》2006.11.2)

老鹳 lǎohē 又作老褐;蜻蜓:"老鹳"是天津方言中对蜻蜓的称呼……(天津《每日新报》2009.1.30)/那天我好不容易用苇子杆粘住一只老褐,被秃子夺过来,扔地上踩死了。(吕舒怀《碎片上的女人》)

老虎褡裢 lǎohǔdāla 旧俗,端午节时孩童身上佩戴的一种用布、线等制作的民间饰品:小孩子过五月节……还有一串老虎褡裢别在袖子上,老人说可以祛病、辟邪。(白金贵《老食客》)

老虎豆儿 lǎohǔdòur 见"兰花豆儿"条。

老几位 lǎojǐwèi 对二人以上人们的敬称,诸位的意思:后来听说他在刑车上甚至在刑场上都还算配合……念叨着不能再给老几位添麻烦了。(何斌《跳蚤》)/韩大鸭子……进门招呼一声:"老几位都吃着哪!"(烟雨苏州《美人西来》)

老家贼 lǎojiāzéi 麻雀:晚上,老人心中十分惆怅,并想到了"老家贼养不住"的老话。(天津《今晚报》2006.8.28)

老街旧邻 lǎojiējiùlín 形容多年的街坊邻居:拆迁搬家以后,咱们还是老街旧邻,还是乡里乡亲!(南郭玉鹤《拆迁记》)

落开儿 làokāir 滚开的水或带汤的食物离火后不再沸腾:大家守着还没落开儿的美味,争相从大盆往自己的小饭碗里盛,再忙不迭地往嘴里送。(钟桧《一品丸子汤》)

老客儿 lǎokèr 称在本地做生意的外地商人:我爸爸是跑供销的。除了烧鸡,那些都是老客儿们送的……(苏书棠《列车消逝在远方》)/船还没有靠岸,码头上就挤满了鲜货庄的老客们……(张孟良《血溅津门》)/……几年后的一天,北京来了一位老客专收铜镜,我沉不住气,将辛辛苦苦积攒起来的铜镜全部出让给他。(章用秀《以藏养藏经验》)

姥姥不疼舅舅不爱 lǎolaobùténgjiùjiùbúài 疼又作喜；没有人喜欢和疼爱的意思：没办法，现在咱是，姥姥不疼，舅舅不爱的孩子！(南郭玉鹤《拆迁记》)/ 人们对有问题的青少年恨得多、温暖少……姥姥不喜，舅舅不爱……(宁可《医治心灵的学校》)

老脸 lǎoliǎn 不知羞耻，不要脸：……他们居然老着脸坐下就吃。(新凤霞《苏三打狗》)

老妈儿上炕 lǎomārshàngkàng 旧指男主人和家里的女仆私通："……华璧臣华七爷不弄这个……老妈上炕？华七爷更没这个。"大家都知道八爷在影射，拿王三找乐。(张传伦《这叫玩儿！》)

老么 lǎome 么，轻声；副词，用于某些单音节形容词前，表示很、十分的意思：一个大铁盘子，一颗老么大的鱼头稳稳当当地趴在浮焉浮焉的汤里……(天津《假日100天》2006.3.3)/ ……在人堆儿里，我们好歹算过得去的，起码没长一个老么大的肚子，外加一身肥肉。(王小柔《有范儿》)

捞面 lāomiàn 面食，面条煮熟后捞出，沥去汤，拌以菜、卤、酱等食用：……快来进屋，饭盛好了，咱中午吃捞面。(甄金堂《三个售货员》)

老俄 lǎonē 旧称俄国人：……义和团的时候，我打过清兵，打过大鼻子老俄，还有点作战经验。(张孟良《血溅津门》)

老蔫儿 lǎoniānr 指性格内向、不爱说话、不善于交际的人：一个人不爱说话，老蔫儿。(林希《天津话逗你玩》)/ 但，凡是老蔫儿，凡是开会蔫溜的，做事都蔫拱……(同上)

落魄 làopěi 魄，音 pei，系代用字，三声，又作落喷；与书面语"落魄"的潦倒失意的意思类似，但多用于人或家庭在经济、地位等方面大不如前的情形：这家子人啊，原先阔过，可早就落魄啦。(口语)/ 周得贵穿一身劳动布的工作服……就凭这身打扮，就知道他落了喷儿。(吕舒怀《小人书铺》)

老钱 lǎoqián 指旧时中间有方孔的铜质制钱：最近还听到一

首民歌,唱一个醉鬼磕倒拾了个"老钱"……(苗得雨《"穷烧包"故事》)/当地村民有一种年俗:除夕夜,把一枚老钱吊在屋顶的大梁上……寓意是空中来财。(王明来《空中来财》)

落钱 làoqián (商品)降价:先是汽油没几天就涨,说得跟国际油价接轨,可眼瞅着老外那儿都落钱了,咱这还没动静……(王小柔《十面包袱》)

落忍 làorěn 心里过意得去;多加"不",作不落忍,表示过意不去:他要给你办了,扣上个"四不清粮店"麻烦不麻烦?咱心里落忍吗?(石世昌《"支前模范"》)/ 哎,我不落忍哪,就我这点儿病,给你们添了多大麻烦。(苏文茂《学习张士珍》)

老少爷们儿 lǎoshàoyémenr 在人多的场合,对男人们的尊称:他恳切地对围在他身边的众邻居说:老少爷们……(邵宗和《永远的芳邻》)

老时候 lǎoshíhou 久远的过去,老年间:老时候东门里外的居民还都得走上一段路到海河里担水食用。(周汝昌《礼敬天后宫》)

老世年间 lǎoshìniánjiān 世,轻声;老年间:老世年间,每年到腊八儿……(张仲《龙嘴大铜壶》)

老呔儿 lǎotāir 俗作老坦儿;对说话非本地口音以及非本地人(特别是农村人)的蔑称:"原来是个老坦儿啊!"他对卫兵一甩头说,"带走!"(李云冲《节振国勇闯天津卫》)‖ 不合时尚,因循守旧:我……坚决不去洗浴中心的事一度被同事嘲笑,他们觉得我太老坦儿……(王小柔《十面包袱》)

老头儿钻被窝 lǎotóurzuānbèiwō 摔倒时,向后仰卧的姿势,有戏谑色彩:……自己爬起来……再自嘲地说一句:"呦喝,来个老头钻被窝。"(林希《天津话逗你玩》)/……脚跟一使劲,人又往后仰,险些来个老头钻被窝。(冯骥才《三寸金莲》)

老土 lǎotǔ 不合时尚和潮流,也指这样的人(有戏谑色彩):云姑姑是二奶?一看您就老土了……大力说,云姑姑是他爸的女朋

友。(何斌《戒毒篇——天津警察讲段子》)

老西儿 lǎoxīr 旧指山西或西部地区的人:这家当铺掌柜的是个"老西儿",姓项,大家便都称他项老西儿。(史美伦《徐善庆两当翠娃娃》)/ 官沟街东口临近日租界,住着一个老西儿,外号"贾员外"。(肖克凡《天津俗人》)

老喜丧 lǎoxǐsāng 又说喜丧,丧,有时轻声;天津民俗,为高龄去世的老人办丧事时,常带有喜庆色彩,如亲朋可佩戴红喜字等,称为老喜丧:他不紧不慢地将季世奎扶起,"……老爷子八十而终,按理儿说应该算是老喜丧,得大办……"(王筠《龙票》)/"……我倒还要劝你一句,老人去世是喜丧,你不要太难过……"(蒋子龙《一个工厂秘书的日记》)

老小子 lǎoxiǎozi 对年长男人的蔑称:谁料这老小子一番话又给他铺好台阶,叫他舒舒坦坦下来。(冯骥才《三寸金莲》)

老腌儿 lǎoyānr 腌制时间很久的(鸡蛋、鸭蛋等):这儿卖老腌儿咸鸭蛋。(口语)

老谣 lǎoyáo 没用的,不必考虑的或不可信的事:别听他们瞎说,都是老谣。(口语)

老爷们儿 lǎoyémenr 们儿,轻声;指成年男子。

落渣 làozhā 指中药汤剂熬完第一遍后,重新加水再熬的药:早上喝一遍,下午再喝一回落渣。(口语)

老丈人 lǎozhàngren 指岳父(背称):一板一眼的老丈人——刘培安(天津《今晚报》2006.12.1)

落着 làozháo 获得,得到:一名的哥热心帮人兑换"澳币"好处费没落着反中招(天津《今晚报》2007.10.19)/ 一般我们能落着畅谈机会的时候,都是在饭口……(王小柔《乐意》)

落桌 làozhuō 指举办大型宴会的头一天,将一些动物性原料初步加工的过程:明儿办喜事,今儿落桌,大师傅都来啦。(口语)

了吧唧 lebājī 又作拉吧唧、里吧唧、了巴叽;形容词后缀,可用

于某些单音节形容词后:……一清早就愣了吧唧地在北京大街上溜达……(蒋子龙《农民帝国》)/……我平时太缺少恭维人的训练,所以说出每句话都生里吧唧……(王小柔《妖蛾子》)

乐和 lèhe 高兴,快乐:……想起那句:"嘛钱不钱的,乐和乐和得了!"(天津《城市快报》2006.2.13)/……这会儿心里塞了捆柴,再也乐和不起来了。(冯育楠《银沙滩》)

乐子 lèzi 快乐,有趣,也指快乐、有趣的事:晚上我们又在一桌吃的饭,那乐子更大啦。(天津快板《竞赛小曲》)/既然当了看客,就要无所不看,看球员、看球迷、看现场、看幕后、看花絮、看乐子……(蒋子龙《看客的心境》)/与人相斗,并不图什么实际利益,只是图个乐子。(朱辉《斗你玩》)

勒裤腰带 lēikùyāodài 比喻节衣缩食:那时住在我们大杂院里的人们,家家勒紧裤腰带过日子。(曹长明《岳父的心事》)

累累巴巴 lèileibābā 劳累的意思:一天到晚累累巴巴,公家又有食堂,何必自讨麻烦另起炉灶呢?(谢春兴《"小灶"传略》)

肋排 lèipái 食用的猪等肋骨部分的排骨。

勒着 lēizhe 控制、约束的意思:当然那被撕碎的花脸也提醒我,在这有限的自由里可得勒着点自己………(冯骥才《花脸》)/离月底还早着呢,这月的钱勒着花呀。(口语)

棱 lēng 一声;(用棍棒)击打:我顺手抄起顶门杠,一杠子,楞(注:此处作者以楞代替本字)得那小子哭爹喊娘。(石世昌《只争朝夕》)//卖方故意要高价:我知道行情,你可别棱我。(口语)/别买那个摊儿的东西,他棱人!(口语)

棱 léng 二声;俗作楞;形容人处事不圆滑,鲁莽,行为不合常情,这种人叫棱子,又叫四棱子:爹妈也挺为难的……你跟他们家商量商量行吗……这孩子也是棱子。就跟父母矫情起来了。(佚名)/徐书记一面骂我是官场上的楞子,不按规矩出牌,一面夸我是条汉子……(尹建民《强一龙的路》)/"哎呀,你真是个四棱子……"桃儿

"哏儿都"说哏儿话——天津话这么说

私下里掐他一把。(雪屏《南门脸》)

愣 lèng 副词;表示出乎意料,竟然的意思:自古以来就没有两个相声演员搞一台晚会的,文亮师哥愣搞了。(魏巍《魏文亮的故事》)/就这么着,天津爷们儿还吵闹着嘛也买不到,大把的钞票攥在手心里愣花不出去。(佚名)‖生硬地,武断地,不计后果地:愣不让哭,容易憋出病来(天津《今晚报》2010.6.22)/……然后你突然蹲地上抓把土,扔他眼睛里,趁流氓看不清的时候你就能撒丫子跑了。可这大都市哪找土去,总不能把流氓愣往花池子或者小树林里引吧?(王小柔《乐意》)

愣巴噌 lèngbazēng 突然:杨四……愣巴噌冒出一句:天津卫,三宗宝,鼓楼、炮台、铃铛阁……(张仲《龙嘴大铜壶》)

冷不丁 lěngbudīng 冷不防:这声音冷不丁的真吓人一哆嗦。(李润杰《宋定伯捉鬼》)

冷不怔 lěngbuzhēng 又作愣不怔;没有预料,突然地:若是有个人冷不怔地出来问你:天津卫出嘛?(林希《天津闲人》)/大老张直接遛进院里,门窗里没点灯,隔着窗户扒头一看,黑乎乎的,愣不怔一个闪电,照得屋里一片蓝光……(叶子《核桃王》)

愣神儿 lèngshénr 发呆,发愣:有一天,他正吃饭……可是并不往嘴里扒拉,只愣神儿。(王学孝《实干家张国玉》)/"嘿,在那愣嘛神儿呢?"赵振华仍傻傻地盯着……(北方熊之舞《女人墙里的纯爷们》)

愣头儿青 lèngtóurqīng 指鲁莽的人:愣头儿青老拿他开玩笑,今儿拿一个毛毛虫,明儿拿一个土鳖……(刘云峰 春鸣《开玩笑》)/洗完澡的几个愣头青在包房里休息,有人就拿出了白粉。(何斌《戒毒篇——天津警察讲段子》)

棱子 léngzi 见"棱"条。

力巴 lìba 外行:甲:……大伙都叫俺"贾行家"。乙:我叫真力巴。(相声《假行家》)

篱笆灯 líbadēng 旧时用篱笆作墙搭盖的简易房子:甲:我用手推推这墙还真结实,纹丝不动。乙:你以为是"篱笆灯"了。(王鸣录

《看房》》/ 天津民居……既有规范四合院……更有大杂院、"篱笆灯"。(林希《其实你不懂天津人》)

立大顶 lìdàdǐng 又说拿大顶;指倒立,即两手及头着地支撑身体,身子及两腿向上:一群撒野的娘儿们光大脚丫子在里头……骂小脚立大顶翻跟斗……(冯骥才《三寸金莲》)

理当应分 lǐdāngyīngfèn 应当的,分内的:黄石爷说:"……还用请?这叫理当应分!"(冯育楠《银沙滩》)

离激 líjī 又作离畸、离叽;形容眼光涣散、发直,神情恍惚:叶小葱瘦弱的小眼睛丈夫双眼已经离畸了,不知道被灌了多少……(王小柔《妖蛾子》)/ 万万没想到,盼来的却是离离激激,半疯半傻的要饭花子。(南郭玉鹤《都是布头惹的祸》)/ 佟忍安说到这儿忽然卡住,眼珠子变得……离离叽叽,发直。(冯骥才《三寸金莲》)

离溜歪斜 líliūwāixié 又作离了歪斜、哩溜歪斜、离啦歪斜;形容走路脚步不稳,左右摇晃,也形容东西不正,歪歪扭扭,倾斜:老太太离溜歪斜,到了树林跟前……(刘同叙《突破第一关》)/ 他猛地一拐车把,自行车转向,离啦歪斜,总算躲过了夏利车的车头……(南郭玉鹤《拆迁记》)/ 门被震掉了,只剩下哩溜歪斜的床框夹着破碎的玻璃。(贾锦珠《唐山知青坚守宝坻》)

立立着 lìlizhe 竖立:"是不是长得挺黑,一双眉毛关二爷一样立立着,眉骨棱子老高,眼睛特有神?"(烟雨苏州《美人西来》)

立马儿 lìmǎr 立刻,马上:可儿子一听到故事的题目立马反驳……(陈春华《抖包袱儿》)/ ……我就吸了几口,精神儿立马就上来了……(何斌《戒毒篇——天津警察讲段子》)

利索 lìsuo 作"好"的补语,完全彻底的意思:几天以后,妈身上的蛇疮真如那个黄大夫说的那样好利索了。(尹学芸《偏方》)/ ……为了达到长期"宰"患者的目的,在开药时,虽有治疗效果,但又总也好不利索。(米学如《开和平药可休矣》)‖ 流利:哪个幼儿园不教英语啊,中国话说不利索没人管,看见苹果不说"挨剖",看见香蕉不说

"拨呐呐"家长得找校长告状。(王小柔《十面包袱》)

里外间 lǐwàijiān　简说里外;一种房屋格局,特点是两间房屋相连,但入户门只有一个,另一间须通过有入户门的房间进入:……有几个还跟公婆里外间住着。(绿英《当代婆婆不容易 时尚儿媳别犯傻》)/……水铺开在北门里……临街一套死里外。(吕舒怀《水铺》)

鲤鱼打挺 lǐyúdǎtǐng　比喻躺卧的人一下子立起来:小孟子……猛的一个鲤鱼打挺,大吼一声………(贾锦珠《唐山知青坚守宝坻》)/ 二愣觉得输面儿,又听有人喝彩,急了,一个鲤鱼打挺,站起来就骂……(姚宗瑛《赌跤》)

俩味儿 liǎwèir　褒义,指另外一种味道:……口味独特,好吃不辣,这也就博得了"小刘庄萝卜俩味的"褒奖。(由国庆《天津青萝卜金不换》)|| 贬义,给人不好的感觉:这个人说话怎么总是俩味儿!(口语)

俩眼一抹黑 liǎyǎnyīmǒhēi　形容完全陌生:叶淤凡自小算不上娇生惯养,但生长租界,他对天津市面的风俗人情几乎是俩眼儿一抹黑。(烟雨苏州《美人西来》)

怜巴 liánba　又作怜薄;形容身体瘦弱:临出厂门时,炝锅对她说:"你这身子骨太怜薄了,往后多跟我们打打球……"(雪屏《南门脸》)

脸(儿)对脸(儿) liǎnduìliǎn　两个人面面相对,也有狭路相逢的意思:……一住户男主人起床到屋外上厕所,回家时男主人见到家中房门打开,一外地男子鬼鬼祟祟从里面出来,二人正好撞了个脸对脸。(天津《今晚报》2006.10.24)

敛巴 liǎnba　好歹地收集、收起:他瞪起圆眼说:"想得倒美,再过几年,高中生像柴禾一样,敛巴敛巴就是一捆,会挑你去?"(冯育楠《银沙滩》)

脸巴骨儿 liǎnbagǔr　指脸的形状,脸盘儿:他今年三十五六岁,是个细高个儿,瘦脸巴骨儿……(张孟良《血溅津门》)

连笔字 liánbǐzì 称手写的类似行书(有的笔画相连)的字:高老师在那些四百字的稿纸上妙手回春,我幼稚的字里夹杂着她的连笔字……(王小柔《妖蛾子》)

连二桌子 liánèrzhuōzi 见"连三桌子"条。

联房 liánfáng 旧时三间或五间互相连通的中式房子,一般只有中间一间有门通室外:天津有一个风俗,就是新娶来的媳妇要跟婆婆住联房……(李世瑜《卖剥了皮的栗子》)

练家子 liànjiazi 指有武术功底或练过武功的人:入室贼遇上练家子 钱没偷着反被"劫财"同属违法双双受处理(天津《今晚报》2010.3.6)

练块儿 liànkuàir 锻炼身体以使肌肉发达(多指男性):……自行车堆满胡同两侧……挤没了练块儿的地方,我们的健身运动就此宣告结束。(吕舒怀《碎片上的女人》)

恋群儿 liànqúnr 指小孩子喜欢和小朋友们在一起:这孩子一到幼儿园就哭,不恋群儿。(口语)

连三桌子 liánsānzhuōzi 又作联三桌子;一种旧式家具,桌面下有并列的三个抽屉(有两个抽屉的叫连二桌子):从我记事起,就知道家里的大漆连三桌子上摆着一台收音机……(赵和平《话匣子》电视机》)/西房山下摆着一张黑色联三桌子。(张孟良《血溅津门》)

脸涩 liānsēi 涩,念 sei,一声;形容人表情严肃,不苟言笑,引申为办事刻板,不讲情面,贬义:……这家伙脸涩,嘛事也给你办不了。(刘思训《天津方言词语小考》)

脸上贴金 liǎnshàngtiējīn 比喻对人溢美:王亮说,我说大亮是条汉子……王亮转身对大亮说,弟弟,不是我给你脸上贴金吧?(何斌《戒毒篇——天津警察讲段子》)

连市 liánshì 商店等营业单位节日期间继续营业,不歇业:早点快餐店春节连市多(天津《今晚报》2007.2.17)

连手 liánshǒu 比喻互相有牵连或有勾结:我知道你得护着

他。你们俩有连手的事儿……(王鸣录《选队长》)

连雨天 liányǔtiān 连阴天,即接连多日阴雨的天气。

脸子 liǎnzi 难看的、不愉快的脸色、表情:……只记得一个个凶神恶煞,脸子实在不好看。(林希《当铺》)/小月哭丧着脸子走出去……(张孟良《血溅津门》)

量 liáng 购买(用尺量的东西,如布):甲:……商店里卖的那个,不买,自己做。在百货商场量一丈布。(王鸣录《教训》)

量 liàng 特指人的酒量:西门庆拿起酒来道:"干娘相待娘子满饮几杯。"妇人谢道:"奴家量浅,吃不得。"(《金瓶梅·第三回》)

亮儿 liàngr 指报酬、好处:……他问领导:"这次修炉有亮儿吗?"领导告诉他:"没亮儿。"他说:"没亮儿我干!"(天津工人报《汗水谱写新篇章》)

两把刷子 liǎngbǎshuāzi 指本领或技能,即两下子的意思:机会多的是,就看你有没有那两把刷子。(何申《一方水土一方人》)

两半儿 liǎngbànr 总体的或完整的东西分成两部分:挺好的桌子,都让你拍两半儿了。(王鸣录《满院春》)/……闪电一道连着一道……甚至要将小屋一劈两半儿!(蒋子龙《电的传奇》)

两笔抹儿 liǎngbǐmǒr 指手写的字:别的不说,人家那两笔抹绝对一百一,横平竖直……(雪屏《南门脸》)/我妈总说我:"瞧你那两笔抹儿,电脑用得还会写字吗?"(王小柔《十面包袱》)

凉果 liángguǒ 风味小吃,用黏米面作皮,包豆沙等馅,成圆形,外面滚上熟豆面等,适宜热天吃:凉果炸糕聒耳多,吊炉烧饼艾窝窝。(杨米人《都门竹枝词》)

亮轿 liàngjiào 旧俗,结婚前一天,抬出花轿并配上乐班和仪仗等,演习第二天迎亲的场面:十月初九那天,马大叔天津城里北门外大街租来了花轿,配上……这就是所谓亮轿……(冯育楠《津门大侠霍元甲》)

两肋插刀 liǎnglèichādāo 形容讲义气,为了友情不惜豁出性

命:自己做事讲诚信,对朋友更要两肋插刀……(林希《其实你不懂天津人》)/……没别的,我郭强别说能为朋友两肋插刀吧,义气还是有一点的……(佚名《龙嘴大铜壶新传》)/讲义气好像是指两肋插刀之类的吧?我说。(何斌《戒毒篇——天津警察讲段子》)

两面儿发 liǎngmiànrfā 用玉米面加白面作主料,经蒸或贴(烙)熟的一种发面主食:庞师傅开动脑筋,做成玉米面、白面"两面发"的饼子……(张仲《毛泽东吃津味饭》)

两拿着 liǎngnázhe 指完整的物体分成两个部分:这种房……因为土坯和外墙砖两拿着,中间缺少连接物,故此容易裂开。(李汉东《防震棚》)/人们常说:水铺的锅盖——两拿着,是指……锅盖一分两半,一爿固定不动,另一爿可以随时掀起。(吕舒怀《水铺》)

凉渗 liángshen 温度不高而适宜:这孩子昨儿晚上还热乎儿呢,今天早晨就凉渗了。(刘思训《天津方言词语小考》)‖比喻灰心、失望:这回我是三九天吃冰棍,里外都凉甚(注:应为渗)了。(王鸣录《争》)

两说着 liǎngshuōzhe 既可能是,又可能非,没有定论的意思:有朋(是不是"朋"两说着)自远方来,不亦吃一顿乎?(谈歌《结婚礼物》)/明个……回得了家回不了家还得两说着。(雪屏《南门脸》)

晾台 liàngtái 形容尴尬的、不好收拾的局面:人家张士珍做到菜多不烂菜,菜少不晾台,户户有菜吃……(苏文茂《学习张士珍》)/你们都走,这不给我晾台了吗!(口语)

两头儿沉 liǎngtóurchén 写字台、书桌的一种,一边是抽屉,另一边是柜门(只有一边是抽屉或柜门儿,另一边是桌子腿的,叫一头儿沉):玉霞又给挑了张两头沉的棕色写字台。(南郭玉鹤《风雨春梦》)

两头儿堵 liǎngtóurdǔ 话说得圆满,没有漏洞,使人无法反驳:这时,一位旁观者说:"你怎么算命两头堵啊?"(天津《老年时报》2008.9.26)

两响 liǎngxiǎng 爆竹的一种,即二踢脚:从初一到初五,来急

诊部的达二百余人,大都是被两响崩伤的。(《天津日报》1980.2.27)

晾桌 liàngzhuō 因客人没到而使饭局无法举行:他弟弟想得满美,谁知老贺给个请吃不到,亮(注:应为晾)桌了。(裴伟《清洁的指纹》)

撩 liáo 将两片布料用手针缝在一起:王茂槐的尸体已僵硬,几个人给王茂槐穿褂子时,怎么也套不上那只袖子。刘茂林一看,拿过剪子,把袖子挑开,包好胳膊后,叫人把袖子用线撩上。(宋传恩《左邻右舍》)

蹽 liáo 快步走,跑:中午下班时,盛宠兔子似地撩(注:应为蹽)去了。(南郭玉鹤《风雨春梦》)

瞭 liáo 轻蔑地、用眼角的余光看:她拿眼角瞭了一下,淡淡地说:"没嘛了不起。"(高永华《女售货员》)

聊 liáo 勉强凑足(某个数目):期末得了59分,聊上去才凑合及格的。(口语)

尥 liáo 又作料;小孩子顽皮、淘气:外甥是姥姥的宝贝疙瘩,疼、娇、惯,使这个小朋友尥得出奇。(蒋贤德《热心肠的育苗人》)/老人们常说:"料(调皮)小子是好的。"(高桐年《教益寓在寻常中》)

撂 liào 放,比喻使人处于尴尬和难堪的境地:尹寿山曾因为他在台上打个哈欠就把他撂在台上。(魏巍《魏文亮的故事》)

撂地砸坑儿 liàodìzákēngr 又说落地砸坑儿;比喻说话铿锵有力,绝不更改:这时候,她才想起她三姐给她派的任务……当时落地砸坑儿明明应了梨儿……(雪屏《南门脸》)

瞭高(儿) liàogāo 指旧时在大型店铺负责监督员工、安全保卫等的工作,专司此职的人叫瞭高儿的:如果进来买客没有把东西买走而空手而出……晚上店铺关门以后,"瞭高"的就要向老板汇报……(候福侠《哪里有仁昌哪里就有宏丰》)/当铺,门禁森严,虽然没有武装门卫,但铺子里面都有彪形大汉"瞭高",注意进出市民……(林希《当铺》)

撂旱地儿 liàohàndìr 比喻使人处于为难或尴尬境地：白爷心领神会……两人一合拍，就把胡爷撂旱地上了。(叶子文豹《耍板》)/这些年她对首蓿一片好心，而首蓿却总把她撂在旱地上……(雪屏《南门脸》)

撂话 liàohuà 说出(某种有分量的)话："……跳肚皮舞的最看不上练瑜伽的！"她撂下这话的三天后我就跟着她一起去肚皮舞会所观摩了……(王小柔《乐意》)

撂跤 liàojiāo 俗称中国式摔跤运动：转天，老三和二愣正在场上撂跤……一行八人走进了跤场。(姚宗瑛《赌跤》)/高地虎说过，跟正道人撂跤，得凭真本事真功夫按规矩撂……(同上)

了事 liǎoshì 简说"了(liao)"；调解纠纷，通过说和、劝解使矛盾的双方和解：……他先来个软的，甜言蜜语地对工人说："兄弟们，我是给大家了事来的……"(许文龙 王永祥《不给敌人生产一个地雷》)/……两人吵了起来，结果经理出来了事，还是把车推进了园子。(李世瑜《"里是鱼"：李世瑜——我和朋友马三立》)

聊闲天儿 liáoxiántiānr 又说聊闲篇儿；聊天消遣：……别人都在打牌，唠嗑聊闲天儿，我却一个人猫在角落里点着煤油灯看书！(周德文《擦肩而过的"青年作协"》)/后来注意了一下小区里那些带孩子的保姆，都凑在一起聊闲天儿，让孩子自己玩沙子……(王小柔《十面包袱》)/聊闲篇儿的人……一见她来，立马住嘴……(雪屏《南门脸》)

挒 liē 一声；又作掚，脱(衣服)：核桃王坐在狼藉一片的屋里，挒下撕扯烂了的老头衫，换上一件干净的中式白褂……(叶子《核桃王》)/天这么热还不把外套掚了。(李世瑜《"娃""掚"》) ‖ 擦拭：玻璃不干净，还得挒挒。(口语)/皮鞋上完油还得掚一下。(李世瑜《"娃""掚"》)

咧 liē 又作掚，折磨：她原来脾气挺好，都是有病咧的，才这样。(口语)/看你这些日子都掚瘦了。(李世瑜《"娃""掚"》)。

裂 liē 三声；又作咧、掚；东西的两个部分向两边分开，或使分开:大风天儿的,别裂着怀。(口语)/ 大伯心里想,她不感激我,还要恶语伤人侮辱我人格,我帮她提拉锁,再帮她咧拉锁,这样就能扯平,我嘛事儿也没做嘛。(天津快板《公交车奇闻》)‖断交:他俩挕了。(李世瑜《"娃""挕"》)

睩 liè 不满地或不屑地看:你问他们听说过河北梆子、西河大鼓吗?他八成得拿白眼睩你。(郭德纲《郭德纲逗你玩》)/ 七婶有点恨铁不成钢,她睩了任志新一眼……(吕舒怀《碎片上的女人》)

挕 liè 指费力地拉、提、抱等动作:下雨了,把外面这捆劈柴挕屋里来。(口语)/ 她一只手挎着包袱,一只手挕着孩子。(口语)‖携带,照拂:整天挕着个小孙子,哪儿也去不了。(李世瑜《"娃""挕"》)

例儿 lièr 又说妈妈例儿、老例儿;指按照民间习俗,在某些特定的时间和场合应该遵守的一些成例、规矩及禁忌:随着社会的进步,传统的过年老例儿正逐渐退出城市居民的记忆……(天津《城市快报》2006.1.24)/ 长子……说:"办喜事我们这是头一回,也不知咱这地界儿都有嘛例儿?……"(王筠《龙票》)/ 换句不大好听的话说,妈妈例儿就是家里老娘儿们的讲究。(张仲《天津的妈妈例儿》)

咧咧 liēlie 乱说:一次,与同学一起在教室里胡咧咧……(史逸《上纲的那些事》)‖小儿啼哭:小娃娃太可爱了……睡醒了不哭,没睡醒也不哭,打针不哭,吃药也不哭,从床上摔下过两次也只是咧咧几声。(杜永琴《我家添了颗"开心果"》)

裂心 liéxīn 胃部不舒服的感觉:……吐了酸的水儿,打了饱的嗝儿,烧心裂心那难受劲儿,吃了我的药糖就管事儿……(由国庆《唱卖药糖》)

冽子 lièzi 凛冽的、寒冷的风:要是连阴天下大雨,刮大西北冽子……(张仲《龙嘴大铜壶》)

临建 línjiàn 临时建筑的简称:从拆临建棚,到引滦、中环线、外环线和民用气化,都是困难重重。(李瑞环《谈"少讲空话 多干实事"》)/ 1981年……6月9日我在会上讲,到年底"全部临建都拆完,干干净

净过新年",台下哄堂大笑,根本不信。(同上)

檩子 lǐnzi 皮肤因受击打或摩擦而出现的长条形隆起:姑娘先是看他的肩膀哆嗦一下,原来肩膀上有一道……血檩子……(辛小辉《当视野朦胧的时候……》)/ 新任保姆……那长指甲挠痒痒估计得带血檩子……(王小柔《十面包袱》)/ 那时候的胰子……特粗糙,只要稍微一使劲儿,就在身上搓出一道红檩子来。(雪屏《废墟,我的1976》)

零 líng (除了大数的东西外)另加的(少数东西):那应伯爵……每人吃一大深碗八宝攒汤,三个大包子,还零四个桃花烧卖,只留一个包儿压碟儿。(《金瓶梅·第四十二回》)

凌 líng 冰:支部书记低头想了想说:"先熬几天,等开了凌再说。"(孙犁《采蒲台》)/ 一九二九不出手,三九四九凌上走……(成者《冬至大如年》)

铃铛果儿 língdangguǒr 个儿小且仁儿瘪的花生:买铃铛果可不是为了给的多,图便宜……(李志强《中国北方俚曲俗情》)

另过 lìngguò (分开)单独过日子,即单过:上世纪八十年代初,我结婚后另过的第一个端午节……(陆志坚《就怕赶不上你去上班》)

领静 lǐngjìng 形容心情平静,安详,无牵挂:这时林颖……跟妈说:"没人娶更好,以后回来跟爸妈过一辈子多领静。"(佚名《龙嘴大铜壶新传》)/ 累点儿没关系,就图个领静。(口语)

零票儿 língpiàor 与整票儿(面值大的钞票)相对,指面值小的钞票,如元、角等。

零碎儿 língsuìr 名词,非正经的、没有必要的东西:邓勇光催促道:"你就打开天窗说亮话吧,这又不是大学课堂的演说会,哪那么多零碎!"(冯育楠《银沙滩》)

灵子 língzi 聪明的人(和傻子相对),有讽刺意味:傻子安了家,灵子……就虚情假意地来看望傻子……(张士杰《秫秸船》)

零嘴儿 língzuǐr 零食:……当年天津人津津乐道的"零嘴儿"几

乎全部恢复。(夏华《话说天津的地、事、人》)/ 人们除了吃零嘴儿消遣，青萝卜作为菜肴可生可熟，可荤可素。(由国庆《天津青萝卜金不换》)

溜(儿) liu 形容词后缀，可以儿化，念轻声，可与顺、滑、直、匀、圆等单音节词搭配(参见"顺溜儿"条)：……木头虽粗实直溜，但墙上并没有用砖，房子搭在板筑土墙上。(王军杰《黄土高原的板筑墙》)/ 他大高个儿，长得挺瘦溜儿。(口语)/ 小孩胖的乎儿的，圆溜脸。(口语)

溜 liù 简单地、匆忙地看：我写了个开头，你先溜一眼，要行我接着写。(口语)

溜缝儿 liùfèngr 原指堵、糊墙壁门窗等的缝隙，也比喻吃完饭后再喝点汤或稀食，以增加饱胀感：豆腐脑泡个掰碎了的窝头，吃完再来碗茶汤"溜溜缝"……(谭汝为《卫嘴子吃早点——泰嗐》)

六够 liùgòu 又作溜够，也说一溜够；作补语，表示动作(行为)达到的程度很高：说他是资产阶级思想……骂了个六够。(照翔《巧断彩礼案》)/ 谈谈你的收获感想吧！别白让我讲了这一溜够！(肖复兴《追求》)/ 像个领袖人物……差不多把所有的老同学都褒贬一溜够，就他一个是当代英雄。(雪屏《每个葡萄架下都有一只狐狸在等着》)

溜号儿 liūhàor 悄悄离开。

溜乎 liūhu 巴结，奉承：……只要把顶头上司溜乎好了，副食店里的一切大权就能长久地掌握在手里。(贾菊生 温超藩《席连瑞和他的"关系户"》)

溜沟子舔眼子 liūgōuzitiǎnyǎnzi 比喻巴结奉承：不过，也有几个溜沟子舔眼子的有钱人，听说总督大人征书，忙得大头儿朝下……(刘兴华《李鸿章得天书》)

溜溜儿 liūliūr 整整地：她把病人送到医院，溜溜儿折腾了一夜。(李连春《"四荣"争艳》)/ 这一看，她就撂不下了，溜溜看了一天……(雪屏《南门脸》)

遛马路 liùmǎlù 逛街，也指男女关系密切的行为：你要证据，

好吧,我就告诉你,那天我亲眼看见你们俩,一起遛马路来着!(南郭玉鹤《风雨春梦》)

镏子 liùzi 戒指:手上的镏子戴不住,胳脯上的镯子直逛荡。(单出头《王二姐思夫》)

拢 lóng 多加虚词乎作拢乎,又作眬乎;食物的汤汁黏稠或使黏稠:熬粥时放一点碱,能使粥显得拢乎儿。(刘思训《天津方言词语小考》)/……水开了锅,用一根筷子拨面糊下锅,入水后成小面疙瘩,汤水拢拢乎乎……(白金贵《老食客》)

笼 lóng 因烟雾、灰尘等使空气中烟尘弥漫,或眼睛的原因而看不清:我只好端过一个盘子……然后跑着去了自助吧台。眼睛都笼了。(王小柔《十面包袱》)

拢对儿 lǒngduìr 又说拴对儿;挑拨关系,制造矛盾,使人成为冤家对头:韩大鸭子……遇事两头传话……天津卫讲话,这叫"拢对"。(烟雨苏州《美人西来》)/高大队介绍,雷子的旁门左道里,有几个关键词:挑事儿、拴对儿……(何斌《戒毒篇——天津警察讲段子》)/瓜儿想:……单位的人还不定怎么激事拢对呢……(雪屏《南门脸》)

龙凤胎 lóngfèngtāi 称一个男婴一个女婴的双胞胎:孕妇一惊:您是说我怀的是龙凤胎?!(邢大军《恼人的红与蓝》)

瞜 lōu 看,用于不庄重的场合:嘛好玩意?我瞜瞜。(口语)

娄 lóu 指某些瓜类因过度成熟而变质:……交通状况十分落后,雨天是"水、泥"道,晴天是"扬灰"路,颠娄了西瓜,颠碎了蛋……(李瑞环《谈"少讲空话 多干实事"》)‖比喻人的身体虚弱或技艺不高:怎么又感冒了?你这体格可够娄的。(口语)/功课不好,是娄学生,手艺不好,是娄工人,武艺不好,是娄把式……(林希《天津话逗你玩》)

漏儿 lòur 指说话或做事不周全、不严密之处,也指漏洞、破绽:昨儿您的戏满宫满调,格外叫好,一点漏儿算什么?(王维刚《马连

良愧跳墙子河》)

漏空 lōukōng 失误（导致本可以得到而没有得到）："妈的,真不够意思,咱办案子多晚漏过空？"(佚名)

露怯 lòuqiè 指由于缺乏知识、不懂规矩或不合时尚,而在公众场合或他人面前发生不妥、错误,而令人耻笑：……虽然哪种车你也没坐过,这不要紧,小报上都登着了,谈谈也露不了怯。(王鸣录《聊天儿》)/ 咱不是社会学家,胡诌也怕露怯……(何斌《大盂》)/……吃面茶出声不算露怯……(赵永强《谈谈面茶和茶汤》)

搂兮 lōuxi 看的意思,多用于不十分郑重的场合：把你的试卷咱搂兮搂兮。(林希《天津话逗你玩》)

露相 lòuxiàng 露出本来面目：人家是真人不露相。(口语)

露一鼻子 lòuyībízi 露脸的意思：消灭了武工队,活捉了郝明,把粮食抢到手,咱们是奇功一件,露一鼻子！(张孟良《血溅津门》)

楼子 lóuzi （货运汽车的）驾驶室：冯老辛坐在汽车楼子里,瞪大眼睛朝前看着……(张孟良《血溅津门》)

篓子 lǒuzi 戏称对某一领域、行业精通的人,参见"戏篓子"、"臭棋篓子"等条。

撸 lū 撤销（职务）：幸亏他出身还算过硬,牢狱之灾是免了,公社文教干部这顶乌纱,却永远被撸掉了。(赵红雁《"老菜头"》)‖ 批评,训斥：小心领导撸你呀！(口语)

卤 lǔ 形容因空气湿度大而给人造成的不适感：海边的气候跟别的地方不一样：海风时常刮起,又湿又卤……(张士杰《秫秸船》)

鲁 lǔ 形容人体形粗壮,不苗条：那闺女长得多鲁！(口语)

炉灰渣子 lúhuīzhāzi 比喻不雅的、难听的或骂人的话,脏话："对不起,我一时失口,喊了个好字,你劝了半天,识趣的就该住口,可这位朋友满嘴炉灰渣子……"(姚宗瑛《赌跤》)/ 然后双手叉腰……满嘴的炉灰渣子："你他妈买二两棉花纺纺(访访),老龙头火车站

一带,哪个不认得我胡飞胡大爷?……"(同上)

路子贼 lùzizéi 又说路子野;指办事的方法多、途径广,通常表示不是正大光明的办法或途径,有贬义:"……朋友中也就老弟路子贼,说掉大天你得帮我!"(吕舒怀《舍命吃河豚》)

乱乎 luànhu 混乱:管他那个,房倒屋塌地趁乱乎劲儿呗!不顺手牵羊,那是没长齐心眼儿!(辛一夫《真没想到》)

乱七大八糟 luànqidàbāzāo 义同乱七八糟,但更加强调:……一晃十来年,乱七大八糟,人家去造反、武斗,我呢……(台宝奎《补助》)

抡 lūn 用棍棒使劲击打:谢涛哽咽着说……如果他骂过我、打过我、甚至拿棍子抡我,我心里也许还好受些!(何斌《戒毒篇——天津警察讲段子》)

论 lùn 口语说 lìn;按照历史渊源或者血缘关系说的意思:……论起来,他比你还金贵,你家老爷子还是他家老爷子的奴才呢。(林希《其实你不懂天津人》)/ 他见火奶奶开口问自己的长辈,不知道这女人和自己家里怎么论,不敢随便称呼,只是行礼道……(烟雨苏州《美人西来》)

抡圆了 lūnyuánle 形容打人的动作,即将胳膊甩到最大限度:曹军把手指点着明哲的鼻子尖,就差抡圆了,给明哲一巴掌。(南郭玉鹤《风雨春梦》)/ 她身边的朋友……时不时就被提溜起来,东甩西甩,最后抡圆了扔出去二里地……(白花花《十面包袱·后记》《跟傻子赛的》)

捋 luō 指责,批评:在锦州使这个包袱,下场后差点儿没让张文斌捋死。(魏巍《魏文亮的故事》)/ 工会主席还拦着。"……我找保卫科的人捋她们一顿。"(雪屏《南门脸》)‖ 撤销(职务、称号等):可是就从这时起……捋了他的劳动模范……(柳溪《窦老乐赶会》)

□打 luōda 及物动词,(给人)开玩笑:到了洞房,几个年轻的一个劲儿□打新媳妇儿。(口语)

罗锅儿上山 luóguōrshàngshān 指经济上不宽裕:"我这个月

罗锅上山。"桃儿说。(雪屏《南门脸》)/ 罗锅上山——前(钱)紧。(俗谚)

摞合 luōhe 又作罗合;指相互间具有一定关系,有时特指不正当男女关系,贬义:……你千万别跟那小子瞎罗合,免得吃亏上当!(谭汝为《这是天津话》)/ 那男的叫张明哲,女的叫梁红娟。没想到,这俩人摞合上了!(南郭玉鹤《风雨春梦》)

摞摞缸 luóluógāng 又作罗罗缸;比喻麻烦的事:如"摞摞缸",用缸码得高,不稳定的形象表示麻烦的事。(李世瑜《天津方言俚语》)/ 可是,今儿又遇见一档子罗罗缸的事儿……让她又改变了主意……(雪屏《南门脸》)

锣齐鼓不齐 luóqígǔbùqí 比喻多人一起行动时步调不一致:……不然到时候一乱,锣齐鼓不齐,就影响完成任务。(张孟良《血溅津门》)

骆驼鞍儿 luòtuonānr 一种家庭自制的棉鞋,鞋帮由左右两片缝合,正中有一道接缝:……见她身着蓝布大襟长袄……一双"骆驼鞍儿"式的棉鞋。(佚名《龙嘴大铜壶新传》)

捋 lǚ 沿着、顺着物体按一定的方向(运动):我转身又上楼……捋着墙根往里走。(王小柔《乐意》)/ 金大顺捋着人缝,打后面走到前面……(同上)

绿豆碗 lǜdòuwǎn 一种浅豆绿色的无花瓷碗,旧时家庭常用用:……往小绿豆碗里"刷、刷、刷"扔进三勺……(张仲《龙嘴大铜壶》)

M

M

抹 mā 也说抹搭(搭,轻声);放下来,使下垂:地不湿了,裤腿儿别卷着,抹下来吧。(口语)/ 果儿屈得慌,她抹搭着眼皮,心话说……(雪屏《南门脸》)‖ 降职,罢官:还升官?他早叫人抹下来了。(口语)

码 mǎ 量词,指电量单位,相当于度:哎呀,总是胡乱地点灯,这个月又多用了一码电!(肖克凡《小巷的雕塑》)

嘛 mà 什么,可以在一切场合表示"什么"的意思:居民有嘛难事老姐俩全管(天津《城市快报》2006.1.11)/ 买五彩汤圆看清嘛皮儿的(同上,2006.2.11)/ 嘛钱不钱的,乐和乐和得了!(同上,2006.2.13)/ ……趁着天黑雨大我得暗中贼着他,看他有嘛玛密。(叶子《核桃王》)/ 三寸大小脚丫子……除去那股子味儿,里头还能有嘛?(冯骥才《三寸金莲》)/ "啊?"梅二爷问道,"这里头有他的嘛?"(烟雨苏州《美人西来》)

麻秆儿 mágǎnr 麻类植物的茎剥掉皮后的秸秆,这种东西看起来挺直、有力,但里面空虚,易折断,常作为不坚固、不结实的比喻:小时候就知道有个叫宜兴埠的地方,常见有来市内走街串巷卖麻杆儿、荞麦皮的都是宜兴埠的人。(齐雅亭《宜兴埠印象》)/ 他瘦小枯干……伸出两根像麻秆一样的胳膊拱了拱手……(吴翔《霸州李的传说》)/ 麻秆儿打狼——两头儿害怕。(俗谚)

骂海街 màhǎijiē 在公众场合,不指名道姓地大声谩骂:见妈要去骂海街,我蹦下床,拦住妈……(吕舒怀《最后的喝彩》)/ 甲住户发现丙住户"骂海街",也不依不饶……(张仲《天津的妈妈例儿》)/ 他故

意远远离着院子站定,骂人也不敢指名道姓……名曰"骂海街"。(烟雨苏州《美人西来》)

马猴儿 mǎhóur 旧时用以吓唬孩子的一种形象丑陋的怪物:婴儿啼哭,妈妈或奶奶就吓唬说:"别闹!再哭马猴儿来了!"(刘思训《天津方言词语小考》)/ 桃儿把嘴撇成八万:苜蓿长得跟老马猴一样,怎么拾掇也还是那德行。(雪屏《南门脸》)

麻花儿 máhuār 形容衣服或其他纺织品因穿用过久变得稀薄、快破的样子:那条十年前的裤子,都磨麻花了。(口语)

骂街倒巷 màjiēdǎoxiàng 泛指骂街:有话好好说,别骂街倒巷的!(口语)

麻筋儿 májīnr 身体上经敲击容易发麻的部位:骨科主任很热情……一个小榔头在我的麻筋儿上没完地敲……(王小柔《妖蛾子》)

麻精子 májīngzi 旧时捆扎小件物品的细麻绳儿:刘五爷……又领他到至美斋点心铺买了二斤大福喜……用红麻精子捆得方方正正……(张仲《龙嘴大铜壶》)

麻利 máli 快捷,迅速:她说:"咱们政府办事真麻利(快的意思),一夜工夫,工资就全发下来了……"(王勇则《天津不解放,春节过不上》)/ ……所以买车的过程比买菜麻利多了……(王小柔《十面包袱》)

妈妈例儿 māmalìer 见"例儿"条。

码儿密 mǎrmì 又作玛儿密,也说猫儿腻;不可告人的秘密:不过也有另一种"码密",一个平民百姓得了一只猛虫,向他买他不肯出手,那便合伙下局……(林希《蛐蛐四爷》)/ 大老张回家纳闷,核桃王的核桃藏哪了呢?不行,不死心,趁着天黑雨大我得暗中贼着他,看他有嘛玛密。(叶子《核桃王》)/ 梨儿问:"二姐礼拜天不歇?"桃儿说:"歇,可不跟我们在一块儿,准是有什么猫腻背着我们。"(雪屏《南门脸》)

马前三刀(儿) mǎqiánsāndāo 故意在别人面前作秀,以讨人

欢心:我没有巧劲有笨劲,我不会马前三刀,可我有长性,老是一股劲。(蒋子龙《一件离婚案》)

麻团凉果 mátuánliángguǒ 是两种类似的天津风味小吃,均属黏食:……凉果、麻团都属一个种类……(李志强《中国北方俚曲俗情》)/"杨掌柜,给我们来两碗茶汤,一盘麻团凉果,一盘驴打滚。"(佚名《龙嘴大铜壶新传》)

嘛玩意儿 máwányir 又作嘛玩艺儿;"意儿"可以省略,说成"嘛玩儿";什么:嘛玩意儿?你饿啦……(王鸣录《离婚》)‖什么东西:"就是叫你知道人身上都有嘛玩意儿……比方心、肺、胃、肠子、脑子……"(冯骥才《三寸金莲》)‖表示不满和不服:"嘛玩儿?治我?吹牛!……"二愣嘴里不干不净……(姚宗瑛《赌跤》)

抹下脸(儿) māxialiǎn 不顾情面的意思:他要是再不还钱,我就跟他抹下脸,不能客气啦。(口语)

骂闲街 màxiánjiē 不指名地骂人,有指桑骂槐的意思:门口一站,再骂上几句闲街,干什么?(林希《天津话逗你玩》)/大杂院的男女老少更不尿他们,偷偷朝他们背后吐唾沫,再不就指着孩子骂闲街。(吕舒怀《碎片上的女人》)/桃儿问她:"不是二少奶奶又骂闲街了?甭搭理她……"(冯骥才《三寸金莲》)

马须菜 mǎxucài 一种野菜,又叫长寿菜,学名马齿苋:我们采摘蔬菜后,又在畦边空地上挖马须菜。(韩德承《全家去"偷菜"》)

麻眼儿 máyǎnr 又说麻黑儿;时间概念,指天刚黑的一段时间:读过老舍先生的一篇文章,他说天津人的时间语汇……他举例说,"夜格麻眼儿的时候……"(林希《天津话逗你玩》)‖眼花缭乱:一进挂号大厅,处处是人,我都麻眼儿啦!(口语)

蚂蚱 màzha 蝗虫:……男的一看,这下是土地爷扑蚂蚱——慌神儿了……(常宝堃 赵佩茹《家庭论》)

蚂蚱蛹儿 màzha'nǎnr 蝗蛹:主要曲目有《蚂蚱蛹出殡》、《刘二姐拴娃娃》……传统的靠山调、鸳鸯调。(齐求是《濒危大数子久演不衰》)

蚂蚱眼儿 mǎzhayǎnr 旧称黄昏：蚂蚱眼儿的时候，刘五爷跟着杨四照方子抓药……（张仲《龙嘴大铜壶》）

麻爪儿 mázhuǎr 形容手足无措、无计可施的样子：苜蓿见她參起毛子来，有点麻爪儿。（雪屏《南门脸》）/ 老两口子可麻了爪儿了，找了半夜都没找着……（南郭玉鹤《拆迁记》）

卖报儿 màibàor 对外宣扬（别人的丑闻）：刘五爷说，秃王三那张臭嘴……到处卖报儿：大铜壶是假古董……（张仲《龙嘴大铜壶》）

迈火 màihuǒ 旧俗，办丧事时死者家属及亲友送葬回来以及娶二婚的寡妇下轿进家门之前，要迈过一束燃烧的柴火或火盆，叫迈火。

卖撇 màipiē 又说卖撇邪（歇），邪，轻声；故意显示、炫耀的意思：况且，小莉也太卖撇了，明知蛾眉的对象不是干部，偏上这儿"显白"来，这不是守着矮子说短话吗？（于月岽《蛾眉》）/ 人家老师傅说你两句吧，你愣说……跟大伙卖"撇邪"……（王鸣录《向您道歉》）/ ……他都没顾得卖撇，就抽打着小白马匆匆上了阵。（张孟良《血溅津门》）

卖缺宝儿 màiquēbǎor 缺宝儿指稀有的东西，卖方因没有竞争对手，便以高出正常的价格出售独家商品，这种商业垄断行为叫卖缺宝儿：这么贵？你这不是卖缺宝儿吗！（口语）/ 她……卖的却是"缺宝儿"。（肖克凡《一九三五年的真相》）

卖挑 màitiāo 又说卖择（zái）；卖主允许顾客挑选商品，多加不，用于否定：来到水果摊前，刚想挑几个苹果，售货员马上伸出只手拦挡，嘴里还连声说："不卖挑，不卖挑！"（一兵《水果应"卖挑"》）/ 拿了折子就奔卖车的地儿去了，不能划价，也不卖挑……（王小柔《十面包袱》）/ 您刚一伸手，售货员就说了："不卖择！"（王鸣录《买鸡蛋》）

卖野药（儿）màiyěyào 游医在街头出售假药以骗人，也比喻其他某些欺诈行为：在"三不管"里的第一大骗，应该说是卖野药的生意了。（林希《其实你不懂天津人》）/ 登发花鸟鱼虫市场前有人卖野

药(天津《今晚报》2006.9.11)

满 mǎn 副词,表示程度,很、完全的意思:……我和你爹每月领六十元退休金,生活满好……(《天津日报》1980.8.18)/ 听娘说:"你刚才讲的满在理……"(毕士臣《新弟妹》)

颟顸头 mānhantóu 口语常说成马含头;指糊涂而马虎的人:这么大的事,交给那个颟顸头干,放心吗?(口语)

满脸花 mǎnliǎnhuā 整个面部挨打或受损,多作补语:好,你说,你要是扯淡,我就抓你个满脸花,让你一辈子娶不上媳妇!(崔京生《抽芽时节》)/ 春梅紧盯着兄弟,抬起了右手,运足了劲,准备给他来个满脸花……(南郭玉鹤《风雨春梦》)

满拧 mǎnnīng 完全颠倒、错误:……转载这篇小文时,把"心净"改成"心静"了,跟我原来的意思满拧。(柳萌《心地干净寿自高》)/ 还有主持人用成语,整个一猴吃麻花——满拧。(老赫《从"大相径庭"到"大跌眼镜"》)

满盘 mǎnpán 又说满盘子;总共,满打满算的意思,多用于数量不多的场合:再说谁也不愿意迟到。满盘来晚个四五次……(王鸣录《选队长》)

满完 mǎnwán 形容事情到了无可挽回的地步:在佟家,脚不行,满完。(冯骥才《三寸金莲》)/ 屋里空空的……二人本想在这睡一宿……这下满完!(南郭玉鹤《拆迁记》)

满眼儿 mǎnyānr 形容看得真切,多作看、瞧等动词的补语:路过的同事正看个满眼儿……(闻心《伤痕女人心》)/ 影壁街头发生的一切,全被……沈一啸瞧个满眼。(吕舒怀《水铺》)

满嘴食火 mǎnzuǐshíhuǒ 又说满嘴跑火车;形容说没用的话,或肆意吹嘘,说不着边际的大话:大梨吹得太玄了,天津人说那是满嘴食火。(林希《天津话逗你玩》)/ 别叫她看出我满嘴跑火车来。(雪屏《南门脸》)

忙叨 mángdao 匆忙,忙碌,多以AABB形式叠复使用:经常还

有些老友聚会，应酬交往，忙忙叨叨……腿也不觉得怎么疼痛了。（王宗钊《忙忙叨叨也健身》）

忙三火四 mángsānhuǒsì　形容急急忙忙的样子：你若问大嫂我忙三火四有啥事儿，我要到工厂去找孙合群儿。（奚汶《胖大嫂送饭》）

摸 māo　了解，明白（底细）：……鬼子吃饭、睡觉、上岗、出操的时间，都摸得一清二楚。（张孟良《血溅津门》）/ 百十来年折腾下来，洋人哪好，咱们哪不如，按说都摸了个差不离。（烟雨苏州《美人西来》）

毛 máo　表示估量，用于数字前，说明接近该数：老爷子毛八十岁了，耳不聋，眼不花。（刘思训《天津方言词语小考》）/ 毛一千块钱的日子问题不大，再说还有咱太太呢！（夏凯《做完"房奴"做"车奴"》）/ 走了毛十五分钟……（王小柔《乐意》）

毛儿 máor　表示细小的，零星的，多用于物的后面，也用于人（比喻）：终于到了传说中的那个地方……哪有房啊，工地上都没什么人毛儿。（王小柔《有范儿》）/ 卖菜的都走了，摊儿上连根菜毛儿都没有。（口语）

毛儿八七 máorbāqī　又作角儿八七、毛二八七、毛二八分；形容微不足道的一点钱："老戏迷"一听火更大："谁为那角儿八七的！"（李梨 钟亮《戏迷告状》）/ 解放后，天津市还有很多开水供应网点，花上毛二八分，很解决实际问题。（《天津日报》1980.7.26）

毛包儿 máobāor　遇事不沉着，不冷静，也指这种人：桃儿这主儿毛包儿，心里搁不住事儿。（雪屏《南门脸》）

摸不透 māobutòu　不清楚，不了解：老爸爸……说："我的儿子，我还摸不透脾性？"（汤吉夫《戒烟》）

摸不着 māobuzháo　得不到：国民党回来之后，接收大员们个个忙着贪污，日本人没留下什么东西，英美法德银行的资本，他们又摸不着……（林希《百年记忆》）/ 常岚说："脸皮薄，摸不着；脸皮厚，吃个够。"（张孟良《血溅津门》）/ ……每日只让童子给他吃青豆瓣，连一点荤腥油水也摸不着。（林希《蛐蛐四爷》）

帽翅儿 màochìr 又作帽刺儿、帽衬儿；旧时男人戴的一种瓜皮帽，无檐，顶上有一疙瘩：霍元甲见一长者……头戴一顶黑帽翅，上镶一块墨精黑玉……（冯育楠《津门大侠霍元甲》）/……陈公甫给他找了一个油滋麻花的破黑帽翅儿……（张孟良《血溅津门》）/ 我一直琢磨这俩字应该如何写方为正确，觉得以"帽衬儿"最为贴切。（胡伦《"帽刺儿"何物》）

猫盖屎（儿） māogàishǐ 比喻粉饰，掩盖：上级包庇，"猫盖屎"还是"连裆裤"？（天津《今晚报》2009.11.24）/ 要不惦记嫁人家，就该明确，别耽误了人家，老这么猫盖屎也不是办法。（雪屏《南门脸》）

毛儿干爪儿净 máorgānzhuǎrjìng 比喻没有剩余：……甭管你的钱是找银行赊的还是花得已经毛干爪净，只要趁房子你就是一中产。（王小柔《如愿》）/ 姥姥会把爸爸妈妈挣来给她的零花钱花得毛干爪净……（一默《水缸》）

毛咕 máogu 因心存疑惧而惊惶害怕、不安：……他闻到了一股香胰子味，心里越发的毛咕……（蒋子龙《农民帝国》）/ 孟老爷子瞪大眼睛，三姨太被瞅得直毛咕。（罗春荣《金糖葫芦》）/ 小铁锤心里确实有点"毛咕"……（张孟良《血溅津门》）

毛号儿 máohàor 又叫毛片儿；旧时儿童玩具，是印着各种图画的小卡片：毛号儿的玩法有很多。（由国庆《毛号儿"大战"》）

毛活 máohuó 用毛线（绒线）编织或正在编织的衣物：我上一回织毛活是十几年前……（罗蕾莱《毛线活儿》）/ 她坐在院内金银花架下织着毛衣，一见外甥女来了，忙搁了毛活把玉霞让进屋……（南郭玉鹤《风雨春梦》）

毛儿嫩 máorlèn 比喻因年纪轻、阅历少而显得幼稚：俩孩子还是"毛儿嫩"，惹了这么大的祸，师父怎么能说几句就了事（魏巍《魏文亮的故事》）/ 袁文会……安慰他说："运起……还是那句话，你毛嫩呀。……"（张孟良《血溅津门》）

猫儿腻 māornì 见"码儿密"条。

"咱儿都说咱儿话——天津话这么说

毛儿肉 máorròu　兔肉。

冒傻气 màoshǎqì　指不聪明的、可笑的举动：……回头一看，社员躲得远远的，都在笑。这才知道冒傻气了。(何申《看〈知青〉，说挑粪》)

摸索 māosuo　形容做事慢慢腾腾，不利索：快走吧，别摸索啦。(口语)

摸透 māotòu　了解得清楚明白：吃饭当中，那人已经把海来的身世大致摸透了。(何斌《戒毒篇——天津警察讲段子》)

毛腰 máoyāo　又作猫腰；弯下腰："跤神仙"不等我起身，又来到我的面前。他毛腰站着，我仰脸躺着……(姚宗瑛《初遇跤神仙》)/三个人……一猫腰就钻进了那条东西大胡同里去了。(张孟良《血溅津门》)

摸着 māozháo　获得、得到的意思：他从怀里掏出两张电影票："……那天你没摸着看，今天给你补发……"(万国儒《路畔红花》)

猫抓心 māozhuāxīn　形容心里忐忑不安：一边溜达，一边猫抓心，按理，事不大，却挠头。(雪屏《南门脸》)

没 méi　丢失：昨儿在公交车上没了十块钱。(口语)

没 méi　去世：去年许奶奶没了……(闲耕《逐客饺子》)

美 měi　满意，舒服，高兴：……还说，能在木桶里洗……咱也不知道跟螃蟹似的在木桶里坐着有什么美的……(王小柔《十面包袱》)/……从心里往外那么开心，省几块车钱居然能这么美。(王小柔《如愿》)/"我猜，咱家最美的可能是咱爸。"瓜儿说。(雪屏《南门脸》)

没白天带黑夜 méibáitiandàihēiye　又简说没白带黑、没黑带白；日夜的意思：她心里骂："该死的丫头，逼得老头没白天带黑夜的跑洼……"(辛晓辉《当视野朦胧的时候……》)

没鼻子没脸 méibíziméiliǎn　形容不留情面：我经常为自己学习不好而自责，因为家长总要跟着受牵连，请半天假到学校，无论你在单位是干什么的，都要被老师没鼻子没脸地数落一顿，特别一视同仁。(王小柔《有范儿》)/这回老伴有理儿了，没鼻子没脸地训斥

我……(张希会《家有"唠叨"妻》)

没边儿 méibiānr 没有边际,没有根据:当时就想着哥们儿义气了……义气都讲得没了边儿了。(何斌《戒毒篇——天津警察讲段子》)

没边(儿)没沿(儿) méibiānméiyàn 形容范围很广:只是人人放脚,你不放,自个儿就别扭得慌。可放脚也不好受。发散,没边没沿,没抓挠劲儿,还疼……(冯骥才《三寸金莲》)/ 顾永茂……聊着没边没沿的话,目的是显摆,显摆自己存在的重要性。(吕舒怀《舍命吃河豚》)

没病找病 méibìngzhǎobìng 比喻做不但没有益处,反而不利的事:如果按"一附院"的化验结果进行治疗,万一这个结果是错误的,岂不是"没病找病"?(天津《今晚报》2006.4.1)

美不滋儿 měibuzīr 形容舒适、惬意的心情或样子:老干巴……说道:"来啦!还顶在脑瓜上美不滋儿的坐着呐!"(郭维《笨人王老大》)

煤铲儿 méichǎnr 冬天室内炉火铲煤用的小铲子:……大热的天儿……几个红卫兵却拎着学校过冬用的煤铲儿。(安明起《抢像章》)

煤场 méichǎng 又叫煤场子,旧时卖生活用煤的铺子:她爸在煤场上班,回家一脸黑灰……(惟诚《老虎豆》)

没处躲没处藏 méichuduōméichucáng 无处躲藏:最后恶心得我没处躲没处藏,一骨碌从美容床上坐起来说就这样吧。(王小柔《妖蛾子》)

没出息 méichūxi 指在吃的方面过于贪婪:……吃一回想二回,倍儿没出息。(王小柔《十面包袱》)

没倒没正 méidàoméizhèng 比喻做事不分轻重,违反常理:这么点事就发那么大火,老头子越来越没倒没正了。(口语)

没底 méidǐ 心存疑虑,没有把握:可眼见越开越远,越来越没底,后背都是冷汗。(王小柔《乐意》)

没点儿 méidiǎnr 没有固定的时间、钟点:他每天下班都没点儿,就我自己还开什么伙呢……(方旭《成家80后为何相敬如"冰"》)

没断 méiduàn 经常,不断:这些年,你娘没断叫我打听你的下落。(冯骥才《三寸金莲》)/ 自从住进精装修的大房子她就没断四处打电话邀请别人去她家……(王小柔《妖蛾子》)

没对儿 méiduìr 形容事物好得没有可比的了:"嘿!"者,观众为影片震动,审美感获极大满足后发而为声,即"没对儿了",拍案叫绝之意也。(章文工《艺术二题》)

没稿子 méigǎozi 又说没准稿子,表示不一定,不可靠:再不走,她恐怕就把握不住自个儿了,没准稿子了……(雪屏《南门脸》)/ "我这人,说话从来可没准稿子!你信不信我说的话?"(玉鹤《都是布头葱的祸·九排大院轶事之四》)

没根 méigēn 见"根"条。

没够 méigòu 没完没了:别的不说,光是他为人狡猾又贪便宜没够,谁不知道?(张士杰《秫秸船》)/ 人家自己游得倍儿美,而我这儿还哆嗦个没够……(王小柔《十面包袱》)

没话找话 méihuàzhǎohuà 说没有必要的或是敷衍的话:春霜闲坐了会儿,没话找话道:"哎,大哥……"(南郭玉鹤《风雨春梦》)

没好气儿 méihǎoqìr 形容人说话、做事时态度不好的样子:一个抱小孩妇女在此买面包,连问数声,戴眼镜的女售货员没好气儿地说:"喊嘛,你买吗?"(《天津日报》读者来信1981.4.7)/ 明哲见她没好气儿……(南郭玉鹤《风雨春梦》)/ ……看见老赵摊前围着一群人……老贾没好气儿地嚷:"让让!别挡我的道。"(阳煦山立《鸟市儿》)

煤黑子 méihēizi 旧指煤业工人:"煤黑子"话矿难(从维熙文章标题,原载天津《今晚报》2006.1.26)/ 后来,相片洗出来了,他们端详半天,那模样,怎么看怎么像一对刚从煤井下爬上来的煤黑子。(雪屏《废墟,我的1976》)

没魂儿 méihúnr 指烹调时因加热过火而使原料太烂,没有嚼头儿、没有味道:幸亏第二梯队及时赶到,为我们这桌赢得了一碗炖得没魂的鸡。(王小柔《有范儿》)

没劲 méijìn 对人或事的贬义评价：说到一个人，"别提他，没劲。"（林希《天津话逗你玩》）/ 当然，我不在乎他和谁说话，只是气他不诚实……这一类男人是不是没劲？（李洪彬《能说句实话吗》）

煤茧儿 méijiǎnr 烧过的炉灰中没有烧透的煤核：七岁就跟着发小儿兄弟们拾煤茧儿，捡破烂儿，打小空儿……（刘思训《天津人热心肠儿》）

没门儿 méiménr 没有门路，没有办法：这事儿我可没门儿，找别人想想办法吧。（口语）‖ 表示不可能：……敌人想靠前也没门儿。（张孟良《血溅津门》）‖ 表示不同意：没门儿，没门儿，不给我买西马表甭打算结婚！（魏文亮《要条件》）

没囊没气 méinángméiqì 又作没昂没气；没志气、不上进的意思：……便说这种人没囊没气，再说得重些：赖皮脸。（林希《天津话逗你玩》）/ 董良一阵烦闷，看看这几个没昂没气的人……（冯育楠《银沙滩》）

没气儿 méiqìr 停止呼吸，死亡：……下车用脚尖扒拉对方脑袋，见人已经没气了，就拿出手机报警，很像见义勇为。（何斌《戒毒篇——天津警察讲段子》）

梅汤 méitāng 即酸梅汤，旧时夏日街上的一种最常见的冷饮，用乌梅熬汤，加糖晾凉，冰镇而成：而过去街市上卖的冷饮则以梅汤为主……（李志强《中国北方俚曲俗情》）

眉头子 méitóuzi 眉头：……他皱着眉头子……（张仲《龙嘴大铜壶》）

没味儿 méiwèir 尴尬的境遇和结果：天津则不然，天津人富了，和穷亲戚就"断道"了，穷亲戚也不讨那个"没味儿"去了……（林希《其实你不懂天津人》）‖ 指菜肴的味道寡淡，缺乏鲜味：谁爱吃那没味儿的菜！（口语）

没戏 méixì 没指望，没可能："马书记，我来问一下，我的入党申请……有戏没戏？"言老顺开门见山，问道。（南郭玉鹤《言老顺小传》）/ 凭顾永茂以往的经验，求人办事趁热打铁，放凉了准没戏。（吕舒怀《舍命吃河豚》）

没羞 méixiū 又说没羞没臊;不知羞耻:……你当我不知道,转天还装作没事儿人,又来找人一块儿去上学!好没羞!(南郭玉鹤《风雨春梦》)/ "我劝他多次……你这么没羞没臊地给我丢人现眼去。"(雪屏《天堂的助跑》)

没影八踪 méiyīngbāzōng 子虚乌有的意思:这不成笑话了吗?简直是没影八踪的事!(张士杰《秫秸船》)

没有 méiyǒu 不应该,不可以:"这可没有!谭管事的,我们爷俩儿来了,您把人家给辞了,我们爷俩儿不是砸人家的饭碗子嘛!"(魏巍《魏文亮的故事》)‖不存在可能性:别倒车了,没有!再倒就撞墙上啦!(口语)

没正形(儿) méizhèngxíng 形容人行为处事不合常情常理,有悖常规,不正经:……我这个"臭爷"的外号得来不是一天两天了,这你知道,说白了,就叫"没正形儿"……(慕容芹《撂挑子会》)/ 大家都比着看谁比谁更没正形……(蒋子龙《没正形》)

没治 méizhì 多与"了(啦)"连用;好得不得了:片子播出了……"这部片子没治了!……"(魏巍《魏文亮的故事》)/ 他说:"你们注意存车铺新来的那女的吗?长得没治啦!"(吕舒怀《碎片上的女人》)‖病情严重,无法治疗,也比喻情况坏得无法挽救:天津市都走遍了,他实在是没治了。(王鸣录《不正之风》)‖没有办法:这话要是我说的妈妈早就大嘴巴子上去了,是姥姥说的她没治。(一默《水缸》)

没咒(儿)念 méizhòuniàn 没办法的意思:吴老升一看没咒念,只好磨磨蹭蹭地上好几个螺丝……(万国儒《风雪之夜》)/ "你说话算数?""那当然了!不过,你二哥要是不同意,我就没咒念了。"(南郭玉鹤《拆迁记》)

没抓没挠 méizhuāméináo 形容心神不定,无所事事:你瞧我,一天不干活,心里就没抓没挠的。(林希《天津话逗你玩》)

闷儿 mènr 谜语:破闷儿猜,破闷儿猜,一个馒头掰两开。(童谣)/ ……有话说出来倒也好了,更难的是人家有话不说,让你猜闷儿

玩。(流星《可怕的"举案齐眉"》)

门报儿 ménbàor 办丧事的主家在自家大门口张贴的告示,一般中间用大字竖写"恕报不周",左面小字写"某宅之丧":没出一个月,村正的门前贴出了"恕报不周"的门报儿。(天津《每日新报》2000.7.8)

焖饼 mēnbǐng 用凉饼切成细条焖烧而成的一种饭食:一路走着……伸手摸了摸兜儿里的钱,够吃一碗焖饼的。(肖克凡《天津俗人》)

门灯 méndēng 安在门外,便于夜晚出入的灯:……无论是……高档住宅区,还是楼道连门灯还得自己从屋里牵线的老楼,很多人都……养着狗……(王小柔《十面包袱》)

闷得儿密 mēndérmì 又作闷嘚儿密;秘密的事:两个人要是说点秘密,闷得儿密。(常宝堃《方言土语》)/ 私自侵吞,中饱私囊:一万块现大洋,一万包大米……他闷嘚儿密了……"(张仲《龙嘴大铜壶》)

闷罐儿车 mènguànrchē 指封闭的、没有窗户的货运火车,也指车厢封闭的卡车:几个女人,跟一堆破烂共同塞在一辆封闭的闷罐车里……(王小柔《十面包袱》)

闷葫芦 mēnhúlu 又作蒙葫芦;空竹:天津把空竹通称为"闷葫芦"或是"风葫芦"……(张仲《空竹》)/ 屈家是手艺人,其传家之宝是一对已经137岁的大"闷葫芦"。(肖秋生《四代人传承"闷葫芦"》)

门槛儿 ménkǎnr 比喻进入或享受某个领域或待遇的起码条件,多与高或低连用:申报寄养家庭"门槛"挺高,居住地方不能小于100平方米……(天津《城市快报》2006.1.11)/……冷食行业的从业门槛并不高,只要原料没问题……(天津《城市快报》2006.3.30)

闷口 mēnkǒu 无言以对:刘铁嘴……一口一个找岳勇去,可是一当着岳勇的面,却是老太太吃山芋——闷口了。(冯育楠《银沙滩》)/ 蒯民一下子闷口了……(南郭玉鹤《癞蛤蟆要吃天鹅肉》)/ 小康支吾了两声:我……我,便闷了口。(吕舒怀《小人书铺》)

闷了头(儿) mēnletóu 又作闷拉头、门楼头;形容人脑门突出,也指脑门突出的人：王疯子听了笑着拍了下郭运起的小冈拉头儿……（张孟良《血溅津门》）/ 这人有六十多岁，酱赤脸，门楼头，窝眍眼，说话很和气……（韩映山《夏加大伯》）

门脸儿 ménliǎnr 商店的门面：从走街串巷，到开门脸儿……全是妈妈一个人苦苦支撑。（巩胜男 田淑敏《女人花》）

门儿清 ménrqīng 了解得特别清楚、明白：其实左邻右舍都门清，瞒就瞒了老闺女二唤。（吕舒怀《水铺》）/……一开口，哪个地段租房的价格都门儿清……（王小柔《十面包袱》）

闷头儿 mēntóur 形容不声不响或专心致志的样子：他天天晚上都要闷头学习一阵子。（赵泉明 范挺《书山有路勤为径》）/ 于芬……便说："尹姐，光闷头吃也没意思，咱们就一面吃一面接着谈吧。"（张孟良《血溅津门》）/ 闷头过日子的时候就觉得日子过得特别快……（王小柔《十面包袱》）/ 喝着咖啡，听着徐缓的乐曲，方菲闷头不吭，好像揣着什么心事。（吕舒怀《命运符》）

门头儿 méntóur 又说门头子；比喻门路，（能办成事情的）关系：他到处托"门头"，找"路子"，几经努力，均成泡影。（姜华《歧路上的罪人》）

焖子 mēnzi 又作焖子；一种菜肴原料，淀粉加水熬熟后，晾凉凝成块状。吃时切成小块用油煎，加芝麻酱等调料，叫煎焖子，是农历二月初二天津地方的传统食品：二月二，天津人吃焖子……（林希《娃娃哥》）/ 另有大药王庙前杨记粉房，制售水粉，粉块即汉民叫的焖子……（张仲《天津回民的家常便饭》）

蒙 mēng 头脑混乱，辨不清是非：我妹妹连吓带哄的给弄蒙了，就又跟那个男人好上了。（杨静《妹妹命苦 嫁错了人》）/……我问出什么事，对方挂了。我当时就蒙了……（王小柔《有范儿》）

猛咕丁 měnggūdīng 又作猛孤丁、猛不丁；猛然，突然：……听你这么一讲，我心里像开了扇天窗，猛咕丁豁亮起来了！（冯育楠《银沙滩》）

蒙事 mēngshì 装样子骗人：……骂道："你给我滚，哪儿凉快哪儿呆着去！想蒙事蒙别人去……"(吕舒怀《水铺》)/ 靠二五眼也能懵(注：应为蒙)事，也有发迹……(林希《天津话逗你玩》)

蒙头盖脸 méngtóugàiliǎn 用帽子、头巾等遮掩头和脸，表示不愿意暴露真实面目：去年一天傍晚，他手牵个蒙头盖脸的年轻女人搬进鸟市……(吕舒怀《舍命吃河豚》)

迷 mī 又作眯；隐藏，不露面：赵奎元说："你们就在我这屋里迷着……等一会儿他们走了，我再送你们出去吧。"(张孟良《血溅津门》)/ ……小人书铺关了门，一家人眯屋子里等待战争的降临。(吕舒怀《小人书铺》)|| 趁便把别人的财物据为己有：顾永茂很能算计，高处长的五千元眯下四千，准备拿出一千元请牛科长。(吕舒怀《舍命吃河豚》)

眯 mī 又说眯瞪、眯乎；小睡：……花一块五坐上大公共哪儿都能去……还能在公共汽车里眯个觉。(王小柔《十面包袱》)/ ……从西到东，骑自行车穿过整个天津市，郑法清到家已是凌晨，眯乎一觉，起床后他又朝气蓬勃地出现在编辑室里。(思训《作家 出版家 社会活动家——记郑法清》)|| 睡意未醒的样子，《集韵》："卧初起貌"：怎么我迷迷瞪瞪地听谁嚷，咱们这要拆迁，看来我是做梦了！(南郭玉鹤《拆迁记》)

蜜供 mìgòng 糕点之一种，用油和面，切成寸余小条，经油炸后蘸蜜，叠搭成或方或圆之塔形，旧时为春节祭祀所用：天津人讲礼仪，重亲情，准备蜜供敬佛祭祖是过大年的要事，不可怠慢。(由国庆《蜜供香甜滋味长》)/ 蜜供，素食也，为岁终供佛之用。(佚名《道咸以来朝野杂记》)

迷离马虎 mílimǎhu 又作迷了马虎；迷糊，马虎：……怎么迷离马虎的什么都张口就来呀……(雪屏《南门脸》)

迷迷瞪瞪 mímidēngdēng 形容神志不十分清醒的样子：小康迷迷瞪瞪走上荣吉大街，雪下得好大呀！(吕舒怀《小人书铺》)

绵 mián 指酥脆的食物在湿度大的环境中过久而变软变韧：天津果仁张制作的各种美味果仁……久储不绵。(谢德斌《色香味俱全"果仁张"》)‖形容人性情温和，甚至懦弱：小白脸脾气绵……倒真不嫌麻烦。(王小柔《十面包袱》)/相处一个月时，我发现他的性格比较"绵"，丝毫没有北方爷们的豪爽。(菩饵等《"鸡肋男友"食之无味弃之可惜》)

勉 miǎn 动词；将中式裤子的裤腰、裤腿儿等大于肢体的部分折起来，以紧紧包裹肢体：中式裤子裤腰都肥，勉上才能系裤腰带。(口语)

面 miàn 形容食物柔软，不硬：黄焖羊肉……肉烂，山药面，味道醇美，浓香。(王东《百姓家常菜1480样》)

面儿 miànr 可能性的意思：当时大夫诊断说："怀的这胎，闺女的面儿大。"(雪屏《废墟，我的1976》)

面茶 miànchá 早点食品，用糜子面熬很稠的糊状的粥，盛在碗里，撒上一层芝麻盐，再淋麻酱即成：……但吃面茶出声不算露怯……(赵永强《谈谈面茶和茶汤》)

面的 miàndī 车型是面包车的出租车：……在路边叫了一辆"面的"，就坐了进去。(林希《其实你不懂天津人》)/胡同口马路边……他凑近头一辆面的，跟司机划价……(吕舒怀《舍命吃河豚》)

棉花套子 miánhuātàozi 棉絮：她也半宿没睡……两条腿走道就像踩在棉花套子上一样……(雪屏《南门脸》)

面嫩 miànlèn 少相，显得年轻：哟，都五十八岁啦，可不像，您面嫩……(关飙 文琪《废品》)

面汤 miàntāng 在经过一定制作的汤里煮面条的一种家常食品：……他把希望完全寄托在那一盆面汤里。(张孟良《血溅津门》)‖面条煮好捞出后剩下的汤。

藐 miǎo 轻视，小看，比试，动词，使用时带宾语："哈哈！你还别藐我，要讲干劲儿，也不一定比你差。"(天津快板《竞赛小曲》)/……她惦记着明天上班时藐藐同事，看他们听得懂不。(雪屏《南门脸》)/

我们俩更多的对话内容都是围绕着一些生僻字,相互蘙对方,看谁认识得更多……(雪屏《废墟,我的1976》)

明儿个 míngrge 简说明儿;明天:等明儿个天一亮快回据点去吧!(张孟良《血溅津门》)/ 三哥"呵呵"笑了:"今个儿吃不了,明儿吃。"(魏巍《魏文亮的故事》)

明火 mínghuǒ 旧指强盗,即抢劫犯:昨天张三爷家来明火啦!(刘思训《天津方言词语小考》)

明镜儿 míngjìngr 比喻完全清楚、明白:孰大孰小,大家心里明镜似的。(张之轮《"大"与"小"》)/ 什么东西该去哪家超市买她心里明镜儿似的。(王小柔《十面包袱》)/ 女护士不好意思明说,老裴心里明镜一样……(吕舒怀《命运符》)

明面(儿) míngmiàn 表面:明面上与欧盟周旋 暗地里偷建核工厂(天津《城市快报》2006.3.6)

命硬 mìngyìng 迷信的说法,指妨丈夫的女人:……得怨咱家闺女,吃错什么药了,还是只图衣食无忧就等着命硬赚丧葬费呢?(王小柔《有范儿》)/ 人们都说桂英命硬,妨丈夫……(王炜《录取通知书》)

抹 mǒ 同向行驶的机动车或自行车,后面的车加速,与前面的车并行后突然靠前车的方向转弯,使前车躲闪不及,这种动作叫抹:这时我发现马路上车辆并不多,他是故意抹我。(《天津日报》读者来信)/ 骑车抹一下 引出人命案(天津《今晚报》2010.11.16)/ 桃儿用车轮抹了他一下,差点儿把他抹个跟头……(雪屏《南门脸》)

磨 mò 烹调时把原料切成很碎的小块儿:母亲会把它们洗净并分别磨(切)成极碎的小丁……(夏凯《天津素饺子真独特》)

模儿 mór 量词,次,回,常与一、头等词连用:这七年当中可没见过秀娥做点针线活儿。也别说没见过,就有一模儿。(陈鹤禄 王家骏《做棉袄》)/ ……阿绿居然在MSN里挂着一张穿羽绒服的照片……估计头一模用数码相机,简直俢到家了。(王小柔《十面包袱》)

摩登 módēng 时髦的人:我真奇怪,她怎么能在如此之短的

时间内，把一个老书呆子改造成一个大摩登的。(雪屏《每个葡萄架下都有一只狐狸在等着》)

莫怪 mòguài 表示发现原来不知的情况：莫怪屋里这么凉，你把窗户敞开了？(口语)

抹黑 mōhēi 傍晚：这时候，天已经抹黑了。(张士杰《秫秸船》)

磨叽 mòji 也作磨唧；说话或行为拖沓，不干脆：赶紧走吧，我可不愿听你在这儿瞎磨叽。(刘一达《画虫儿》)‖处境尴尬，无趣：磨磨唧唧的年夜饭算是吃了，大家拿起大衣、围巾、防寒服往外走。(闲耕《逐客饺子》)／李德欣自知错误，只好磨磨唧唧地站在一旁。(张孟良《血溅津门》)

磨裤裆 mókùdāng 撒泼耍赖：这人可难缠，她跟你磨裤裆怎么办？(口语)

磨磨 mòmo 溜达，散步：我就爱出去磨磨，一天两趟。早起来出去遛一趟，晚巴晌儿又一趟。(刘思训《天津人热心肠儿》)‖踌躇，徘徊：她在门口磨磨半天，没敢进来。(同上)

磨磨答答 mòmodādā 磨磨也作抹抹，又说默默(抹抹)丢丢、抹咕丢；形容不好意思，神态不自然的样子，或处境尴尬，心怀忐忑：她当着那么多人，严肃地批评我，当时弄得我真是磨磨答答。(天津快板《竞赛小曲》)／女生说，我们也该有一面旗帜才对，不然在大庭广众之下默默丢丢的抬不起头来。(雪屏《大串联》)／躲在里屋的桃儿也叫齐眉穗她妈弄得上不来下不去，抹咕丢的……(雪屏《南门脸》)

磨头 mòtóu 转头，有立即的意思：这俩家伙一见不好，磨头一溜烟儿地跑了！(南郭玉鹤《风雨春梦》)

磨牙 móyá 多费口舌，说没用的话：郭存先也睡不着了。干脆就跟这个人磨磨牙吧。(蒋子龙《农民帝国》)

抹眼泪(儿) mǒyǎnlèi 哭泣：今年春节后，安黎来过一次……只记得安黎是抹着眼泪走的。(何斌《戒毒篇——天津警察讲段子》)

磨砖对缝 mózhuānduìfèng　建筑盖房的一种工艺，砌墙前先将砖加以磨制，砌砖时砖与砖之间紧密衔接，没有缝隙：北面是一道一人多高的花墙，也是磨砖对缝，像刀切、尺画的一般整齐。(张孟良《血溅津门》)

磨嘴皮子 mózuǐpízi　多费口舌，说没用的话："什么瞎磨嘴皮子的会？值得浪费宝贵时间！"梅妮……撇撇嘴说。(殷瑛《春》)

木 mù　使人处于无趣、尴尬境地：她倒好，大大咧咧，你不理我我理你。在我家经常就把她木在那里。(一默《水缸》)

模糊儿 mūhur　摸(mu)，三声，糊儿，轻声；指初步的结果，可能性的意思，多与有或没有连用：果儿……哄弄桃儿："我这事八字还没一撇呢，等有一点儿模糊，我头一个告诉你……"(雪屏《南门脸》)

墓生儿 mùshengr　遗腹子：都说西门庆大官人正头娘子生了一个墓生儿子，就与老头儿同日同时，一头断气，一头生了个儿子，世间少有蹊跷古怪事。(《金瓶梅·第九十一回》)

囗牙佬儿 mùyálǎor　囗，音 mu，四声，没有的意思；戏称牙齿脱落的老人：囗牙佬儿，啃脆枣儿……(俗谚)

N

N

拿 ná 形容词,收获丰厚的意思,后多与了(啦)连用:年底每人分一万,这下可拿啦!(口语)

拿 ná 控制,钳制,使占上风:……制度是死的,人是活的,人要是让制度拿死,还能成为高级动物?(王鸣录《选队长》)/ 如果叫一个黄毛丫头"拿"住了,我这个老师还有法儿当吗?(苏书棠《列车,消逝在远方》)

哪辈子 nǎbèizi 形容时间漫长,或年代久远,用于感叹句、反诘句:哪辈子能熬出来呢,我现在53岁,等我63岁的时候……(李岩《突然有一天,我们老无所依》)

拿不出手 nábùchūshǒu 又说拿不出;羞涩,腼腆,不好意思:林颖……说:"这点东西拿不出手,您别笑话呀。"(佚名《龙嘴大铜壶新传》)/ 几十万块钱如今在商品房面前就是粪土……咱自己都觉得拿不出手。(王小柔《有范儿》)

哪道 nǎdào 指没必要的,或想不到的事,多用于反诘句:实践证明,我和先生不掺合是对的,他俩一会儿就好了,我们算"哪道"呢?(王成《小两口的事别掺合》)

哪儿到哪儿 nǎrdàonǎr 形容数量少,或事情细微,程度较浅,不足以改变结果:哎,那么大身坯子,再加二两又哪到哪啊!(毛永日《父亲与二斤定量》)/ 户外的装备太贵了,哪儿没到哪儿几千块钱没了……(王小柔《如愿》)

拿分 náfēn 赚到了钱:我可听说,在股市里折腾的人都拿分了……(王筠《宋氏父子》)

哪壶不开提哪壶 nǎhúbùkāití'nǎhú 比喻揭露别人的短处,揭短儿:有的喜欢聊天儿……或当着众人的面,对他人"哪壶不开提哪壶"……(米学如《无事莫生非》)/ 进了车里,WL问:"知道怎么走了吧?"真是哪壶不开提哪壶。(王小柔《乐意》)

拿龙 nálóng 本义为修理不圆、不正的自行车车圈,比喻对人进行管教、整治:……这小子找不自在,咱们帮他拿拿龙!(吕舒怀《碎片上的女人》)

哪门子 nǎménzi 又说哪家子、哪门儿;相当于"什么",多用于反问句,表示没有来由,贬义:……心说我这是练的哪门子功啊。(刘明泉《买镜子》)/"……我正想去给你道喜啦!""你给我道的哪门儿喜?"(杨润身《爱花篇》)/ 改老碱滩又不是赶庙会,齐打呼的凑哪门子热闹!(冯育楠《银沙滩》)

纳摸 nàmo 寻思、盘算,掂量:他紧走了几步,到了老婆儿眼前,仔细纳摸纳摸,才认出来,正是赵大娘。(张孟良《血溅津门》)

哪(儿)哪(儿) nǎnǎ 到处,处处:因为跑了也不知道去哪,毕竟哪哪都是兵荒马乱。(李治邦《1924年的深冬》)/ 我一边说着我的想法,他的剪子已经在我脑袋上上下下翻飞了……我的头发立刻被扔得哪哪都是。(王小柔《十面包袱》)

拿捏 nánie 根据具体情况进行斟酌(处理):我的胃口是老毛病了,吃少饿得慌,多吃一点又降得慌,就是拿捏不好,没辙!(佚名)/ 外资也来了,占据了这个最昂贵的消费商场,也拿捏住了这个城市的时尚发言权。(老蛋《富贵一个城市的财富博弈》)

拿起来 náqǐlái 动不动(就),动辄的意思:……就几个保安在里面溜达,房子每套拿起来就二三百平米,可哪儿有人住啊。(王小柔《十面包袱》)

拿人 ná'rén 依仗自己的某种优势刁难人、要挟人:……别想在天津"拿"人,天津人什么也不信,就只信真格的。(林希《其实你不懂天津人》)

哪(儿)说哪(儿)了 nǎshuōnǎliǎo 表示所说的话不必深究,听

了就作罢,说话的人不负责任:所以,天津人有一句老话,叫做:"哪儿说,哪儿了。"(林希《其实你不懂天津人》)/ 日常神聊,权且一笑,哪说哪了……(温暖《天津人"说盐"也俏皮》)

那晚儿 nàwanr 见"晚儿"条。

拿下 náxià 把问题解决:……费尽心思琢磨着怎么把他拿下。(雪屏《南门脸》)

哪儿也不是哪儿 nǎryěbúshìnǎr 完全破坏了原来的一切:至此,一个地位不算低,收入又很高的三口之家,就这么被毒品给弄得哪也不是哪了。(何斌《戒毒篇——天津警察讲段子》)/ 看把屋子祸祸的,哪儿也不是哪儿啦!(口语)

拿一把(儿) náyìbǎ 对人刁难、要挟的意思:郭运起本想拿冯老辛一把……(张孟良《血溅津门》)/ ……弄不好,还以为我成心拿一把儿呢!(雪屏《南门脸》)

腌臜 nāza 腌,天津方言加声母n,念na,臜,轻声;不干净,比喻烦心的、别扭的事:我这么多事,你就别给我添腌臜了。(口语)/……也没见他给杨四添嘛大的腌臜。(张仲《龙嘴大铜壶》)/ 妇人道:"叔叔何不搬来家住?省的在县前士兵服侍做饭腌臜……"(《金瓶梅·第一回》)

拿着不是当理说 názhebúshìdānglǐshuō 无理狡辩,强词夺理:胡大头过来了,一边抖搂手腕,一边拿着不是当理说……(姚宗瑛《赌跤》)/ 韩大鸭子拿着不是当理说……(烟雨苏州《美人西来》)

爱…不… nài…bù… 爱和不分别接同一个动词,表示对于对方的否定态度虽不在意,但有埋怨、不满的意思:有一天,她突然想开了,你爱找我不找我,拉倒,有的是人找我……(雪屏《南门脸》)/ 晓红摆手道:"不吃不吃……""哎,好!爱吃不吃吧。……"(南郭玉鹤《风雨春梦》)

爱财 nàicái 收受别人钱财时的客套话(意思是本不该要的):拉车的……开了腔:"……刮刮桶底儿,有多少我们哥四个分啦!""得,那我就爱财啦!……"(烟雨苏州《美人西来》)

"哏儿都"说哏儿话——天津话这么说

挨个儿 nāigèr 挨,念 nai 一声;按顺序排队等候,动词,也作副词:买去东北方面的车票,在这儿挨个儿。(刘思训《天津方言词语小考》)/ 一种是红舞女,捧她的人多,越捧身价越高,一般舞客找她挨不上个儿。(王日强《天津旧舞场琐闻》)/ 想存钱抓号排队,除非你扛一麻袋钱往银行送,那才能给你开个 VIP 通道不用跟在穷人后面挨个儿。(王小柔《十面包袱》)‖ 逐个、逐一的意思,可以简说挨:一市民……挨个拜访 416 名火炬手(天津《今晚报》2008.11.19)/ 现在每个武工队员都换上了鬼子的服装,郝明挨个儿查看着……(张孟良《血溅津门》)/ 看着她们挨个儿来诉苦,吓得我都得了恋爱恐惧症。(乔叶《"事故"之后》)

爱美 nàiměi 爱漂亮,喜欢修饰打扮:他一直爱美,一天换一身衣裳,儿子走以后还是一样。(李岩《突然有一天,我老无所依》)

碍难 nàinán 为难:我随便一说,你要碍难就算了。(口语)

挨排儿 nāipáir 逐个地:……她挨排数人数,倍儿有耐心……(王小柔《十面包袱》)/ 老婆子挨排儿问个遍。(雪屏《南门脸》)‖ 形容有条理,不紊乱:新来的这个保姆干活儿挺挨排儿。(口语)

挨千刀的 náiqiāndāodi 骂人话:果儿解释说:"有个挨千刀的……"(雪屏《南门脸》)

爱人(儿) nàirén 可爱,令人喜爱:"……这场春雨,不大不小,下得正是时候,苗子准会长得更爱人了!"(张士杰《秫秸船》)/ 老闺女太爱人了!平日里没让家长操心受累,单凭着自己一股学习的韧劲儿,真就考上了大学啦!(南郭玉鹤《言老顺小传》)/ 你看!那片花全开了,赛朵红云彩,多爱人……(冯骥才《三寸金莲》)

奶声奶气 nǎishēngnǎiqi 说话带童声:霍东阁睁大又黑又亮的圆眼睛,奶声奶气地说:"我会,您瞧。"(冯育楠《津门大侠霍元甲》)

奶味儿 nǎiwèir 比喻童稚气:"三大爷,您这是捧我。"魏文亮会说话,"您听我奶味儿是不是还没退呢?"(魏巍《魏文亮的故事》)

爱物儿 nàiwùr 喜欢并钟爱的东西:……就说道:"你与我这个

银红的罢!"书童道:"人家个爱物儿,你就要。"(《金瓶梅·第三十一回》)

耐心烦儿 nàixinfánr 耐心:李经理也真有耐心烦儿……(李云冲《逗孩子》)/桃儿实在没耐心烦儿了……(雪屏《南门脸》)

南边(儿) nánbiān 南方:南边一代看重清热、润肺……喜用木耳做汤。(白金贵《老食客》)

暗气暗憋 nànqi'nànbiē 又说暗憋暗气;心里生气却无法发作,自己生闷气:甄灵芝……暗气暗憋的,好在自己的肚皮争气,没些日子就怀孕了。(南郭玉鹤《都是布头惹的祸》)/人生地不熟,一群人暗气暗憋。(王小柔《有范儿》)

暗含 nànhán 背地里,不公开地:闺女婆家困难,老太太总暗含着贴补她。(口语)

暗冷 nànlěng 虽不是风雪天气,但是气温低,寒冷:是个阴天,暗冷。(肖克凡《白羊》)

暗楼儿 nànlóur 在屋里顶部搭出的一层空间,用梯子上下,大多不太高,人无法站立,用以睡眠或盛放东西:我说,要不跟单位说说……要点儿料,咱们搭个小暗楼……(王鸣录《看房》)/一天,回到家,他没顾上吃饭,就爬上暗楼。(吕舒怀《小人书铺》)

攮 nǎng 身体重重地坐或躺:瓜儿一屁股攮在椅子上……(雪屏《南门脸》)‖骂人话:婆子便骂:"你那小囚攮的,理会得甚么?"(《金瓶梅·第四回》)

囊膪 nāngchuài 比喻没用的人,废物:……表示自己办不成什么大事,后面再加上两个字:"囊膪"(肥膘),那就更没有用了。(林希《天津话逗你玩》)

熬鳔 náobiào 比喻长时间地、专心地做某事,含有贬义:常常听见年轻的妻子数落丈夫:"你就跟你自己那点事儿熬鳔吧,家里有事儿,你甭管。"(林希《天津话逗你玩》)/这不,自打整天跟泥巴熬膘,儿子从来没念叨过奥特曼和蜘蛛侠。(王小柔《有范儿》)‖比喻紧密,不分开:……这一个多礼拜他就跟这一件衣裳熬鳔,压根儿就没换过。(雪屏《南门脸》)‖软磨硬泡,没完没了地纠缠:每到评工资的时候,就总有人找车间主任"熬鳔"。(林希《天津话逗你玩》)

闹翻 nàofān 反目:为男朋友与父亲闹翻。(杨静《妹妹命苦嫁错了人》)

脑仁儿 nǎorénr 脑袋里面:我这人看不了书,一看书,脑仁儿就疼!(南郭玉鹤《拆迁记》)

闹丧 nàosāng 指借办丧事的机会挑起事端,产生纠纷,也用以比喻其他令人讨厌、不满的行为:老不死的神经病,天天闹丧。(吕舒怀《最后的喝彩》)

闹腾 nàoteng 形容噪声大,不安静:这楼离马路这么近,多闹腾!(张佩奎《看淡生死大自在》)

闹天儿 nàotiānr 指雨雪等坏天气:闹天儿也不再怕,抵抗力强……(天津《今晚报》)/ 那是八月当儿的一天,一大早就看着要闹天,一上班领导就指挥他们两口子淘两口缸……(一默《水缸》)

熬心 náoxīn 又作闹心;恶心:赶上人家……上班时搽了一点儿粉,她闻了,直闹心。(雪屏《南门脸》)

闹心 nàoxīn 心里有不痛快的事,心烦:……杨光又遇到了不少揪心、烦心、闹心但最后也不失开心的事……(天津《今晚报》2006.12.30)/ 咣当车一停,可算到站了。免费车,有的时候还真闹心。(王小柔《如愿》)

熬鹰 náoyīng 比喻长时间不睡觉:这天夜里,美津子正守着多多良"熬鹰"……(张孟良《血溅津门》)/ 熬了一宿鹰的鬼子兵,狼吞虎咽地吃完了饭,倒头便睡下了。(同上)

闹砸(儿) nàozá 在公共场所或其他多人聚会的场合寻衅滋事:3月24日晚9时,有群众举报称,一名男子正在河南路上的一家洗浴中心内闹砸……(天津《城市快报》2006.3.29)/……女方七大姑八大姨大舅子小舅子没有闹砸儿的。(白金贵《老食客》)

闹乍毛子 nàozhàmáozi 无端地或因判断错误而惊慌失措,大

惊小怪:哪有贼啊?别闹乍毛子。(口语)

挠子 nāozi 又叫痒痒挠儿,挠痒痒的工具:……再见面的时候那些在外面伸了十几年小挠子似的牙全回去了……(王小柔《十面包袱》)

讹人 nérén 对人讹诈:凭我一个堂堂的大财主,哪能欠你的账呀?你这是穷极了,想讹人哪!(张士杰《秋秸船》)

泞 nèng 念"能"的四声;形容泥泞:他们说种了不少红薯,可以来刨……一是得天气好,地里不泞,二是……(老赫《长假怎么过》)

脓包 néngbāo 又说脓蛋包;比喻无能之人:蛐蛐把式的成色品位,全在这"芡"上的功夫……不善使芡,英雄能变成脓包。(林希《蛐蛐四爷》)

能不够儿 néngbugòur 自诩能力强,有戏谑色彩:桃儿平时能不够吧?这事真摊在她脑袋上,她也没辙。(雪屏《南门脸》)

能耐梗 néngnaigěng 耐,轻声,梗,三声,可以儿化,又说能耐梗子;有时有贬义,戏称有能耐的人:……这儿看点门道,那儿学点手艺,竟练成了一个能耐梗……(蒋子龙《农民帝国》)/小刺儿头今儿个赶巧不在了,你又冒出来充能耐梗了!(南郭玉鹤《拆迁记》)/……再掏出点真玩意儿,把这外边来的能耐梗子压住。(冯骥才《三寸金莲》)

腻 nì 长时间地停留于某处,有贬义:你老腻在我这儿也没有用,还是出去找找门路……(林希《天津话逗你玩》)/这孩子老腻在屋里,从不出去和小朋友们玩儿。(口语)‖由于重复太多而使人厌烦:天天吃米饭,都腻了。(口语)

您了 nîle 您念"你"的二声,了,轻声,也写作您老、你老;第二人称你的敬语,即您:跟您了说说我的快乐生活(天津《城市快报》2006.3.9)/……来到当阳桥上一看桥上站着一大个儿,您了猜是谁?(刘文亨相声)/这时三林……说:"李伯,您了有学问,多受累再仔细找找……"(佚名《龙嘴大铜壶新传》)

腻歪 nìwai 又作腻味;腻烦的意思:即使吃得起,难道就不腻歪,就不想换换口味?(天津《假日100天》)/70年几乎是人的一生了……住腻味了趁早卖了得了,也别耗到70年了。(王小柔《乐意》)‖不喜欢,讨厌:越腻味谁,就来谁。(南郭玉鹤《风雨春梦》)/ 别人劝我改改行,别再干这婆婆妈妈的腻歪差事。(照翔《巧断彩礼案》)/ 奶奶说,最腻味人的错误就是做贼养汉。(何斌《戒毒篇——天津警察讲段子》)‖寂寞,无聊:……我们不靠他长大了挣钱养活我们,有这玩艺解腻歪就完了。(王鸣录《教训》)

蔫 niān 又说蔫蔫嘎嘎;指人的性格内向,不爱说话,不善交际:这孩子太蔫,总不跟小朋友们玩儿。(口语)‖形容人精神不振的样子:老赵今儿怎么有点蔫?(口语)

撵 niǎn 追赶:听说孩子跟洋人拼命,让人撵上跳了海河。(烟雨苏州《美人西来》)

蹍 niǎn 踩:哟!蹍我脚啦!(口语)

蔫巴溜儿 niānbaliūr 又说蔫溜儿;形容悄悄地,不动声色地:这些人无论做什么事情,先蔫巴溜儿地使劲干,不出声……(林希《天津话逗你玩》)/ 她……问桃儿:"你蔫溜儿搞了个对象,怎么也不吱一声?"(雪屏《南门脸》)‖动词,指偷偷地或不动声色地离开:但,凡是老蔫儿,凡是开会蔫溜的,做事都蔫拱……(林希《天津话逗你玩》)

年根儿底下 nián'gēnrdǐxia 年根,即农历腊月临近春节的一段日子:年根底下,街上行人如织。(龙一《恭贺新禧》)

蔫拱 niāngǒng 不动声色地暗中发力,有时有贬义:人们没考虑到防水问题,崔大哥都想到了。我逗他说:"大家都明着干,你可好,蔫拱。"(邵宗和《永远的芳邻》)/ 但,凡是老蔫儿,凡是开会蔫溜的,做事都蔫拱……(林希《天津话逗你玩》)

黏糊 niánhu 形容人做事缓慢,不干脆:这个人太黏糊,这都几天了?还没动静。(口语)‖比喻某些自然(比如天气)现象持久,没完没了:这场雨挺黏糊(天津《今晚报》2007.10.1)

蔫坏损 niānhuàisǔn 暗地里做损人的事,也指这种人:这种冷幽默带有浓郁的天津味儿,天津有句话叫"蔫坏损"……(蒋子龙《好

〈机器〉》/ 白金宝……还总觉得香莲蔫坏损瞧着她。(冯骥才《三寸金莲》)/ 平心而论,老师要是这么说我,我也会急,不过我不会跟我家老二那样明火执仗地打,而是使蔫坏损……(雪屏《废墟,我的1976》)

蔫蔫嘎嘎 niānnian'gāgā 又说蔫蔫呼呼;形容人性子慢,内向,不张扬:别看这小子蔫蔫嘎嘎,心眼儿比谁都不少。(雪屏《南门脸》)/ 别瞧老郑蔫蔫呼呼,心里可有数。(衡山《酒库老郑》)

念山音 niànshānyīn 又作念三音;心里不满却又不明显表现出来,而说含有弦外之音的话:你做生意,也还顺利,一个看着眼红的人在一旁念山音……(佚名)/ 还有人并不走,远远地观火景,边看边念三音,念得合辙押韵……(胡西淳《佛手》)

念声 niánshēng 说一声的意思:有事儿你们就念声,只要我办得到的,一定帮忙。(南郭玉鹤《风雨春梦》)

黏手 niánshǒu 比喻繁忙,不轻松:孩子还不到三岁,正黏手。(口语)‖ 事情不好办,棘手:这个事儿可够黏手的!(口语)

念瞬 niànshǔn 俗作念损;说不吉利的话,对事物做坏的预测:我也不是给你念瞬,你早晚出事!(马志明相声)/ ……怎么说话这么没轻没重? 这不是念损吗!(雪屏《南门脸》)

年时个 niánsige 时(si)、个均念轻声;去年:"身子骨儿还行啊?""咳,年时个病了一场,这不刚好利索吗!"(刘思训《天津方言词语小考》)

蔫土匪 niāntǔfěi 指表面上不动声色,但做起事来胆大妄为的人,贬义:最最可恨的,是蔫土匪……(林希《天津话逗你玩》)/ 心里本来腻烦,偏装出一副笑脸儿,而且胆子大,手段辣,有个狠劲儿,俗语叫"蔫土匪"。(张孟良《血溅津门》)

年味儿 niánwèir 指春节前后一段时间过年的气氛:如何捍卫春节、传承年味儿……(天津《今晚报》2007.2.5)/ 在刘云若笔下,天后宫是一个热闹的地方,而且也是天津年味最浓的地方……(侯福志《刘云若笔下之天后宫》)

念想儿 niànxiangr 值得回忆并纪念的(人或事):后来我听张奶奶说,这三个水烟袋原来分别属于她的父亲、兄长和丈夫。那是她的念想儿。(王敦煌《吃主儿》)

黏粥 niánzhōu 用玉米面或玉米渣熬的粥:别哭了,你回去给我熬点黏粥吧。(天津《城市快报》2006.2.18)

蔫主意 niānzhúyi 不让别人知道的态度、主张:大凡老蔫儿们,都有个蔫主意。(林希《天津话逗你玩》)

娘(儿)们儿 niámenr 娘,说成 nia 的音,二声;妻子:"你来这找谁呀?""我找我娘们儿!"(南郭玉鹤《拆迁记》)‖指成年已婚女子:甲班开电梯的娘们儿,叫毕美莲。(南郭玉鹤《言名顺小传》)

尿 niào 服输、惧怕的意思:大杂院的男女老少更不尿他们……(吕舒怀《碎片上的女人》)/……我就觉得哥儿几个都吸了,咱不吸,不就是咱尿了吗?(何斌《戒毒篇——天津警察讲段子》)‖胆量(可以儿化):就在这时候,人群里有人搭话:"……别让人家有钱人笑话咱天津卫的穷鬼没尿儿!"(烟雨苏州《美人西来》)/一些年轻人开始起哄地喊道:不敢撩没尿喽……(魏金城《高买》)

鸟儿 niǎor 用以指人,贬义:掌柜的知道大脑袋不是好鸟……(姚宗瑛《赌跤》)/因为舅舅……也知道拉松不是好鸟。如果是好人,怎么还戴着个拴狗的金链子呢?(何斌《戒毒篇——天津警察讲段子》)

尿裤 niàokù 尿撒在裤子里,形容害怕:小孩都快吓尿裤了,带着哭腔直打哆嗦……(王维刚《不知脏净为净》)

鸟食罐儿 niǎoshíguànr 放在鸟笼里盛鸟食或水的小罐儿,用来比喻饭碗,即职业及生活来源;大多与摘、砸等连用,表示剥夺:此人过去曾在季氏盐号掌管银台,因几笔账目不清,被季家祖上摘了鸟食物罐儿。(王筠《龙票》)/周得贵……推搡小康朝后台门退去:"……你尽给我惹祸,要在解放前我的鸟食罐早叫人给摘了。"(吕舒怀《小人书铺》)

捏鼻子 niēbízi 不得不,勉强的意思:说实话,我捏着鼻子又看

电视剧又看书,始终也觉不出《蜗居》哪儿好。(王小柔《乐意》)

茶嘟 niédu 形容精神不振,反应迟钝的样子:这孩子平时活蹦乱跳的,今个儿怎么茶嘟了!(谭汝为《憨囚》)

捏窝儿窝儿 niēwōrwor 背地里互相串通,策划不可告人的事:鱼找鱼,虾找虾,走"背"字人算卦找老瞎,还不是捏窝窝,反对改碱滩!(冯育楠《银沙滩》)

捏闸 niēzhá 骑自行车时为了减速或刹车采取的措施:……人家推着自行车几乎没动,我速度太快,捏闸、秃噜鞋底儿根本不管用……(王小柔《有范儿》)

拧 nìng 倔强,执拗,不善于变通:但这位的哥却"拧"上了劲儿,非要讨回公道不可……(霍春光《不仅是的哥的榜样》)/ 布什与国会拧到底(天津《今晚报》2007.5.10)/ 司机……一个劲儿地叨叨:"我就纳闷,这老人怎么就这么拧,就是不听话呢。……"(东福和《老人为嘛这么拧》)

拧门撬锁 níngménqiàosuǒ 指盗贼为实施盗窃,用强力或技术手段打开门锁:这小子出去作案,拧门撬锁……(胡西淳《佛手》)

牛 niú 骄傲,自负:你……不就是个大学毕业,有嘛牛的?(何斌《戒毒篇——天津警察讲段子》)‖ 夸奖人强、棒:"哟,我们两口子苦呀业呀的干一年还挣不出个烟斗来。你够牛的!"(刘一达《画虫儿》)/ 百姓对派出所竖起了大拇指,同志们夸他真"牛"。(王学军《这个内勤是"牛人"》)

扭扭搭搭 niǔniudādā 形容害羞的样子:"别扭扭搭塔的,大方点儿。"(雪屏《南门脸》)/ 傍晚鸡进窝时,它们便从鸡窝里排着队,扭扭搭塔地走出来觅食。(张道梁《珠江道旁那十二棵杨树》)

怄 nòu 戏弄人,拿人寻开心;作动词用:我连信都写不好,还写报道?这不怄我吗?(刘思训《天津方言词语小考》)/ 不是怄老哥哥,要看你老精神儿,只怕还赶得上见个侄儿,也不可知呢。(《儿女英雄传·第三十二回》)/ 原来袭人实未睡觉,不过是故意装睡,引宝玉来怄他顽耍。(《红楼梦·第八回》)

瓯子 nōuzi 小碗，盅：赵奎元端着个小黑瓯子……喝得正起兴。(张孟良《血溅津门》)/ 赵奎元又给他倒了一瓯子，李德欣俩眼看着酒瓯子，连连说："够了，够了。"(同上)

挪骚窝儿 nuósāowōr 旧俗，婴儿出生满月后随妈妈去外婆家小住。

挪位 nuówèi 改变应有的或原来的位置：这一跤，竹内输得很惨，五脏六腑被白爷的"铁板桥"震得差点挪位。(姚宗瑛《赌跤》)

P

P

爬呲 páci 起床,有贬义:第二天天一亮,就爬呲起来,滚回据点去了。(张孟良《血溅津门》)

趴虎儿 pāhǔr 摔倒时趴卧在地上的姿势,马趴:六个小子……像烙饼似的"呱唧"一声摔了个大趴虎儿……(张孟良《血溅津门》)

趴架 pājià 指完整的东西坍塌,也比喻人的身体受损或地位、职务降低:这两天,可把我累趴架了。(口语)/……把马金龙这小子整趴了架!(南郭玉鹤《言老顺小传》)

扒拉 pála 用筷子把饭菜拨到嘴里,多形容吃饭快,狼吞虎咽的样子:儿子说着,三口两口扒拉完一碗面汤……(薛炎文《双喜临门》)/……把本该细细品味的美食一个劲地往嘴里扒拉,几乎不嚼就咽。(姚宗瑛《安乐忆艰年》)

帕司 pàsi 英语 pass 的音译,旧称通行证、出入证等证件:李大个子问他:"帕司呢?"贾六从怀里掏出本子来……晃了晃。(孙树芳孙树松《贾六砸院子》)‖扑克牌叫帕司牌,简称帕司。‖打桥牌或其他玩法,帕司表示不叫或放弃。

爬头儿钉 pátóurdīng 一种大号钉子,头部呈直角拐出一小段,多用于钉在墙上托住或悬挂重物:那姐们儿跟爬头儿钉一样,就认定统计员了……(雪屏《南门脸》)

爬围 páwéi 比喻退却,失败:麻头蓝项疼痛难忍,立时溃退,黄麻头趁势猛追,最终导致对手爬围,此局胡二胜。(阳煦山立《斗蟀》)

趴窝 pāwō 指鸡趴在窝里孵化小鸡,孵小鸡时母鸡长时间趴着不动,用以比喻机动车抛锚,不能开行,也比喻人体力不支,无法行动:……积水多日无人清理,不仅每天都有汽车在这里趴窝……(天津《今晚报》2008.7.10)/ 前几天大雨期间,剧组人员的车"趴窝"在路上……(何树青《排练场中,大家挥汗如雨》)/ 几位朋友都较我年轻……但第三天还是全"趴窝"了,抬不起腿……(刘鸿尧《花甲之年黄山悟》)

拍 pāi 分派(工作、任务等),含有硬性指派的意思:厂长把任务拍给了动力科……(天津工人报《汗水谱写新篇章》)

排 pái 量词,相当于次、回、把等:再来一排,你准得输。(口语)

派儿 pàir 气派、风度、派头,也指有气派,有派头:专门讲究"派儿"的时髦人物,也可能对这张照片不屑一顾。(秋实《最干净的人》)/ 我儿子跟我说:"爸爸您看我,喇叭裤、花衬衫,墨光眼镜黑领带,多派儿。"(王鸣录《教训》)/ ……还真够派儿,餐桌上居然摆了酒……(林希《天津闲人》)

排个儿 páigèr 排队(等候):现在……不再愁星期天排个买东西了。(赵鹤年 王金泽《顾客信赖他们》)/ 记者问:"怎么开这么快?"司机说:"不就为了早回去排个儿吗!"(佚名《天津黑出租群聚华苑,专找学生上车敢下就挨骂》)

拍呱儿 pāiguār 鼓掌:桂华站当间儿,我紧挨着她。大伙还一个劲地给我们直拍呱。(《天津快板《竞赛小曲》)/ ……瞎姥姥拍呱,我也拍呱。(吕舒怀《碎片上的女人》)/"挺不错……"厂长挺满意,拍着呱儿走上台……(雪屏《南门脸》)

拍老腔儿 pāilǎoqiāngr 以年长人的口气说话:传达室大爷拍着老腔劝她:"小两口,闹归闹,值不当的记仇。"(雪屏《南门脸》)

牌手儿 páishǒur 一起打牌的人:三个人正动脑筋想牌手儿,忽然门子一响……(张孟良《血溅津门》)

盘川 pánchuan 川,轻声;路费。

盘道 pándào 指通过交谈,探知对方的来历和底细:当时上来一个人……这就是要盘道了:谈哪个"门"的,师父是谁?(李松年《"我

想干干记者"》)/ 这个何申是谁呢?……互相好一阵"盘道"……(何申《"一万号"中的美好记忆》)/ 在一块儿"盘道"的时候,这个说自己是谁谁的后人,那个说自己是某某的亲戚……(刘一达《画虫儿》)

盘头 pántóu 旧时上年纪妇女头发向后梳,在脑后挽一个髻的发型:这个老太太有五十七八岁,花白头发梳着小盘头……(刘同叔《突破第一关》)/ 我抻脖子一看,一个留盘头的人坐在椅子里低头看手机……(王小柔《妖蛾子》)

膀 pāng 一声;比喻东西体积大而分量轻:这萝卜这么膀,怕是糠了。(口语)

旁不相干 pángbùxiānggān 无关,完全没有关系:她说她曾在网上寻求过帮助,结果得到的都是些旁不相干的资料……(雪屏《每个葡萄架下都有一只狐狸在等着》)

胖胖达达 pàngpangdādā 形容人身材有些胖的样子,褒义:吴,取杨瑛的原籍江苏吴县;茵,取杨瑛的长相胖胖达达的。(佚名《影人艺名趣谈》)/ 把势胖胖达达,看上去挺厚道的……(雪屏《南门脸》)

泡 pāo 形容东西内部空虚而松软,不坚实:这块木头里面都空了,太泡。(口语)‖ 估算:这车货泡打着有二百斤。(口语)

泡 pào 四声;比喻长久地呆在某个地方,有贬义:我同学的孩子,打三岁开始所有周末就泡在新东方英语班里,一出门弄得跟小老外似的……(王小柔《十面包袱》)‖ 泡蘑菇:你老在这儿泡也解决不了问题。(口语)

跑合儿 pǎohér 旧时为买卖或供需双方介绍、撮合,并从中取得佣金的中介职业;从事这种职业的人叫跑合儿的:……一笔买卖就是二十万,外加八万块跑合钱。(王维刚《一个"洋财主"的来历》)/ 过去天津有一种职业叫"跑合"……(林希《其实你不懂天津人》)

跑了和尚跑不了庙 pǎolehéshangpǎobùliǎomiào 指即使一时逃匿,也因其他无法摆脱的牵累而最终暴露,比喻做事情不能只看眼前,不计后果:他说,你别打算学那个做护照的,你可是"跑了

和尚跑不了庙"……(龙一《恭贺新禧》)

跑偏 pǎopiān　运动的物体或人偏离正确的方向,比喻说话、做事偏离正确轨道:这种笑过之后的冷思考固然不错,笔者却担心,可别像今年的小沈阳"跑偏"了……(张佩阁《小心别"跑偏"了》)/……他们的脑子就像被那些到处兜售的成功励志类的书给毁了,琢磨问题的方式总跑偏,从来不因地制宜。(王小柔《妖蛾子》)

刨外 páowài　除外:他们粮店的头儿……一开会就说:"整个粮店一个顶俄的没有,就果儿刨外。"(雪屏《南门脸》)/ 西头,或者说城犄角的人能刨外?(张仲《龙嘴大铜壶》)

泡澡 pàozǎo　洗澡,特指去澡堂洗澡:吃完了八大碗儿,奚正树说请李菊五去玉清池泡澡。(肖克凡《天津俗人》)

泡子 pàozi　灯泡。

陪 péi　陪送:婆子道:"难道他娘家陪的东西,也留下他不成?……"(《金瓶梅·第七回》)/ 西门庆促忙促急攒造不出床来,就把孟玉楼陪来的一张南京描金彩漆拔步床陪了大姐。(同上)

配 pèi　动物(交尾)配种:邻居左奶奶每次看见我都要说一句:"你们同学或者同事有纯种狐狸犬别忘了给我们家肥肥配一下。"(王小柔《妖蛾子》)

盆朝天碗朝地 pénchāotiānwǎncháodì　形容室内凌乱不堪的样子:记得大年三十下午,我到六柱儿家,但见盆朝天碗朝地……(徐彦增《除夕邻里情》)

盆干碗净 pén'gānwǎnjìng　形容(把食物、财物)全部吃光花光,没有剩余:去小饭馆吃饭,吃到盆干碗净,那是没有折罗可留的了。(林希《天津话逗你玩》)/ 不掐着吃,每人每户按本供应的粮食不出半个月就会盆干碗净。(姚宗瑛《安乐忆艰年》)

盆(儿)糕 pén'gāo　小吃切糕的一种,用黄黏米加小枣、豆类等放在盆里蒸熟,摆摊或沿街叫卖:卖盆糕的以摆摊的居多,讲究

现蒸现卖。(由国庆《盆糕 切糕》)

捧臭脚 pěngchòujiǎo 阿谀奉承:甲:……今后咱们不论在什么场合,你都捧着我点。乙:哦,让我去那个捧臭脚的!(王鸣录《扯皮专家》)/……老贾风光无限,回家跟老婆一说,老婆说,这鸟还真会捧臭脚。(阳煦山立《鸟市儿》)/"竹内健雄不愧是日本柔道第一高手!"胡飞也跟着捧臭脚。(姚宗瑛《赌跤》)

碰瓷儿 pèngcír 指行为人故意以对方的"过错"给自己造成伤害或损失为由,向受害人进行敲诈的行为:"碰瓷儿"骗车保今后不灵了(天津《城市快报》2005.12.27)/今年3月初,许某开始策划"碰瓷"……勒索司机。(天津《每日新报》2000.8.1)

□怕 pēngpà □,与"捧"同音,尚无习惯用字;恐怕:天儿不好,有雨,我口怕他道儿上挨浇。(口语)

棚铺 péngpù 旧时有钱人家办婚丧嫁娶或喜寿等事,需要在家里搭棚,棚铺就是为此服务的铺子:用品样样租来……跟手还请来棚铺……在二道院扎几座宽大阔绰的经棚。(冯骥才《三寸金莲》)

碰心气儿 pèngxīnqìr (就某事)互相交流各自的看法和意见:甲:……咱们哥俩说会儿闲话儿,碰碰心气儿。乙:有什么事儿,要碰心气儿?(王鸣录《选队长》)

擗 pǐ 将完整的、紧密的东西分离、分开:好吧,对乎你这号的,还他妈的用人多,我自己就把你擗了!(南郭玉鹤《风雨春梦》)

屁 pì 指没用的,错误的,虚假的:强一龙瞪了他一眼:屁话!多难的事,还等明天?能办的马上就办……(尹建民《强一龙的路》)/有人提醒高处长,瞎嚷嚷顶屁用,救人要紧!(吕舒怀《舍命吃河豚》)

批八字儿 pībāzìr 旧时卜卦的一种方法,通过人出生的年、月、日、时配合天干地支组成八个字,按迷信的说法可以预测人的命运和吉凶祸福:人们娶媳妇、聘闺女、细批八字儿找他……(孙树松 孙树芳《天津劝业场的传说》)

屁颠儿屁颠儿 pìdiānrpìdiānr 形容欢喜、兴奋的样子,作补语:

……跑到街上拎个烧鸡回来,孩子和小老姨一人一个鸡腿,美得屁颠儿屁颠儿的。(周德文《擦肩而过的"青年作协"》)

屁股蛋子 pìgudànzi 又叫屁股蛋儿;臀部:县官一看……一边乐得"叭叽叭叽"直拍屁股蛋子,一边急忙派人去传财主……(张士杰《秫秸船》)

屁股蹲儿 pìgudūnr 摔倒时身体向后倾,屁股着地的姿势:刘秀峰像捻捻转儿似的,身子一仄歪,打个趔趄,要不倒在别人身上,准得来个屁股墩(注:应为蹲)儿。(冯育楠《银沙滩》)/ 中年人被她搡得踉踉跄跄倒退好几步……差点一个屁股墩(注:应为蹲)坐地上。(吕舒怀《水铺》)/ 她蹲在地上一使劲,萝卜拔出来了,她也来了个屁股蹲儿。(韩德承《全家去"偷菜"》)

屁股帘儿 pìguliánr 旧时小儿穿开裆裤,冬季为了保暖而系在腰上的棉制小布帘儿,盖住屁股,称屁股帘儿。

屁篓子 pìlōuzi 戏称爱放屁的人。

屁泥 pìní 比喻无足轻重的人或事:崔咏竹在工厂里……也主持过多少次的会议,就自己这个家,就这么六个人的会议,让我主持,算个屁泥!(南郭玉鹤《拆迁记》)/ 三爷,不是吹……在我冯老辛眼里,都是屁泥!(张孟良《血溅津门》)

琵琶虾 pípaxiā 俗称皮皮虾,一种海产品,学名虾蛄,生活于近海浅滩:还有西红柿鸡蛋卤、蟹肉卤、琵琶虾卤等五花八门。(马金鹏《风味捞面席》)/ 渤海湾的琵琶虾好在哪? 鲜、肥。(白金贵《老食客》)

屁屁 pìpi 形容说话不真实,吹牛,自我显示:……你要把全部情况说清,要不然显得我屁屁。(杨志刚 刘鹏《路子野》)

屁屁蛋 pìpidàn 指说谎吹牛的人,有戏谑色彩:他话音儿还没落了,可急坏了王秀兰:"您别听他那一套哇,他是个屁屁蛋!……"(陈庆忠 周连群《老潘戒烟》)

屁轻 pìqīng 分量很轻:我手里拎着这块屁轻屁轻的布心里直犯嘀咕……(王小柔《妖蛾子》)

皮条 pítiao 指某些酥脆的食物（如油炸类面食）因存放时间过久、受潮而韧性增大，不再酥脆：你买那果子……搁一宿都皮条了……（王鸣录《不正之风》）

屁眼儿 pìyǎnr 又说屁眼子；肛门：翠喜：……你明儿要不来，你养出孩子可没屁眼儿……（曹禺《日出》）

囗 piā 现代汉语无此读音，一声；象声词，形容用手掌或木板等击打时的清脆声。

谝 piǎ 该字读音为天津方言独有，三声；自我夸耀和显示的意思：……一边抽他还跟我谝啦，这回我可捞了本啦，可解了烟馋啦……（陈庆忠 周连群《老潘忌烟》）

偏单 piāndān 有两间朝向相反卧室的单元楼房：……真理道的偏单租赁价格大概为每月700元左右……（天津《城市快报》2006.3.10）/女友家房子拆迁，我把他们一家三口接到我们家的老偏单……（佚名）

片儿汤 piànrtāng 汤里加佐料，煮面片做的一种汤面：天津人还爱吃片儿汤，恰恰返璞归真了。（白金贵《老食客》）

飘 piāo 又作漂；指不务正业，有家不回，各处游荡：其余的，不是没有罪错，只是他们有学不上，终日在社会上"飘"……（宁可《医治心灵的学校》）/孟潞带着两个女孩外漂，吸烟喝酒吸毒……孟潞又学会了赌博。（何斌《戒毒篇——天津警察讲段子》）

票贩子 piàofànzi 指以不正当手段抢购、套购紧俏车票、门票，然后高价卖出以获利的人：……拉链一开，打里面抽出一沓子免费券，票贩子似的。（王小柔《有范儿》）

撇家舍业 piējiāshěyè 形容不顾自己的家庭、事业：邻居李嫂……毅然撇家舍业去地处陈塘庄工业区的工厂上班了。（肖克凡《地震——人生速成班》）

撇子 piězi 量词，用于以拳击人：刘秀峰……呻吟道："我招谁惹谁啦，上来就是一撇子！……"（冯育楠《银沙滩》）/梨儿知道他是成心，生气了，干脆给他一撇子。（雪屏《南门脸》）

贫 pín 说话多而令人厌烦：这段相声太贫，没意思。（口语）

聘闺女 pìnguīnü 女有时念niu，轻声；家里的女儿出嫁：天津人不仅节气吃面条，娶媳妇、聘闺女、过生日、乔迁新居，必吃面条。（马金鹏《风味捞面席》）

贫嘴呱舌 pínzuǐguāshé 又作贫嘴刮舌、贫嘴鹆舌，也说贫嘴呱嗒舌；形容人话多而不当：相声里的这个"俗"并不是俗气，不是俗套，更不是贫嘴呱舌。（魏巍《魏文亮的故事》）／总演正剧的张嘉译在戏中……贫嘴鹆舌口吐莲花。（崔娜《〈借枪〉味道多引得网上热议 天津味儿开篇十足》）／她妈黑唬桃儿一句："你别贫嘴呱嗒舌……"（雪屏《南门脸》）

凭白 píngbái 指没有依据，没有原因：正月初八，陈自由不肯凭白把两只手枪还给我……（龙一《恭贺新禧》）

凭嘛 píngmà 为什么，根据什么；多用于诘问句，有强调的意思：凭嘛咱天津人在舞台上就得是那样的形象呢？（天津《假日100天》2006.3.17）／刘铁嘴惊讶地问："他凭嘛不同意？"（冯育楠《银沙滩》）

平米 píngmǐ 指平方米：例如有个单位，在七平米的地方办了一个洗澡间，一个做饭的地方，还建了一个厕所。（李瑞环《谈"少讲空话 多干实事"》）

平摊 píngtān 平着摊放在表面：都是住宅楼哪有专门放炮的地方啊，平摊在地上炮仗容易灭，所以只能找地方挂。（王小柔《十面包袱》）‖按平均数大家分摊：一共多少钱？咱大伙平摊吧。（口语）

平淌 píngtāng 又作平蹚；比喻做事顺利，没有阻力，没有困难：你不懂，我要把主任小姨子给办回来，以后我在这个厂里什么事都好办了。脚面的水——平淌。（王鸣录《不正之风》）／醱面他们家……有钱，大小饭馆子平蹚……（雪屏《南门脸》）

破罐熬好罐 pòguànnáohǎoguàn 罐多儿化；比喻体弱多病的人可以与健康的人一样长寿：谈起养生，民间有"破罐熬好罐"之

说。(赵文锦《也谈"破罐熬好罐"》)

破鼓乱人捶 pògǔluànrénchuí 对犯了错的人群起而攻之,有乘人之危的意思:咱得帮助他,不能破鼓乱人捶。(口语)/好啊!破鼓乱人捶呀!(冯骥才《神鞭》)

破谜儿 pòmènr 出谜语让人猜:破谜儿猜,破谜儿猜,一个馒头掰两开。(俗谚)

婆婆奶奶 póponǎinai 指婆婆的婆婆:她嫁的这户人家有婆婆,还有婆婆奶奶呢!(口语)

破铜烂铁 pòtónglàntiě 废旧破损的铜铁等金属制品垃圾:……便想方设法弄些破铜烂铁和玻璃瓶子去兑换……(王爱英《阅读从废品开始》)

破鞋 pòxié 指女人与男人有不正当关系,也指这种女人:当然,搞婚外情……男的叫耍流氓,女的叫搞"破鞋"……(吕舒怀《碎片上的女人》)/存车铺的程阿梅搞破鞋,我们已经把她逮起来。(同上)

铺持 pūchi 又作铺衬,铺扯;铺,一声,后字轻声,发音不稳定,近乎 shi 或 shu;指破旧的衣被等纺织品碎片:所以天津人过去管沿街吆喝、收购废旧物资的小贩,叫"喝烂铺持的"。这就是北京所谓"打鼓的"那种行业。(刘思训《天津方言词语小考》)/做鞋底的原料是碎布头,北方称为"铺衬"……([美]鲁道夫.P.霍梅尔 著 戴吾三等 译《手艺中国》)/我在家的时候,总帮奶奶打铺扯,把各式各样的碎布拿糨子粘在一起,在太阳下晒干……(雪屏《大串联》)

扑拉 pūla 又作扑噜、扑落;用手沿物体表面滑动,使平整或去掉灰尘、杂物:……房子塌了没关系,扑撸扑撸身上的土,就出来了。(王鸣录《看房》)/他无限喜悦,扑拉了一把小分头……(张孟良《血溅津门》)/……又用手扑落干净椅子上的尘土,笑容可掬地请高处长入座。(吕舒怀《舍命吃河豚》)

扑腾 pūteng 泛指干,做,活动,有时有贬义:这不才起照吗,

让他扑腾去吧,谁知最后能不能成。(口语)

铺眼儿 pùyǎnr 铺面,商店:早年,在天津劝业场有一家卖皮箱子的铺眼儿……(孙树松 孙树芳《皮箱店的"发财皮箱"》)/ 小街的两侧……各种店铺,如杂货、切面、典当等铺眼,民之所需应有尽有。(魏金城《童年小街》)

Q

欺 qī 紧密地靠近,凑近:……按摩小姐闻言,软着身子欺上来,摞住牛科长往贵宾间拽。(吕舒怀《舍命吃河豚》)/别欺着大人,怪热的,自个儿上外边玩儿去。(口语)‖指对某种食物过于贪婪:这孩子,见了肉太欺。(口语)‖长头发挨着肉的不适感:大长头发也不剪剪,不嫌欺得慌吗?(口语)

起 qī 介词,用于时间、地点等前面,表示从的意思:"……你起小就这样,什么事都瞒着我……"桃儿……说……(雪屏《南门脸》)

起儿 qīr 量词,用于建筑物等的层、阶:……蹬二十四阶爬梯,往二起囤里倒……大叔照样顶得住。(张孟良《血溅津门》)/他们去的那座楼,三起……老了,要拆,所以住户都搬走了。(雪屏《南门脸》)/这孩子,三起儿台阶一步迈!(口语)

戚鼻子 qībízi 鼻子向上皱的动作:……粉浆味刺得他直戚鼻子。(汤吉夫《房》)

气不忿儿 qìbúfènr 遇到不公平的事而心里愤愤不平:我一见恶人欺负一个弱女子,就打心里气不忿儿。(吕舒怀《水铺》)/……是由于妒忌,还是气不忿儿?(蒋子龙《农民帝国》)/他……心里气不忿而已。(烟雨苏州《美人西来》)/因此,李娇儿众人见月娘错敬他,都气不忿……(《金瓶梅·第八回》)

七大姑八大姨 qīdàgūbādàyí 泛指亲属,特别指关系不是很近的亲戚:七大姑八大姨的孩子呼呼往上冲,分浮财似的。(刘齐《躲年》)/天津的出租司机……都是自言自语掏心窝子型的,表还没跳

字儿呢,人家七大姑八大姨是干什么,家住哪儿,孩子在哪上学,跑一天车有多少挑费都端给你了……(王小柔《十面包袱》)

齐打呼 qídahū 形容多人热烈地(做某事):改老碱滩又不是赶庙会,齐打呼的凑哪门子热闹!(冯育楠《银沙滩》)

气肚子 qìdúzi 嫉妒:桃儿见她光惦记瓜儿跟果儿,不禁有点儿气肚子……(雪屏《南门脸》)

七个不含糊,八个不在乎 qīgebùhánhu,bágebúzàihu 丝毫不示弱的意思:老二梗着个脖子,七个不含糊,八个不在乎,一副大义凛然的架势……(雪屏《废墟,我的1976》)

起根儿立地 qǐgenrlìdì 从来,从根本上:伯爵道:"哥,你是稀罕这个钱的?夏大人他出身行伍,起根立地上没有……"(《金瓶梅·第三十四回》)

起鼓儿 qǐgǔr 平面的、瘪的东西鼓起来:男人多半里面一件精纺毛衣……头发都吹得很"起鼓儿"……(王小柔《十面包袱》)/ 都没起鼓儿,那饼烙的熟吗!(口语)

起哄架秧 qǐhòngjiàyāng 又说起哄架秧子、架秧起哄;在某种事态面前不是旁观或息事,而是设法加剧事态发展,有幸灾乐祸的意味:发面饽饽跟着起哄架秧:你多美,自个吃独食。(吕舒怀《碎片上的女人》)/ 这位苏鸿达二爷……只是每日跟着瞎葱葱,敲锅边架秧起哄,每日混口帮闲饭吃。(林希《天津闲人》)/ ……只在她认同的朋友圈子里,她"起哄架秧子"的本性才能淋漓尽致地暴露出来。(白花花《十面包袱·后记》《跟傻子赛的》)

齐活 qíhuó 完成,齐备:最简单也最便宜的是"猪八戒头"灯……把高的一面糊成"猪头",再加上两片大耳朵和一个大嘴巴,就齐活了。(杨小华《胜芳花灯》)

起火儿 qǐhuǒr 让人生气,着急:说了半天也不听,这孩子真叫人起火儿。(口语)

起急 qǐjí 心里急躁,着急:她是个干活特别麻利的人,这点我

就不如她,以前她经常看我干活起急……(杨静《妹妹命苦 嫁错了人》)

起开 qǐkai 开,轻声;走开,让开:起开,别堵着门口儿!(口语)

起来 qǐlai 来,轻声;形容儿童、少年长大成人:现在孩子都起来了,地里收种也都省事了,张三也盘算着跟建筑队出去。(司葆华《村里的首席大勺》)

起灵 qǐlíng 指旧时殡葬仪式中把装有死人的棺材抬起(运往墓地):开光完毕,是起灵。当棺材一抬起来,庞大的哭声骤然响起……(吕舒怀《碎片上的女人》)

骑马蹲裆 qímǎdūndāng 双脚稍稍分开,双膝微屈,作半蹲的姿势:赵奎元……咚咚咚咚走到那个大碌碡跟前,骑马蹲裆势一站……(张孟良《血溅津门》)/ 一个壮劳力走到玉良跟前转过身,一个骑马蹲裆式双手后扬着准备接麻包。(佚名《龙嘴大铜壶新传》)

气迷心 qìmíxīn 因受到刺激而发生的一种一时性精神疾患:三儿啊,二唤没"撞剋",她是气迷心……(吕舒怀《水铺》)/ 这样,她的"气迷心"越来越严重……(同上)

起腻 qǐnì 纠缠,找麻烦:翠喜:……缺了德的胖子,你放开手……少给我起腻。(曹禺《日出》)/ "哼!"俞秋娘……说:"马路边上喝大碗茶去吧,是人不是人的也来这儿跟你娘起腻。"(林希《天津闲人》)/ 杨四儿无精打采,老天爷也跟着起腻,薄薄的灰云把蓝天堵个严丝合缝……(张仲《龙嘴大铜壶》)

蹊跷 qīqiao 危险,不安全:梯子太陡,站得那么蹊跷,可别掉下来!(口语)

气人有笑人无 qìrényǒuxiàorénwú 形容一种不健康的心态,看见别人具有什么就嫉妒,别人没有什么又耻笑:……街坊邻居也是气人有笑人无的。(一默《水缸》)

气死 qìsǐ 胜过的意思,多用于比较的场合:为什么经过常爷调理的蛐蛐一个气死一个地全是英雄好汉……(林希《蛐蛐四爷》)/ 唉,这爷仨一个气死一个,好像是没有这个家似的。(南郭玉鹤《风雨春梦》)

起五更 qǐwǔjing　更念作"京",轻声;形容起床很早(五更天起床):你——你是谁家的姐姐呀?干么起五更来给我做饭呀?(张士杰《秫秸船》)

起子 qǐzi　发酵粉。

欺宗灭祖 qīzōngmièzǔ　见"欺祖"条。

欺祖 qīzǔ　欺宗灭祖,指生活享受的程度以及其他方面等超过逝去的家族先人(认为这是不孝):我们最早听长辈人教训不可欺祖,是从生活细节上开始的,譬如穿衣、吃饭……(林希《欺祖》)/ 但我又不能一五一十当着女大仙把我祖宗的寿命抖搂出来证明我们家压根没人长寿,太欺宗灭祖。(王小柔《妖蛾子》)

掐 qiā　计算、限制的意思:"定量"有限,不掐着吃,每人每户按本供应的粮食不出半个月就会盆干碗净。(姚宗瑛《安乐忆艰年》)

掐儿 qiār　量词,指拇指与中指或食指相对而握着那个空间的数量,适用于较小的细长东西:来一掐儿韭菜。(口语)

掐点儿 qiādiǎnr　又说掐(着)钟点儿;指时间掌握得过于精确,不提前留有余地:节日返程高峰今开始 旅客回程别太"掐点儿"(天津《今晚报》2006.10.5)/ 每天,他再也不掐着钟点上班,而是来得很早……(万国儒《踩电铃》)/ 也有人掐着点儿在午夜十二点放鞭炮……(司葆华《过年的讲究》)

掐架 qiājià　也简说掐,打架:……在女人面前,互相掐架,互相拆台,白小姐也不说话,只是看着他俩掐架斗嘴。(武歆《天津少爷》)/ 这两位爷一见面一准儿掐起来,话茬子比台上说评书的还出彩。(张传伦《这叫玩儿!》)/ 近日,《山楂树之恋》作者艾米……和编剧顾小白在博客里掐了起来。(王小柔《山楂树后艾米再写封笔之作》)

掐量 qiāliàng　掌握好大小、长短、多少、高低等的程度:春节饭馆"掐量上菜"(天津《城市快报》2006.1.5)/ 车位可不好进,掐好量啊!(口语)

恰捏 qiānie　斟酌:上了墩儿,要讲究刀口……大小块儿要得

恰捏好了。(张仲《张学良的美食二弟》)/做米饭放多少水,她老恰捏不好。(口语)

掐腰 qiāyāo 衣服腰部的尺寸与腰身合体,不松垮:一下台,就忙活着量尺寸,尽量掐腰点儿,忒肥了,跟邋遢三儿似的……(雪屏《南门脸》)‖ 指手的虎口张开,放在腰部的动作:梨儿掐腰站起来。"你耗着吧,我先躺一会儿去。"(同上)

卡子口儿 qiǎzikǒur 道路上经过允许方可通过的关口,也比喻办事的手续、环节:工人们一马当先……迅速地过了宁家房子卡子口。(张孟良《血溅津门》)/从小组那算起,小组、大组、车间……七道卡子口了……(王鸣录《买鸡蛋》)

欠 qiàn 说不该说的话、做不该做的事(而使人反感):你说这号人嘴欠不欠?(林希《天津话逗你玩》)/……弄来一只鸡,长相特中性,嘴特别欠,看见刚学走路的孩子就追着人家啄……(王小柔《十面包袱》)/桃儿对他使个鬼脸。"老实了吧?活该。欠!"(雪屏《南门脸》)

前儿 qiánr 时候,常与这、那、多连用,表示这时候、那时候、什么时候:"咳,人都到这前儿了,还惦着什么珍品不珍品的?……"(王筠《龙票》)/那前儿,他家附近有个野戏班子,隔三差五地在戏院子里唱大戏……(同上)‖ 又说前儿个;前天。

千层饼 qiāncéngbǐng 面食,用发好的面擀薄加油卷起,做成厚饼状蒸熟。

前后眼 qiánhòuyǎn 也说后眼;多与有或没有连用,指预测未来的能力:要有前后眼,房子便宜的时候就多买一套了。(口语)

钱紧 qiánjǐn 经济上、资金上不宽裕:创业板公司去年"钱紧"(天津《今晚报》2011.3.22)

前脸儿 qiánliǎnr 比喻建筑物或其他物体(物品)朝前的部分:……该车前脸机盖拱起,铁皮多处掀开……(天津《今晚报》2012.3.16)/瘦老头子接过鞋一看……前脸竖直,通体一码黑亮缎……(冯骥才《三寸金莲》)

前心贴后心 qiánxīntiēhòuxīn 形容饥饿:"你们快点儿吧,我都饿得前心贴后心啦。"(雪屏《南门脸》)

牵着不走,打着倒退 qiānzhebùzǒu,dǎzhedàotuī 比喻不听支使,自以为是:每日牵着不走,打着倒退的……(《金瓶梅·第一回》)

戗 qiāng 指双方语言不合,话不投机,或发生冲突:有人说,现在年轻人和老人无话可说,一说就顶,一说就戗……(李治邦《与老人聊天》)

锖 qiāng 又作戗;力度很大的摩擦:郭运起滚了一身土,挣扎着从地上爬起来,衣服也扯破了,脸上锖了一块皮,还渗着血……(张孟良《血溅津门》)/ 远远地听见一阵阵吆喝声,婉转得有如山歌,近前来才听得清:磨剪子嘞戗菜刀……(雪屏《每个葡萄架下都有一只狐狸在等着》)

戗 qiāng 抵,顶:春莺叫着转身跑进自己的房中,晚了一步,晏扬已用肩膀戗住了房门。(南郭玉鹤《风雨春梦》)

呛鼻子 qiàngbízi 因空气中烟尘多或有难闻的气味而造成鼻子不舒服的感觉:……正赶上清炉……炉灰雾气升腾起来,又呛鼻子又腌眼。(杨柏林《盘根错节》)/ 这时候,隔离带上已经撒了一遭石灰,呛鼻子。(雪屏《瓦砾》)

呛火 qiānghuǒ 又作炝火;由于不同意、不服气而故意较量,有打赌的意思:"……大哥,他要能忌烟,赶明儿我忌饭!"老潘说:"嗳!你还别呛火……"(佚名《老潘忌烟》)/ 游戏"炝火"电玩赌输赢 践行"诺言"课本丢进河 (天津《今晚报》2009.9.26)/ 曾老虎呛火说:"好,够义气。如果你捞出这块现大洋来,我曾老虎情愿将海河码头让给你。"(张孟良《血溅津门》)

抢话 qiǎnghuà 又说抢嘴,在别人说话当中不适当地抢着插话:请有些人自觉些,别抢话!安静!(南郭玉鹤《拆迁记》)/ 最后……几个人乱哄哄地抢话……(王小柔《有范儿》)

强量 qiángliang 量,轻声,又作强梁;要强,不服输:她平时对

存先顺从惯了,为了要培养他的强量性格,此时如果不跟他豁个儿,就劝不住他。(蒋子龙《农民帝国》)/"这一点,你比我强梁。"梨儿真心佩服她。(雪屏《南门脸》)

戗毛儿 qiāngmáor 毛发竖立,也形容发怒:这小狗几天没见,怎么戗毛儿啦?(口语)/她……说:"我警告您,谁再满世界给我搜罗些神头鬼脸的小子来咱家,我就跟谁戗毛儿!"(雪屏《南门脸》)

抢男霸女 qiǎngnánbànǚ 又说欺男霸女;形容旧时官府衙内或地痞恶霸鱼肉百姓的恶行:武工队端了袁各庄据点以后,嘎久儿再也不敢……抢男霸女仗势欺人了。(张孟良《血溅津门》)

呛呛 qiāngqiang 又作戗戗;指七嘴八舌地讨论或争论:……他在今晚的会上说上几句话,就比咱在屋里呛呛一万句都管用。(冯育楠《银沙滩》)/院子里乱哄哄地就戗戗开了……(蒋子龙《农民帝国》)

墙围子 qiángwéizi 又叫炕围子;旧时贴(或挂)在室内炕的上方墙壁上有图案的花纸(或花布),约一米高,起美化和清洁作用:昨天我去了学校,好家伙,了不得喽!……大字报跟贴墙围子赛地把教学楼全糊满啦。(吕舒怀《美人尖儿》)

抢眼 qiǎngyǎn 显眼,引人注目:海光寺路口的那副巨幅对联"人增福寿年增岁,鱼满池塘猪满栏"分外抢眼。(天津《今晚报》2007.2.12)

抢嘴 qiǎngzuǐ (在别人说话当中)抢先插嘴说话:小孩子家,别抢嘴!(口语)‖戏称不期而至来吃饭:看,饭刚熟,抢嘴的来啦。(口语)

俏 qiào 见"俏头儿"条。

桥帮 qiáobāng 桥的两侧高出桥面、起安全作用的部分:桥帮也是用长条石砌的,半米高,一尺多宽……(蒋子龙《农民帝国》)

敲铲子 qiāochǎnzi 比喻说风凉话:别听他敲铲子,咱干咱的。(口语)

敲打 qiāoda 比喻用语言刺激或批评别人:在现实生活中,惧

内的人总是自觉腰不直气不壮……难免被朋侪敲打取笑。(王开林《漫谈"季常之癖"》)

俏档儿 qiàodàngr 形容事半功倍的事：路口摄像记下行踪 俏档儿(陈宝琪《发现蛛丝马迹 他将"死"案弄"活"》)

撬行 qiàoháng 做与他人相同的买卖（或其他相同的事情），以对他人造成威胁（或产生负面影响），使他人处于不利地位：马说："……我不能'撬行'啊，我要练了，回头金业勤就没饭了。"（李世瑜《"里是鱼"：李世瑜——我和朋友马三立》）

瞧好(儿) qiáohǎo 等着好的结果，有时用于反义，指坏的结果：好戏即将开场，您就等着瞧好吧！（天津《今晚报》2006.4.17）/ ……我雨点出马，一个顶仨。孩儿他娘，你就瞧好吧！（韩映山《雨点下淀》）/ 冯老辛说："你瞧好吧，到时候你就明白了。"（张孟良《血溅津门》）

撬话 qiàohua 又作翘话；故意用语言刺激或挑拨：你嘎嘎一句，他撬话一句，没辙，屈掌柜只好从自己手上撸下一枚黄澄澄的戒指……（李云冲《逗孩子》）/ 桃儿翘话梨儿。这话，桃儿可以说，梨儿绝对说不出口。（雪屏《南门脸》）

翘棱 qiāoleng 翘，又说二声，棱，轻声；抬起（身体的某个部位）：桃儿翘棱着眼皮说……（雪屏《南门脸》）‖形容凹凸不平：他那西服下摆总是翘棱着，也不熨熨！（口语）

雀蒙眼 qiāomengyǎn 蒙，轻声，又作雀么眼；夜盲症，也指视力不好的人：因为鸟儿一到了天黑就什么也看不见了，这就叫雀蒙眼儿。（林希《天津话逗你玩》）/ 我一天到晚在你跟前晃悠，你还瞧不出个蹊跷古怪来？简直是个雀么眼！（雪屏《南门脸》）

悄没声儿 qiāomoshēngr 安静，寂静无声：两个人一时都僵住了，都悄儿没声地坐下……（雪屏《南门脸》）

巧使唤人 qiāoshǐhuanrén 用计让人不计报酬地为自己服务：记得有两次姥姥看见我在同学家帮人家纺线……她似乎认为人家是在巧使唤人……（庚子《又到清明》）

俏头儿 qiàotour 头儿,轻声;指烹调时,为了增加菜肴的色泽、口味、营养等,在菜里添加数量很少的辅料:然后,在肉馅中加入少许韭菜,作为提味儿的"俏头儿"……(谢德斌《味道鲜美的鲅鱼水饺》)|| 在主料里加俏头叫俏:炒鸡蛋可以俏点韭菜。(佚名)

雀子 qiāozi 雀斑:小康娘辩解道:人家姑娘长得多标致,脸蛋就俩雀子(雀斑),哪有麻子?(吕舒怀《小人书铺》)

瞧嘴 qiáozuǐ 又说看嘴,指看人吃饭:再没什么可吃的了,小伙伴们溜达去"瞧嘴"。"瞧嘴"是秃子提议的……(吕舒怀《碎片上的女人》)/ 快回家,别在那看嘴。(口语)

戚 qiē 音同"且",一声或三声;尊称到家里来的客人:黄石爷说:"请?我是戚?……还用请?……"(冯育楠《银沙滩》)/ 譬如来客人说"来qie了"……(刘大枫《一些常说却未必会写的字》)/ 铁牛……问道:"是不是来戚啦?"(张孟良《血溅津门》)

□ qié 音如"茄";以过去的事为借口,对人发泄不满:多少年的事了,还□着人!(口语)

且 qiē 见"铁"条。

怯 qiē 害羞,不大方,或不合时尚、缺乏知识与经验:穿这么身衣裳,太怯了。(口语)

切糕 qiēgāo 小吃,用江米或黏黄米(或面)作主料,配一些豆类以及小枣、豆馅等蒸熟:有卖江米、黄米小枣切糕的……(夏华《话说天津的地、事、人》)/ 她手心里攥着钱,步履匆匆地往张记切糕铺奔去。(吕舒怀《碎片上的女人》)

亲的热的 qīnderède 指有血缘关系或配偶关系的亲人:翠喜:……咱们姐妹不是什么亲的热的,东来西往地你在老姐姐我的屋子搭住这三天也是咱们姐儿们的缘分。(曹禺《日出》)/ 亲的热的凑成一台戏,不容易,你敬着我我敬着你……(林希《蛐蛐四爷》)

勤行 qínháng 指餐饮业:在当时的勤行(厨业)有一句行话叫"教会徒弟,饿死师傅"。(王敦煌《吃主儿》)

勤谨 qínjin 勤快：我们厂长喜欢勤谨人。(石世昌《巧练唇舌》)/妇人道："……男子汉虽厉害，不打那勤谨省事之妻……"(《金瓶梅·第七回》)

亲戚里道 qīnqilǐdào 形容具有亲戚关系的人或其他熟人：甲：有工夫您上我们那串门去。乙：不敢，我怕老虎把我吃了。甲：好意思吗？亲戚里道的。(王鸣录《教训》)/"……亲戚里道，不能不留个退身步……"(雪屏《南门脸》)

亲叔伯 qīnshūbái 指各自的父亲为亲兄弟的叔伯兄弟姐妹之间的亲属关系：别看生产队长这"官"不大，手中也有权哪。亲叔伯哥哥找上门了……(杨震《断臂之后》)

擎 qíng 坐享(现成的好的结果)或坐等(不可避免的坏的结果)：跟我在一块，你就擎着长学问吧！(王鸣录《扯皮专家》)/ 就他们那一家人的德性，婆婆、大姑子、小姑子，哪个是省油的灯，你嫁过去，擎着受气吧。(林希《天津话逗你玩》)

亲 qīng 对亲家亲属间的称呼，如夫妻各自的兄弟姐妹称对方的父母为亲爹、亲娘：姐姐的公公，姐夫的爹，外甥的爷，爸爸的亲家，我亲爹。(《中国民间文学·小姨子哭亲爹》)

擎好(儿) qínghǎo 坐享好的结果，多用于让人放心的场合：这更好办！您一会就擎好吧！(张士杰《秫秸船》)/ 今世死了有来世。三爷，您就擎好吧！(张孟良《血溅津门》)

青果 qīngguǒ 橄榄：这些水果有苹果……青果、菱角等几个品种。(《天津日报》1980.1.19)/ 小董……问我对英式橄榄球感不感兴趣，我说我觉得青果口感还不错……(王小柔《妖蛾子》)

青酱 qīngjiàng 酱油：年轻人虽不这么叫了，但很多老天津人仍将酱油叫做青酱。(刘思训《天津方言词语小考》)/ 老年间的酱园……可以随吃随买青酱、老醋、酱菜等。(由国庆《青酱滋味浓》)

青麻叶 qīngmáyè 天津特产大白菜的一个优良品种，又称核桃纹青麻叶：核桃纹青麻叶……才是真正的"天津白菜"。(李志强《中国北方俚曲俗情》)/ 天津青麻叶大白菜叶球呈长筒形，叶子呈绿色

……(张存信《天津青麻叶大白菜》)

青苗(儿)蒜 qīngmiáosuàn 初春时节尚未完全成熟的蒜,蒜头不大,茎亦可食。

轻省 qīngsheng 轻松,省力,也指分量轻:……机器一开,布就跟着转,人只要坐在一边看着,又轻省,又多出活……(万国儒《龙飞凤舞》)/ 我坚持送他一程,他爬他的,我给他拿着标语……好几丈的大红布,也不轻省呢。(雪屏《瓦砾》)

清汤寡水 qīngtangguǎshuǐ 形容菜肴食物没有油水,寡淡无味:上周末,我发现纲子的肚子小了,人也瘦了……清汤寡水儿的减肥,受得了吗?(天津《今晚报》2006.4.6)

擎现成 qíngxiànchéng 不出力而坐享成果:大家合伙做生意,你跑执照,我跑房子,只有他什么也不干,"合算你擎现成?"(林希《天津话逗你玩》)

青性子 qīngxìngzi 形容瓜果尚未完全成熟时的一种不好的味道:菜农把青萝卜入土窖收藏后,青萝卜逐渐失去"青性子"味……吃起来"嘎嘣脆"……(张仲《卫青萝卜》)

轻易 qīngyì 易,三声,有时四声;副词,经常、容易的意思,后面多加"不",表示不经常,很少:你们几位轻易不进市里来,尽兴玩玩。(张孟良《血溅津门》)/ 言老顺平日里……轻易不犯脾气……(南郭玉鹤《言老顺小传》)/ 我酿的百合酒轻易醉不倒人,不过,要是醉了,又轻易醒不过来。(雪屏《天堂的助跑》)

清一水儿 qīngyìshuǐr 见"一水儿"条。

穷 qióng 用于某些名词或动词前,表示厌恶、蔑视、不满等情绪:穷叨叨! 穷叨叨! ……嘱咐小子好好干活就是了……碎嘴子!(汤吉夫《忌烟》)/ 我不爱去那种喝茶的地方就因为穷规矩太多,想喝点水都费劲……(王小柔《有范儿》)

穷大手 qióngdàshǒu 形容手头不富裕却花钱大方,也指这种人:……从"穷大手"到精打细算的理性开支。(张纹《"穷大手"消费变得

理性了》)/ 看他挺阔,那是个穷大手!(口语)

穷横 qiónghèng 形容人态度生硬,蛮横无理:天津人说穷横,爱犯大爷脾气,不讲理。(林希《天津话逗你玩》)/……求人嘛,别那么穷横!(南郭玉鹤《风雨春梦》)/ 并且,在哭穷和穷横中总结了一套行而有效的划价方法。(王小柔《十面包袱》)

穷家富路 qióngjiāfùlù 指家里即使不富裕,外出时路上也要带足够的钱,以备不时之需:核桃王把钱硬塞进他口袋说:"穷家富路,道上带着方便。……"(叶子《核桃王》)/ 继父……说,我这还有两万,穷家富路啊!(何斌《戒毒篇——天津警察讲段子》)

穷气 qióngqi 形容贫穷,寒酸(与阔气相对):自己这印花蝴蝶……一比,太穷气了。(冯骥才《三寸金莲》)‖气,四声;指表现出来的寒酸相:鸟市人像躲避瘟疫那样,迫不及待地逃离开冒穷气的鸟市。(吕舒怀《舍命吃河豚》)

穷人乍富 qióngrénzhàfù 指原来的穷人短时间内突然发财:他们家地上铺了密密麻麻的鹅卵石……我也把鞋甩在外面,一心想看看穷人乍富是什么样。(王小柔《十面包袱》)

穷式 qióngshi 或作穷势、穷实;形容人外貌不端庄,也指做事不大方:她怎么打扮也显得穷式。(口语)/ 就送人这个?太穷式啦。(口语)

糗 qiū 满、挤的意思:比如,锅里的饺子下得太多了,在北方口语里都叫糗。(刘思训《天津方言词语小考》)/ 到后半夜谁也不走,一大家子人糗在一套小偏单里,女宾一间,男宾一间,和衣而卧……(闲耕《逐客饺子》)‖ 软磨硬泡的意思:咳,你要打,我不走,大大的工夫慢慢地"求"(注:应为糗;原注:读上声,泡蘑菇的意思。),"求"到黑里你管饭,要给孬的我不干……(袁静《小黑马的故事》)‖ 煮,制作(豆馅儿等):……往后再敢迈进老秦家门槛,拿她糗豆馅儿!(雪屏《南门脸》)

囚闷 qiúmen 心胸不开阔,郁闷,也指因活动范围有限而寂

寞、无聊的感觉:问祖父何以不在北京多住些日子?祖父回答说:囚闷。(林希《天津话逗你玩》)

秋傻子 qiūshǎzi 又叫秋老虎,指立秋以后仍十分炎热的天气:"秋老虎、秋傻子"……泛指立秋后天气反复再现炎热的一种现象。(胡智伟《立秋,天津卫"老例儿"多》)

求爷爷告奶奶 qiúyéyegàonǎinai 又说求爷告奶奶;形容低声下气地求人:买自行车,当时是要票的……还是我妈,不知从什么地方求爷爷告奶奶讨来了一张自行车票……(雪屏《废墟,我的1976》)/跑销售实际是求爷告奶奶活儿……(吕舒怀《舍命吃河豚》)

去 qù 充当,扮演:你小子,不干活,光去吃的,还说风凉话!(南郭玉鹤《风雨春梦》)/我认识那个去丫鬟的演员,在咱门口儿住。(口语)

去 qù 用于某些形容词后,后面有时加"了(啦)",表示"非常…"、"…极了":别人吸毒上瘾……靠抢甚至靠碰瓷儿的,多了去了。(何斌《戒毒篇——天津警察讲段子》)/八爷玩鸟的名堂大了去了……(张传伦《这叫玩儿!》)

去薄 qùbáo 指男子理发(分头)时,由于头发过密而剪得薄一些:马:我理发总得去薄——头发太多,不脱头发,你行吗? 王:我哪点儿也不行。(马三立相声)

取灯儿 qǔdēngr 也叫洋火儿、洋取灯儿;旧时称火柴:"取灯儿",现在已没有这一名称了。清末民初时还有,它是"火柴"的前身。(李志强《中国北方俚曲俗情》)

去根儿 qùgēnr 从病的源头根治,以保永不再犯,比喻从根本上解决问题:只有全体业主提高爱护小区公共设施的意识,才能让此问题"去根儿"。(天津《今晚报》2011.10.26)

苣荬菜 qūmaicài 又叫苣菜,苦麻菜;一种早春季节的野菜,性寒,有苦味:一公斤苣荬菜卖到20多元,是去年同期的1倍多,是猪肉时价的2倍多。(天津《今晚报》2006.4.5)/老妈打电话晚上过去吃饭……楚摸点苣荬菜不算空手去……(红梅花儿开《苣荬菜》)

"嘎儿都说嘎儿话"——天津话这么说

蛐蛐儿 qūqur 蛐儿,轻声;蟋蟀:仔细一看,竟是几只蛐蛐儿。(天津《今晚报》2006.4.1)

去去 qùqu 表示原谅,不予计较的意思:……去去吧,少给分量,多赚了钱,也是国家的。(贾菊生 温超藩《席连瑞和他的"关系户"》)

全合人(儿) quánhe'rén 又说全科人;指配偶父母子女都健在的人:霍元甲……在两个德高望重的全合人陪同下,在洞房内静候花轿到来。(冯育楠《津门大侠霍元甲》)/……还请来了闹洞房的"全合人"。这全合人儿必得是女性,而且必要有儿有女,父母公婆俱全……(烟雨苏州《美人西来》)

全科 quánke 齐全的意思:一年过一回大节,天津老太太什么都讲求"全科",卅的饺子一包就是四五样儿。(白金贵《老食客》)

全须全尾儿 quánxūquányǐr 比喻完好,完整,什么也不少:……限三天以内全须全尾把东西送来。(王维刚《杨梆子和他的干兄弟》)/ 天津人叫好是有讲究的,为嘛停这么一会儿……是得把戏听全了,听完了,全须全影(注:应为尾)儿,别搅和了戏……(叶子文豹《耍板》)/ 大亮吸毒这些年,最初的毒友已经没剩几个了。有的走人了,有的进去了,只有他还全须全尾。(何斌《戒毒篇——天津警察讲段子》)

缺 quē 缺德的省略说法:"见死不救,那就太缺了。"桃儿……反对。(雪屏《南门脸》)

缺宝儿 quēbǎor 见"卖缺宝儿"条。

缺德带冒烟儿 quēdédàimàoyānr 极度的缺德:是咱家的人吗?咱家的人不会这么缺德带冒烟儿吧!(南郭玉鹤《拆迁记》)

缺觉 quējiào 指睡眠不足:课业负担重 孩子都缺觉(天津《今晚报》2006.12.6)/ 晚不晌儿……她又困得睁不开眼睛了,严重的缺觉。(雪屏《南门脸》)

缺心眼儿 quēxīnyǎnr 傻:……别人都传闻这个姑爷有点缺心眼……(蔡艳云《傻姑爷的故事》)/ 一个年龄相当并不缺心眼的姑娘,她有

一万条理由对一个陌生的异性充满向往。(宋潇凌《我为谁守身如玉》)

缺嘴儿 quēzuǐr 指吃的方面没有得到满足：晚上，我跟赵文雯汇报当天的盛事，那厮说："我就知道你又去丢人了，你就那么缺嘴吗？"(王小柔《乐意》)/ 她看着他狼吞虎咽，很开心；他太缺嘴儿了，瓜条子脸都嘬腮了。(雪屏《南门脸》)

R

R

染一水 rǎnyīshuǐ 简说一水；比喻参与不会有最终理想结果的事：谁跟他一提搞对象的事他就说："我说成不了，就别再染一水了。"（裴伟《当"官"要为民谋福》）/ 我才不跟着你们染那一水了。（林希《天津话逗你玩》）‖指具有某种关系：这两个人有一水。（同上）

饶 ráo 连词，表示叙述上让步，有虽然、尽管的意思：饶给了他这么多钱，还没落好！（口语）/ 饶是这样，不但没人骂她……反而对她敬了三分……（雪屏《南门脸》）

饶 ráo 又说白饶，指商品交易时卖主除了以正常价款收钱付货外，再无偿赠送给买主一些：把那俩"硌窝儿"饶给我吧。（王鸣录《买鸡蛋》）‖指除去应有的以外另加的：后面饶的这半杯，没给奶，还放了好几勺糖，喝着跟红糖水似的。（王小柔《有范儿》）/ 为这个再饶进几个人可不值当的。（烟雨苏州《美人西来》）

绕脖子 ràobózi 形容说话做事故意绕圈子，不直截了当：我不同意……这些作品叫人看不懂是因为它含蓄，我说这叫绕脖子。（刘绍棠《也谈创作上的几个问题》）

绕麻儿 ràomár 形容行为和常人相左，不合常情；也指这种人：秦惠廷早就发现果儿变得有点儿绕麻儿。（雪屏《南门脸》）/ 经作者的一番钩沉索隐，可以认定形容人性与众相左是"拗芒"一词，而不是"绕麻儿"三字。（顾道馨《中国北方俚曲俗情·序》）

绕世界 ráoshìjiè 又简说绕世（世，轻声）；满处，到处，所有地方的意思：……你上哪儿去了？绕世界找不着您！（冯育楠《银沙滩》）

这就吃饭,别绕世玩儿去了。(口语)

热火罐儿 rèhuǒguànr 见"抱热火罐儿"条。

惹篓子 rělóuzi 惹祸,捅娄子:……不行,得想办法让施工单位出头联系,谁惹篓子谁出检测费嘛。(尹建民《强一龙的路》)

惹惹 rěre 又作热热,喏喏,前字二声,后字轻声;指参与到一些人中一起进行某种活动,贬义的时候多:谢涛说,那阵子不敢去外边惹惹了。见了歌厅之类的地方,心里就发毛。(何斌《戒毒篇——天津警察讲段子》)/ 解放前,许多天津人没有准事由儿,也就是没有固定的职业,你问他做什么事?他回答你说"瞎惹惹"。(林希《其实你不懂天津人》)/ 实在没辙了,还得跟小哥几个喏喏去,喏喏成这样,你们想管也管不了啦。(王鸣录《教训》)/ 大伙齐说好,我更打心里乐:"你这一巧安排,我也没算白'热热'……"(佟有为《刹住歪风》)

热窑 rèyáo 比喻局面混乱,气氛紧张:他们这时候已经顾不上……早打成一个热窑了。(雪屏《废墟,我的1976》)

人吃马喂 rénchīmǎwèi 人的口粮和马的草料,比喻最基本、最必要的开支:但是,这些钱只够"人吃马喂",再用钱只能寻找别的渠道。(刘峰岩《难忘的岁月》)

认倒霉 rèndǎoméi 被迫接受倒霉的事:谁让咱买打眼了呢,认倒霉吧。(口语)

人灯 réndēng 戏称身体瘦弱、体质空虚的人:……整天抽大烟,玩女人,都成了人灯了。跟你老子一样,不中用的东西。(罗春荣《金糖葫芦》)

人多打瞎乱 rénduōdǎxiālàn 形容做某些事情时,人数超过了需要,反而会造成七手八脚地添乱的混乱局面:人多打瞎乱,鸡多不下蛋。(俗谚)

人高马大 rén'gāomǎdà 形容人身材高大,健壮:三哥很外向、热情,年纪在二十三四岁,人高马大的……(佚名《龙嘴大铜壶新传》)/ 就在此时,一个大嗓门喊道:"捧场的来啦!"话音落地,一个人

高马大的汉子进了跤场。(姚宗瑛《赌跤》)

仁果儿 rénguǒr 又作人果;花生:甲声(尖锐地):橘子大香蕉啊!人果栗子啊!(曹禺《日出》)

任嘛 rènmɑ 不管什么,无论什么:寨主住持锅伙事宜任嘛便宜没有任嘛好处捞不着……(烟雨苏州《美人西来》)

认门儿 rènménr 客气话,指第一次去别人家里做客:今天我去你们家认门儿,哪天,我带着他们娘俩再去拜访!(南郭玉鹤《风雨春梦》)

人命官司 rénmìngguānsi 关乎人命的诉讼案件:何老师问你因为吸毒害过谁?比如那次人命官司。(何斌《戒毒篇——天津警察讲段子》)

人模狗样(儿) rénmogǒuyàng 装模作样的意思,贬义,骂人话:谁成想他就是显赫一时的大"司令",曾照过人模狗样的标准像。(马子《辩证法拾零》)/……他就人模狗样成了"总经理"。(王维刚《一个"洋财主"的来历》)/骂声四起。"真丢人!""看他人模狗样的像条汉子,闹半天这么没骨气!"(姚宗瑛《赌跤》)

认便宜 rènpiányi 形容没有达到最坏的程度,有自我安慰的意思:那意思蹭我一脸还得认便宜……(王小柔《有范儿》)/ 不就蹭破点皮吗?没摔伤那就认便宜。(口语)

人气儿 rénqìr 由于人多而形成的浓烈气氛:……他的摊儿前就总围着一群人,说说笑笑,热热闹闹,做买卖讲究聚个人气儿,……(阳煦山立《鸟市儿》)

认死扣儿 rènsǐkòur 心里的疙瘩解不开,有认死理的意思:人心都是肉长的,她……不再认死扣了。(雪屏《南门脸》)

人头儿 réntóur 人数的意思:……之后每次发药都算我一个人头儿,我领完把药再交给她……(王小柔《妖蛾子》)

人物 rénwu 物,有时轻声;指出名的或举足轻重的人:历史上,凡是天津人,一旦成了人物,这个人就不在天津待了……(林希《其实你不懂天津人》)/ 凤五魁……问道:"您刚才没看见哪?那拉住汽车的小子,可是个人物哪!……"(烟雨苏州《美人西来》)

人五人六(儿) rénwǔrénliù 戏称重要的人,贬义的时候多:我们几个人都是各基层连队的冠军,个个都人五人六的,但是到了军区集训队一强化训练就都傻眼了……(佚名)/ 我的同学其实以前人特别朴实,自从给自己起了个外国名字以后就变得人五人六的。(王小柔《妖蛾子》)

人性 rénxing 性,轻声;指人的品质:就他那人性,谁理他?(口语)

仁义 rényi 义,轻声;形容人懂得情理,和顺善良:他走了,用天津卫的话说,他走得够"仁义",说走就走了。(魏巍《魏文亮的故事》)/ 别看他人儿小,可挺仁义。(苏书棠《正兴德茶庄的由来》)/ 大伯追上来,为高山扶正了警帽说,小哥儿几个太仁义了!(何斌《戒毒篇——天津警察讲段子》)

□ rōu 念肉的一声;物体松动,不稳定:这梯子有点□,上去小心啊。(口语)‖悬空,摆荡:孩子坐秋千上□着玩儿。(口语)‖快速地由一地到另一地:原想光去沈阳的,一下子又□到哈尔滨去啦。(口语)

肉 ròu 形容人性子慢,动作迟缓,用于物则表示东西不脆,软绵:这两口过日子挺有意思……一个性子肉,一个性子爽。(韩映山《雨点下淀》)/ 这西瓜怎么肉瓤子?(口语)/ 我刚要开口就听见阿达说:"女的怎么了?离二百米你就知道人家是女的,要是一爷们那么肉呢?"(王小柔《妖蛾子》)

肉墩子 ròudūnzi 比喻人胖:……我遥望了一下她肉墩子似的身影……老徐的目光紧随着肉墩子进了洗手间……(王小柔《有范儿》)

肉滚儿 ròugǔnr 比喻(人或动物)肉多,胖:当初我认识她的时候,她长得就像肉滚儿似的……(崔武《减肥计划》)

肉烂嘴不烂 ròulànzuǐbúlàn 形容嘴硬,不改口:桃儿肉烂嘴不烂……(雪屏《南门脸》)

肉埋饭里 ròumáifànli 比喻做事没达到应有效果,常指一种不聪明的行为:……同事戏谑曰:"真是佾捯饬,肉埋在饭里了。"(扈其震《自行车情结》)/ 此外,还有"小菜一碟"、"肉埋饭里"等,均属此类。

(刘思训《天津方言词语小考》)

肉头 ròutóu 指性子慢的人:这个肉头,还在这磨蹭呢!(口语)

肉头 ròutou 比喻丰满而柔软:瞧您这手,如白玉,似嫩藕,肉肉头头。(关飚 文琪《废品》)

肉头儿 ròutóur 肉类的边角下料:甲:……他那大油是我给办的,四斤多连肉票都没要。乙:怎么? 甲:甩的,当肉头儿处理的。(王鸣录《不正之风》)

肉眼凡胎 ròuyǎnfántāi 凡人的意思:甭看你看过这账本,你一个肉眼凡胎的蠢财主,可懂个屁呀!(张士杰《秫秸船》)

擩 rǔ 插,塞,有时特指强行或不公开地交付:他非把钱擩给我不可。(刘大枫《一些常说却未必会写的字》)/ 奶奶颠颠迎出去,掏出五分钱擩到秃子手心。(吕舒怀《碎片上的女人》)/ 这次在袁各庄修工事,嘎久儿挨门挨户地抓夫,有钱的主儿给嘎久儿擩了钱,送了礼……(张孟良《血溅津门》)

软的欺负硬的怕 ruǎndeqīfuyìngdepà 欺软怕硬:……人家会说我强一龙说话不算话,软的欺负硬的怕,不男人。(尹建民《强一龙的路》)

软钉子 ruǎndīngzi 比喻礼貌、客气地拒绝:罗素碰了个不大不小的软钉子,让我很开心……(雪屏《每个葡萄架下都有一只狐狸在等着》)

软硬不吃 ruǎnyìngbùchī 软的手段和硬的手段都不奏效:这孩子没法管,软硬不吃。(口语)

S

仨饱俩倒儿 sābǎoliǎdǎor 指每天的吃饭、睡觉,形容没有理想、没有追求地混日子:……小子,干活吃饭,仨饱俩倒,得啦!(汤吉夫《戒烟》)/ 她给自个儿规定……不能光仨饱俩倒伸懒腰了。(雪屏《南门脸》)

撒搭 sáda 又作撒打,也说撒么、撒摸,后字均轻声;偷偷地扫视:我偷着抽了一把掖进嘴里,心里害怕,拿眼往四外一撒搭,看别人的嘴也在动弹。(蒋子龙《农民帝国》)/ 她……用眼四下撒打撒打,就奔前面老槐树底下那个茶摊走过去。(张孟良《血溅津门》)/ 老贾……蔫溜溜到自己摊位上,偷眼撒么老赵的动静……(阳煦山立《鸟市儿》)

撒大泼 sādàpō 撒泼:媳妇迷迷糊糊地起来问他,警察怎么上咱家来了?他跟媳妇说,抓咱卖淫嫖娼来了。媳妇当场就撒大泼了。(何斌《戒毒篇——天津警察讲段子》)/ 孩子明显感动了,没一会儿就开始在院子里撒大泼……(王小柔《有范儿》)

仨瓜俩枣儿 sāguāliǎzǎor 比喻东西数量很少,微不足道:桃儿她妈哼了一声:"……我难道是仨瓜俩枣就能拨拉动的人吗?……"(雪屏《南门脸》)

撒欢儿 sāhuānr 因兴奋而连跑带跳的样子:这一回,再不敢撒欢儿了,像盲人一样,仔仔细细地探路,战战兢兢地迈步。(雪屏《每个葡萄架下都有一只狐狸在等着》)

撒火儿 sāhuǒr 拿别人或借机发泄怒火:他惹不起二丫,就拿

来子撒火……(吕舒怀《美人尖儿》)

飒利 sāli 又作洒利；形容人行动敏捷,动作健美:丁伯钰只在晚间挎提盒走街串巷……干净飒利…… (由国庆《糖堆儿不大少爷谱》)/那几位个个活泼、飒利的姑娘……该是都当奶奶、姥姥了吧! (白金贵《老食客》)/那些盖房的人……哪比了咱村三老四少各位爷儿们这般斩将拿旗的洒利劲儿……(冯育楠《银沙滩》)

撒手闭眼 sāshǒubìyǎn 完全放手,听天由命,或放宽心的意思:二唤她妈过世早,她爹……整天泡在大烟馆里喷云吐雾,撒手闭眼不顾家。(吕舒怀《水铺》)/您就撒手闭眼,什么都别想了。(魏巍《魏文亮的故事》)

杀食 sāshí 帮助胃里的食物消化(按本书凡例,"杀"注音应为sha,但因本条例证取其谐音,sa又是老派天津人读音,故注为sa):天津人说话爱逗哏,打扑克玩"大跃进"嘴也不闲着,甩出三张牌:"小刘庄的萝卜——仨10(杀食)!"(白金贵《老食客》)

洒汤漏水 sātānglòushuǐ 比喻不完美,有缺陷,有破绽:他……反串褚彪平平而已,不过也没有什么洒汤漏水……(王文玉《回忆一出反串戏》)/纸里包不住火,凡事只要做了,要想不洒汤,不漏水,恐怕也难。(雪屏《南门脸》)

靸鞋 sāxié 男子布鞋的一种,一般前面有两道脸:脚上穿一双白粗布袜子,青布单脸鹰勾搬尖大靸鞋……(张孟良《血溅津门》)

撒丫子 sāyāzi 放开脚步(跑或快走):灵子……出了家门,撒丫子就朝东窜去了。(张士杰《秫秸船》)/……然后你突然蹲地上抓把土,扔他眼睛里,趁流氓看不清的时候你就能撒丫子跑了。(王小柔《乐意》)

仨子儿俩子儿 sāzǐrliǎzǐr 形容很少一点钱:哪位要是懂眼,真能三(注:应为仨)子两(注:应为俩)子儿,买到上好的字画珠宝……(冯骥才《三寸金莲》)

撒嘴 sāzuǐ 嘴咬住后张开:那个夜晚……蚊子比平时嚣

张……平时落在身上,轰它一下就跑了,而这一回它咬起人来不撒嘴,死叮……(雪屏《废墟,我的1976》)

塞 sāi 贬义的吃,也有吞的意思:指了个小花猫把俺骂,说什么"老不死的还真能塞"。(黄枫《应该不应该》)/ 都睡觉钻被窝了,还胡吃海塞。(王家骏 周连群《说储蓄》)/ 张瘦溜说跟我说话的时候手里还抓着块烤山芋往嘴里塞呢,害口,但不能不吃,肚子里有争嘴的。(王小柔《有范儿》)

赛 sài 相似,(与什么)相像:有一位女同志正在用抹布擦玻璃,两只手冻得赛胡萝卜。(吴炳晶《挺住大梁干工作的人》)/ 可自打月桂回来,香莲好赛单身坐不住了,常常叫桃儿在一边作伴。(冯骥才《三寸金莲》)/ 流行靳羽西那会儿,哪个女的都赛演员似的,长得好坏根本看不出来,全是戏装扮相。(王小柔《十面包袱》)

塞打 sāida 以不悦或带有责备的口吻说话(但表面没有责备的语言):桃儿她妈塞打他一句……(雪屏《南门脸》)

塞牙 sāiyá 食物的纤维、残渣等夹在牙缝里,造成一种不好受的感觉:人要倒霉,喝口凉水也塞牙……(韩映山《爱兰》)

塞牙缝儿 sāiyáfèngr 形容食物太少,不够吃的,多用于嫌东西太少而不满意的场合:就这点儿?还不够我塞牙缝儿的啦!(口语)/ 为了讨好丈母娘,买了这,又买那……没想到,小红妈,张口扔出一句话:这点礼,不起眼,连我牙缝塞不满。(孙瑛《牙缝大》)

散 sàn 解雇,遣散;也指一个组织、团体解散、取消:陈科长……说:区代管的几个剧团最近散了,演员们不好安置……(吕舒怀《小人书铺》)/ 那小厂子早就黄了,人也都给散了。(口语)‖离婚或解除婚约:翠喜:……今天我就跟你回去!回去咱们就散,这日子还有什么过头?(曹禺《日出》)/ 姑娘们笑着说:"这下成刚跟春妮散不了咧!"(谦克《新人恋》)

三白 sānbái 西瓜的一个品种,特点是皮、瓤和籽都近乎白色,现已少见:一中年售货员……用他洪亮的嗓门喊叫:"三白大西瓜,

一毛一块儿……"(吕舒怀《碎片上的女人》)/ 刚到不大一会儿,装来一船大三白西瓜……(张孟良《血溅津门》)

三分钟热度 sānfēnzhōngrèdù 形容做某事的时间短暂,缺乏执著和坚持的精神:凡事力所能及时提早做,哪怕是只有三分钟热度……(邢大军《话说老了》)

三花脸 sānhuāliǎn 比喻人喜怒无常,脸色变得很快:大老张三花脸一翻呲,摔门气乎乎走了。(叶子《核桃王》)/ 山盟海誓,死乞白赖,到了儿,说三花脸就三花脸……(雪屏《南门脸》)

三级跳坑 sānjítiàokēng 由于各种原因造成的院子比屋子地面高,因而进屋要下台阶,叫跳坑,如果马路(胡同)地面又比院子高,下大雨时院外的水会灌到院里,院里的水会灌到屋里,叫三级跳坑:天津最大动静就数平房改造,老城里的"三级跳坑"全扒了。(王小柔《十面包袱》)/ 三五年以后,全市煤气化大功告成,三废污染得到治理,三级跳坑也已绝迹,街道房屋整饰一新,天空晴朗,河水清澈,花草葱茂,树木成荫,人们将生活在一个清洁、优美、舒适的环境之中。(李瑞环《谈"少讲空话 多干实事"》)

散了 sànle 外出溜达散心:三林也觉这些日子心里不太安定,再说一年到头了,全家老小也应出去散了散了去了。(佚名《龙嘴大铜壶新传》)

三媒六证 sānméiliùzhèng 泛指婚姻中的媒人(介绍人)、证婚人、主婚人等:此时,红烛高照,香烟缭绕,三媒六证俱齐,至亲好友济济……(冯育楠《津门大侠霍元甲》)

三缺一 sānquēyī 指应四个人打麻将牌的场合,只有三人而缺少一个人:"三缺一,怎么打?"七姨太眼珠儿一转……(张孟良《血溅津门》)

三尾巴腔子 sānyǐbaqiāngzi 又作三尾巴枪子;雌性蟋蟀:天津人管蟋蟀"油胡鲁"……叫"三尾巴枪子",雄的就叫"二尾儿"。(行者《卫嘴子嚼字》)

三只手 sānzhīshǒu 小偷,特指扒手:……不少三只手改邪归正,进城赶集,到旅游点儿游玩,不再为丢钱包提心吊胆……(杨润身《大年初一》)/ 三神……就是三只手的神。西胜答话时,有些腼腆。(何斌《戒毒篇——天津警察讲段子》)

搡 sǎng 猛然地推、挤、撞等动作:那三人左拦右堵愣不让……又是推,又是搡……(陈阵《路打不平》)/ 中年人被她搡得跟跟跄跄倒退好几步,差点一个屁股墩坐地上。(吕舒怀《水铺》)/ 猛然,多多良……用力将美津子搡出怀去……(张孟良《血溅津门》)

嗓子眼儿 sǎngziyǎnr 喉咙:……各式各样的问题几乎都涌到我的嗓子眼儿了,我还是把它们咽了回去……(雪屏《天堂的助跑》)

扫房 sǎofáng 彻底地打扫房间,特指春节前的大扫除:现在是年根儿底下,家家都扫房,会清理出一些不用的物品……(天津《城市快报》2006.1.24)/ 年前家家都要做扫除,里外都要收拾干净,这叫"扫房"……(佚名《龙嘴大铜壶新传》)

扫听 sǎoting 探询,从旁打听:元甲四外扫听毫无踪影,心也就渐渐淡了下来。(冯育楠《津门大侠霍元甲》)/ 小康……说:同志,我跟您扫听个人,周得贵您认识吗?(吕舒怀《小人书铺》)/ 他……想碰个熟人扫听扫听,结果遛了一圈也没碰上一个熟人。(叶子《核桃王》)

杀 shā 因某些东西刺激皮肤或粘膜,使人疼痛或不好受的感觉:这屋里这么多烟啊?眼都杀得慌啦!(口语)‖食物原料加少许盐,短时间腌制,以使所含的水分析出:完整的黄瓜先用盐杀一杀……把黄瓜里的水分杀掉一部分……(王祥夫《黄瓜酱油》)

傻 shā 副词,很,十分:……打那边来个磨镰的;磨的镰,傻快的,打那边来个卖菜的;卖的菜,傻好儿的,打那边来个卖枣儿的……(童谣)

傻巴儿 shābār 傻瓜:"……你跟那些人一样,傻巴!挨了骗,还以为出洋留学。"(吕舒怀《水铺》)/ 桃儿应名儿是个小伶俐鬼,其实

是个小傻巴。(雪屏《南门脸》)

纱绷子 shābēngzi 旧指蒙纱窗用的冷布,现今多数为化纤或金属制品:……冬天给我安炉子,热天给我换纱绷子……(天津电视台"都市报道"2007.5.22)/……有女的……还裹着套美声唱法歌唱家的行头,肉在纱绷子里箍着……(王小柔《乐意》)

傻不错儿 shābucuòr 错误地自我感觉良好:原来他心里也有她,而不是自己傻不错,自作多情!(雪屏《南门脸》)

傻罐儿 shāguànr 又说傻罐子,指傻子,有戏谑意味:傻罐儿第一次见到那种名叫"凤头"的自行车,是在……南马路上。(肖克凡《傻罐儿》)

傻老婆等苶汉子 shālǎopoděngniéhànzi 比喻白白的、没有结果的等候:他赶紧迎上前问道:同志,演员还没卸完妆哪?那卖票的瞄他一眼,"扑哧"乐出声来:您这是傻老婆等乜(注:应为苶)汉子。他们早走了。(吕舒怀《小人书铺》)

傻帽儿 shāmàor 傻瓜,也形容人傻:除了傻帽儿,现在还有谁动不动自掏腰包请人吃饭?(丁辉《买单规避学》)/到那儿你可别傻帽儿!(口语)

□ shān 又说皴,皮肤(特别是面部)因受冷而粗糙或干裂:把脸擦干再出去,别□了脸。(口语)

扇风耳 shānfēng'ěr 形容耳郭长得向前倾的耳朵:中分头,扇风耳,瘦削的面颊上,一双小眼睛……(杜仲华《马三立仍在"逗你玩"》)

闪腰 shānyāo 因背负重物或其他原因而使腰部受伤:……一看扛包的是玉良,吃惊不小。他瞪大眼问:"你行吗,别闪了腰?"(佚名《龙嘴大铜壶新传》)/一旦发生"闪腰",可酌情选用以下几种方法:……(天津《中老年时报》2012.5.9)

山药豆儿 shānyaodòur 马铃薯。

山药豆子 shānyaodòuzi 指不合时宜的人,骂人话。

山芋 shānyù 又叫红薯、白薯,即甘薯:……还有人拿来了山芋

和苹果。(王小柔《十面包袱》)/ ……国庆假日里要带外孙再去刨一次红薯(山芋)。(老赫《长假怎么过》)

闪着 shǎnzhao 着凉感冒:桃儿她妈赶紧给他盖上。"盖严实点儿,回来再闪着。"(雪屏《南门脸》)/ 刚喝完热汤,风火火跑出来,不怕闪着。(罗春荣《金糖葫芦》)

上不来 shàngbulái 指关系不和睦:这小子跟谁都上不来……(雪屏《南门脸》)

上不来气儿 shàngbuláiqìr 呼吸困难:最后我都有点儿上不来气了,因为顶楼更像个花窖,非常闷热。(王小柔《妖蛾子》)

上不来下不去 shàngbuláixiàbuqù 处境尴尬,骑虎难下:躲在里屋的桃儿也叫齐眉穗她妈弄得上不来下不去……(雪屏《南门脸》)

上愁 shàngchóu 犯愁:妹子,别上愁,有嘛为难事姐姐兜着。(于国峻《峨眉》)

上顿儿 shàngdùnr 前一顿饭;与此相对,后一顿饭叫下顿儿:因为那地方路上突发情况太多,你们吃了上顿根本不知道下顿在哪儿……(王小柔《如愿》)

上赶着 shànggǎnzhe 迎合,主动地,讨好地:上赶着为儿媳妇买衣服,这样的婆婆也许不多。(咸庆英《家有俏婆婆》)/ 王三爷好不容易逮着一次让八爷上赶着求他的机会,能不狠巴巴地刁刁八爷嘛?(张传伦《这叫玩儿!》)/ 让我这朋友死心的原因很简单,就是她上赶着哪个男的都吃亏……(王小柔《有范儿》)

上街 shànggāi 旧时小贩到街上开始营业叫上街(街,读如该),营业结束回家叫下街(音同上)。

上盖儿 shànggàir 盖房的一道工序,指搭建安装房顶,一般在砌完墙体后进行:"墙砌到几层了?""上盖儿了吗?——'上上盖儿,还一半!'"(张仲《龙嘴大铜壶》)

上货 shànghuò 指零售商趸进货物(以便销售):我就在火车站前摆了一个水果摊,开始大批量地上货,有时候一天能上

1000元的货。(巩胜男 田淑敏《女人花》)/ 那时候的博弈不是看谁卖的多，而是看谁能买到货，圈里人叫上货……(老蛋《富贵 一个城市的财富博弈》)

上火儿 shànghuǒr 生气,发怒:说着玩啊,干嘛这么着急上火儿的!(口语)

上脸(儿) shàngliǎn 脸上露出不悦或恼怒的神色:他不着急,他也不上脸,就是和你软磨硬泡……(林希《天津话逗你玩》)/ 老三上脸了,他对高地虎说:"师父,我再来一场。"(姚宗瑛《赌跤》)‖因喝酒而脸上变色:倒是苏大爷说:"老三,我看玉良只一杯就上脸了,你就别愣劝了……"(佚名《龙嘴大铜壶新传》)

上亮子 shàngliàngzi 安装在房门的上方,不能开启的窗户。

上论 shànglìn 论,口语说成 lìn;理会、计较的意思:本来不值得跟一个晚辈上论的事,可三玉终于忍不住了……(闲耕《逐客饺子》)/ 秦惠廷也一个劲儿说:"是啊,桃儿不舒服,你们就别跟她上论了。"(雪屏《南门脸》)

上气不接下气 shàngqìbùjiēxiàqì 形容气喘吁吁的样子:季明强……上气不接下气地跑到药店,买了注射器就往家赶。(何斌《戒毒篇——天津警察讲段子》)

上手 shàngshǒu 动手,开始做:一上手就知道这活儿不好干。(口语)

上台面 shàngtáimiàn 可以出席一定的(特别是有档次的)场合:可冯冬笋……表现出一个上不了大台面的商务人士的低级趣味……(王小柔《十面包袱》)

上套儿 shàngtàor 钻入(别人设计好的)圈套,也比喻受到一定限制而处于自己无法自拔的境地:……心中发出坏笑,怎样,你俩上了我的套了吧。(庞壮国《饭局》)/ 孙子一上幼儿园,老太太算上套儿了,天天接送都是她的活儿。(口语)

上吐下泻 shàngtùxiàxiè 因病而呕吐和腹泻:……会不会因水

土不服而导致上吐下泻、五劳七伤?(侯会《几何公理何处寻》)

晌午头儿 shǎngwutóur 指中午:歇会儿擦擦汗,天都晌午头了……(甄金堂《三个售货员》)/一天晌午头,大家伙正……啃馒头……(雪屏《废墟,我的1976》)

上牙堂 shàngyátáng 上颌,即口腔上部的肌肉组织:就那同学,打小长着一口呲牙,上牙堂整天咬着下嘴唇,赶上雨天下巴都淋不湿……(王小柔《十面包袱》)

上眼 shàngyǎn (特别注意地)看,有强调的意思:……然后他从房里拎出一只铜火锅和一领女式旧皮袍,又道,各位上眼……(龙一《恭贺新禧》)/快来看!快来瞧!几位上眼,您瞅瞅!这位老爷子,穿了这件背心,多精神!(南郭玉鹤《言老顺小传》)/"得,您上眼。"梁三把立轴展开,让冯爷过目。(刘一达《画虫儿》)

上眼药 shàngyǎnyào 比喻用语言或行为对人刺激:二姨成心给她上眼药,就是不招呼她,让她吃味儿。(雪屏《南门脸》)

伤众 shāngzhòng (某种语言或行为)得罪多数人,使众人不满:……这话伤众,几个闺女俩多月没招呼她。(雪屏《南门脸》)

勺 sháo 指小偷小摸行为:你哪有这么好的钢笔,勺来的吧!(口语)

少 shǎo 不要,别,用不着,多用于指责别人的场合:女老板颠颠跑过来,说:"呦,顾先生,您的病好啦?"顾永茂……瞪她一眼说:"少妨我,我没病。"(吕舒怀《舍命吃河豚》)/她一把搡开我,说,你少拿我妈说事。(吕舒怀《敌敌畏》)/……瞪了刘俊杰一眼:你以后少跟我提她……(尹建民《强一龙的路》)

稍 shāo 等待,退却,不主动上前:……后边的人却不想主动出去,都向后稍着等五林叔点名。(蒋子龙《电的传奇》)/大汉……说:"……你打水就打水,不打水一边稍着去。"(吕舒怀《水铺》)

少半拉 shǎobànlā 把一个完整的东西分成大小不平均的两部分时,大的部分叫多半拉,小的部分叫少半拉:……中秋之夜,我的窗台上供着少半拉吃剩的月饼……(王小柔《如愿》)

烧包儿 shāobāor　形容人富有或得势后而忘乎所以（比如消费行为的铺张等）：我们今天一些人的"穷烧包"，状况与心理，很像……（苗得雨《"穷烧包"故事》）

捎带脚儿 shāodàijiǎor　简说捎脚儿；顺便的意思：办我自己一家也是办，捎带脚替大家一起办，没什么。（郭子斌 任金祥 刘丹《咱楼有个热心的"石门儿"》）/ ……拿钱去把鸡蛋买，让母鸡捎脚还大婶儿，……（张铁树《巧还鸡蛋》）‖次要的：啊，当然不光政治问题，捎带脚有些经济问题。（南郭玉鹤《风雨春梦》）

捎道 sháodao　又作勺叨、潲道；不严肃，开不得体的玩笑：还有一些无法解释的俗语，"扯"到最后，这个人有点"捎道"……（林希《天津话逗你玩》）/"要不你也踹我几脚，再饶上一个嘴巴。""你就别勺叨了。"（雪屏《南门脸》）/ 天津人说："这小子有点潲道儿，可别搭理他。"（李大为《扯货"扯"不着瓢》）

少的 shàodi　少，四声；指儿子：我们跟三爷少的……干这个啦！（张仲《龙嘴大铜壶》）

烧高香 shāogāoxiāng　心满意足，不再有奢望：梨儿想，将来，我的日子能赶上大姐的一半，我就知足了，宁愿天天烧高香。（雪屏《南门脸》）

捎好儿 shāohǎor　给别人带去问候：好了，给白老师捎个好吧。（姚宗瑛《初遇跤神仙》）

捎话 shāohuà　给别人带去话：你顺便替我给她捎个话……（蒋子龙《农民帝国》）

少回身 shǎohuíshēn　简说少回；旧时餐馆服务员为顾客端菜上桌时的习惯用语，意思是提醒背对服务员的客人小心留意：小吴把做好的汤往屋里端时，总要学着店小二的腔调："少回身，一品丸子汤来啦！"（钟桧《一品丸子汤》）

烧心 shāoxīn　萝卜或包心的蔬菜因病害而内部变黑、变黄：熟吃的萝卜，要求不那么高，只要不糠、不烧心就成。（夏华《话说天津的

地、事、人》）

捎信儿 shāoxìnr 带去口信：张二做上了大师兄，很快就有人给侯家大院捎到了信儿。（林希《百年记忆》）

少爷羔子 shàoyegāozi 对有钱人家青少年男子的贬称，有纨绔子弟的意思：谁想，这位少爷羔子竟以死抗争……（王筠《龙票》）/ 无论你老子有多少钱供你挥霍，天津人也看不起你，顶多也就是说你是一个"少爷羔子"。（林希《其实你不懂天津人》）

舍脸 shěliǎn 因向人求助而不顾脸面，拉下脸的意思：再饿，也不能舍脸啊！（苏书棠《相册上的一页》）/ 人家舍脸求自己，是拿自己当回事，证明自己有价值。（吕舒怀《舍命吃河豚》）

设套儿 shètàor 设下圈套：木江对于死，历来就不回避。比如他向我说起当初对他设套儿的那两个吸毒者的死。（何斌《戒毒篇——天津警察讲段子》）

谁跟谁 shéigēnshéi 用于反诘句，表示关系亲密，不必见外的意思："咱们是谁跟谁呀，本来就是吃喝不分的交情。"（雪屏《瓦砾》）/ 成功笑了，咱哥俩谁跟谁呀？还用得着玩那套吗？（广雨辰《牙》）

谁让 shéiràng 以感叹的语句说明原因的词，用于原因之前或之后的感叹句或反诘句中：谁让你不去的，这么好的戏错过啦！（口语）/ 小姚佯装生气，说：……我大人不记小人过，谁让咱们是铁哥们儿哪。（吕舒怀《命运符》）/ 谁让我今生投错胎，入错门，和您高攀不上啊。（吕舒怀《水铺》）

神 shén 指人的行为不合乎常情：你说他怪不怪？神不神？（吕舒怀《最后的喝彩》）

慎 shèn 又作渗；拖延，等待：别慎着了，快点儿。（王文玉 田立禾《"左不拐"》）/ 到月底再看他可就崴了泥。早晨他扛一顿，中午可渗不过了……（王家骏 周连群《说储蓄》）/ 你不去找房子，咱家得多咱搬家？慎到最后，还能选嘛好房子？（南郭玉鹤《拆迁记》）

身大力不亏 shēndàlìbùkuī 形容身材高大而有力：大李身大力

不亏,干活肯使全身劲。(何苦《意料中的故事》)/"踹疼你了吧?"……"嗨,我身大力不亏,捆打两下……没事儿。"(雪屏《南门脸》)

神道 shéndào 道,轻声,有时儿化,又作神叨,有时以"AABB"形式叠复使用;形容轻微的精神不正常,行为诡异:嘿,这老头真有点神道儿,一天关在屋里自己唱大戏……(吕舒怀《最后的喝彩》)/主要的是李彩霞神神道道的样子都成笑柄了。(尹学芸《鬼亲》)/言菊朋晚年,精神上有些失控。遇到不愉快的事情就有些神神叨叨……(章诒和《伶人往事》)

神经八道 shénjīngbādào 指精神不太正常:瓜尔说:"神经八道,我又不想知道你看什么书,挡什么挡?……"(雪屏《南门脸》)

伸手牌儿 shēnshǒupáir 戏称自己没有香烟,向别人要烟抽:最初的吸毒……很像吸烟,开始都是伸手牌的,上瘾之后……就不行了。(何斌《戒毒篇——天津警察讲段子》)

神头鬼脸 shéntóuguǐliǎn 形容人的形象不好,也指行为鬼鬼祟祟:她……说:"我警告您,谁再满世界给我搜罗些神头鬼脸的小子来咱家,我就跟谁戗毛儿!"雪屏(《南门脸》)/"哎呀,你个烧包丫头子,怎么神头鬼脸地猫到暗楼儿上去了?"(同上)

身子骨儿 shēnzigǔr 体格:就着我身子骨还硬朗,再帮你们拉扯几年孩子。(吴炳晶《唠叨婆婆》)

生 shēng 副词,竟然的意思:鬼头王悄悄地说:"……没想到义和团会这么厉害,生敢闯大烟馆!……"(张士杰《张绍恒怒打鬼头王》)/胖媳妇见我一去就开始抱怨:"起来不抽根儿烟他上厕所都坐不住,生憋着在家翻腾。"(王小柔《有范儿》)‖可以重复说生生,完全彻底、不折不扣的意思:铲除这么几面墙新邻居花了将近三千块钱,生生把一个好端端的家改大礼堂了。(王小柔《十面包袱》)

盛 shèng 又作圣或剩;形容被宠爱甚至被溺爱:他说,他的儿孙都不练武了。"现在的孩子都多盛啊,谁还练武……"(天津《城市快报》2006.2.19)/郭家进人添口一下子多了两张嘴,而且他们还是穷人

家的"圣宝贝"……(蒋子龙《农民帝国》)/……就有了个外号"剩宝",纯粹天津卫的俗语,意思是家族中唯一的宝贝儿。(吕舒怀《饮者留其名》)

生瓜蛋子 shēngguādànzi 没有成熟的瓜,也比喻幼稚或不通情理的人:……偌大的西瓜,分身两半,里面显出了白生生的瓜瓤。黄金环笑道:"真不错呀,好一个生瓜蛋子!"(南郭玉鹤《风雨春梦》)/你还笑我?你是地地道道的生瓜蛋子!(苏书棠《列车,消逝在远方》)/……说明这俩是刚出学校的生瓜蛋子,看意思好对付。(玉鹤《都是布头惹的祸·九排大院轶事之四》)

剩货 shènghuò 卖不出去的货物,常比喻某类人,如现今流行语"剩女":有一个"女新个人"见到我们这些"剩货"……一派视吾辈如粪土的表情。(肖克凡《我是七零届》)

生闷气 shēngmènqì 心里生气而不发泄:在现实生活中,生闷气致病者,还是大有人在……(柳萌《顺其自然气通达》)/要明白生闷气是健康的大敌。(史学敏《生闷气是健康的大敌》)

生涩 shēngse 涩,轻声,又作生色(色念sai);形容少见,不一般:"这有嘛生涩的。我阴天下雨往她屋里跑,就是怕她坐凉房,给她几个,好填肚子……"(张仲《龙嘴大铜壶》)

省油的灯 shěngyóudedēng 比喻人厚道,不是非;多用作否定,表示人爱计较,不省事:……可是一次同学聚会上,男同学唱了首当年他俩对唱的歌曲后甩了句:"从Mary到Sally和Ivory没一个是省油的灯。"(王小柔《有范儿》)

势 shì 形容人脑子不灵活,反应慢:那老头又聋又势。(口语)

时不时 shíbushí 经常,不断:他进城,时不时来看我。(口语)

拾不起个儿 shíbuqǐgèr 形容人浑身瘫软,或疲劳之极:我让他们灌得已经拾不起个来了。(李治邦《叫阵》)/姥姥是小脚,一歪一歪忙一天,人就拾不起个了。(一默《水缸》)||形容东西塌软,易散碎:肉都切成指头那般大,肥的多,爹把肉放得很早,有时候肉到最后都烂在锅里,拾不起个来……(李治邦《1924年的深冬》)

十叉儿 shíchār 指一种符号,两条短线垂直交叉,像"十"字而斜放,如×。一般用来标志错误或者作废:……让人想到了"文化大革命",就差在我的名字上打个十叉了。(蒋子龙《称呼》)

拾茬儿 shíchár 对于别人的语言或行为予以一定的回应:白金宝见这边不拾茬……不知打哪弄一双八寸大鞋,俗名叫大莲船,摆在香莲门口,糟蹋香莲。(冯骥才《三寸金莲》)/……后来,一桌子没几个人拾我茬儿……(王小柔《乐意》)

时道 shídao 时髦,时尚:她打扮得挺时道。(口语)

拾掇 shíduo 指鱼类、家禽等烹调前的整理、清洗等工作:"小颖呀,你在厨房干什么了……""我在拾掇鱼……"(佚名《龙嘴大铜壶新传》)‖修饰打扮:她用手点着在座的每一个人:"……你们都得去……都拾掇精神点……"(王小柔《妖蛾子》)

是非 shìfei 形容人不随和,爱计较:我不愿意跟她出差,她太是非。(口语)

十胡 shíhú 旧时一种流行于老年妇女中的纸牌赌博游戏工具:原来在旧社会家庭妇女们玩牌既不是打麻将,也不是打扑克,而是玩一种纸牌叫"斗十胡"(现已失传)……(费秉琳《太平歌词名家秦佩贤》)

是会 shìhuì 明白事理、善于应对的意思:这时候就听柳二爷……喊道:"……今儿个我柳东楼要给大素兰赎身,明媒正娶。是会的通知我朋友一声……"(烟雨苏州《美人西来》)

食火 shíhuǒ 因进食过多,消化不良,因而上火的症状:"食火",是一种病……(林希《天津话逗你玩》)

失觉 shījiào 睡眠不足:孩子都眍眼儿了,别是失觉吧?(口语)

识举 shíjǔ 又作实举;知足的意思:前几天给你五百了,你还不识举?(南郭玉鹤《风雨春梦》)/ 男人……做不做主没嘛关系。她只要看重你,咱就实举。(刘铁坤《清白》)

屎壳郎 shǐkelāng 蜣螂:小顺子:你爸爸活着,不也是屎壳郎,没人理;一个破砸夯的,他能怎么样?(曹禺《日出》)

拾乐儿 shílèr 无偿地享受开心的事,有时有幸灾乐祸的意思:让他们闹,咱别掺合,咱们就拾乐儿吧。(口语)

失了慌张 shīlehuāngzhāng 又作失里慌张;形容慌慌张张的样子:老徐……失了慌张地拉开门出去了。(台宝奎《补助》)/ 桃儿……失里慌张地问……(雪屏《南门脸》)

识路子 shílùzi 在人情世故等方面做得到位,懂得规矩:……那些人见"耳听着"这样识路子,懂规矩,也就为他越侃越有兴致了。(重阳《棋架》)/ 刚进屋……二话没说一伸手:"老王,现在可是群众运动,识路子把核桃交出来。"(叶子《核桃王》)/ 桃儿也替他纳闷过……他这人,不识路子!(雪屏《南门脸》)

实落 shíluo 落,又说 lao,轻声;形容人实在、诚实,不虚伪:你们都是实落人,甭客气,给你你就拿着吧。(口语)

拾毛篮 shímáolán 旧指背着筐在街上拣拾废纸、垃圾以谋生:孩子,看见了吗?考试考不好,就得拾毛篮去!(电视剧《一个姑爷半个儿》)/ 二唤冷静下来,她琢磨如今这世道乱,坑蒙拐骗的比拾毛篮的还多。(吕舒怀《水铺》)

拾起 shíqǐ 指重新做业已中断的事:退休之后,拾起了酷爱的京剧艺术。(李家辉《西皮二黄唱晚晴》)

实受儿 shíshòur 不客气地接受(别人给予的好处或夸赞):乙:我看你当全国劳模有富余。 甲:还是你有眼力。乙:他实受了。(王鸣录《欢迎批评》)/ 打这起,袁翰林还实受了,隔三不隔五要来喝一碗茶汤。(张仲《龙嘴大铜壶》)

事由儿 shìyóur 旧指职业,工作:我刚在班子里混的时候,事由儿多火棒(注:应为爆)……一天不如一天,这事由简直混不下去了……(曹禺《日出》)/ 自古以来,天津人大多没有固定职业,俗称没有个准事由。(林希《天津闲人》)/ "你?""哦,康爷,戏园子关门了,俺没了事由,就上这儿干点杂活儿……"(吕舒怀《小人书铺》)

事有事在 shìyǒushìzài 形容事情确确实实地存在,不容抹杀:

……等着吧,反正事有事在,人活着就死不了。(张孟良《血溅津门》)/来日方长,您还得往宽处想,事有事在……(林希《天津闲人》)/那人一仰脸说:"好呀!事有事在,叫巡捕去法院,我擎着……"(魏金城《高买》)

守 shǒu 依靠,守护,作为寄托的意思(多指长辈对于晚辈):再至于"白眼儿",独生子女,两边儿守一个……(林希《天津话逗你玩》)

手儿 shǒur 手续,环节,前面多加数词和量词"道":车老先生最后说道:"从大到锅巴小到香干,工序从选料到淋小料,一共38种配料,72道'手儿',才算做成了一碗正宗天津卫锅巴菜。"(杜琨曲若《正宗锅巴菜这样出炉》)

受病 shòubìng 比喻精神、思想上出现问题而导致言行不当:我认为她的世界观大概受欧洲文艺片影响太大,已经受病了。(王小柔《妖蛾子》)

收底儿 shōudǐr 指剩下的放在一起:……孩子按户口给分到一个特别破败传说中一所收底儿学校去了。(王小柔《十面包袱》)

手擀面 shǒugǎnmiàn 手工擀成(非机制)的面条:片儿汤比手擀面省事得多……(白金贵《老食客》)

瘦高挑儿 shòugāotiāor 形容人瘦而高,也指这种人:你可看见一个戴帽盔,穿皮鞋,瘦高挑的中年人?(冯育楠《津门大侠霍元甲》)/一个矬墩墩的叫李保义,一个瘦高挑的叫唐国朋……(南郭玉鹤《风雨春梦》)

瘦猴儿 shòuhóur 比喻人瘦得像猴子:呦,看你好可怜呀,几天就成了瘦猴了。(南郭玉鹤《风雨春梦》)

受夹板儿气 shòujiábanrqì 遭受前后或上下两方面的欺侮:"国产平板"饱受夹板气……(天津《城市快报》2006.2.7)/老魏受不了这"夹板"气,心想:"去你妈的吧……"(万国儒《阿黄》)

守家在地 shǒujiāzàidì 形容在自己的家乡工作生活:比起那些饱受艰辛的"老三届"大哥哥大姐姐们,我们守家在地上班拿工资,很幸运了。(肖克凡《我是七零届》)/别忘了,多多良再猾,他也是在咱中国。咱们是守家在地,人熟地熟……(张孟良《血溅

津门》）

手巾把儿 shǒujīnbǎr 在热水中浸泡后拧干的毛巾，擦脸用，旧时戏院、澡堂等场所提供：大哥，你怎么老冒汗？……老陈，来个手巾把儿。（张孟良《血溅津门》）/ 爷，擦把脸吗？身畔陡然站立个打手巾把儿的茶房。（吕舒怀《小人书铺》）

熟梨糕 shóulígāo 儿童小吃，将熟大米面放在小的特制木模具里，分别加红果、白糖、枣泥等馅，即时蒸制出售：听着车上小锅的蒸气吹动铜笛的呜呜声，看着从一套小蒸模里取出蒸熟的……熟梨糕，孩子们的馋涎禁不住淌了下来。（夏华《话说天津的地、事、人》）

受抡摆 shòulūnbai 抡，常念 lín，又作受淋背、受抡背、摆（背），轻声；形容由于失去依靠而处境艰难：到时候，你可真得给我做劲呀，别把我一个人扔在岸上，那我可就受抡摆了。（林希《天津话逗你玩》）/"千分之一"，是姚景卿坎坷人生的一个转折点——"文革"极左，"黑五类"挨整，子女受淋背……（吴裕成《从"千分之一"到"天津市十佳当代国画家"》）/ 天津卫人讲究吃香的喝辣的，这回受了抡背！（张仲《龙嘴大铜壶》）

收买人心 shōumǎirénxīn 故意通过一定的方式取得别人的好感："老魏，咱们这个新来的头儿，挺会收买人心啊！"（蒋子龙《一个工厂秘书的日记》）

手拿把攥 shǒunábǎzuàn 又说手拿把掐，轻而易举、把握十足的意思：借这个机会大干一场……飞黄腾达高官厚禄那是手拿把攥呐。（张孟良《血溅津门》）/ 世上还有这样轻而易举、手拿把掐的政变？（余音《百年黄昏》）/ 他……摸了摸嫣然的头，说这孩子……一品诰命夫人那是手拿把掐。（龙一《恭贺新禧》）

手黏 shǒunián 形容小偷小摸的行为：留神，听说这个人手黏。（口语）

收破烂儿 shōupòlànr 收购废品，干这个行业的人叫收破烂儿

的:斗转星移,咱现在不也央求着收破烂的把老电脑、旧冰箱什么的收走吗……(王小柔《有范儿》)

受甩 shòushuǎi 不被待见、不受重视的意思:我说妹子呀,头一次登门,就给老爷子带来个蛋糕。我们老太太可受甩了!(玉鹤《八月十五云遮月》)

熟腾 shóuteng 瓜果等因存放时间长、受热或搓揉而不再新鲜、爽脆:……大红枣拿出来,捂着不见天,都搁熟腾了。(雪屏《南门脸》)‖比喻因劳累等使体力大大下降:中考前,把孩子们都折腾得熟腾了。(口语)

瘦小枯干 shòuxiāokūgān 形容人身材瘦,个子小:别看他瘦小枯干的,可极少生病……(魏巍《魏文亮的故事》)/ 你这么瘦小枯干的打得过人家吗?(王鸣录《教训》)

数 shu 念轻声,用于某些量词或十以上整数数词之后,表示大约的意思,如万数块钱,千数来人:墙壁不过丈数来高……(冯育楠《津门大侠霍元甲》)

数大村 shǔdàcūn 又作数大春;说粗鲁下流的话,或骂难听的街:总数大村,也不怕影响孩子!(口语)/那边的女将还数"大春":"臭野鸡,见过嘛!"(张仲《龙嘴大铜壶》)

熟脸(儿) shúliǎn 指曾经见过或似曾相识的人:一拨人两次骗一家人 遇上熟脸拔腿就跑(赵瑜《冤家路窄,碰瓷的"撞墙"了》)

输面儿 shūmiànr 丢面子:往日,老三在二愣手里从没赢过跤,今天竟把二愣摔个翻白,二愣觉得输面儿……(姚宗瑛《赌跤》)

耍巴 shuǎba 又作耍把;耍弄,玩弄:天下万物,一物"降"一物,能人上面有能人,谁也别想耍把人。(林希《当铺》)

刷白 shuàbái 特别白,又指泛青的白色:……性情温和的老王头气得嘴唇刷白,伸出来的手指头簌簌乱抖。(辛一夫《真没想到》)

耍单儿 shuǎdānr 单独一个人的意思:蔡依林耍单儿(天津《城市快报》2006.1.12)

耍胳膊根儿 shuǎgēbogēnr 蛮横甚至动武的形象说法：……动不动地就耍胳膊根……谁也不敢惹，天津人就说是地痞。(林希《天津话逗你玩》)

耍骨骨丢 shuǎgúgudiū 又说耍骨丢丢；表演傀儡戏：……因为耍傀儡子，俗称又叫"耍骨骨丢"或"骨丢丢"(diū)，所以第二句说"骨丢"就是"傀儡"。(李志强《中国北方俚曲俗情》)

耍光棍儿 shuǎguānggùnr 不惜豁出性命的蛮横而要挟的行为：码头文化，拼的是好汉一条……叫耍光棍……(林希《天津话逗你玩》)／维新以来，赌博场里都有了官方势力，这种"耍光棍儿"的做法，也就没人怕了。(林希《其实你不懂天津人》)

耍合 shuǎhe 指做事不认真，把正经事当儿戏：小时候不努力读书，挨家长教训："你就耍合吧，看长大了怎么办。"(林希《天津话逗你玩》)

耍横 shuǎhèng 表现出蛮横的态度：董江湖……轻蔑地说："就这两下子，也敢到这地面耍横……"(姚宗瑛《赌跤》)／国际大牌为何敢在中国"耍横"？(天津《今晚报》2012.7.3)

耍花活 shuǎhuāhuó 耍花招：竹内……不知董江湖是不是跟高地虎一样在耍什么花活。(姚宗瑛《赌跤》)

耍混 shuǎhún 又作耍浑；表现出不讲事理的态度和行为：职业乞丐主要吃商店……更不敢耍混。(林希《将门底子佛门后》)／只有在二哥喝醉了酒，耍浑的时候，才会打人。(南郭玉鹤《拆迁记》)

耍货儿 shuǎhuòr 名词，泛指各种儿童玩具：百货中，城隍庙与蜂窝庙都要摆摊出售"耍货儿"，就是儿童玩具。(张仲《麦秆编织玩具》)

耍贱(儿) shuǎjiàn 指自我轻贱的行为：……因为您从不把我们当下人看，我们才敢在小姐面前耍个贱儿。(张孟良《血溅津门》)

刷浆 shuājiāng 在屋内墙壁、天花板上刷涂料：俩小时后，男人刷完浆，过来送暖瓶和条凳……(吕舒怀《碎片上的女人》)／……在

那一晚上你摸摸我,我胡噜胡噜你,俩人跟刷浆似的,手上那点油全蹭对方衣服上了。(王小柔《有范儿》)

耍酒疯 shuǎjiǔfēng　撒酒疯:二姐今儿个喝醉了吧,一身的酒气,耍酒疯儿了!(南郭玉鹤《风雨春梦》)

耍赖皮 shuǎlàipí　说了不算,耍赖:有的拆迁户条件苛刻到不讲理、耍赖皮的程度。(天津日报《住宅建设快马再加鞭》)/她不认错你对什么象,耍赖皮不嫌臊得慌……(陈阵《路打不平》)

耍钱 shuǎqián　赌博:甲:"哗啦",把人家牌给拨拉躺下了。乙:有这么耍钱的吗?(郭荣起相声)

耍肉头阵 shuǎròutóuzhèn　软硬不吃、胡搅蛮缠:弱者于强凌环境下,只能以耍肉头阵求生存……(林希《天津话逗你玩》)/耍肉头阵,想用死吓唬我们?(蒋子龙《农民帝国》)

甩脆 shuǎicuì　形容说话、做事干脆,不拖沓:……老伴比他甩脆。(雪屏《南门脸》)

摔打 shuāida　又作甩打;借故摔打东西或以其他动作发泄不满:……有一次一位老太太到咱这儿打醋……你嫌人家掏钱慢,摔打人家,把醋瓶子往柜台上一蹾,瓶子也碎了,醋也洒了……(苏文茂《学习张士珍》)/人走了,她妈斥打她,"你刚头那是甩打谁呀?"(佚名)

甩货 shuǎihuò　商家大批货物卖出后,以贱价出售的少量货物,也比喻可有可无、不受欢迎的人:四振心说:"我们这不成甩货了。"(闲耕《逐客饺子》)

甩脸子 shuǎiliǎnzi　把不高兴的心情故意表现出来给别人看:走吧,咱在这儿怪碍事的,省得她甩脸子。(口语)

帅气 shuàiqi　形容人英俊、潇洒:……显得更加俏皮、率(注:应为帅)气……(张孟良《血溅津门》)

甩手掌柜的 shuǎishǒuzhǎngguìde　指买卖商铺的东家,东家一般为出资人,不做具体经营的事,用以比喻不亲自动手干,而只是动嘴指挥的人:现在怎么盖房子的跟甩手掌柜的似的,还真有那

么多业主前仆后继地当民工……(王小柔《十面包袱》)

甩闲话 shuǎixiánhuà 故意说表面看来无关而暗有所指的话,以发泄心中的不满,有指桑骂槐的意思:老太太说儿子、媳妇不给饱饭吃,动不动还甩闲话给脸色看。(《儿孙满堂的王老太太为什么沿街乞讨?》原载《天津日报》1980.11.26)/后来继母就开始甩闲话,说这个家不养白吃饭的……(阳煦山立《午夜的街》)/"咳……别管你甩嘛闲话,咱们可说准喽,别弄几个凉烧饼穷对付,得有口管事儿的带油星儿的……"(烟雨苏州《美人西来》)

涮 shuàn 耍弄,骗:……然后一齐看着满面怒容一肚子窝心火的郭运起和袁文会,想说两句风凉话拿他俩涮一涮,开开心。(张孟良《血溅津门》)/在天津你若是不想吃亏,不想挨"涮",头一条,就是别充"大尾巴鹰"。(林希《其实你不懂天津人》)

拴套儿 shuāntàor 又说拴扣儿;比喻布置陷阱,使别人关系不睦:没料到自己拴套,香莲不知轻重傻往里钻,正好!(冯骥才《三寸金莲》)/几个姐姐还在一边给娘俩拴扣儿……(雪屏《南门脸》)

拴娃娃 shuānwáwa 旧俗,过去天津结了婚而不孕的妇女,到娘娘宫抱一个泥制的娃娃回家,抱时要用红丝绳把娃娃系住,故称拴娃娃:既是求子、送子,怎么说是拴娃娃呢?(李志强《中国北方俚曲俗情》)/再有,对于第二次来拴娃娃者,不准问人家妇女有病没病。(董季群《话说天后宫禁忌》)

爽神 shuǎngshén 省事,不费力:这回给你说一个爽神的……(相声《绕口令》)/过去的家庭主妇把面菜合一做饺子、包子视为"爽神",还能让一家人吃得顺口……(白金贵《老食客》)/赵奎元说:"你们几位一块吃吧,挺爽神的……"(张孟良《血溅津门》)

爽眼 shuǎngyǎn 爽目,显眼:《实报》刊出整版广告,版面十分爽眼……(肖克凡《天津俗人》)/亏她想得出,一身素衣,两只红鞋……还要多爽眼!(冯骥才《三寸金莲》)

双子 shuāngzi 双,四声,子,轻声;双胞胎。

水 shuǐ 量词,用于洗涤,次,回,遍:这衣裳,下两水了,倒是没抽。(口语)

水饱儿 shuǐbāor 吃饭时因多吃流质东西,从而获得的饱胀感觉:什么"蒸粮法","速成法",实际就是往粮食里多对水,以水充数,混个水饱。(吕舒怀《碎片上的女人》)

水过地皮湿 shuǐguòdìpíshī 比喻不解决实际问题的表面文章:盐商中人对于艺术总是浮皮蹭痒、水过地皮湿,点到而已……(张仲《盐商文化与天津民俗》)

水溜儿 shuǐliùr 又作水流儿;流动着的水的流量:曹先生打开水龙头高兴地说:"现在水溜大了,我们可以洗澡了!"(天津《今晚报》2008.7.23)/ 以前评价一个澡堂子好坏的标准无外乎是,水流大不大、喷头多不多,水热不热。(王小柔《十面包袱》)/ 每天人们……走到胡同口排队等候接水……水流儿特别小……(董欣妍《老城隍庙胡同》)

水萝卜 shuǐluóbo 萝卜的一种,即小萝卜,粉红色皮,内里白色,春季成熟上市:水萝卜可以素烧,更宜用海米、虾皮、虾子烧。(白金贵《老食客》)

水门 shuǐmén 水龙头:……为什么不教育下一代把水门扭紧些呢!(张仲《滴水如珠话当年》)

水铺儿 shuǐpùr 旧时卖开水(兼卖生水)的铺子:远远瞅见水铺门口站立个穿长衫的中年人……(吕舒怀《水铺》)

馨 shún 俗作损,二声;不好看,不美观:"馨"是一个很古老的……如"那个人长得多馨哪!""穿这件衣裳太馨了。"(罗澍伟《"SHUN"应为"馨"》)/……天津话将难看、难堪说成"shún"……(刘大枫《一些常说却未必会写的字》)/ 看这字,歪歪斜斜的,损死人啦,还往墙上贴?(南郭玉鹤《风雨春梦》)‖ 运气不好,使人倒运:今儿个真馨,坐公交让小偷掏走十块钱。(口语)/ 还有,说人带来霉运叫"shún人"……(刘大枫《一些常说却未必会写的字》)/ 大过年的,出了这样的事,

都是他鬐的。(口语)

顺溜儿 shùnliur 通达,顺畅,也形容整齐,好看:讲惯普通话的人最初由"很"改为"蛮"舌头会感到不那么顺溜……(金海民《港台腔三标志》)/ 回头孩子再自卑,家大人都长那么顺溜,怎么到他这成歪瓜劣枣了。(王小柔《十面包袱》)/ ……要舌头顺溜能就着说快板儿。(同上)

顺毛驴儿 shùnmáolǘr 比喻只喜欢受表扬而听不得批评的人:桃儿本来就是个顺毛驴儿,她爸爸这么一安抚,也不再撕掳了。(雪屏《南门脸》)

鬈鸟 shúnniǎo 俗作损鸟;骂人话:指令人极端厌恶的人:持七寸三角刮刀的叫方文星,原是河北一带有名的"玩闹",挑号"损鸟"。(裴伟《刮刀落地》)/ ……老贾翻翻眼皮,骂一句:"损鸟!"(阳煦山立《鸟市儿》)

顺坡儿下 shùnpōrxià 见"就坡(儿)下驴"条。

顺听 shùntīng (语言)听着舒服,合乎心意,顺耳:说顺听的吧,天津卫出秀才,出圣人。(林希《天津闲人》)

顺序 shùnxu 序,轻声;平安、如意的意思:……怎么今年我就这么不"顺序"。(林希《天津话逗你玩》)/ 她最上心的是两口子过得顺序不顺序……(雪屏《南门脸》)

说大天 shuōdàtiān 说到底,无论如何的意思:你说的这些我同意,但这钱说大天也不能留下。(台宝奎《补助》)

说道 shuōdao 道,轻声;多以ABAB形式叠复使用;泛指用话表达的说明、商谈、表白等:大人要不认识账本,我就给你说道说道!(张士杰《秫秸船》)‖ 在一定的场合进行辩论:不行!咱们得找个地界儿,说道说道去!(南郭玉鹤《风雨春梦》)

说了归齐 shuōleguīqí 又作说来归去;带有总结性的用语,相当于说到底、总之、原来(发现真实情况)的意思:说了归齐他哥哥死得不明不白,武松能善罢甘休吗?(评书《狮子楼》)/ 丁则另有高见:"说来归去,学问都在挑猪秧子上了……"(张宏遵《如果让书记去养猪》)/ 说了归齐,还是老子高明:"道有道,非常道……"(蒋子龙《母道》)

说媒拉纤儿 shuōméilāqiànr 见"保媒拉纤儿"条。

说山 shuōshān 拿别人的人或事当借口(以遮掩自己的不足,或给自己找理由):你少拿体育说山,问的是你数学为什么不及格?(林希《天津话逗你玩》)

说一千道一万 shuōyīqiāndàoyīwàn 形容说很多的话;多用于总结性的场合,类似于总之:说一千道一万还是得干。(王鸣录《向您道歉》)

说嘴儿 shuōzuǐr 夸夸其谈,说漂亮话:有说嘴儿的就有现眼的。(《天津谚语集成》)/ ……末了竟寻了这么个下三烂爷们儿……说嘴打嘴儿了吧?(雪屏《南门脸》)

死 sǐ 死活的简说,无论如何或最大限度的意思:好在崔咏梅今儿个是死不言语了,只用白眼球翻了翻崔咏竹而已。(玉鹤《八月十五云遮月》)‖ 表示到达极限:……其实阿达是那种喝凉水也能长肉的胖底子,就算减死也显得胖乎乎的……(王小柔《有范儿》)

厮巴 sība 又作撕巴,也说撕掳;形容打架时的肢体动作,互相撕扯:那女的挥着螳螂拳抓人家衣服……归齐俩人厮巴起来……(王小柔《有范儿》)/ 睡下没多一会儿,她就……梦见炝锅跟向凯撕巴起来……(雪屏《南门脸》)/ 这时候,我才急了,同时也薅住他的脖领子,两人撕掳成一团。(雪屏《废墟,我的1976》)‖ 比喻计较,纠缠:桃儿本来就是个顺毛驴儿,她爸爸这么一安抚,也不再撕掳了。(雪屏《南门脸》)

四白落地 sìbáilàodì 形容房间粉刷得洁白、干净:房子里粉刷的四白落地,窗户擦得锃明瓦亮。(王鸣录《看房》)/ 在这见角见棱、四白落地的小屋里,他真想躺在地上打一个滚儿。(张仲《龙嘴大铜壶》)

四辈儿 sìbèir 对有曾祖父的孩子的一种俗称,这样的孩子在家里已经是第四代,故名:与我会面的老友……外号叫四辈儿,这

是天津一种特有的称呼,家里四世同堂,街坊邻里们就称这家最小一代的孩子为"四辈儿"。(佚名《说说我亲眼看过的僵尸》)

四碟儿捞面 sìdiérlāomiàn 指除卤子外,另有四种拌面菜肴的面条,最常见的四种菜是糖醋面筋丝、炒肉丝香干儿、炒虾仁、炒鸡蛋;天津人吃面叫吃"捞面",捞面要打卤,配菜码,炒拌面的菜,俗称四碟捞面。(马金鹏《风味捞面席》)

死过去 sǐguoqu 过、去,均轻声;休克,晕倒,失去知觉:……没走出二里地也就死过去了。(王维刚《诸葛亮的七星灯》)/那天家里没人,大力把自己扎死过去了。(何斌《戒毒篇——天津警察讲段子》)

私孩子 sīháizi 私生子,有时作为骂人话:存珠也在后边一溜小跑,还边跑边骂:"这帮私孩子……"(蒋子龙《农民帝国》)/她告诉爸爸,人家说她是要来的私孩子。(刘庆邦《少年的月夜》)

肆横 sìheng 横,轻声,又作四哼;形容追求精美,讲究舒适:穿鞋要礼服呢的鞋面儿,穿衣要阴丹士林长衫……天津人说是"肆横"。(林希《天津话逗你玩》)/……戏的韵味都在他骨子里了,满肆横,给个县太爷也不换。(叶子文豹《耍板》)/世上还有什么事比炖肉、熬鱼……更四哼的?(雪屏《南门脸》)

死觉 sǐjiào 贬义的睡觉:罐儿,你还不快点进屋死觉!(肖克凡《傻罐儿》)

死啃 sǐkěn 比喻长久穿用一件(套)衣服或一双鞋袜而不轮换:胡教授特别提醒那些长期"死啃"一双鞋的人……(佚名《45岁后应买双好鞋》)

死理儿 sǐlǐr 指一成不变的道理和规矩:李老太太的子女坚持认一个"死理儿":不能让好人做好事,却没有好报。(鱼春《由"合肥好人"想到的》)

四邻不靠 sìlínbúkào 指房子孤零零的,周围没有邻居:……她二话不说特忠诚地上当,最后跟一堆傻里吧唧的有闲钱的人在四邻不靠的荒地上安了家。(王小柔《妖蛾子》)

四轮电 sìlúndiàn 旧称汽车：只是后来"四轮电"一兴……洋马车才成了甩货。(张仲《龙嘴大铜壶》)

撕掳 sīlü 见"厮巴"条。

死马当活马治 sīmǎdānghuómǎzhì 比喻明知事情没有希望，还要尽一切努力挽回：一查是肝硬化……死马也得当活马治，郭为才被留在医院治疗。(吕舒怀《饮者留其名》)

死眉塌眼 sīmeitāyǎn 又说死眉塌拉眼儿；形容没有精神，没有生气：本来死眉塌眼地过日子内心平静极了……(王小柔《妖蛾子》)/瞧人家……甭看死眉塌拉眼儿，体形确实不赖……(雪屏《南门脸》)

撕破脸(儿) sīpòliǎn 不再维持表面的和睦：瓜儿并不想真跟桃儿撕破脸儿，就对桃儿说……(雪屏《南门脸》)

死气白咧 sīqibáiliē 又作死乞白赖；没完没了地，使尽力气地：可是桂华呢，还死气白咧地："你怎么学大庆啊？组织性、纪律性……你全都给忘啦？"(天津快板《竞赛小曲》)/就拿您来说吧，咱们俩这交情，我死乞白赖地留，不才管您一顿饭嘛……(王鸣录《教训》)/一边撞完左臂撞右臂，然后再死气白赖撞后背。(王小柔《十面包袱》)

死签儿 sīqiānr 旧时天津有势力的黑社会流氓争夺码头，一方提出条件，另一方从自己人中抽人去应对。由于对方的条件常很苛刻，去的人多半不死也伤(比如油锅里捞铜钱、剁手指等等)，所以要抽签决定谁去，称作"死签儿"，后来泛指玩命，拼命，也比喻不可改变的事：……有一天问我："妈妈，你说是谁有伤谁就显得能耐吗？这算不算苦肉计？"好么，拿伟大母亲当玩死签儿的了。(王小柔《有范儿》)/……做混星子，玩儿"死签"，白刀子进去，红刀子出来……(胡西淳《佛手》)

死性 sīxìng 形容人固执，做事刻板，不圆滑：有的说，小杨什么都好，就是太"死性"。(红书政《杨志凤是怎样抵制不正之风的》)

死羊头 sīyángtóu 比喻不善于交往和交际，也指这种人：……

那就是死羊头，没有人和他交往。(林希《天津话逗你玩》)

死要面子活受罪 sǐyàomiànzihuóshòuzuì　为了脸面尊严而不惜受苦受罪：柳八爷性情使然的行为作派，不熟悉的人一准儿认准这是死要面子活受罪。(张传伦《这叫玩儿!》)

死砸 sǐzá　比喻在吃穿等方面过于重复同样(或单一)的，而不改换：多好吃的东西，死砸一样儿也会腻。(口语)

死猪不怕开水烫 sǐzhūbúpàkāishuǐtàng　比喻无所顾忌，豁出去的意思：李红也不甘示弱，跟牛科长……摆出一副"死猪不怕开水烫"的架势说……(吕舒怀《舍命吃河豚》)

㞞蛋包 sóngdànbāo　俗作熊蛋包；指软弱无能的人：那七个人都是熊蛋包……(蒋子龙《农民帝国》)/ 金糖葫芦心里像有一团火，不知怎么发泄，便忿忿骂道："熊蛋包!"(罗春荣《金糖葫芦》)/ 狼狗怎么着了，还能吃了你? 真他娘的熊蛋包!(南郭玉鹤《拆迁记》)

送路 sònglù　旧时丧俗的一种仪式，在出殡的头一天晚上，吹鼓手、和尚或道士等随同死者家属一起，孝子手托纸制牌位，走到空旷地方焚烧：直到这时，我好像才明白，古老的"送路"习俗，不过是把人的灵魂放在前面，让灵魂引领肉体前行。(武歊《老工人谢瑶环》)

飕干儿 sōugānr　湿的东西易于干燥：天太潮，不飕干儿，今天别洗衣服了。(口语)

素净 sùjing　比喻无牵无挂，心境平和，或环境安详，没有纷扰：……这年头不求发财，就图个素净、平安……(罗春荣《金糖葫芦》)/ 新春第一餐，初一饺子要有素馅的，为新一年图个"素素净净"。(成者《"初一饺子初二面"》)

蒜苗 suànmiáo　鲜蒜的嫩叶：……既有甜脆的香葱味，又有种淡淡的蒜味，跟常吃的青蒜苗类似。(天津《今晚报》2008.11.3)

随 suí　指人与人在相貌、性格、品德等方面相似，像：……其实

啊儿子"妈的妈的"就是随爸爸。(常志《"身传言教"》)/……哪儿哪儿都仿,到底是儿子随妈。(刘庆邦《少年的月夜》)

随叫随到 suíjiàosuídào　形容听从召唤,不耽搁:……给王大爷打电话,他随叫随到,全都免费。(庞津昆《爱心理发师情暖千万家》)

随礼 suílǐ　随份子:你结婚了?大喜大喜!我得随礼。我掏十块钱!(武福星《随礼》)

尿脬 suīpao　脬,轻声;膀胱:"自然是狗咬尿脬一场空……"(雪屏《义地》)

碎嘴子 suìzuǐzi　形容话多,也指说话唠叨的人:整天嘟嘟囔囔,天津人说是碎嘴子。(林希《天津话逗你玩》)/ 刘二娘笑道:"嫌我唠叨,你也差不了哪去,等你老了,比我还碎嘴子!"(南郭玉鹤《风雨春梦》)

损 sǔn　刻薄,恶毒:"这小日本真他妈损。"季乃强也说不出一二来,光知道原地转圈、着急骂街。(王筠《龙票》)‖ 用语言挖苦人、讽刺人:你别损了,再往下说,我撕你的嘴。(李燃犀《津门艳迹》)/ 哟,您这不是损我吗!(艾长绪《难呀难》)

孙男嫡女 sūnnándínǚ　泛指家里老人的第三代人:我都不能想象,这家人过年怎么过啊,辈分全乱了,孙男嫡女一张嘴自己都觉得抬不起头见人……(佚名)

损招儿 sǔnzhāor　恶毒的计策,主意:所以,大星在毒瘾难戒之余,才出了这么个忽悠晶晶也吸毒的损招,害了自己还不算,又把晶晶搭上了。(何斌《戒毒篇——天津警察讲段子》)

孙伙计 sūnhuǒji　孙子:……我自己的这个孙伙计,算是完蛋啦。(何斌《戒毒篇——天津警察讲段子》)

嗍罗 suōluo　又作唆了,也可单说嗍;吸吮,特指把东西放在嘴里舔着吃:不爱吃冰棍,他来块"嗍罗蜜"(注:嗍罗蜜是一种带棍儿的儿童糖果)。(王家骏 周连群《说储蓄》)/ 你俩要跟含一块糖一样,你嗍一会就吐出来再让他嗍……(蒋子龙《农民帝国》)/ 一会儿,她拿……一把蘸了蜂蜜的勺:"给唆了唆了别糟践了。"(王小柔《如愿》)

丁

溻 tā 汗水湿透（衣服等）：……身上的短袖衫也湿漉漉地溻在身上。(尚山《牌友》)/ 汗水顺着脖颈子哗哗地往下流，后背都溻了……(雪屏《南门脸》)

趿拉板儿 tālabǎnr 木制拖鞋：麻利地脱光衣服，往筐一塞，拿一条浴巾照细腰一围，拖着"趿啦(注：应为拉)板"，直奔塘子而去。(吕舒怀《小人书铺》)

塌心 tāxīn 又作踏心；心情安定，放心：你就塌心读书吧。(李云冲《吸烟的由来(之一)》)/ ……老人们也可以塌下心来看书。(《天津老年时报》2009.1.9)/ 小康娘挺倔，固执地说："……赶紧给儿子说个媳妇，我也踏了心。"(吕舒怀《小人书铺》)

塌腰 tāyāo 弯下腰：芮师傅低着头，塌着腰，目不斜视……(于鲁《花杈》)

呔儿 tāir 俗作坦儿；也说老坦(呔)儿，泛指说话口音、衣着打扮、行为举止等方面不合乎本地习俗或时尚潮流，也指这种人：他们觉得我太老坦儿，胡编的时候胆子特大，一动真格的，立马瘪词儿。(王小柔《十面包袱》)/ 看那打扮，这人够呔儿的。(口语)

抬点儿 táidiǎnr 使档次、地位等提高；央视春晚借互动给自己抬点儿(天津《城市快报》2006.1.14)/ 让俩孩子在他地儿上使活，那是瞧得起他，是抬他的点儿……(魏巍《魏文亮的故事》)

抬寡妇 táiguǎfu 旧时寡妇再嫁的俗称：孀妇再醮俗称"抬寡妇"，抬寡妇不能用花轿，赁货铺里专门有一种黑色的小轿，两个人

抬就可以。(李世瑜《孀妇再醮》)

胎孩 tāihai 又作台孩、泰嗐,后字轻声;逍遥、惬意、满足的意思:急得我满头大汗,你坐这儿倒胎孩!(刘思训《天津方言词语小考》)/ 然而怎么能吃得更"泰嗐"又是一门学问了。(杜琨 曲若《天津人吃早点的"范儿"》)/ 一个个志气胸怀,马上胎孩,雄赳赳名扬四海。(元杂剧《五侯宴》)/ 畅好台孩,举止没俗态。(《董西厢·卷三·红罗袄曲》)

胎里带 tāilǐdài 指人体的某种异常特征(如皮肤上的胎记)是出生时就有的:那孩子六指儿,胎里带。(口语)

台面(儿) táimiàn 指正规的、隆重的场合或环境:派儿足了,上得了高台面……(林希《天津话逗你玩》)

抬面儿 táimiànr 使面子好看,让人瞧得起:你来,就给我抬面儿,还用送礼?(口语)

抬色 táisǎi 增光的意思:"文亮,你觉得这个报幕的怎么样?""好啊!……给咱抬色!"(魏巍《魏文亮的故事》)/ 她要气派有气派,要身条有身条,好衣服穿在她身上也的确抬色……(蒋子龙《一件离婚案》)

抬头不见低头见 táitóubújiàndītóujiàn 见"低头不见抬头见"条。

抬头纹 táitóuwén 额头上的皱纹:这时候,杨梆子脸上阴转晴,连抬头纹都开了……(王维刚《杨梆子和他的干兄弟》)/ 邻居们都说:哟,康伯伯撞着嘛喜事啦,连抬头纹都开了。(吕舒怀《小人书铺》)

太爷 tàiyé 称呼曾祖父。

弹脑蹦(儿) tánnǎobēng 用手指弹人的脑门儿,是一种开玩笑的表示:星期三你跟锻工老张下象棋,输了弹"脑蹦"……(王鸣录《"我想成才"》)

痰气 tánqi 形容人过分讲究卫生,不合常情:谁坐坐她的床铺,人家走了她都得扫扫,真痰气!(刘思训《天津方言词语小考》)‖ 说话夸张,自我显示:他们家什么条件?还羊肉不爱吃、鸡蛋吃腻了的,说话这么痰气!(同上)

弹球儿 tánqiúr 旧时男童游戏,把小玻璃球儿放在地上,用大拇指弹,击中对方的球儿为赢:花那么多钱并且远不如咱这儿的弹球好玩。(王小柔《妖蛾子》)

弹弦子 tánxiánzi 比喻患半身不遂,或半身不遂病后的肢体障碍:我老头子,也是顺顺当当的,没像你爷们儿似的,着急上火,弹了弦子!(南郭玉鹤《言老顺小传》)/ 杨四……半身麻木,左手弹了弦子!(张仲《龙嘴大铜壶》)

趟 tāng 一声;用脚踢开障碍物:北屋的门关着,但没有上闩,用脚轻轻一趟就开了。(蒋子龙《农民帝国》)

糖饼 tángbǐng 一种面食,用发面包红糖烙成的饼:二子他妈妈,给我烙仨糖饼……(相声《钓鱼》)

汤布 tāngbù 织得很稀因而易于透水的布:再把豆腐切成小块,用汤布包好,继续挤压……(李志强《中国北方俚曲俗情》)

蹚道儿 tāngdàor 蹚,一声,又作趟;事先到要去的地方熟悉地形路线等,也比喻做事起步时的试行:……规则不规则的都得靠你自己蹚出条道儿,自己的事自己想辙。(王小柔《有范儿》)/ "……你哥哥我不是白吃饭的主!不能白他妈的蹚道!"唐国朋咧着大嘴,站了起来。(南郭玉鹤《风雨春梦》)

糖堆儿 tángduīr 旧作糖墩(儿);糖葫芦:北大毕业生待业卖糖堆儿(天津《城市快报》2006.1.14)/ 余髫龄犹及尝丁氏之琥珀桃仁,后丁家中落,遂售糖墩为业。……每于街头见丁,沿街唤卖,一仆挑担随行,不胜清门衰替之感。(刘云若《写于除夜》原载天津《东方时报》1928.1.31)

糖瓜儿 tángguār 用麦芽糖做的一种外形像小瓜的节令糖果,天津习俗腊月二十三过小年,这一天要"送灶王爷上天",因为这种糖果粘度大,作为供品可粘住灶王的嘴,使其上天后不能多说少道:糖瓜儿祭灶,新年来到……(童谣)/ 俗谓灶王升天,白人家善恶于玉皇,祭时用糖瓜粘其口,使之不言恶事。(冯文洵《丙寅天津竹枝词》)

堂客 tángkè 泛指妇女：还有这摊儿上的主顾，跟他爹那会儿不一样了，添了两位堂客……(张仲《龙嘴大铜壶》)

糖棉花 tángmiánhua 一种街头小吃，把一勺白糖放入一个快速旋转的简易设备中，在设备的筒壁，即出现一层层白白的棉絮状物，用一小棒旋转收取，不一会儿就成了一团雪白蓬松的棉花糖：我只会卖"糖棉花"，政府不会盖个"糖棉花"工厂吧？……(佚名《龙嘴大铜壶新传》)

糖皮儿 tángpír 早点食品，用一层一般的面，加一层搀了红糖的面油炸而成：当然，要吃现炸的……糖皮儿……那得到铺子里去买。(夏华《话说天津的地、事、人》)/ 比如天津早点"糖皮儿"……制作方法无二……(肖克凡《似乎与大运河有关》)

糖三角儿 tángsānjiǎor 一种蒸食，用发面包红糖，做成三角形，蒸熟：这鸡魁梧得像个糖三角……只要它想打鸣，扯脖子就喊……(王小柔《十面包袱》)

搪时候 tángshíhou 搪饥：据说这东西很能搪时候，吃两碗，能顶上一天，且管饱呢。(雪屏《大串联》)

堂役 tángyi 旧时称学校(学堂)的勤杂人员：……有时上半截课听到枪声一响，校长便马上命令堂役(即在学校做杂工的人员)摇铃放学回家……(玉柱《〈记忆犹新老课文〉发表后》)

糖粘子 tángzhānzi 一种糖果小吃，将糖加热融化后，熬到一定火候，分别加入山里红以及杏干、瓜条等蜜践食品或核桃仁等，凉后糖呈白色，并凝结成块，叫糖粘子：据说，早在明代以前，京、津市场即有这种小吃出售，不过只是用红果蘸糖，如同今日的糖粘子一般……(夏华《话说天津的地、事、人》)

塘子 tángzi 澡堂里的大浴池：……拖着"趿啦板"，直奔塘子而去。塘子分热池和温池两种，小康喜欢泡热池……(吕舒怀《小人书铺》)

淘 táo (小孩子)顽皮，淘气：没见过这么淘的孩子！(口语)

掏 tāo 量词，指两臂分别向外平伸，左右两手指间的距离叫一

掏:靳老师家很狭窄……屋地只有一掏见方,让一张普通的办公桌占去了一半。(高文铎《收电费》)

套 tào 指做棉被、棉袄等的一道工序,即将棉花按照厚度的需要,一层一层平整地填充在衣被里面:被子我套好了,你缝上吧。(口语)

套白狼 tàobáiláng 旧时作案人用绳索从后面套住被害人的脖子,背对背将被害人背到僻静处,以抢劫财物,由于不使用凶器,又称空手套白狼,后泛指使用计谋进行诈骗的行为,也比喻很小的付出,甚至不付出,而获得很大的收益:空手套白狼 骗来十多万(天津《今晚报》2006.4.1)/……女人想要的,男人也惦记……谁不想空手套白狼……(王小柔《有范儿》)

逃反 táofǎn 旧时指为躲避战乱而逃往外地:小康娘挺倔,固执地说:"……现在兵荒马乱的,共产党的八路军把天津城围了个严严实实,还不知哪天得逃反。赶紧给儿子说个媳妇,我也踏了心。"(吕舒怀《小人书铺》)

套话 tàohuà 动宾结构;指通过一定的方法,使对方说出自己想知道的实情:"……让他领出那个小裹理来,从他身上套话出来。"(烟雨苏州《美人西来》)/ 瓜儿……心话:滑头,总套我的话,自己却留个心眼儿。(雪屏《南门脸》)

讨没脸 tǎomeiliǎn 没,轻声;自讨没趣:……问他什么原因,他光瞪眼不理她,倒弄得瓜儿讨没脸。(雪屏《南门脸》)

套牌 tàopái 新词,指为了某种目的,将非法制作的与别人的汽车牌照号码相同的假牌照,用于自己的汽车上,也比喻冒名顶替的作假行为:保健食品也有"套牌"(天津《今晚报》2006.11.11)

套圈儿 tàoquānr 一种带有赌博性质的游戏,经营者在地上摆放玩具等小件物品,顾客花钱买圈儿,站在几米开外的地方投掷,被套上的东西归顾客所有:另……有其他娱乐……有"套圈"、"打枪"……(王日强《天津旧舞场琐闻》)

淘生 táosheng 托生:自己的命运真是不好,上辈子,可能没

做什么好事吧？怎么淘生在这么个家庭？（南郭玉鹤《拆迁记》）

掏窝儿 tāowōr　比喻从家里找到人：……没等天亮，就被公安局掏窝抓走了。（林希《其实你不懂天津人》）

掏心窝子 tāoxīnwōzi　掏心，发自内心：说句掏心窝子的话，没有老伴的日子真没法过，连一个说话的人都没有。（天津《今晚报》2006.11.29）／"膀大力的话"，意思是实打实的话，掏心窝子的话。（烟雨苏州《美人西来》）

特儿喽 tērlou　形容速度快：他是吃一个想俩，吃俩就想仨，转眼工夫一屉包子特儿喽就没了……（天津快板《狗不理包子》）

腾出手 téngchūshǒu　使手里没有要紧的事，安排出空闲时间的意思：……腾出手来听戏游乐，或睡觉拉晚儿，所以正好在饿的时候拿馒头就年菜吃。（张仲《天津的年菜》）

替 tī　按照现成的纹样描画（以便剪裁或刺绣等），多用于衣服、鞋帽及其他纺织制品：娘，我替了个鞋样子，您帮我再绞双底子吧！（韩映山《父子之间》）

踢蹬罐儿 tīdēngguànr　又作踢腔瓜儿、踢灯瓜儿；以玩笑的形式踢人的屁股：……有人踢了我一个蹬罐儿，都是开玩笑的事。（林希《天津话逗你玩》）／……连小孩见了他，都揪揪他的胡子，踢个腔瓜儿……（柳溪《窦老乐赶会》）／……牛瘸子抬起瘸腿照郭运起屁股"啪"的一声踢了个腔瓜……（张孟良《血溅津门》）

踢里趿拉 tīlitālā　又说踢里秃噜；象声词，形容走路的声音：就在这时刘铁嘴踢里趿拉地闯了进来……（冯育楠《银沙滩》）

提气 tíqì　深深吸气，以使胸部膨胀、腹部收缩：好在赵文雯最近用饥饿疗法让自己掉了好几斤的膘，那些瘦衣服提着气基本能穿。（王小柔《有范儿》）

踢球打蛋儿 tīqiúdǎdànr　泛指男童及少年喜欢的游戏：……总有下班没走，赖在厂里踢球打蛋的小子，往里头扒头儿……（雪屏《南门脸》）

提色 tísāi　显得好看，增加光彩：窝头只有指甲盖儿那么丁点

大,黄澄澄地撒在鱼上面,很是提色。(天津《假日100天》2006.3.3)

剃头挑子一头热 tìtóutiāoziyìtóurè 比喻双方交往中,一方主动、热情,一方被动、冷淡:然而这个男子……不专情于一人,只是小女子"剃头挑子一头热"。(鲁德才《阳美书生》)/ 可惜呀,他这是剃头挑子——一头儿热。另一头儿的梅却很冷……(吕舒怀《小人书铺》)

提味儿 tíwèir 使菜肴的味道更加鲜美:然后,在肉馅中加入少许韭菜,作为提味儿的"俏头儿"……馅就算制作好了。(谢德斌《味道鲜美的鲅鱼水饺》)

提匣 tíxiá 又叫提盒,旧时一种带有提梁、盛放食品的盒子:只见他在一只提匣里拿出了几盘粘食……都是喝茶汤所配的佐食。(佚名《龙嘴大铜壶新传》)

添 tiān 生(孩子):快别提她,人家有了,快添了!(孙犁《钟》)/ 据说是添了头寿以后,这缸才搬过来,所以哥哥乳名叫大缸。(一默《水缸》)‖添置,购买:钱都给她买东西了,我自己连双袜子都舍不得添!(吴传海《今天我出嫁》)

腆 tiǎn 又作觍;凸出,挺起,向前伸着:少喝点啤酒吧,成天腆着个大肚子,不嫌难看?(口语)/ 她开始往脸上涂面膜!觍着一张跟鬼似的大白脸……(王小柔《有范儿》)

甜棒 tiánbàng 一种类似高粱的作物,茎的汁液甜,可以当甘蔗吃:我从小连根甜棒都没撅过人家的,哪能偷你的老母猪呢!(张士杰《秫秸船》)

甜不罗嗦 tiánbuluōsuō 贬义的甜:这菜甜不罗嗦的!(口语)‖指男人在女人面前表现猥琐,故意讨好:我们厂里那二愣子……见着女的老甜不罗唆的……(王鸣录《离婚》)

添彩儿 tiāncǎir 用于增加光彩的反义,难看的意思:杨四伸手抖弄儿子的白大褂:"你这不是给自个儿添彩儿吗!"(张仲《龙嘴大铜壶》)

天打雷劈 tiāndǎléipī 赌咒发誓用语,天打雷轰:……胖子死不承认他打了电话,并以天打雷劈生孩子没屁眼发毒誓……(王小柔

"唧儿都"说唧儿话——天津话这么说

《有范儿》)

添堵 tiāndǔ 给人增加不愉快:这不大喜的日子添堵吗?(冯育楠《银沙滩》)/可是瞅见她妈这么辛苦,就不忍再给她添堵了。(雪屏《南门脸》)

填缝儿 tiánfènr 调侃话,指吃完饭后再喝汤水或吃零食,以便把胃充满,增加饱胀感:个人感觉虽然是道热菜,但推荐把它当作点心……一边聊天一边填填缝,再配上壶茶,那就相当到位了。(天津《假日100天》2006.3.3)

甜干儿 tián'ganr 形容人长相喜兴,讨人喜欢,多用于小孩或女人:村外水晶庵亮着微弱的灯光……小姑子十四岁挺甜干儿。(李云冲《为嘛不许说谷子》)

甜哥哥蜜姐姐 tián'gēgemìjiějie 甜言蜜语的意思:他一边甜哥哥、蜜姐姐地说笑,一边让月仙把那些金银首饰摘下来给他看。(康素珍 李书宇《中国的〈望乡〉》)

甜可人 tiánkerén 做让人喜欢的事:文化人真会说话甜可人。那我问你,你究竟喜欢我哪点?(吕舒怀《水铺》)

天末天 tiānmotiān 又作天么天;每天的意思:老婆一死,尚老头天末天混在窑子里填补空虚,花钱跟流水似的。(吕舒怀《水铺》)/夏天的时候我怕他们热就买了空调……好么,天么天十八度开着,而且一开就24小时……(佚名)

添腌臜 tiānnāza 比喻给人增加烦恼、别扭等不愉快的事(参见"腌臜"条):就是有人存心给你添腌臜,你也不会上他的鬼当……(林希《天津话逗你玩》)/他要是早早跟她明确关系,何至于她妈……给她添腌臜?(雪屏《南门脸》)

天夕 tiānxī 黄昏:"晌午头"和"天夕"都是模糊的时间用语。(林希《天津话逗你玩》)/这个一言那个一语,一直说到大天夕……(张孟良《血溅津门》)

甜咸儿 tiánxiánr (食品)甜和咸兼而有之的味道:这块点心是

甜咸儿的。(口语)

条儿 tiáor 计划经济年代,许多商品凭证购买,购买证多为纸条印制,民间称条儿:首先,要买镜子你又得楚摸条儿……(刘明泉《买镜子》)

跳板 tiàobǎn 搭在地面与码得很高的货物之间倾斜的长条木板,以便上下搬运货物:几位老社员……上跳板扛稻草,却让我在地上干辅助性的工作。(刘家祥《逆境中的乡情》)

跳大神儿 tiàodàshénr 指旧时巫婆神汉装神弄鬼,为人驱魔、祈福、看病:他就怕跳大神儿的。(罗春荣《金糖葫芦》)/……他跟个跳大神的似的在河边挥着风筝找风,别说,还真蒙上了,风筝上去了。(王小柔《如愿》)

条凳 tiáodèng 旧时一种坐的部位窄而长的木制凳子,可以坐两三个人:最初,大家争抢桌子,坐在条凳上,延续在学校"天天读"的做法……(李润涛《煤油灯下》)/他把茶碗搁到炕桌上……然后回身蹲在条凳上……(南郭玉鹤《风雨春梦》)

挑费 tiāofei 花销,支出,多指固定的、必不可少的日常生活花费:去年全家挣了一万八千多工分,除去一年的挑费,还余款一千元。(沙联《五世同堂的和睦家庭》)

跳河 tiàohé 投水自尽。

挑花眼 tiāohuāyǎn 因选择的对象太多,而拿不定主意:看看快二十了,别挑花了眼,老在炕头上!(孙犁《正月》)/把整个花园挑了十八遍,眼都挑花啦!(张士杰《秫秸船》)/刘纯德也劝他:你小子挑花眼啦,差不多就行……(吕舒怀《命运符》)

跳坑 tiàokēng 见"三级跳坑"条。

挑明 tiāomíng 直接明说而不含蓄、遮掩:……可是,为了大伙,也为了他好,有件事我得当面挑明了……(吴炳晶《评奖》)/挑明了吧,你想占我的便宜,要我的身子……(吕舒怀《水铺》)/今儿我来您这儿一来是为了挑明这事……二来是求您往后高抬贵手……(吕

"唄儿都说唄儿话——天津话这么说"

舒怀《小人书铺》)

挑事儿 tiāoshìr 带头惹起事端:……我们几个沉默的大多数一看有人挑事儿,跟着起哄地喊。(王小柔《十面包袱》)/"板寸头"一把揪住挑事的打工仔说:"瞅瞅你这副德行……"(吕舒怀《舍命吃河豚》)

挑眼 tiāoyǎn 在礼节、习俗等方面挑剔、指摘,挑毛病:麻利点,二姨顶爱挑眼儿啦。"瓜儿一个劲儿催。(雪屏《南门脸》)

笤帚疙瘩 tiáozhougāda 帚,口语说 zhu 或 shu 音;用久了的扫炕的笤帚,倒着拿可作为击打的工具:二月二天津老大娘们有用笤帚疙瘩敲打炕沿的习俗……(白金贵《老食客》)

铁 tiě 又说且(三声),副词,长久地、坚持地(做某事):不把这一级拿到手,他铁和你"熬鳔"了。(林希《天津话逗你玩》)/ 我铁跟她争了。(王鸣录《争》)/ 我就腻歪头一把庄,头一把庄别扭,且不开和哪!(郭荣启相声)

铁 tiě 形容人的关系亲密,牢固:又有人说,孟潞女朋友跟他最铁了。(何斌《戒毒篇——天津警察讲段子》)/ 九排大院里,有两人的关系最铁……(南郭玉鹤《拆迁记》)/ 顾永茂费尽精力……托了不少铁关系,才寻觅到这家敢出售河豚的饭馆。(吕舒怀《舍命吃河豚》)/ 他和孙生是发小,绝对的铁哥们儿。(乔歌《对爱情精通无比》)

铁 tiě 比喻人身体好:开朗的颜奶奶平日总爱戏称自己为"铁老太太"……(天津《今晚报》2008.11.14)

铁杆儿 tiěgǎnr 比喻特别忠实,可靠:"铁杆"读者 送来了精美剪报(天津《今晚报》2006.11.12)

铁哥们儿 tiěgēmenr 见"铁"条。

铁雀儿 tiěqiāor 一种菜肴,以类似麻雀名叫铁爪鸦的鸟为原料,经油炸或酱制而成,是津门历史悠久的风味小吃,今已少见:傍晚张师傅……摆摊叫卖:"雁肉哎、雏鸡烂糊的唉",或者是"雁肉哎,铁雀儿唉"……(梁广中《大直沽宫前买卖漫谈(四)·肉食摊铺》)

铁嘴 tiězuǐ 指能说会道的人,贬义的时候多:他是村里有明的"铁嘴",无理都能搅三分。(闻心《骗婚》)

铁嘴钢牙 tiězuǐgāngyá 形容说话肯定,不改口,也指死不开口:瓜儿问他为什么跟人家动手动脚,他不说,跟她来个铁嘴钢牙。(雪屏《南门脸》)

停 tíng 人死后的暂时放置:……到家一看,媳妇儿真没了,停炕上,等我回来入殓呢。(吕舒怀《碎片上的女人》)/ 太夫人的丧事办了七七四十九天,停灵在头进院……(林希《蛐蛐四爷》)/ 两个从楼上一步一掇扛将不来,就楼下寻扇旧门停了。(《金瓶梅·第五回》)

□ tīng 念听的四声;指打麻将牌时,只要再有一张需要的牌就和(hú)了:我这牌,这么半天还没□呢!(口语)/ 打麻将说"tīng牌"了……(刘大枫《一些会说却未必会写的字》)

听窗户根儿 tīngchuānghugēnr 又说听窗根儿、听墙根儿;比喻窃听或窥视他人的隐私:这时只听李姨笑着对二姊说:"听说你还能听窗根……"(佚名《龙嘴大铜壶新传》)

听话听音儿 tīnghuàtīngyīnr 揣摩、猜测别人语言里的弦外之音:我们打小受的都是听话听音儿的培训,竿子没立好,我们顺着影子先上去了。(王小柔《乐意》)

听人劝吃饱饭 tīngrénquànchībǎofàn 比喻善于听取别人的劝告,可以化解心里的矛盾纠结,获得好心情:不仅要理解"听人劝,吃饱饭"的道理,而且也要学会自己劝自己……(史学敏《生闷气是健康的大敌》)/ 听人劝吃饱饭,玫瑰说这回要造个窝"引郎入室"试试。(王小柔《十面包袱》)/ "听人劝,吃饱饭",我再也不"一条道走到黑"了。(张希会《家有"唠叨"妻》)

听说听道 tīngshuōtīngdào 听从家里大人或单位领导的话,即听话的意思:您看,任谁也拿他没辙了。咱往那一站,他就听说听道的了。(何斌《戒毒篇——天津警察讲段子》)

挺脱 tǐngtuo 又作挺条;指东西平整,挺括,不塌软:这样炸出

的果子个个老红色,挺条,香脆。(《天津日报》1980.5.7)

停嘴儿 tíngzuǐr 停止说或停止吃:她们一晚上没停嘴儿,别说胃口,连肠子里都是满的。(王小柔《有范儿》)/ 快停嘴儿吧,这一晚上光听你的啦。(口语)

童蛋子儿 tóngdànzǐr 戏称处男。

捅肺管子 tǒngfèiguǎnzi (通过语言)惹人生气:我妈总说我:"瞧你那两笔抹儿,电脑用得还会写字吗?"这话总捅我肺管子……(王小柔《十面包袱》)/ 也是当时姥爷的肝气太盛,说话直捅肺管子。(一默《水缸》)

铜活 tónghuó 指老式家具上铜质的拉手、锁具等配件:人死之后各屋里所有镜子、悬挂的字画、箱柜上的铜活全用白单子蒙上或糊上……(佚名《天津地方丧事民俗》)/ 她……走到床边……上床打开"被阁子"下面的带铜活的小门……(佚名《龙嘴大铜壶新传》)

通脑儿 tōngnǎor 总共的意思,多用于数量少或不足需要的场合:通脑儿百十块钱,这么多人怎么分啊!(口语)

通气儿 tōngqìr 管状一类中空的东西中心通畅,不堵塞:小四儿,小四儿,上早市儿,买个烟袋不通气儿……(童谣)/ 我却觉得池田身上的古龙水的味道太浓,闻多了……鼻子不通气。(雪屏《每个葡萄架下都有一只狐狸在等着》)

捅钱 tǒngqián 私下里给钱:你想想,这样的大恩大德,咱能不报么?送他贵重礼物,人家什么全不缺,给他捅钱?他哪敢要。(吕舒怀《舍命吃河豚》)/ 于是……好烟好酒好吃好喝,有时还直接捅钱。(何斌《戒毒篇——天津警察讲段子》)

头 tóu 用在某些表示时间概念的词前面,说明时间在先的:头晌午他就来过。(口语)/ 头天还好好的,转天就发高烧了。(口语)

投 tóu 用清水漂洗(纺织品一类的东西):前面的阿姨……拿出一条长毛巾,就像投揻布似的把它扔进桶里……(王小柔《妖蛾子》)/ 洗衣服说用清水"tou-tou"还有……(刘大枫《一些会说却未必

会写的字》)

头里 tóuli 前面的,在先的:小子,头里的铺垫,你就是有时说的快了一点……(魏巍《魏文亮的故事》)/ 又说道:"头里他再三不来,被学生因称道四泉盛德,与老先生那边相熟,他才来了……(《金瓶梅·第四十九回》)

头目人 tóumùrén 一批人中为首的、领头的人:……每个队都要有个头目人,不然到时候一乱,锣齐鼓不齐,就影响完成任务。(张孟良《血溅津门》)

偷手 tōushou 指做事时表面看不出来,而实际上可以达到省事省力或得到额外好处的效果或机会,多与有或没有连用:盐场的活儿没偷手,不养小,不养老,一般年过五十就得退……(赵大民《那一方咸土》)

头寿儿 tóushòur 指女人婚后生的第一胎:据说是添了头寿以后,这缸才搬过来,所以哥哥乳名叫大缸。(一默《水缸》)

透膛 tòutáng 从里到外,即完全彻底的意思:他可太坏了,坏透膛了! (南郭玉鹤《风雨春梦》)

透透 tòutou 叠复词,后一个透念轻声;婉转地、试探性地传递信息:那好,你就跟她透透,看看她的意思。(南郭玉鹤《风雨春梦》)

头头脑脑(儿) tóutounǎonǎo 泛指单位或集团的上层人物:对来道喜的客人,连个点头哈腰都没有,且不说这些人还都是村里的头头脑脑。(蒋子龙《农民帝国》)

透心儿凉 tòuxīnrliáng 比喻彻底绝望:我的头立刻……蹭地变老大。大波浪被热风吹得直颤悠,我透心凉。(王小柔《十面包袱》)

头直 tóuzhí 指人躺着时头所处的方向或位置:头直的窗户有风,别着凉啊。(口语)

土不呛呛 tǔbuqiāngqiāng 形容有灰尘,不干净:他那衣裳总是土不呛呛的,也不知几天才洗一回。(口语)

秃茬儿 tūchár 又说秃噜茬儿,指衣服的边缘保持裁剪后的原

状,不折叠缝起来;孝服有区别,本宅应戴孝的人孝衣下摆秃茬不收边……(佚名《天津地方丧事民俗》)

秃蛋 tūdàn　骂人话。

土坷垃 tūkāla　见"坷垃"条。

土老冒儿 tūlǎomàor　又作土老帽儿;对土气的人的戏称:……完了,崔家的众姐妹们,都成土老冒了。(玉鹤《八月十五云遮月》)/ 老傅不在意地笑笑,撇撇嘴说:土老帽儿。(阳煦山立《午夜的街》)

土里憋 tūlibiē　水萝卜的一个品种,个儿稍大,外皮浅粉色,上市比水萝卜稍晚。

秃噜 tūlu　又作吐露、吐噜;被迫或非自愿地说出全部实情:那七个人都是熊蛋包,三招两式就全秃噜了。(蒋子龙《农民帝国》)/ 民兵把丁不住弄到了治保会,他全部吐噜了。(王维忠《院墙内外》)/ 乙:……你们谈恋爱,他怎么知道的? 甲:可能是喝多了的时候,给吐露出来的。(王鸣录《爸爸、儿子》)

秃噜 tūlu　比喻大口地、不停地吃:一碟子菜,一会儿都秃噜了。(口语)

秃噜 tūlu　摩擦,脱落,下坠:……我速度太快,捏闸、秃噜鞋底儿根本不管用……(王小柔《有范儿》)/ 裤腿儿太长,都秃噜地啦。(口语)

秃噜皮 tūlupí　又说秃皮;因摩擦而使皮肤受伤:不是百善孝为先吗,爬吧。……倒不是没劲儿,主要是膝盖的皮都快秃噜了。(王小柔《乐意》)

土箱子 tūxiāngzi　木制垃圾箱,一般置于院中,旧时家家必备:周得贵在后边喊:他……临出胡同时,把手里拎着的药包丢进土箱子……(吕舒怀《小人书铺》)

秃小子 tūxiǎozi　男孩儿:尚老头……便给闺女起个小名叫"大唤",盼望着二胎唤出个秃小子来。(吕舒怀《水铺》)/ 我们几个秃小子倒没什么,关键就看黎彩英她们愿意不愿意了……(雪屏《大串联》)

土腥味儿 tǔxīngwèir 菜肴的一种不好的味道：这位爷要吃熘鱼片，鱼片烧好之后，端上来，他只尝了一口，便说有土腥味。(林希《其实你不懂天津人》)

团 tuǎn 三声；以温和的态度或欺骗的手段进行安抚：你得团着她，老这么硬打硬闹的哪行！(口语)

团圆媳妇 tuányuanxífu 童养媳：呼兰河畔，一个大院的小偏房里，老胡家正给二孩子娶团圆媳妇。(刘慧心《萧红》)

煺 tuī 俗作褪；指仔细洗涤(身体等)：看看你脖子上的泥，拿胰子好好煺煺！(刘思训《天津方言词语小考》)/ 瓜儿把他手拨拉开。"老大不小，脏不脏啊。"……"我拿胰子把手褪了。"(雪屏《南门脸》)

推饸饹床儿 tuīhélechuángr 又作推饸饹船儿、推活船儿；推诿，塞责：这事到底哪个部门管？你们别推饸饹床儿！(口语)/ 问题发生初期，工程的施工方、建设方、设计方、监理方都推饸饹船，上面也不把这事放在心上。(尹建民《强一龙的路》)/ 原来神仙也会推活船儿。(冯骥才《神鞭》)

推牌九 tuīpáijiǔ 旧时的一种赌博，骨或木制，共28张牌，刻有不同点数，以点数大小分胜负：老二余之孝别无所好，只知一个赌字，而且不押宝，不推牌九，不掷骰子，只打麻将牌……(林希《蛐蛐四爷》)

退身步儿 tuìshēnbùr 比喻后路，回旋的余地："……亲戚里道，不能不留个退身步……"(雪屏《南门脸》)

腿腿 tuǐtuǐ 动词；步行，徒步：你骑车吧，我腿腿去。(口语)

腿腋子 tuǐyēzi 指大腿和腹部相连的部位：转天起来，秦惠廷的腿披子青一块紫一块的。(雪屏《南门脸》)

褪 tùn 套外面的一层衣服时，里面的一层没有舒展开：穿毛衣时没抈着衬衫袖子，袖子会上去，那就是"褪上去了"。(刘思训《口语里不容易写的九个字》)‖ 该伸展出来的没有伸展：……残去的半截右胳膊在袄袖里褪着，左手握着把竹股大折扇……(张孟良《血溅津门》)/ 到这时候，他才发现他的裤子一直是褪着的，褪在了膝盖下边，多半个屁股暴露在光天化日之下。(雪屏《废墟,我的1976》)‖缩:……伴儿一惊,褪褪脖子,赶紧张罗客人去了。(雪屏《义地》)

褪套儿 tùntàor 比喻摆脱束缚,逃脱:桃儿成心说:"要不您啦就及早褪套儿……跟着受这份累,何必。"(雪屏《南门脸》)/ 她怕三道眉儿半截腰儿褪套儿……(同上)

脱 tuō 三声;逃避、躲避、幸免:这回脱不过去了吧?老实交代吧!(口语)

托儿 tuōr 暗中与人合谋,从旁引诱别人上当受骗的人:一些"倒儿爷"以及作者请的"托儿"也在拍卖场上推波助澜……(天津《今晚报》2007.5.14)/ 话说天下为托儿者不少,有房托儿、医托儿、婚托儿等……(重阳《棋托》)/ 回头看看,为骗子当托儿,闹得轰轰烈烈的,还大有人在……(吕高排《当大嘴名人成为社会的危害》)

拖嗒 tuōda 又作拖答、拖搭、拖哒;同样的话反复说,絮叨的意思:"妈,你怎么这么拖搭呀!"姐姐在屋里答言……(韩映山《织席》)/ 知道了,知道了,真拖哒,侯志民不耐烦地拿起遥控器……(尹建民《强一龙的路》)‖犹豫不决:一事当前,不能当机立断,拖拖答答,很可能丧失机遇……(林希《天津话逗你玩》)

托底 tuōdǐ 机动车行驶中底盘因故与地面或地上障碍物发生摩擦:昨天早上和晚上,分别有两辆小客车经过此处时被托底,造成车损。(天津《今晚报》2012.2.12)

拖家带口 tuōjiādàikǒu 又作托家带口;形容为家口所拖累,即拉家带口的意思:光棍儿一条,你可以"豁出去"了,可顶门立户、拖家带口的就得思前想后。(夏凯《"软骨头一族"》)/ 你托家带口,别让老老少少受连累!(杨润身《路员大老崔》)

脱裤子放屁 tuōkùzifàngpì 比喻多此一举:开博嘛,就是让人看的,偷偷摸摸的,那还开博客干什么?自己写日记就得了,没必要脱裤子放屁!(武歆《老郑的博客》)/ 脱裤子放屁——多费一道手。(俗谚)

唾沫粘家雀儿 tuòmozhānjiāqiǎor 比喻不花钱、不付出而得

到东西或好处:陈老师逗趣地冲他说:"我们都是唾沫粘家雀,您可动真格的了。"(邵宗和《永远的芳邻》)/ 办许可证得花点钱啊,唾沫粘家雀可不中啊。(李云冲《节振国勇闯天津卫》)/ 现在哪还有唾沫粘家雀儿的便宜事?(王筠《宋氏父子》)

W

W

哇 wā 形容纺织品或纸张等因洗涤、磨损、揉搓等原因而纤维稀薄,不结实,皱折:这汗衫都哇了,再洗两水准破。(口语)

哇凉 wāliáng 也说巴凉,形容很凉:此时此刻,李天娇怀中好像揣着一块冰,心里哇凉哇凉的……(南郭玉鹤《拆迁记》)

娃娃大哥 wáwadàgē 旧时已婚妇女为求子嗣,到妈祖庙里烧香布施时,顺便"偷"来个泥娃娃,摆在家里,即为大哥,俗称娃娃大哥(参见"拴娃娃"条):媒婆王三奶奶从娘娘宫"洗娃娃"回来了,怀里的娃娃大哥包着红布,只露着一张蓄了山羊胡子的粉脸。(龙一《恭贺新禧》)

袜楦儿 wàxuànr 旧时补袜子用的工具,木制,形状似脚:姥姥有两件从不离手的宝贝——袜楦、锥子。(孙学植《姥姥》)

崴 wǎi 俗作歪,崴泥的省略说法:……就这样一个难剃的头,难歪的泥!(鲍昌《"老二"重生》)/ 您知道,要是巴结不好主任,咱可就崴啦!(相声《路子野》)/ "之诚,'崴'了!"……常爷会遇到什么"崴泥"的事呢?(林希《蛐蛐四爷》)

搲 wǎi 指舀、取的动作,用于液体或较稠的流质物:从缸里搲了一瓢水。(刘大枫《一些常说却未必会写的字》)

歪脖蜡 wāibólà 比喻关系远的亲戚或自身群体以外的人:她说小孙子是歪脖蜡可以,你可别顺着她说……(佚名《话说天津味》)

歪的邪的 wāídexiéde 又说邪的歪的;泛指不正当的事:"钱你拿走,可有一节……养家糊口,不能再生歪的邪的……"(烟雨苏州

《美人西来》)

歪瓜裂枣 wāiguālièzǎo 又说歪瓜劣枣；比喻品质不佳，形象不好：……回头孩子再自卑，家大人都长那么顺溜，怎么到他这成歪瓜劣枣了。(王小柔《十面包袱》)

外国鸡 wàiguójī 比喻不合群、性格善变或行为不合习俗的人，有时作骂人话：大三九天穿裙子，外国鸡。(林希《天津话逗你玩》)/每天傍晚，姚红她妈涂脂抹粉，把自己打扮成外国鸡的模样，到公园和电影院门口勾引男人……(吕舒怀《敌敌畏》)/骆副厂长的脸像外国鸡，立刻变了……(蒋子龙《一个工厂秘书的日记》)

外面儿 wàimiànr 脸面，形象，特指和善的待人接物的礼仪、态度：应该说，中国人一向讲"外面儿"……(肖荻《从俩老外丢人说起》)

外头街 wàitougāi 旧称街上。

外宅儿 wàizháir 指旧时有钱男人在住宅以外与妾居住的居所，有时用以指代妾：从盐山来了一批灾民，有个小妞长得不错，我们杜爷花两千两银子置了个外宅儿……(孙树松《四百两银子一个字儿》)/那婆子笑道："官人，你养的外宅东街上住的，如何不请老身去吃茶？"(《金瓶梅·第三回》)

外找儿 wàizhǎor 除工资以外的额外收入：他一个月一千来块钱，没有外找儿。(口语)

剜 wān 恶狠狠地看：我妈迅速抬起头，剜了我一眼，说：我现在还是个病人哪，你什么态度？(宋潇凌《我为谁守身如玉》)

晚儿 wanr 轻声或二声；指时间、时候的意思，可用于这、那、多等词之后，表示这时候、那时候、什么时候：桃儿这晚儿突然醒了。(雪屏《南门脸》)/我们多晚儿得罪的您啊！(常宝堃 赵佩茹《家庭论》)/"……打小学三年级那晚儿，你们跳猴皮筋儿就不带我玩。"(雪屏《南门脸》)/刘五爷一跺脚："都这晚儿了，你还怕嘛啊……"(张仲《龙嘴大铜壶》)

晚不晌儿 wǎnbushǎngr 简说晚晌儿，又作晚巴晌儿；晚上：晚

不晌,老两口商量做寿的事……(雪屏《南门脸》)/ 晚晌儿,季世奎简单吃了几口饭便独自进了里屋。(王筠《龙票》)

玩儿蛋去 wánrdànqu 简说玩儿去;骂人话:池田叫汉奸来问我,有没有出让书店的意思……我就愤怒了……我对汉奸说,让他玩蛋去。(雪屏《每个葡萄架下都有一只狐狸在等着》)/ 玩去,以后你少给我来这个呀!(万国儒《踩电铃》)

豌豆糕 wāndòugāo 旧时街头小贩卖给儿童的一种小吃,事先将豌豆煮熟碾成泥状,现场用豌豆泥在小模子中扣出不同形状,以出售:天津也有一种专门卖给小孩儿吃的豌豆制品,叫"豌豆糕"。(李志强《中国北方俚曲俗情》)

玩儿花活 wánrhuāhuó 耍花招,即采用掩人耳目的欺诈手段:……劈头的第一句话就是:"唉呀,兄弟……有难处跟大爷说,大爷不会不给面儿,手底下玩花活,家门口子,可别让我说出话来……"(林希《其实你不懂天津人》)/ 您说什么?我跟您玩花活?(相声《路子野》)/ 好嘛,有人敢在老少爷们面前玩"花活"……(胡西淳《佛手》)

完活(儿)wánhuó 该做的工作都做完:……搬运工都是有经验的好手,不到一个钟头就完活了。(雪屏《每个葡萄架下都有一只狐狸在等着》)

玩儿闹 wánrnào 指不务正业,在社会上胡混的年轻人:持七寸三角刮刀的叫方文星,原是河北一带有名的"玩闹"……(裴伟《刮刀落地》)/ 席间,崔明达说:"河东中山门,有个玩儿闹,叫唐大拿的,你们知道吗?"(南郭玉鹤《风雨春梦》)/ 要问这个"小玩闹"是谁,那就是……(孙树松 孙树芳《中原公司的传说》)

玩儿去 wánrqu 见"玩儿蛋去"条。

晚晌儿 wǎnshāngr 见"晚不晌儿"条。

玩儿心 wánrxīn 对于玩儿的兴趣:本以为人到中年该越来越含蓄,但阿勇……却越来越能折腾,而且玩心越来越大。(王小柔《妖蛾子》)

剜心眼儿 wānxīnyǎnr 挖空心思地,处心积虑地:你看这不是剜着心眼找便宜吗?(王鸣录《争》)/ 香莲立时明白,这是白金宝搬来尔雅娟和抱小姐斗不过她,才剜心眼儿,弄来月中仙唬她……(冯骥才《三寸金莲》)

玩儿悬儿 wánrxuánr 做危险的行为,使造成危险:环卫垃圾车桥上"玩悬"(天津《今晚报》2006.5.20)/ 打牌过度劳累 突发心梗玩悬(《天津老年时报》2010.2.17)

玩意儿 wányir 又作玩艺儿;指某些技艺:他激动起来,"中国式摔跤是我们的国粹,要是老祖宗留下来的好玩艺儿传到我们这一辈完了,我们将是历史的罪人啊!"(姚宗瑛《二遇跤神仙》)/ ……女人才说:我叫梅黛云,您往后想见我,用不着来这儿,我每天在聚英戏园唱玩艺儿。(吕舒怀《小人书铺》)

弯子 wānzi 蔬菜,豆角儿的一个品种:弯子豆角(500g)5.56(元)(《蔬菜价格继续下降》原载天津《中老年时报》2012.4.25)

王八头 wángbatóu 指妻子有外遇的人,也比喻生性怯弱的男人:……你可真是王八头,窝囊废!那个小子给你戴上了绿帽子,你好不容易把他赌在屋里……倒乖乖地把人家送出门……(蒋子龙《一件离婚案》)

忘脖子后头 wàngbózihòutou 简说忘脖后;完全忘记:赵文雯……把一毛多一斤的大白菜早忘脖子后头了。(王小柔《十面包袱》)

王道 wángdao 严厉,霸道:这人太王道,没法跟他讲理。(口语)

往后 wǎnghòu 今后,以后:……往后有了好房子住,你还舍不得离开我们这小破北屋哩!(孙犁《正月》)/ 顾永茂腾地坐起来,拼尽气力喊:"……你走吧,往后别再上我这儿来。"(吕舒怀《舍命吃河豚》)|| 向后:新来的别往前挤,按顺序往后排队去。(口语)

往心里去 wǎngxīnliqù 在意,挂在心上:我这话是随便说的,你可别往心里去。(于国峻《蛾眉》)/ 冯冬笋立刻就往心里去了,人开始膨胀……(王小柔《有范儿》)/ 虽然中医唐大脉的话也往心里去了,

可又不能全信……(胡西淳《佛手》)

网眼眉 wǎngyǎnméi 横眉立目：果儿的眼眉一下子网起来了……(雪屏《南门脸》)

搣 wēi 使细长的东西弯曲：把铁丝搣了个圆圈。(刘大枫《一些常说却未必会写的字》)

微 wēi 用微波炉加热：有的时候吃剩下了，也尝试放入微波炉"微"热，结果并不理想……(白金贵《老食客》)

味 wēi 动词，指烹调前将生鲜原料加某些佐料拌匀，使入味：晃虾去皮、须、腔洗净，放盘内撒上湿团粉，放冰箱内味上待用。(佚名《天津佳肴集——炒晃虾》)

味儿 wèir 形容词，指散发出某种难闻的气味：打那儿天津有钱人家作斋要作到七七四十九天，把人摆味儿了才入殓出殡下葬安坟。(冯骥才《三寸金莲》)/ "……比如上公共茅房吧，的确是不大方便，又味，又得排队。"(雪屏《南门脸》)

味儿 wèir 指应该具备的与身份匹配的作风、素养：二唤瞧不起她爹，压根爹就没个爹味儿。(吕舒怀《水铺》)/ 听他说那话，有人味儿吗！(口语)

围脖儿 wéibór 一种长条形的围巾：天蒙蒙亮的时候，围脖愣织完了，女的把那上吊绳子似的东西交给男的，男的围脖子上……(王小柔《有范儿》)

为嘛须的 wèimàxūde 须，又作许；用于反诘句，表示没有必要，何必如此的意思：这是什么年月，为嘛许的？过个安生日子吧。(詹岱尔《为了祖国的尊严》)

喂脑袋 wèinǎodai 吃饭的戏谑说法：……奶奶喊着："回家喽，喂脑袋去喽！"(吕舒怀《碎片上的女人》)

偎窝子 wēiwōzi 该起床时赖在被窝里不起：你天天什么时候才起来？睡懒觉、偎窝子不算，自家吃的水，你一挑也不担……(韩映山《父子之间》)

卫嘴子 wèizuǐzi 对天津人的戏称:"卫嘴子",是中国人对天津人的总体界定,它对天津人的性格特点做了最根本的概括。(杜娟《林希:天津离精神大都会尚远》)

稳 wěn 动词,将大件的东西固定地放置(在某处):屋子可不大,床铺稳哪儿呢?(口语)‖设法让人不要离去:谢谢哥哥,我出的这门来。他两个把我稳在这里,推买东西去了,他两个少下的钱钞,都对在我身上……(秦简夫《东堂老》)

文明结婚 wénmíngjiéhūn 旧指摈弃传统的坐花轿、拜天地等旧俗的新式结婚仪式:乔广生说:"说不定到那时候,傻哥和疯姑来个文明结婚呐!"(张孟良《血溅津门》)

文明戏 wénmíngxì 旧时对20世纪初刚传入中国的话剧的俗称:路东有天津影院和大观楼戏院(多演曲艺和文明戏)。(王文玉《百米小巷铺户多》)

稳拿 wěnná (对于获得收益或好处)把握十足:常有田……暗自庆幸:我常有田天生福将,这桩买卖是灶王爷吃甜瓜——稳拿。(吕舒怀《水铺》)

窝 wō 不客气地拒绝的意思:七儿挨了窝,可是给武魁海挑起了大拇指……(魏巍《魏文亮的故事》)

窝 wō 比喻隐藏,埋没,积压:真没想到,这还窝着一位能人。(王鸣录《萧何难》)/ 过路行人不禁驻足逡巡,呦,原来这儿窝着个水铺哪。(吕舒怀《水铺》)/ 水果不同于别的东西,弄不好,卖不出去,窝在手里会烂的!(南郭玉鹤《言老顺小传》)

挝 wō 又作窝;折叠(薄的东西),扭转(长条形的东西),弯曲(身体的某个部位):我从书包里抽出一本路上解闷的书,翻开挝角的那页边走边大声朗读……(王小柔《十面包袱》)/ 她说这俩大夫手劲儿大,她亲眼见过那男大夫把一段手指头粗的钢筋挝直了……(王小柔《如愿》)/ 我弯腰系鞋带的瞬间,只听"吱啦",我的大红秋裤立刻映入眼帘。我赶紧往膝盖上趴,拿胸口把秋裤护住,等人走差不多

了,我才起来,腰窝得都快断了……(王小柔《有范儿》)

窝儿 wōr 比喻人或物体所占的位置:"……你走吧,往后别再上我这儿来。"……程雪坐着不动窝,执拗地说:"就不走……"(吕舒怀《舍命吃河豚》)/ 二唤没动窝,也不搭腔。(吕舒怀《水铺》)/ 胡云香……在这里结婚成家,就像马上了笼头一样,再也别想"挪窝"了……(佚名《这样的小伙子谁不爱》)

窝儿 wōr 量词,用于亲兄弟姐妹或同父异母(同母异父)兄弟姐妹间的关系,如一窝儿、前窝儿、后窝儿:她和她弟弟是一窝儿,上头俩姐姐是前窝儿的。(口语)

卧 wò 又作沃,也说卧果儿;将鸡蛋完整地打在沸腾的液体里煮:我做了一碗鸡蛋面汤,卧了两个大鸡蛋……(高玉琮《园丁曲》)/ 林二娘见女儿哭了,心疼得不得了,去做了碗面汤,沃了四个鸡蛋,……(南郭玉鹤《风雨春梦》)/ 陈若飞端着一个托盘,上边有两大碗卧了果儿的西红柿面汤……(魏巍《魏文亮的故事》)

窝巴 wōba 用按摩的方法使昏迷的人苏醒:孟老爷子只顾笑了,听大奶奶"哼"了一声,气昏过去了,众人七手八脚把她窝巴过来……(罗春荣《金糖葫芦》)/ 杨四听了栽歪在地下。刘五跟儿媳妇窝巴半天才还过阳来。(张仲《龙嘴大铜壶》)

窝脖儿 wōbór 拒绝人,让人碰钉子或没趣的意思:……这次便硬下心肠,给了他一个"窝脖"。(《从维熙《闲话拒绝》)/ 我们班长的脾气有点"那个",他有时不懂讲"面儿",愣给人"大窝脖"。(佟有为《刹住歪风》)/ 说完,他拂袖而去,给梁三来了个烧鸡大窝脖儿。(刘一达《画虫儿》)

饿嗝 wògē 形容饥饿,也戏称饥饿的人:好像是条件反射,这时,她的肚子里面忽然释出一长串响亮的饿嗝。(韩思中《色相》)/ 进门就吃,简直是个饿嗝。(口语)

倭瓜 wōgua 又作窝瓜;南瓜:商人已经摔成了烂倭瓜,死在海滩上了。(张士杰《秫秸船》)/ 胡(吐舌头):老窝瓜啦!(曹禺《日出》)

卧果儿 wǒguǒr　见"卧"条。

窝眍 wōkou　又作窝扣;形容眼睛凹陷:这人脸色黑紫……窝眍的眼眶里滚动着两个大眼睛……(葵园《白维鹏的故事》)/ 他,酱赤脸,门楼头,窝扣眼……(韩映山《夏加大伯》)

窝里反 wōlifǎn　家族或团体内部出现矛盾冲突:瞧你爹那个脾气,万一他窝里反呢?!(辛一夫《真没想到》)

窝气 wōqì　窝火的意思:一辈子都是管别人的人,被派出所的民警说了几句,窝了口气……(杨静《妹妹命苦 嫁错了人》)

窝心 wōxīn　形容由于受到委屈或侮辱而又不能表白、发泄,心里不好受:饺子谁都爱吃,可窝心的饺子吃到嘴里真不是个滋味。(王云明《初一吃饺子》)/ 过去了就让它过去,老想着下绊的人,老记着窝心的事,无异于吸毒酗酒,害人害己。(柳萌《老来丢三别拉四》)/ 有些人自觉命运不济一辈子窝心,郁郁寡欢心有不甘……(董养浩《老年生活"八自"快乐法》)

窝腰 wōyāo　一种身体动作,站立弯腰,头尽力向下:天麻刺亮儿,河边就有踢腿窝腰喊嗓子的……(叶子文豹《耍板》)

窝子 wōzi　比喻某一类人聚居的地方(有时有贬义):众所周知,天津是曲艺窝子,各个曲种都有代表人物。(文木香《相声,还有天津呢》)/ 天津卫是个戏窝子,都懂戏,在玩意儿上,不留面子,唱不好就喊倒好……(叶子文豹《耍板》)/ 小心哪,那儿可是个贼窝子。(口语)/ 大直沽是摔跤的窝子——练跤的人多,爱看摔跤的人更多。(姚宗瑛《"多个朋友多条路"》)

捂 wǔ　(食物或其他容易发霉的东西)因在潮湿闷热不通风的环境里而发霉变质:这烟是不是捂了?怎么这么便宜?(天津日报《为啥抢购飞龙牌带嘴烟》)/ 因为"麦熟一晌",收早了,籽粒不饱满,收晚了,一场大雨下来,麦子都捂在地里,一年的心血就白费了。(崔武《贴晌饭》)‖ 为御寒或其他原因而多加衣物,不使暴露:春捂秋冻,到老没病。(俗谚)/ 日本服饰的男"捂"女"露"风,使日本男士们无论怎样

汗流浃背,西装也是笔挺,领带结打得紧紧的。(华梅《男"捂"女"露"》)/这仨女的年龄囊括老中青三代,都挺良家的打扮,属于到哪儿都捂得严严实实的那种。(王小柔《有范儿》)

焐被 wūbèi 晚上睡觉前,将被子叠成桶状,脚部折起,以利于保暖:几点了?还不焐被睡觉!(口语)

无常 wúchang 常,轻声,读音不稳定,类似于shang或sheng,故也有人写作"无声";指死亡,寻死叫寻无常,流行于回民聚居区:云飞家里,你走的那年,被郭运起强奸了,你大娘劝了好几宿,最后还是寻了无常。(张孟良《血溅津门》)/"怎么问谁死了?""谁无声了?这么问。"(肖克凡《白羊》)/穆二巴人也"无常"了,大铜壶也不知东西南北了……(张仲《龙嘴大铜壶》)

五大仙 wǔdàxiān 旧时家里供奉的五种(按迷信说法)可成仙的动物的牌位,即狐狸、黄鼠狼、刺猬、蛇和老鼠,俗称"胡、黄、白、柳、灰五大仙":我没到过"五仙堂",但七十年前我姥姥家堂屋佛桌上就供奉着"五大仙"。(邓友梅《一点异议》)

无冬论夏 wúdōnglùnxià 无,二声,冬,轻声;又作无冬立夏、五冬六夏;即无论冬夏,长年累月的意思:在早市上人们发现这么一位七十多岁的老奶奶,她无冬立夏总拎着一个大草篮……(佚名《农贸早市众生相》)/他照例起得很早,五冬六夏,不管到哪里,总是背个粪筐……(韩映山《父子之间》)/疯姑想,傻哥五冬六夏光着脚,有了鞋还不穿上吗?(张孟良《血溅津门》)

乌豆 wūdòu 一种小吃,蚕豆泡发后(有的泡到生出小芽),加佐料煮熟而成:记得有回族老人背着箱子卖热芽乌豆的……(夏华《话说天津的地、事、人》)

焐汗 wūhàn 为了出汗而多穿衣服或多盖被子:大三伏天的,我穿呢子大衣,焐汗哪!(王鸣录《财神爷》)

五脊六兽 wǔjiliùshòu 又作五积六受;指房屋的一种建筑形式,常形容人无所事事,心神不安:当中的三间是正房,向前突出一块台子来,月台也比东西配房略高一些,五脊六兽,前廊后厦……(张孟良《血溅津门》)/ 这五积六受的什么模样,可是叫亲家笑话。(《醒世姻缘传》)/ 天津人说一天不干活就五脊六兽的人是贱骨肉,天生吃窝窝头的脑袋瓜子。(林希《天津话逗你玩》)/ ……就有"五脊六兽"一语,比喻人的忐忑,批评无事生事。(吴裕成《五脊六兽》)

无赖油 wūlàiyōu　赖,轻声,油,一声;又作无来由、无赖游、无赖油子;指不务正业、游手好闲、流氓无赖之徒:……送區人乃是一大堆地痞、流氓、……噶杂子、琉璃球子、无赖油子……(张孟良《血溅津门》)/ "无来由",市井无赖,最被天津人所看不起。(林希《天津话逗你玩》)

屋里的 wūlǐde　旧时丈夫称妻子:"我说'屋里的',大清早你不做饭,在那儿'白唬'嘛了?""快嘴二婶"一听是孩子他爸在喊她……(佚名《龙嘴大铜壶新传》)

乌菱 wūlíng　菱角的一种,个儿大,乌黑色:一位老大爷……对身旁不满十岁的孩子说:"这叫老乌菱,你没见过……"(余金贵《发展集体经济的新途径》)

五迷三倒 wǔmísāndào　又作五迷三道;神魂颠倒的意思:……这股风还真把一些人吹得五迷三倒,误以为这就是爱情和婚姻的价值。(肖海地《爱情的价值》)/ 现在三Z女人很时髦,眼神稍微迷蒙些就能让那些容易动心思的男人五迷三道。(王小柔《妖蛾子》)

乌七八黑 wūqībāhēi　也说乌几马黑;不堂堂正正,不明不白的意思:"傻小子,"王管事的说,"武老板既然看上你了,能不要你?他收你可不能乌七八黑的,找个吉利的日子,摆枝。"(魏巍《魏文亮的故事》)

恶素 wùsu　厌恶:我就对她说,壁虎是益虫,不咬人,可我老伴说:"我恶(wù)素它。"(林希《天津话逗你玩》)

梧桐柜 wútóngguì　一种有别于传统中式家具的柜子,比桌子高,比立柜矮,内可储物,上可摆放饰品:这次……我还特意将它放在"梧桐柜"顶的墙角处。(王家斌《震后去唐山慰问》)

乌涂 wūtu　涂,轻声,也简说乌;形容暗淡,不光亮,不干净,或

透明度不佳:我过去到底在哪儿见过这双眼睛……是在发乌了的、古时的画像上吗?(栗周熊译《蓝眼睛的大象》)/……现在不流行惨白,流行小麦色。可是想晒黑也不那么容易,她买了瓶褐色粉底,一出门就跟往自己脸上撒了把土似的,整个人特别乌涂。(王小柔《妖蛾子》)/那气势一看就跟我们这儿的美容作坊不一样:人家一层是签到处,我们那儿门口晾一堆洗不出来的乌涂毛巾。(同上)

无心淡肠 wúxīndàncháng 又作无心道场,形容心情不佳,做什么都没有兴趣:她无心道场,匆匆离开天后宫。(罗春荣《金糖葫芦》)

乌眼儿青 wūyānrqīng 眼部由于外力击打而青紫、肿胀:……一个果子正好打在我的左眼……第二天左眼成了"乌眼青",好长时间才好过来。(陈强《我与黄世仁》)/而《楚狂接舆合下章》里还用上了……"一拳头给他个乌眼青"……天津方言和俗语。(高洪钧《清代杨辉祖的曲艺创作》)

五脏俱全 wǔzàngjùquán 比喻应有的全部都有,很齐全:小商户"五脏俱全"不可小瞧(天津《今晚报》2012.2.25)/麻雀虽小,五脏俱全。(俗谚)

捂着盖着 wǔzhegàizhe 比喻故意掩饰,隐藏:可爹为嘛要捂着盖着单瞒她一个人,十几年来没透过一点儿风?(吕舒怀《水铺》)

X

稀的 xīde 泛指粥、汤等水分多的食品：永绪媳妇掀开锅盖："唉！可真有你的，连口稀的都没做，就那么干噎呀？！"(郭维《笨人王老大》)/ "老把式，到屋里歇着吧，稀的一会儿就熟。"(张孟良《血溅津门》)

媳妇儿 xífur 妻子，也泛指年轻的已婚妇女：瓜儿的几个妹子总背地里笑话姐夫……好不容易有个媳妇，所以就赶紧当王母娘娘供起来。(雪屏《南门脸》)

细高个儿 xìgāogèr 见"细高挑儿"条。

细高挑儿 xìgāotiāor 又作细高窕儿、细高条儿，也说细高个儿；指人瘦削而颀长的身材，也指这种身材的人：……内中一个，是个细高挑，长脸盘，戴着破草帽……(刘同叔《突破第一关》)/ 一个二十五六岁细高窕的大姑娘……亭亭玉立地站在花下。(郭维《笨人王老大》)/ ……她正在叫卖那种破玩意儿的时候，一个细高条儿身材的民警把她带到派出所……(何苦《命运》)/ 他今年三十五六岁，是个细高个儿，瘦脸巴骨儿……(张孟良《血溅津门》)

西葫 xīhú 西葫芦：西葫羊肉，无论饺子、锅贴都是天生最完美的一对搭配。(白金贵《老食客》)

戏篓子 xìlōuzi 指对戏剧(戏曲)懂得多的人：……问哪出都懂，还能说出点道儿道儿来，是个"戏篓子"。(叶子文豹《耍板》)

喜面 xǐmiàn 指婚娶寿诞等喜庆日子吃的捞面：……连大病痊愈，遇到高兴事，也都愿意吃喜面。(马金鹏《风味捞面席》)/ 天津是在下午典礼，晚上摆宴待客，而中午新人两家必吃一顿喜面……(白金

贵《老食客》)

惜命 xīmìng 爱惜生命,也有怕死的意思:现在人们越来越惜命,游野泳的少了……(佚名《说说我亲眼看过的僵尸》)/现在的人都挺惜命……我们所有的话题就是怎么提高身体的免疫力抵抗亚健康。(王小柔《十面包袱》)/绝户爱财,花子惜命。(俗谚)

嬉磨 xīmo 喜欢并与之在一起:你这个警察厅长光会挺尸嬉磨娘儿们呀……(王维刚《杨梆子和他的干兄弟》)

细皮白肉 xīpíbáiròu 又说细皮嫩肉;形容人的皮肤细腻、白净:小孩长得别提多好看了,细皮白肉、重眉毛、大眼睛、双眼皮。(王鸣录《不正之风》)/单看她的外表,细皮嫩肉的肌肤,婀娜多姿的身段……(南郭玉鹤《拆迁记》)/那妇人觉着年轻人唇红面白细皮嫩肉的……不像坏人……(吕舒怀《水铺》)

吸热闹 xīrè'nao 容易被热闹的事所吸引:天津人彼时好斗之风(另加起哄、吸热闹)曾影响到中国政治与历史。(张仲《天津人打架之"学问"》)

稀松平常 xīsōngpíngcháng 形容一般的,常见的,无关紧要的:卡塔尔是个富得流油的国家,寻常人家拥有几部高档车实在稀松平常。(沈铁《富国卡塔尔》)/过去,人终老在一个单位稀松平常,而今若无辗转数次的"职场历练"便遭人白眼。(黄桂元《谁给时间做了手脚》)/……至多也就是行为有点怪异,这很稀松平常,你到大街上去看看,不怪异的人没几个了……(宋潇凌《我为谁守身如玉》)

细甜 xītián 很甜:这种梨个头小,但吃起来细甜可口。(佚名《自产自销苹果伏梨》)/嘿,真正的大三白,白皮白籽白沙瓤,咬到嘴里细甜。(张孟良《血溅津门》)

西头 xītou 旧称天津旧城外西北部,南运河南岸地区(现红桥区一带):我最难忘的,是从西头公立小学放学回家时就常常到河边上,等候着轮船驶来……(田本相《耄耋之年念故乡》)

喜外 xīwài (把自己)当作外人:宋阿姨见状有些嗔怪地说:

"你这闺女,一点不喜外,也不知人家忙不忙的。"(佚名《龙嘴大铜壶新传》)

洗洗涮涮 xǐxishuànshuàn 泛指洗衣、洗碗等用水的家务活,也指做个人卫生:父亲就每天上班前和下班后赶到我家,帮我洗洗涮涮、带孩子、做饭……(巩胜男《残疾人刘青办爱心热线》)/ ……英姿却充耳不闻地接着洗洗涮涮。(何斌《戒毒篇——天津警察讲段子》)

喜信儿 xǐxìnr 令人高兴的消息,喜讯:老杨心里乐呀,这可是一个喜信儿啊。(佚名《龙嘴大铜壶新传》)

喜兴 xǐxing 又作喜庆(庆,轻声);形容人相貌温和、喜悦,或总是面带笑容的样子:他脸上带着笑,挺喜兴的。(魏巍《魏文亮的故事》)/ 尤四模样生得喜庆,即使不笑也眯着眼。(何斌《习以为常》)‖喜欢的,高兴的:人家明天办喜庆事儿。(口语)

喜字(儿) xǐzì 办婚事的场合,女宾们头上佩戴的饰物,一般用丝绒制作,红色,喜字或双喜字造型:……冷烫精的味让我胃里直翻腾,可一想到脑袋上即将插上的喜字,拼了!(王小柔《十面包袱》)

瞎扒 xiābā 指生活作风不正派,乱搞男女关系:刘秀梅搞瞎扒,锅里吃来锅里拉……(吕舒怀《碎片上的女人》)/ 黄毛……端起酒杯硬往我嘴里擩:我以为你这家伙搞"瞎扒"耽误了工夫。既然来晚了,就得挨罚……(吕舒怀《敌敌畏》)/ 那个狗食玩意儿连着好几天不家来了,准是跟小妖精瞎扒去啦……(雪屏《南门脸》)

瞎掰 xiābāi 没有根据地瞎说:"说真格的,我不找你,来找你的姐姐尚宝珠。""你瞎掰!我生来一根独苗,没姐姐。"(吕舒怀《水铺》)/ "您老这就是瞎掰了……咱看得见她,她看不见咱……"(烟雨苏州《美人西来》)‖徒劳无益,不起作用:第二次是少妇来还钱,却看见了一个接近潦倒的东子。少妇知道把钱还他也是瞎掰,就把钱送到了东子的父母家。(何斌《戒毒篇——天津警察讲段子》)

下绊儿 xiàbànr 一种用脚使人摔倒的摔跤动作,比喻暗中使坏:过去了就让它过去,老想着下绊的人,老记着窝心的事,无异于吸毒酗酒,害人害己。(柳萌《老来丢三别拉四》)

瞎编 xiābiān 胡乱编造：我困到极处一般表现是话少……表达起来磕磕巴巴，多真诚也像在瞎编。(王小柔《如愿》)

下边儿 xiàbianr 旧称天津原来的外国租借地区：天津人曾俗称老城内外为"上边"，五大道一带为"下边"。(杜娟《邵承德：五大道的记忆》)

下不来 xiàbulái 用于数量或时间概念的后面，表示不止于、大于该数；与此相反，小于该数就说下得来或下来：按这种要求，每月没有十块钱下不来。(笑冬《意料之外的"情"和"理"》)/ 就是去趟医院，我这腿脚没有半天工夫也下不来。(范洪年《铃声送来关爱》)/ 前几年一套房子二三十万块钱就下来了，现在可好，只要是能住人的地方出手就得小一百万。(王小柔《十面包袱》)

下不来台 xiàbuláitái 简说下不来，指在人前受窘：……我爷爷当即就给人家下不来台，气乎乎地对人家说："别让我留骂名了。"(林希《百年记忆》)

下厨 xiàchú 到厨房进行烹饪操作：今儿我下厨，你们尝尝我的手艺。(口语)

下得来 xiàdelái 简说下来；见"下不来"条。

下顿儿 xiàdùnr 指下一顿饭：稍微不愁下顿吃喝的人家……(李志强《中国北方俚曲俗情》)

下街 xiàgāi 旧时小贩结束一天的营业叫下街：一锅白薯计划好大约卖一天，到下午几时卖完就"下街(gai一声)"收市。(李志强《中国北方俚曲俗情》)// 被辞退或买卖关张：生意不景气，最后关门大吉，别人问起生意上的事，回答说："别提了，早就下街了。"(林希《天津话逗你玩》)

虾干儿 xiāgānr 又叫大虾杆儿，去皮晒干的虾，海米：……什么猪肉萝卜丝馅的……虾干儿冬菜馅的，都是现烙现卖。(夏华《话说天津的地、事、人》)

瞎鬼 xiāguǐ 瞎说，不可信的意思：哪里呀，我是六九届的知

青，属于老三届，说是初中毕业，那不瞎鬼嘛……(南郭玉鹤《拆迁记》)

瞎胡闹 xiāhú'nào 瞎闹，胡闹：这个大夫治眼病纯属瞎胡闹(天津《今晚报》2006.4.15)

下火 xiàhuǒ 形容天气异常炎热：邓克拉……啰了吧嗦地问："是喝凉的，还是喝热的啊？"外面都下火了，还喝什么热的啊。我说凉的。(王小柔《乐意》)

瞎窟窿 xiākūlong 指眼睛，贬义：生气的是，二哥崔咏柏，真就长了一双瞎窟窿，这么个骚货，贱货破烂货，也往家里敛！(南郭玉鹤《拆迁记》)/"……雪儿的两眼是一对瞎窟窿，竟把你当好人！"(吕舒怀《舍命吃河豚》)/剪票人顿时吓白了脸……："先生，您别叫我大叔……怪小的眼拙，光长俩瞎窟窿，没认出您老……"(吕舒怀《水铺》)

下来 xiàlai 指果蔬、鱼虾等时令商品上市销售：每年豌豆下来，趁着时鲜赶紧地吃。(白金贵《老食客》)/吃海货的日子并不长，春天的海蟹，也就是十几天的时间……下来什么吃什么，吃过了，再想吃，明年见。(林希《其实你不懂天津人》)

瞎咧咧 xiāliēlie 形容说没用的话，瞎说，或胡乱喊叫：一张票五百元，就听他哑着嗓子瞎咧咧。(林希《天津话逗你玩》)/有人笑着说："闹了半天，你还是瞎咧咧！"(冯育楠《银沙滩》)

瞎猫碰上死耗子 xiāmāopèngshangsǐhàozi 比喻极其偶然而少有的事：瞎猫碰上死耗子的，也不是没有过。(何斌《戒毒篇——天津警察讲段子》)/那是一个瞎猫碰死耗子似的开始，却开启了我跟出版的渊源。(王小柔《如愿》)

瞎摸海 xiāmohǎi 比喻不真切，不可靠：眼神儿不好，瞎目合眼，和瞎摸海意思又不一样了。(林希《天津话逗你玩》)/别听他白话，有这么便宜的事吗？都是瞎摸海！(口语)

瞎目合眼 xiāmuhéyǎn 视力不佳：……你这有眼睛的还害怕呢，我这瞎目合眼的更害怕了。(相声《无鬼论》)/"你瞎目合眼地瞧瞧，这会儿上亮子就白了。"桃儿她妈……忙着操打他。(雪

屏《南门脸》)

瞎蛾子 xiā'nézi 一种生长于米面等粮食里的虫子,破茧后飞得不高不远,容易捕捉:北京真是好地方,人气旺,一出火车站眼都花了,全跟瞎蛾子似的,你不动都有人往你身上撞……(王小柔《有范儿》)

虾钱儿 xiāqiánr 个儿较小的虾。

吓人呼啦 xiàrénhūlā 吓人(呼啦是词语后缀,起强调作用):"怎么了,一惊一乍吓人呼啦!"桃儿冷不丁叫他吓了一激灵。(雪屏《南门脸》)

下三烂 xiàsānlàn 下贱,也指低级下流以及道德品行低下的人:难怪在一些高层次的人眼里,说相声的就是"下三烂"……(魏巍《魏文亮的故事》)/ 下三烂的话怎么在你心里占了大地盘?(殷瑛《望春楼上》)/ 高地虎说过,跟正道人摆跤,得凭真本事真功夫按规矩摆,跟下三烂摆跤,就得用下三烂的歪门邪道。(姚宗瑛《赌跤》)

下水 xiàshuǐ 纺织品洗涤,特指新的第一次洗:你看,这头巾我刚戴了几天就参军了,还没下过水呢。(刘林《小刘和他的手榴弹》)/ 宝来知道自己被忽悠的时候,刚穿的警服还没下水洗过。(何斌《戒毒篇——天津警察讲段子》)

瞎说八道 xiāshuōbádào 瞎说:二唤好像忘记自己大名叫尚玉珠,气哼哼答道:"瞎说八道,我不叫尚玉珠,我叫二唤。"(吕舒怀《水铺》)

虾蛳子 xiāsīzi 虾酱。

下台阶儿 xiàtáijiēr 比喻借某种机会体面地做(假如主动做会丢面子的事):顾永茂有台阶下,神情晴朗许多……(吕舒怀《舍命吃河豚》)/ 这人真不知好歹,给他个台阶儿,他还不下!(口语)

下套儿 xiàtāor 设圈套:看完这个,老路才醒悟到自己上了当,那个急性子闺女和这慢性子小白脸其实都是下套儿来的。(王小柔《十面包袱》)

下卫 xiàwèi 旧指从外地某些地方到天津:我看跤场子的人十个有九个也是得了消息,才敢一帮一伙的下卫来。(烟雨苏州《美人西

来》)/ 张天武……说道:"……当年我跟你师大爷从静海下卫,想在津门武林里面立住脚……"(同上)

下文 xiàwén 指事情的进展或结果:所以,戒毒警察想干嘛,话还没出口,他就知道下文了。(何斌《戒毒篇——天津警察讲段子》)/ 对于自己的明天,他有美好的设想,同时他也有预感,这件事肯定还会有下文。(武歆《老郑的博客》)

吓吓叽叽 xiàxiajījī 又作吓吓唧唧;形容忐忑不安、畏畏缩缩的样子:……他吓吓叽叽地问:"咱们前世没怨后世无仇,你为嘛吓唬我?"(苏书棠《正兴德茶庄的由来》)/ 只是所有男人对她的表现都吓吓唧唧的,因为他们都知道玫瑰过了这个春天就三十五岁了。(王小柔《十面包袱》)/ 大堂经理是个吓吓唧唧的花旦男,负责在我们和他领导之间传话,跟八哥赛的。(同上)

瞎诌 xiāzhōu 说胡乱编造的话。

瞎诌白咧 xiāzhōubáiliě 义同瞎诌,语气更重:你别听她瞎诌白咧……(杨志刚 庞连琦《猫的风波》)

匣子 xiázi 旧指质量次的薄而小的棺材。

下子 xiàzi 又说下儿;量词,用于环境或器物的容量:院内黑压压站满一下子人……(万国儒《踩电铃》)/ 壶里只剩半下儿水了,哪够喝啊!(口语)

弦儿 xiánr 胡琴、三弦等为戏曲或曲艺伴奏的中国乐器(专指弦乐器和弹拨乐器)的简称:大家在屋子里又是劝他,又是破口大骂偷弦儿的贼。(王军强《天津票友》)

显摆 xiǎnbai 摆轻声,读音不稳定,声母常念 P,作显派,又简说显;自我显示,炫耀:时下有这样一句话颇为流行:"穷得光剩下钱了!"这不完全是有钱人的显摆……(蒋子龙《人富心穷》)/ 这位朋友博学多才,还喜欢显摆。(崔武《硬塑料》)/ 福:快回去吧,您这身新衣服也该在八奶奶面前显派显派。(曹禺《日出》)/ 不学无术、脑腹空空的毕业生回到学校"臭显":"嘿,老师,咱现在一个月挣七八十,够

份吧？"(笑冬《意料之外的"情"和"理"》)

闲白儿 xiánbáir 无用的、无关的事物，又说闲白儿六大堆：……大声地呵斥你："又鼓捣那些闲白儿，扔了！"(苏书棠《泉》)/……其实就为了站一块儿扯会儿闲白儿。(王小柔《女人很三八》)/……说了好多闲白儿六大堆。(雪屏《南门脸》)

显鼻子显眼 xiǎnbízixiǎnyǎn 明显，突出：人家娶媳妇，他去帮忙，拾掇得却比新郎还扎眼，显鼻子显眼儿……(雪屏《南门脸》)

馅儿饽饽 xiànrbōbo 用玉米面作皮，包上馅儿做成的一种主食：馅饽饽也有攥成"团子"蒸熟的，外地人称之为"菜团子"。(张仲《天津回民的家常便饭》)

咸吃萝卜淡操心 xiánchīluóbodàncāoxīn 比喻为无关的事情操心："你呀，咸吃萝卜淡操心。"(雪屏《废墟，我的1976》)

现出锅(儿) xiànchūguō (食品)做熟后当时从锅里取出(食用或出售)：南开区南丰路副食店在街头设了一个"现出锅"茶鸡蛋的售货摊。(赵鹤年《闻香下马》)

咸的淡的 xiándedàndе 比喻无关紧要的，或是不必在意的(话)：……见了他都主动打招呼，咸的淡的搭讪几句。(吕舒怀《舍命吃河豚》)‖令人讨厌、没有必要的，或暗有所指而不满的(话)：我也没说他什么，你看他咸的淡的那一大堆！(口语)

线店 xiàndiàn 旧时卖妇女做活用的针线及其他小百货的店铺：洪掌柜……沿墙根儿折回他的线店。(吕舒怀《水铺》)

险点儿 xiǎndiǎnr 险些，差一点：潘：……你看你，险点做了错事。(曹禺《日出》)

咸饭 xiánfàn 用大米加肉类及蔬菜熬的咸口儿的粥：……这汤菜也像小时候喝的咸饭一样稠稠的，不过真的很清香。(天津《假日100天》2006.3.3)/……就着咸饭连吃连喝，这好日子过的！(白金贵《老食客》)

闲房 xiánfáng 闲着没人住的房子：嘎久儿……连忙说："咳

呀,赵大叔,这里没闲房呀……"(张孟良《血溅津门》)

显怀 xiǎnhuái 妇女怀孕后,已看得出腹部隆起:瓜儿开始显怀了,猫腰儿都得费劲了……(雪屏《南门脸》)/ 桃儿她妈……咸不咸淡不淡地说:"你眼看就要显怀了,告诉四合多在意一点儿……"(同上)

鲜货 xiānhuò 特指水果:俩孩子都没空着手,魏文亮拎着一大蒲兜儿的鲜货,魏文华拎着两盒子点心。(魏巍《魏文亮的故事》)

鲜火 xiānhuo 又作鲜和;形容颜色鲜艳:农村姑娘喜爱明朗、鲜火的扣子……(赵劲《摘取明珠缀彩霞》)/ 小媳妇来这里,即便日子再紧巴,也得挑鲜和衣裳上身,到这里来显摆。(雪屏《南门脸》)

馅儿活(儿) xiànrhuó 泛指制作饺子、包子、馅饼等带馅食品的工作:"馅儿活"大赛分为专业组和业余组进行……(天津《今晚报》2012.3.20)

鲜灵 xiānling 又作鲜亮;水果、蔬菜、水产品等新鲜的意思:吃海货方便,像什么大对虾,海螃蟹,鳎目鱼,特别鲜灵。(魏巍《魏文亮的故事》)/ 小兄弟买活鱼啦,多鲜灵!(冯育楠《津门大侠霍元甲》)/ 鲜亮的对虾,表相豆瓣绿,光滑透明,全须全尾不掉头。(白金贵《老食客》)

闲篇儿 xiánpiānr 与正事无关的话:我没工夫跟你聊闲篇儿。(口语)

闲七杂八 xiánqīzábā 指不重要的(闲事):然后就是几个人安排档期,把闲七杂八的事后推,往一块凑呼。(王小柔《乐意》)

献勤儿 xiànqiǎnr 又作献肷儿;献殷勤:果儿一个劲儿跟她妈献勤儿,她妈没说什么……(雪屏《南门脸》)/ ……见了洋人狗奴才,溜须拍马带献肷儿。(童谣)

现如今 xiànrújīn 现在,如今,又说现而今:闹贼,旧社会有这事,现如今可是没有贼啦!(张寿臣《贼说话》)/ 秦惠廷嫌老伴儿思想落后:"现而今不比以往了……"(雪屏《南门脸》)

先生 xiānsheng 医生:别看他瘦小枯干的,可极少生病,也就

很少请先生看病了。(魏巍《魏文亮的故事》)

咸食 xiánshi　又作馅食；家常菜肴，多以肉类加南瓜、西葫芦等瓜类做原料，和成馅，加入适量干面粉，不用面皮包裹而直接在铛里煎熟的一种食品：夏吃瓜馅，又忆念起家里伏天的"摊咸食"……(白金贵《老食客》)

馅食 xiànshí　见"馅子货"条。

闲心 xiánxīn　指与自己无关的(别人操心的)事：别以为三姨是红娘，别人闲心她根本不操……(王小柔《乐意》)／自己的事还顾不过来呢，哪有工夫操那闲心！(口语)

现原形 xiànyuánxíng　显露原形，显露出被掩盖的真实面目：天津人到了"三不管"……就全都现了原形。(林希《其实你不懂天津人》)／我认识的人里能数十年如一日保持淑女风范的人并不多，有的人虽然整天把自己打扮得跟洋白菜似的，但一不小心就能现了原形……(王小柔《妖蛾子》)

闲在 xiánzai　清闲，时间充裕：顾永茂……趋步上前，双手握住胖男人的手，使劲地抖了两抖："高处长，您今儿个怎么这么闲在？"(吕舒怀《舍命吃河豚》)

馅子货 xiànzihuò　泛指饺子、锅贴、馅饼等带馅的食品：清真馆不论菜品还是馅子货，都有独到的技法和鲜明的口味特征……(佚名《天津传统的清真菜和回民的风味小吃及家常菜》)

降 xiáng　食物在胃里不消化的难受感觉：我的胃口是老毛病了，吃少饿得慌，多吃一点又降得慌，就是拿捏不好，没辙！(佚名)

想开 xiǎngkāi　想得开，不把不如意的事老放在心上：这事也不怨你，想开点儿吧。(口语)‖心里没有顾忌，随心所欲：我妈……这回也想开了，早出晚归，心都玩散了。(王小柔《如愿》)

向例 xiànglì　照例：这事够不够阔？众人说，阔人向例爱办穷事。这一手，不单叫穷人看傻了，也叫阔人看傻……(冯骥才《三寸金莲》)

乡里乡亲 xiānglixiāngqīn　乡亲的繁复用法,由双音节词AB变为四字格"A里AB",如邋遢——邋里邋遢,小气——小里小气。本例特点为繁复后词性改变,由名词变为形容词:天津人嘛一家子,乡里乡亲的,举手之劳,何必客气。(吕舒怀《水铺》)

想起一出是一出　xiǎngqiyīchūshìyīchū　又说想一出是一出;形容做事不经过仔细考虑和筹划,随性而为:……他说的"事儿"完全无法判定其可行性,他们属于想起一出是一出型……(王小柔《妖蛾子》)/趁着我们还能"心血来潮",有点"想起一出是一出"的激情,办了也就办了,没办,大都也就办不成了。(孙加祺《就这点时间》)

相应 xiāngyīng　便宜,划算的事:……去年没有一铁锨挖眼井,八分钱一斤也够相应了。(杨润身《马识路卖瓜》)

绡 xiāo　本义为比较稀薄的生丝制品,比喻纺织品稀疏,不致密:这布太绡,拿起来都透亮儿,只能做里子。(口语)

小 xiāo　用于时间、数量等前面,表示虽然没到、但也将近于该时间或数量,多用于形容时间长、数量大的场合:半点不错,我跟他小半天了!(冯育楠《津门大侠霍元甲》)/梅江的四十多位津姐表示,吃了小三个月吧,色斑皱纹变淡消失……(佚名《美少妇职场、家庭很吃香》)/那天……三十几里路,一大早出发,赶到那里,小晌午了。(武杨《那年远行去外调》)

小八件儿 xiāobājiànr　一种中式带馅糕点,一般做成八种式样:王管事的突然来了,没空着手,拎了二斤小八件儿。(魏巍《魏文亮的故事》)/……灭火后主家往往给这些救火者一斤或半斤"小八件"。(王文玉《龙亭街的"扁林"》)

小不点儿 xiāobùdiǎnr　指小孩子或个儿小的东西:有一次,我从外地进了一批香蕉,看着上面都是大个儿的好蕉,可回到家一看,下面的全是小不点儿。(巩胜男 田淑敏《女人花》)/我小的时候,全家人在菜里碰到油渣儿,谁也舍不得放入自己嘴里,都要给我这个小不点儿……(刘章《油的记忆》)

小菜儿一碟(儿) xiǎocàiryìdié 简说小菜儿;比喻事情很小,微不足道,也有不在话下的意思:"……找个女人在我手中是张飞吃豆芽——小菜一碟儿。"(吕舒怀《舍命吃河豚》)/ 陈自由说当"高买"之前我原就是"小绺",偷枪和偷钱包一样,小菜一碟。(龙一《恭贺新禧》)/ ……有她出个主意,当我的军师,这些事情还算个嘛呀,小菜一碟!(南郭玉鹤《拆迁记》)

小大人儿 xiǎodàrénr 指小孩持重老成,像成年人:正如形容一个小孩子,不毛毛躁躁,很沉稳,像个"小大人儿"……(周恒《"捯饬"或是"刀尺"》)

孝箍儿 xiàogūr 又说孝箍子;旧俗,办丧事人家的死者晚辈中的女子(主要是女儿、儿媳)治丧期间,用长条形白布箍在头上,作为戴孝的标志,称孝箍儿。

小伙计(儿) xiǎohuǒji 计,轻声;旧时称在店铺里学徒的人:小伙计为了论证她的话有可信度,把我的椅子转了半圈儿,对着门……(王小柔《有范儿》)

小鸡儿 xiǎojīr 又说小鸡鸡;指男童生殖器:这当儿大门口,一群孩子穿开裆裤……裤裆里摇晃着太阳晒黑的小鸡儿。(冯骥才《三寸金莲》)

小力巴 xiǎolìba 旧称年轻、没有技术的从业者:这个小力巴,本来是茶楼的小伙计。(林希《天津话逗你玩》)

小绺 xiǎolǜ 小,二声,绺,读音如绿,轻声;扒手:……他哎呀一声,脸色变了——叫"小绺"掏了兜。连钱带证件都丢了。(李云冲《节振国勇闯天津卫》)/ 张奶奶每次都是硬塞给他,甚至替他放在兜里,还嘱咐他带好了,别让"小俚(注:应为绺)"(小偷)摸了去。(王敦煌《吃主儿》)

孝帽子 xiàomàozi 旧俗,丧主的男性晚辈亲属戴的用白布临时缝制的帽子:这就和死了老爹,无论多金贵、多体面的人物都得亲自戴孝帽子一样……(林希《蛐蛐四爷》)

小门小户儿 xiǎoménxiǎohùr 形容家庭或单位人少、规模小：不行，不行，我这儿小门小户的……：(吕舒怀《小人书铺》)

小命(儿) xiǎomìng 性命的意思，有诙谐味道，有时有贬义：体内藏毒运输 差点搭上小命(天津《今晚报》2010.6.26)/吸毒者在吸食海洛因的时候……一旦量大了，小命就没了。(何斌《戒毒篇——天津警察讲段子》)

笑模颌儿 xiàomohér 又说笑模滋儿、笑模丝儿；形容面带微笑、态度可亲的样子：郑维群笑模颌地走进屋来……(上官柳《两不误》)/他儿子甄才呢，不但没害怕，还笑模滋儿地做解释，小嘴真够乖。(周连群 王家骏《"教子成才"》)/他一边收拾桌子，一边笑模丝儿地看着节振国。(李云冲《节振国勇闯天津卫》)

小拇弟 xiǎomudì 又说小拇哥；手的小指：右手除了大拇哥和小拇弟儿闲着，中间三个指头在右膝盖上叩点儿，一板一眼丝毫不含糊。(叶子文豹《耍板》)

小拇哥 xiǎomugē 见"小拇弟"条。

小跑儿 xiǎopǎor 名词；指在人手下担任跑腿办事等不重要职务的人：咱能干什么，还给人当小跑儿呗。(口语)

小屁孩儿 xiǎopìháir 戏称年轻幼稚的人：很多年前，我自己在网上建了个私人聊天室，但来的都是一些小屁孩，经常一上来就骂街。(王小柔《妖蛾子》)

小气 xiǎoqi 形容人气量小，不大方，小家子气。

消蹊儿 xiāoqīr 又作消息儿；物件上安装的暗藏机械装置，一触动便会牵动其他部分：小时候上城隍庙，大人说有消蹊儿，害怕极了，哪儿也不敢乱动。(佚名)/ 不紧不慢，有板有眼，像有嘛暗机关、消息儿管着。(张仲《龙嘴大铜壶》)

小钱儿 xiǎoqiánr 指被赏赐的不多的钱：……撞人的主儿跟大爷似的，被撞的倒像孙子，等着保险公司的给小钱儿。(王小柔《十面包袱》)

小瞧 xiǎoqiáo 轻视，看不起：……快把我的好衣服找来，虽说咱是个穷村，也别让人小瞧咱！（柳溪《窦老乐赶会》）/ 有了皇太子耀眼光环的映照……谁还敢小瞧他，得罪他？（邓忠强《贪鄙者的投机》）

小雀儿 xiǎoqiāor 戏称男婴或男孩的外生殖器：王老大……一把将面盆塞到躺在炕上、露着小雀的婴儿屁股底下。（郭维《笨人王老大》）

学舌 xiáoshé 复述别人的话：我把招待参观团的事跟他一学舌，他听着听着脸上变颜色……（佟有为《刹住歪风》）

小事一段（儿） xiǎoshìyíduàn 无关紧要的一件事：你不是吵吵行路难、乘车难、买菜难以致于上厕所难吗？好，向你免费奉送一番豪言壮语，纵使你家揭不开锅、上不去炕，也都成了"小事"一段。（白春《大事小事析》）

小踢打 xiǎotīda 形容不值一提的小事：……别说这点家业是小踢打，脑袋能不能还长在脖子上都玄乎啊。（王维刚《杨梆子和他的干兄弟》）

消停 xiāoting 安静，安稳：……这一下非同小可，熬得老孙头一连三宿没睡消停觉。（汤吉夫《房》）/ ……岁数也大了，本以为可以开个消停会。（何申《"盛会"琐记》）/ 唯有香莲坐在那边动也不动，消消停停喝茶……（冯骥才《三寸金莲》）

小玩儿闹 xiǎowánrnào 见"玩儿闹"条。

小虾米（儿） xiǎoxiāmi 虾皮：传统一些的，做小虾米（虾皮）、白菜面汤最为普遍。（白金贵《老食客》）

小芯子 xiǎoxìnzi 鞭炮点燃后没响：总以为是因为工厂疲软了，过年放炮才"小芯子"的。（林希《天津话逗你玩》）‖ 比喻开始声势很大，结果无声无息，有虎头蛇尾的意思：他开头说得多热闹，后来呢？小芯子啦！（口语）

小性儿 xiǎoxìngr 形容人常因小事而发作的坏脾气：别那么小性，君子不把小人怪嘛……（罗春荣《金糖葫芦》）

消肿 xiāozhǒng 肿胀消退：牙拔完了，等消了肿还得咬个牙印

儿,才能镶牙。(口语)

小诸葛 xiǎozhūgé 比喻特别有办法、有主意的人:他最听黄二叔的了,老人是……一队的"小诸葛"。(佚名《龙嘴大铜壶新传》)

孝子头 xiàozǐtóu 旧俗,居丧的孝子,遇到任何亲友都要磕头,称为孝子头:有句谚语:"孝子头,满街流,见了谁都先叩头。"(佚名《天津地方丧事民俗》)/ 抬棺木的人轧着路走,几百米的村路要走三四个小时。孝子头一个接着一个地磕……(尹学芸《丧俗》)

小嘴叭叭 xiǎozuǐbābā 形容能说会道:他长得又非常可爱,小嘴叭叭的,进商店买东西问型号问功能常问得售货员惊讶。(何申《"进步之星"》)

楔 xiē 打:"你要拿砖头楔我,不是谋杀是什么?"……他说,他只想把我楔傻了……(雪屏《废墟,我的1976》)

斜 xié 斜着眼睛看:我斜了她一眼……自己就跟中年妇女似的了,还说别人。(王小柔《十面包袱》)

携 xié 搬动:……指挥小伙计们收拾店堂。搬桌子、携椅子、洗茶壶、涮茶碗……(肖克凡《一九三五年的真相》)

谢顶 xièdǐng 顶部头发脱落(指男性):杨东升其实比我还小一岁,却已经谢顶了……(雪屏《大串联》)

歇过来 xiēguolai 疲劳过后经休息恢复精力:玉良忙过来问:"还没歇过来?我给你揉一下吧。"(佚名《龙嘴大铜壶新传》)

邪乎 xiéhu 离奇,超出寻常:谁知,今年春节太邪乎了!从初一到初五,来急诊部的达二百余人,大都是被两响崩伤的。(《天津日报》1980.2.27)/ 有人说得更邪虎(注:应为乎)了:"咱支书……当场给他个大窝脖……"(冯育楠《银沙滩》)/ 信不信由你,天津卫的事就那么邪乎。(林希《天津闲人》)

血糊肉烂 xiěhuròulàn 血,又读一声,常说成血糊流烂;形容血肉模糊的样子:只打得老厂长血糊肉烂,惨不忍睹。(何苦《意料中的故事》)

鞋坑儿 xiékēngr 又说鞋窠棱儿;鞋子里面:刘胜发藏在鞋坑

儿里的一万块钱，竟叫家里人，连同鞋一起卖给了收破烂儿的。(南郭玉鹤《拆迁记》)/秦惠廷磕打磕打鞋窠棱儿说……(雪屏《南门脸》)

蝎拉虎子 xiēlahǔzi 壁虎：……打得他蝎拉虎子似的满处爬。(雪屏《南门脸》)

邪门儿 xiéménr 奇怪得超乎寻常，反常：但白云生可不这么想，虽然脸上一笑，心里却感到邪门……(刘兴华《袁文会受挫天宝班》)/革了半辈子命，想不到受这份罪……真他娘的邪了门儿……(柳溪《窦老乐救盟弟》)

鞋趿拉 xiétāla 拖鞋：当下她就拿鞋趿拉捆打他一顿……(雪屏《南门脸》)

邪行 xiéxing 又作邪性；不可思议，不正常：这场雨也真是邪性，没黑没白地足足下了半个多月……(蒋子龙《农民帝国》)/那晚上我觉着邪性，心里头七上八下的不踏实。(吕舒怀《碎片上的女人》)/另一个屋里摆的更邪行，巨幅照片，拍的是一光屁溜男的把自己埋进土里全过程。(王小柔《十面包袱》)

卸载儿 xièzàir 比喻减少工作量或减轻责任、负担：萨利赫"卸载儿"轻松了(天津《今晚报》2012.1.22)

寻 xín 读如"新"的二声；嫁，娶：……父亲赖以生活。不知怎么一来，竟然寻(读若 xín——原注)上了媳妇，她就是我的母亲。(季美林《另一种回忆录》)/直到解放，她才跳出火坑，又寻了冬林……(韩映山《麦收时节》)‖讨，要：口渴了，到买菜的户内寻碗水喝，凑凑合合就是一天。(冯育楠《银沙滩》)

新词儿 xīncír 新鲜的内容：近日多次表态忽忽悠悠 最新电视讲话又出新词 安倍："由衷地"向"慰安妇"道歉 (天津《今晚报》2007.3.12)/你说了半天，有新词儿吗？(口语)

心话儿 xīnhuar 又说心里话；心说，心里面想的意思：……我心话儿打听这个有什么意义，这电话费花的！(王小柔《妖蛾子》)/瓜儿……心话：滑头，总套我的话，自己却留个心眼儿。(雪屏《南门脸》)

/水芙蓉……看看家里确实没有人,心里话,他们爱哪去就哪去,我操这份心干嘛!(南郭玉鹤《拆迁记》)

心尖儿 xīnjiānr 又说心尖子;称心里最爱的人:那是老太太的心尖儿宝贝儿。(口语)

寻开心 xínkāixīn 开玩笑,取乐:我忙着呢,别拿我寻开心啊。(口语)

心口窝儿 xīnkǒuwōr 指胃部:晌午发生在水铺门前的事,像硬塞进嘴里半个糠饽饽,堵在心口窝上不来下不去。(吕舒怀《水铺》)

新来乍到 xīnláizhàdào 指刚刚来到一个不熟悉的地方或环境:大牛,不许这样,小施新来乍到,要多帮助他。(杨柏林《盘根错节》)

心累 xīnlèi 精神上感觉压力大,不松心:用郑洲的话说,现在社会上盛行攀比,又很浮躁。谁不觉得心累呢?却只有他选择毒品来做缓冲。(何斌《戒毒篇——天津警察讲段子》)

心里分 xīnlifēn 心里明白而在表面上不表露,多用于人际关系:翠:……咱们娘儿们"恼在心里,喜在面上",心里分就得了。(曹禺《日出》)

心里过不去 xīnliguòbúqù 萦绕于心,于心不忍:张秀燕说:"看到有困难的人,不帮他们一把我心里过不去。"(高羽《"不帮他们,我心里过不去"》)

心(儿)里美 xīnlimēi 青萝卜的一种,外皮淡绿色,内里紫色,又叫紫心萝卜:小贩把豆瓣绿的青萝卜和紫心青皮的"心里美"打开几个,再配上黄澄澄的金橘、绿盈盈的青果,色彩鲜艳,颇能勾人食欲。(夏华《话说天津的地、事、人》)

心忙 xīnmáng 又说心忙二乱;心里着急,慌乱:他跟他爱人骑车外出办事……不停地喊着:"快!快!快!"催得人家心忙……(贾菊生《红砖的风格》)

心腻 xīnnì 心里烦闷,不快:杨四不但心腻,也有点炸。(张仲《龙嘴大铜壶》)

心气儿 xīnqìr 愿望、主张、态度：不少年轻人结婚以后想自己过，可不知道媳妇是什么心气儿。(沙联《五世同堂的和睦家庭》)/ 谭二爷的心气儿和他们一样……(王军强《天津票友》)‖ 前面加"有"表示同意，有意：他嘱咐媳妇，你就说这表太旧了，不想要了，您要是有心气儿，便宜卖给您当个幌子。(阳煦山立《师徒》)

信瓤儿 xìn'rángr 装在信封里面写好的信，因为信封也叫信皮儿，与之相对应，信封里面的信叫信瓤儿：她翻着翻着，在其中一本儿的杂志里，发现一只信封，用手摸着信封里似乎还有信瓤。(南郭玉鹤《拆迁记》)

寻人 xínrén 女子出嫁。

心说 xīnshuō 心里想，思忖：灵子心说，一朵小红花就变了那么好的一个媳妇，这朵大白花变个媳妇非得气死天仙不成啊！(张士杰《秫秸船》)/ 我心说，要有能抢购得起那么大别墅的钱我早搬家了，还用你提醒。(王小柔《十面包袱》)

心窝子 xīnwōzi 心窝儿，内心深处：曹禺先生回忆当时的情形："那里面的人我曾经面对面地混在一起，各人真是……流着泪，掏出心窝子的话，叙述自己的身世……"(孙喦《为了〈日出〉的创作》)

寻宿儿 xínxiǔr 到别人家里借宿：青年女工黄文燕，全家七口人……大姐姐天天串家寻宿。(裴伟《当"官"要为民谋福》)

信着 xìnzhe 副词，无节制地，任意地：那个说："老姐姐，您省省吧，信着抱怨还有完么？"(烟雨苏州《美人西来》)/ 不等梅二爷话音落地，丁二来抢着嚷道："二爷，您这是嘛话？……信着死，十个也完啦，这条命是赚的！……"(同上)

兴词儿 xīngcír 贬义，指不合理的或没有必要的动议：别又兴词儿，老实在家待着！(口语)

行动作卧 xíngdòngzuòwò 行为，举止：那时候妇女讲究"大门不出，二门不迈"……在行动作卧上都有约束。(常宝堃 赵佩如《封建礼节》)

醒盹儿 xīngdǔnr 睡觉醒来后，脑子变清醒：耳朵眼炸糕铺的伙

计,骂道:"应该把他扔到滚油锅里醒醒盹,中国人不是好欺负的!"(冯育楠《津门大侠霍元甲》)/ ……盹也醒了,我坐在沙发里生闷气,觉得太窝火了,而且不知道那个电话什么时候还得打来。(王小柔《妖蛾子》)

醒过闷儿 xǐngguomènr 也说醒过味儿、醒过神儿;明白过来,醒悟的意思:贾佳妍也在愣神中,这会儿醒过闷儿来了,推开椅子,上前架住了……刘胜发。(玉鹤《都是布头惹的祸·九排大院轶事之四》)/不一会儿,醒过神儿来的国民党部队果然开始反攻……(史维芬《天津决战前的郊区一战》)/他俩还没醒过味儿来,武魁海已经站起,大步出了立通书场……(魏巍《魏文亮的故事》)

醒过神儿 xǐngguoshénr 见"醒过闷儿"条。

醒过味儿 xǐngguowèir 见"醒过闷儿"条。

腥乎(儿) xīnghu 荤腥,泛指肉类、鱼类等食物:更爱腥乎的天津卫们把海鲜干货融入咸饭,独具一格了。(白金贵《老食客》)

腥气烘烘 xīngqihōnghong 腥气,形容词;烘烘又作哄哄,系加强语气的后缀,贬义:八纬北路的商贩们,大多经营水产品,这里的空气不好,腥气烘烘的。(玉鹤《八月十五云遮月》)

惺惺 xīngxing 末字轻声;形容对某些声音的厌烦感:老百姓……就只能向有关部门说:"我嫌惺惺。"(林希《天津话逗你玩》)

熊蛋包 xióngdànbāo 见"尿蛋包"条。

兄弟媳妇 xiōngdixífu 弟弟的妻子:……灾难之时都能拉一把,男男女女,大伯子兄弟媳妇同居一棚也无所顾忌……(李汉东《防震棚》)

修好 xiūhǎo 行好,行善,做善事:那位大娘也说:"善心人,修修好,明年还叫你添个大胖小子!"(韩映山《凤仙姐》)

秀密 xiùmi 密,轻声;小巧而精致,多用于物,也用于人:原本多秀密的一个小媳妇,平日总是变着法儿地让他熨帖,怎么说翻脸就翻脸了?(雪屏《南门脸》)

嘘 xū 热的蒸汽等作用于物体:馒头熟了,一掀锅把手嘘啦。(口语)/ ……其实那玻璃纸就是让手的热气嘘得卷了。(黄蕾《小糖纸

里的大天地》)

絮 xú 或作续,念二声;因重复的次数多而令人厌烦:天天喝面汤,都絮了。(口语)/ 没事你老提这段儿,不嫌絮吗!(口语)

许 xǔ 应该,可以;多加"不"用于反问句,表示应该如此:把你逮的那些鸟啊、虫啊,全扔了吧,有那工夫不许干点正事!(冯育楠《银沙滩》)

续 xù 续弦:我又续了一房,你们的新三嫂子就是绥中县人。(魏巍《魏文亮的故事》)

嘘乎 xūhu 虚假,不真实,也形容小题大做:男人得病爱"嘘乎"(天津《中老年时报》2012.11.22)

虚乎眼(儿) xūhuyǎn 眼睛半睁半闭:我们俩都虚乎着眼儿,往上眺望……(雪屏《废墟,我的1976》)/ 书读多了,房间里的光线又暗,渐渐地我的双眼就不好使了,近视。我妈说:"你看人总是虚乎着个眼,跟特务一样。"我就笑。(同上)

虚头巴脑 xūtóubā'nǎo 形容虚构的,不真实的:从现在开始,如果再弄些虚头巴脑的段子,最好别让我知道,你看行吗?(何斌《戒毒篇——天津警察讲段子》)

悬 xuán 俗作玄;危险:我四十多岁了,头次走这样的路,可真是够悬的。(魏巍《魏文亮的故事》)/ ……水中的巨石犬牙交错,在这种情况下过河真有点玄!(佚名《这样的小伙子谁不爱》)‖ 没把握,靠不住;群:要没个适当的办法,俺看够玄…… 娘:……不管玄不玄,反正新房子得盖起来!(上官柳《两不误》)

旋 xuán 用刀子等工具将瓜果的皮一圈圈地削下来,也指一片片地切下:……她晾得一手好柿饼,柿子摘下来,把皮旋掉,薄薄的,晒干、再碾成面。(苏书棠《天是一层幔》) / 赵甲把从钱身上旋下来的第二片肉摔在地上,按照行里的说法,这是谢地。(莫言《檀香刑》)

暄和 xuānhe 和,又作合,轻声,又说暄乎、暄腾;物体内部空隙多,松软:宋定伯背起鬼来一掂量,哟!没分量,虚虚乎乎的挺暄

合。(李润杰《宋定伯捉鬼》)/ ……到了暄和地里,一陷多深,光走道儿还不行哩,不用说干活。(韩映山《风仙婶》)

雪花酪 xuēhuālào 旧时一种街头贩卖的夏日冷食,做法是用绳套转动冰镇着的铁桶内的糖水,使之结成冰花,类似于冰激凌:……"雪花酪",是人们消夏的大路冷食品。(夏华《话说天津的地、事、人》)

学买卖 xuémǎimai 学,又念 xiáo;在商店学徒:当时我在估衣街"万聚恒"颜料庄学买卖。(王雁题《估衣街商人的传说》)

踅摸 xuémo 又简说踅;俗作学摸;设法寻找、物色的意思:当王延松提出要用黄土铺垫整个舞台的时候,钟海院长没有提出任何疑问就为他踅摸来了几袋子黄土。天津《城市快报》2006.2.13/ ……前几天帮我学摸零件儿……攒了一辆车……(佟有为《刹住歪风》)/ 您问问春梅,喜欢什么样的家具,嘛颜色,嘛式样。叫小刚他爸给踅着。(南郭玉鹤《风雨春梦》)

靴头儿 xuētóur 旧式的家做棉鞋,鞋帮为左右两片缝合而成,中间有一道脸儿:枕头都没有哇,枕着我这双靴头儿……(张寿臣《贼说话》)

靴掖子 xuēyēzi 又说靴掖;旧称钱包:柳二爷……掏出靴掖(这是当时钱包),抽出一张一百两的钱票……(烟雨苏州《美人西来》)

熏 xūn 比喻长时间潜移默化的作用和影响,熏陶或熏染的意思:我也是那么给熏出来的……听书啊,听大鼓啊,听各种曲艺,不知不觉中就喜欢上了这一行。(郭德纲《我叫郭德纲》)/ 这叫时髦。这几年熏也熏出来了……(王筠《宋氏父子》)

旬 xún 传统以十二种动物代表十二地支,用来记人的出生年,循环往复,同一属相的人除了同岁的外,至少相差 12 岁,称"一旬,相差 24 岁叫"两(二)旬",以此类推,但多用于一旬、二旬,三旬及以上不常用:……哪一年选哪一属相的……一点不能含糊,不过一"旬"的不入选……(林希《高买》)

丫

压把儿井 yābǎrjǐng 旧时一种具有提水装置,用人力将水吸上来的井:我正按影视剧的套路想呢,摇着钥匙的房产公司的人来了,大挂锁一卸,门吱嘎一声,院子里就差口压把井了。(王小柔《十面包袱》)

压茬 yāchá 具有权威性的意思:其实知青们比我小不了多少……为了能压得住茬,我只好努力地做出一副"为师"的样子……与知青多接触多沟通。(焦海梅《我的知青情结》)

压分量 yāfènliang 使商品的重量增加:20副一次性筷子藏身红毛丹 为压分量 筷子成"枝子"(天津《今晚报》2011.2.7)‖指东西的比重大,体积不大而分量重:这玩意儿压分量,这么几本书,有五六斤呢!(口语)

牙花子 yáhuāzi 牙龈,即齿龈。

丫头片子 yātoupiànzi 对女孩的蔑称:第二年老婆又怀上了,千呼万唤又唤出个丫头片子……(吕舒怀《水铺》)

压箱底儿 yāxiāngdǐr 放在箱子最底部,比喻珍贵的:这是我压箱底儿的东西。绣了整整一百天。(冯骥才《三寸金莲》)

牙印儿 yáyìnr 牙齿在食物(如苹果、梨、大饼等)上咬后留下的痕迹:可终于有一天,在雪花梨上留了个牙印儿后,排在我腮帮子最后面的牙开始疼……(王小柔《十面包袱》)‖镶牙时,为制作假牙而在拔牙后制作的牙龈模型(以便镶牙用):拔完牙,等消了肿还得咬个牙印儿。(口语)

压桌碟儿 yāzhuōdiér 宴会酒席，事先摆在餐桌上的小吃：……这是压桌碟儿摆样子，愿意吃吃两口不愿意吃把它撤到旁边儿，真正的南北大菜这才上来。(李伯祥相声)

燕巴虎儿 yànbahǔr 蝙蝠："唉……群众的眼睛是亮的，又都不是燕巴虎。"她想。(雪屏《南门脸》)

眼巴前（儿） yǎnbaqián 一般的,常见的:……在图书馆里打杂,眼巴前的字也写不来。(天津《每日新报》2000.7.8)‖现在,眼前:先说眼巴前儿吧,以后的事回头再考虑。(口语)

眼瞅 yǎnchōu 眼看，形容时间短，马上、很快的意思：西瓜结出来以后，不是慢慢地长，是眼瞅着长——三天工夫长得比水缸还大得多。(张士杰《秋秸船》)

眼毒 yǎndú 形容人观察事物的能力强，有时有贬义：大家都说他眼太毒，没有什么能瞒住他，在他面前，人人都是透明的。(乔歌《对爱情精通无比》)/ 老外评委不是吃素长大的，那些人眼那么毒，多黄的片子没见过，还至于被这么点小波澜蒙蔽？(王小柔《有范儿》)

眼观鼻子鼻子观眼 yǎnguānbízibíziguānyǎn 形容公开的场合,互相都看得很清楚:我想偷着告诉你,可大伙儿眼观鼻子鼻子观眼的,没法说啊。(口语)

眼儿侯 yǎnrhóu 旧时赌博用语，比喻地位低下：诸葛亮先生为五侯先生，我乃眼儿侯是也。(苏文茂《歪批三国》)

腌浸 yānjin 比喻埋没,湮没,没起到应有的作用:好比一块好肉,只会水煮放盐,不会煎炒烹炸,白叫您给淹浸了！(冯骥才《三寸金莲》)

眼蓝 yǎnlán 形容急切、渴求的样子：……大概因为思念你好几天没正经吃东西，一见能吃的眼都蓝了。(王小柔《妖蛾子》)

眼泪汪汪 yǎnlèiwāngwāng 形容眼睛含着泪水的样子：二丫受了委屈，眼泪汪汪闪一旁不敢作声。(吕舒怀《美人尖儿》)

眼力见儿 yǎnlijiànr 指能够看到应该做什么并及时见机行事

以讨人喜欢的能力;多与有或没有连用:我帮她把电视打开,她咂了下嘴,眼睛都没看我,"行,有眼力见儿。做饭去吧。"(王小柔《妖蛾子》)/……真没有眼力见儿,人家哪有工夫搭理你呀!(南郭玉鹤《风雨春梦》)

眼毛儿 yǎnmáor 睫毛:我一边照镜子一边想,就凭我这眼毛,演封神榜都不用参加海选。(王小柔《十面包袱》)

眼眉 yǎnméi 眉毛:我……只能看两眼图再抬起眼眉看看旋转门里进来谁。(王小柔《有范儿》)

盐面儿 yánmiànr 精盐:东欧尤其是俄国人至今还有煮土豆蘸着盐面儿吃的习俗。(白金贵《老食客》)

眼皮打架 yǎnpídǎjià 因困倦欲睡,上下眼皮反复开合:念到少半本的时候我眼皮直打架……(王小柔《有范儿》)

眼气 yǎnqì 嫉妒:"这不是二姨眼气人家的小子多,闺女少……"(雪屏《南门脸》)

眼神儿 yǎnshénr 视力:再往里走,立一块碑,全小区业主的名字都在上面,跟祠堂似的,眼神不好的得跪那磕几个头。(王小柔《十面包袱》)/信号灯树叶里"躲猫猫"司机路过练眼神(天津《今晚报》2012.5.8)‖眼色:你倒是给我个眼神儿啊!给个眼神儿我不就跑了嘛。(何斌《戒毒篇——天津警察讲段子》)

言声儿 yánshēngr 又说念声儿;应答,开口(说话):季宗霖见大侄子半天没言声儿,便又重新挑起话头……(王筠《龙票》)/ 宋广和觉得孟爷分析得在辙,没再言声儿。(王筠《宋氏父子》)

严实 yánshi 实,轻声;紧密,严密,不外露:你可得把花园门关严实了,你在门外看门……(张士杰《秫秸船》)/随后和玉良商量了半天,没别的法子,只能把大铜壶再藏严实一些,以备不测。(佚名《龙嘴大铜壶新传》)/ 这仨女的年龄囊括老中青三代,都挺良家的打扮,属于到哪儿都捂得严严实实的那种。(王小柔《有范儿》)

眼时下 yǎnshíxià 眼下,目前的意思:唱戏的有戏瘾……眼时

下，没了舞台，听听也过瘾哪。(吕舒怀《小人书铺》)

悁心 yānxīn 又作淹心；看到或听到凄惨的景象或事物，因怜悯而心里难过：咳，你别说了，听着真叫人悁心！(刘思训《天津方言词语小考》)／应该是他高兴你也跟着高兴，他淹心你也跟着淹心才对。(雪屏《南门脸》)

烟熏火燎 yānxūnhuǒliǎo 形容烟雾弥漫：烟熏火燎 公园内露天烧树叶(天津《城市快报》2006.1.7)／看他抽得这屋，烟熏火燎，都让人难睁眼。(陈庆为 周连群《老潘忌烟》)

腌眼 yānyǎn 由于空气中烟尘多，或含有刺激性气体，而使眼睛流泪、难受：……正赶上清炉……炉灰雾气升腾起来，又呛鼻子又腌眼。(杨柏林《盘根错节》)

言语 yányu 说，说话，特指说一声的意思：钱不够用，您尽管言语，只要我办得到……(王鸣录《看房》)／明哲笑了笑，也没言语。(南郭玉鹤《风雨春梦》)／咱们永远都是一家人，有什么事儿您就言语一声，我还是随叫随到！(王赫岩 石晶《咱们永远是"一家人"》)

眼晕 yǎnyùn 看到某些景象时因担心、害怕而眩晕：灵子一家伙爬得钻天高，朝下一看直眼晕……(张士杰《秋秸船》)／这"三大王"花钱花得叫人眼晕。(李桐《给驴"败火"》)／楼梯跟通天塔似的，直上直下，看着眼晕。(王小柔《十面包袱》)

眼睁 yǎnzhēng 睁可以重复作眼睁睁；明明白白，不容置疑的意思：虽然如此……眼睁一双儿女没晾在永和茶楼的台上，而且很火。(魏巍《魏文亮的故事》)／眼睁睁他是向余之诚叫阵了……(林希《蛐蛐四爷》)

眼珠子 yǎnzhūzi 比喻不多的钱：你拢共就挣这么俩眼珠子，都花了，这个月你们吃嘛喝嘛？(雪屏《南门脸》)／"我不是数落您老，您老有几个眼珠子都填补那个瞎窟窿了！您落个嘛！"(张仲《龙嘴大铜壶》)

眼子 yǎnzi 屁眼子的简说，肛门：……瞪着他说："你屁股底下又没有针扎眼子，怎么老坐不住？"(张孟良《血溅津门》)

仰巴跤(儿) yāngbajiāo 跤又作脚,又说仰巴脚子、仰脚儿;仰卧:夏景天,在边道铺个凉席子,桃儿跟她仰巴跤躺着看星星……(雪屏《南门脸》)/ 他就琢磨不透这个理,仰巴脚子瞅房顶子想……(同上)

仰脖(儿) yángbó 又作扬脖;头向后仰,脸向上的姿势:烟膏不好咽,"她"就把水端来说:"扬脖扬脖……"(费秉琳《太平歌词名家秦佩贤》)

扬风叫雪 yángfēngjiàoxuě 指冬季风雪交加的严寒天气:正赶上三九天扬风叫雪,陈小姐连冻带吓,没走出二里也就死过去了。(王维刚《诸葛亮的七星灯》)

洋鼓洋号 yánggǔyánghào 旧时受雇于人,在庆典或婚丧嫁娶场合演奏的简易铜管乐队:卡洛夫表演完后,在喧闹的洋鼓洋号声里,又有几个魁梧大汉抬出一条巨大的铁链……(冯育楠《津门大侠霍元甲》)

养汉 yǎnghàn 女人与人姘靠:老话说,男的做贼,女的养汉,最让人瞧不起。(口语)

洋炉子 yánglúzi 冬季取暖用,带烟筒的炉子:那是冬天……药房里有个大洋炉子……(雪屏《南门脸》)

扬气 yángqi 形容趾高气扬、洋洋得意的样子:……管事的一见这情形,也不像那天闺女买烟灰那么扬气了……(张世杰《张绍垣怒打鬼头王》)

羊肉粥 yángròuzhōu 一种传统早点小吃,用羊骨汤加大麦仁熬制而成:这块地方被一位卖羊肉粥的人占去了。(郝润来《神卦"妙知心"》)

羊汤 yángtāng 煮羊下水的汤,加一些羊的肚、肝、肺等制成的食品。

羊蝎子 yángxiēzi 羊的脊椎骨:……将羊的脊椎骨(回民称"羊蝎子")软肋、大小棒子骨……按炖牛肉法炖熟。(张仲《天津回民的家常便饭》)

痒痒肉（儿）yǎngyangròu 身体上因被人触摸而发痒并引人发笑的部位：一个总去洗浴中心的女同事无比陶醉地说，你知道有人给你搓澡有多舒服吗？我皱着眉头摇了摇头，光身子躺床上，跟鱼在案板上等着刮鳞似的，碰了痒痒肉还不敢笑，得忍着……（王小柔《十面包袱》）／一般美容就弄弄脸，这里按摩连上半身都要照顾到，可我这个身子就是贱，忽然浑身都是痒痒肉，她碰哪我笑得床都晃悠……（王小柔《妖蛾子》）

样子货 yàngzihuò 指中看而不中用，华而不实的东西：这车特别窄，样子货！（电视剧《杨光的快乐生活》）／……妻妾成群的生活还是个样子货吧？（罗蕾莱《单身女性的茶壶理论》）

咬 yǎo 油漆等有腐蚀性的东西使皮肤或器物等受到损害：铝盆让醋给咬坏了。（口语）

腰叉子 yāochǎzi 指腰部：她打脚底到腰叉子全发凉。（冯骥才《三寸金莲》）

幺蛾子 yāonézi 又作妖蛾子；与众不同的主意或做法：她妈扑哧一声乐了：你起什么妖蛾子……（雪屏《南门脸》）／纠结的车位 又出幺蛾子（郭子斌 孙雅书报道标题）

窑姐儿 yáojiěr 妓女：……慧秀是一个奴仆，一个丫环，一个还没有长成的窑姐儿。（孙犁《钟》）／李菊五心里叫苦不迭。这就叫窑姐儿发兵——乱营啦。（肖克凡《天津俗人》）

咬劲儿 yāojìnr 指食物在嘴里耐咀嚼的特点和程度；常和有或没有连用：而天津的馒头，特色在于"戗面"，主要都强调"有咬劲儿"……（李志强《中国北方俚曲俗情》）

要脸 yàoliǎn 又说要脸要面儿；具有羞耻之心：节目结束的时候，我妈咪……说："这些人也成年人了，怎么不知道要脸呢？"（王小柔《乐意》）／况且果儿又是个要脸要面儿的人……（雪屏《南门脸》）

要哪儿有哪儿 yàonǎryǒunǎr 形容各个方面都好，无可挑剔：……尤其十七八岁的未婚女孩，瘦腰长腿唇红齿白，要哪儿有哪

儿。(何斌《戒毒篇——天津警察讲段子》)

要亲命 yàoqīnmìng 要命,有强调的意思:要了亲命了,自测真害人。(王小柔《妖蛾子》)

咬秋(儿) yǎoqiū 民间习俗,指在立秋那天吃瓜果:今天立秋。天津人习惯吃瓜"咬秋",西瓜销量可望达到又一高峰。(《天津日报》1980.8.7)

要说 yàoshuō 连词,尽管、虽说的意思,表示下面的话值得肯定,后面须接转折的话:要说,天下哪个父母不心疼孩子? 但教会孩子承担事业和生活的责任,恰是对孩子最好的心疼。(王威《凡事要有担当》)

药糖 yàotáng 加上薄荷、山楂或其他香精制成的糖块儿:王宝山的吆喝自有独到之处,他能将所卖药糖的品种一一唱出……(由国庆《药糖"名人"王宝山》)

吆五喝六 yāowǔhēliù 形容大喊大叫:一过夹股道儿就听见东厢房里五个小子正在可着嗓子,吆五喝六地掷骰子……(张孟良《血溅津门》)/ 金爷……说,现在皇上走了,咱们在这能吆五喝六了,过去谁敢呀。(李治邦《1924年的深冬》)

腰硬 yāoyìng 腰有时儿化;一种宽而硬的腰带,多为摔跤或作重体力劳动使用:第二天晚上,贾六穿着二大棉袄,系着半尺多宽的腰硬……大摇大摆地来了。(孙淑芳 孙树松《贾六砸院子》)/ 大敞着怀,露出了一巴掌宽的腰儿硬……(张孟良《血溅津门》)

窑子 yáozi 妓院:……这些大人先生们一转身就不免纳妾或逛窑子……(柏园《新的和旧的》)

掖 yē 把东西放到表面看不见的地方,有时有贬义:冷不丁听见外面有人敲院门,他急忙把箱子掖回床下……(叶子《核桃王》)/ 李连柱什么也没说,掖好了钱,出去了……(南郭玉鹤《风雨春梦》)/ 这些日子整天有快递公司给他送东西,老贺倍儿神秘,从来不拆开验货,往柜门里一掖……(王小柔《十面包袱》)

噎 yē 比喻对于对方顶撞或反驳的话无言以对：还没等我回话呢，老爷子又说："花点钱嘛，你怎么这么小气呢？"噎得我半天没说出话来……（徐坤《想做女强人 却强不起来》）/ 到了村里……我们一边捂鼻子，一边跟老乡赞叹："这的空气真清新啊。"……"我们这空气还好？那条河上游已经被污染了……"我们这下给噎的，立刻觉得鼻子里的空气都是化学试剂味儿。（王小柔《十面包袱》）/ 顾永茂说："你别抽烟好不好？"女人连看都没看他说："我是头一天抽烟吗？"顾永茂被噎得直喘大气……（吕舒怀《舍命吃河豚》）

业 yè 吃苦、受累、受罪的意思："哟，我们两口子苦呀业呀的干一年还挣不出个烟斗来。你够牛的！"（刘一达《画虫儿》）

也别说 yěbiéshuō 表示转折，有除此以外的意思：是啊，责任制之前别说院子里，就是屋子里也没存几个粮食粒……也别说，只是在1962年的秋天与往年不同。（李克山《想起那年"大包干"》）

也不是 yěbúshì 用在结构相同的两个或两个以上句子里，表示无论这样或那样都不适合，不妥当，不完满：……剪趾甲，别小瞧这项"工作"，要想真正做好了还真费劲儿。我坐也不是，卧着也不是，把脚放在高高的椅子上也不是……（亓秀芳《老伴给我剪趾甲》）

也不说 yěbùshuō 又说不说；反诘的语气，表示应该，"为什么不"的意思："……刚我看一车大的，那人太小气，倒霉孩子护食，也不说把网子豁大点口儿，我追半天，一条大鱼也没掉出来。"（王小柔《十面包袱》）/ 平时关系那么好，人家病了不说看看去！（口语）

噎嗝 yēgé 旧指一种咽喉部位的疾病，影响吞咽功能：塞完了打脖子后边下去。吃完了叫他长"噎嗝"。（王鸣录《不正之风》）/ ……自己的老娘得了"噎嗝"……只待料理后事。（肖克凡《天津俗人》）/ 炝锅都快把她气成噎嗝了。（雪屏《南门脸》）

夜儿个 yèrge 又说夜了个；昨天：……他辛阿姨，夜儿个晚上，我们闺女这小脚丫也不知道叫嘛虫子给咬了，您瞧这大疙瘩……（话剧《分忧》）/ 第二天，胡同里传出来核桃王练功至神，夜了个儿有

人看见他家屋顶冒电光……(叶子《核桃王》)

夜猫子 yèmāozi 猫头鹰,也戏称善于熬夜的人:夜猫子进宅——无事不来。(俗谚)

爷们儿 yémenr 泛指男人:看吧,爷们儿堆里划拳行令劝酒劝菜……(邵宗和《永远的芳邻》)

爷们儿 yémenr 丈夫:她的话头聊到了开出租的爷们儿身上,怎么跟他认识的,如何跟他结婚的……(南郭玉鹤《都是布头惹的祸》)/刘秀梅别装蒜,你爷们儿是大坏蛋……(吕舒怀《碎片上的女人》)

爷们儿 yémenr 男人之间的一种客气而亲昵的称呼:三林忙说:"谢了李伯。"老人说:"怎么了三林,见外了,咱们爷们谁跟谁了……"(佚名《龙嘴大铜壶新传》)/……长辈对于晚辈也非常尊重:"爷们儿哪儿去?"(林希《其实你不懂天津人》)

夜游子 yèyóuzi 戏称深夜在外游荡的人:她觉得这是个野趣儿,当一把夜游子,挺好玩。(雪屏《南门脸》)

业障 yèzhang 比喻陷入孤苦伶仃、缺乏呵护的可怜境地:老太太说,逃荒的人倒是走了,他们舍不得宰着吃的那些看家狗就业障了,没人喂……(雪屏《大串联》)/婆子道:"……丢下这个业障丫头子,我替他养活……"(《金瓶梅·第九回》)

一把 yībǎ 第一把手(一把手)的省略说法:一把不在家(王鸣录相声)

一把死拿 yībǎsǐná 形容做事死板、固执,不善变通。

一百一 yībǎiyī 形容好到极点,无可挑剔:袁三爷对我一百一,我对袁三爷更不能含糊。(张孟良《血溅津门》)

一帮一伙(儿) yībāngyīhuǒ 形容人多势众的样子:……于是拉出人来,一帮一伙地向对方施加压力,制造威慑力量。(林希《天津话逗你玩》)/他们银(人)太多,一帮一伙儿,我打不过他们呀!(刘文亨相声)/我看跤场子的人十个有九个也是得了消息,才敢一帮一伙的下卫来。(烟雨苏州《美人西来》)

一帮子 yībāngzi 一群,一伙,有时有贬义:不久,便又与一帮子文人骚客搅在一块,成天舞文弄墨、无病呻吟地作起诗来。(王筠《龙票》)/ 这天正是清明,御膳房里就来了一帮子人,都是有头有脸的人。(李治邦《1924年的深冬》)

一报儿还一报儿 yībàorhuányībàor 报应:麻秆儿被抓进监狱,佛手多亏滕半仙照顾,这也是穷人家借柴火——一抱(报)还一抱(报)。(胡西淳《佛手》)

一憋气儿 yībiēqìr 一口气儿,不间断地:老杨一憋气儿冲了几十碗,看看差不多够大伙吃的了……(佚名《龙嘴大铜壶新传》)/ ……赶紧攒积人马一憋气儿把满船的杂货从二旺送到了油坊。(白青《大船》)

一憋子 yībiēzi 量词,形容一次(喝水很多):说着把壶嘴含到嘴里,咕咚咕咚像砸夯似的喝了一憋子。(张孟良《血溅津门》)

一车 yīchē 比喻很多:3000多读者参与征名活动 堆山造景 引来"一车"好名(天津《今晚报》2006.4.14)/"他把老师给打了。"……"老师不干,我好话说了一车,她也不领这个情。"(雪屏《废墟,我的1976》)

一程子 yīchéngzi 一段日子:……他总是笑笑说:"等忙过这一程子,我找你。"(尚山《牌友》)/"你爸这一程子还好吧?"桃儿问炝锅。(雪屏《南门脸》)

一担一挑儿 yīdànyītiāor 指妻子是亲姐妹的男人间的亲戚关系,即连襟:譬如有名的"一担一挑",外地人就闹不清楚。(林希《天津话逗你玩》)

一点就透 yīdiǎnjiùtòu 经别人稍一指点,就能够清楚明白:这家人造鞋的能耐都跟潘妈学的,全是行家里手。无论嘛新样,一点就透。(冯骥才《三寸金莲》)/ 毒友知人善任,永振一点就透。然后,毒友还诲人不倦,扶上马送一程。(何斌《戒毒篇——天津警察讲段子》)

一对一 yīduìyī (在某种较量的场合)双方都是单独一个人:说好了一对一地耍单儿,你真一个人去了,他那里早聚了一大帮……(林希《天津话逗你玩》)

一堆一块 yīduīyīkuài 表示全部的：就这一堆一块，也不用约（yāo）了，十块钱。（口语）

一个 yīgè 个，重读；"是一个"的意思，用于某些名词的后面（与正常的词序相反），以加强语气，表示强调：嗨，你理他干吗，他小人一个，最善于搬弄是非。（吕舒怀《命运符》）/ 尽管他臭棋篓子一个，咱也别光赢呀，适当让一让吧。（南郭玉鹤《风雨春梦》）/ 冯爷的嘴角掠过一丝冷冷的笑意，说道，"你呀，棒槌一个知道吗？……"（刘一达《画虫儿》）

一个姑爷半个儿 yīgegūyebàn'geér 指对老人来说，女婿可以顶半个儿子：老例儿里说一个姑爷半个儿，姑爷是门前贵客，拜访丈人、丈母娘，姑爷是主角……（王小柔《十面包袱》）

一个模子扣出来 yīgemúzikòuchulai 比喻完全一样，分毫不差：……秃子跟他爸一个模子扣出来的，天生下流坯！（吕舒怀《敌敌畏》）

一根筋 yīgēnjīn 又说一条筋；比喻固执而不知变通，一个心眼儿的意思，也指这种人：雷子有个"一根筋"的特点，如果被他认准的人，缺点也是优点……（何斌《戒毒篇——天津警察讲段子》）/ 老公是一条筋的人……（郭华悦《换种方式出柔情》）/ 丁二来是个一根筋，本来话头岔过去了，他又提起来……（烟雨苏州《美人西来》）

一够 yīgòu 见"六够"条。

一骨朵一块 yīgúduoyīkuài 形容一个整体被拆得零零散散：这种"几演一"的演法……容易使戏显得一骨朵一块，不贯串，不流畅……（刘琦《从"一演几"到"几演一"》）

一骨碌 yīgúlu 形容动作快：最后恶心得我没处躲没处藏，一骨碌从美容床上坐起来说就这样吧。（王小柔《妖蛾子》）

一股脑儿 yīgǔ'nǎor 通通，全部：蛐蛐会里最毒不过这种死光棍，虫子一只，人命一条，一股脑地就全交待在这儿了。（林希《蛐蛐四爷》）

"咱儿都"说咱儿话——天津话这么说

一锅端 yīguōduān 比喻不区别情况,对不同的事物作同样的处理:1969年4月,天津28中8个初中毕业班的三百多名学生,一锅端到了内蒙古生产建设兵团二师十六团。(刘怀章《阴山下的天津娃》)

一行鼻子两行泪 yīhángbíziliǎnghánglèi 形容痛哭流涕的样子:里边的王秀兰呢,一行鼻子两行泪,嘴里还直翻翻……(陈庆为周连群《老潘忌烟》)

一节 yìjié 一件,一宗,前面常加"有",用于需要特别或单独提起的场合,后面不能连接名词:……就着我身子骨还硬朗,再帮你们拉扯几年孩子。可有一节,别嫌我唠叨。(吴炳晶《唠叨婆婆》)/可有一节……到了时候谁要是说话不算话,我日他八辈儿祖宗!(张孟良《血溅津门》)/对于常某要求李某赔偿间接损失人民币5000元一节,……法院认为以赔偿人民币2000元为宜。(天津《今晚报》2012.3.13)/二人……齐来告诉金莲在家怎的养小厮一节。(《金瓶梅·第十二回》)

一惊一诈 yìjīngyízhà 诈又作炸或乍;无缘无故或小题大做地惊讶、诧异,多指突然发作:甲:哎呀!乙:您怎么啦?一惊一诈的。(王鸣录《一把不在家》)/你总是改不了一惊一炸的毛病,又看见什么了?(刘铁钟《清白》)/再看所有演员那一惊一乍的表情,太入戏了……(王小柔《如愿》)

已就 yǐjiù 表示已成为既成事实,无可挽回:小东西:……他要看见黑三把我下了窑子,他一拳就会把黑三打死。小顺子:……这不是已就已就……他不是也死了。(曹禺《日出》)/事情已就这样了,急也没用,还是赶紧想个办法吧。(口语)

一块堆儿 yīkuàiduīr 一起,一同:她心话:嗨,娘儿俩一块堆过日子,碟儿大碗儿小都保不齐,别老记心上。(雪屏《南门脸》)/姐几个相互瞅了瞅,一块堆儿都笑了。(同上)

一拉溜儿 yīlāliùr 指并列的、挨着的(人或物):而且,这次的案情就更吓人了:一拉溜的共5家!……都进了贼。(王家斌《飞贼》)

一来 yīlái 不断,经常,动不动:我们小时候,地都冻得裂成大

口子,玩轱辘钱,老钱(铜钱)一来就掉进去……(张仲《天津卫掌故·天津的四季》)

一愣一愣 yīlèngyīlèng 用于某些动词后面作补语,表示程度较深,力度较大:因为他不熟悉那方面的事,结果竟被一个小小的办事员给训斥得一愣一愣的。(吴若增《关于职守》)/ 现在的孩子都一门心思学外语去了,就拿我儿子土土来说,一回家就故意问我,某某的英语怎么说,问得我一愣一愣的……(王小柔《十面包袱》)/ ……长剑在手,指东画西,剑尾红绸舞动得猎猎生风,看得我总是一愣一愣的……(宋潇凌《我为谁守身如玉》)

一遛歪斜 yīliūwāixié 遛,轻声,又说离遛歪斜;形容走路不稳的样子:他手里提着一个鸟笼子……一遛歪斜地,在大街上高声叫喊起来……(张松祺《怪人——刘道源》)/ 造反总指挥命令手下将他押到教具库去,两个人拖着他,一溜歪斜地走了。(雪屏《大串联》)

一溜小跑 yīliūxiǎopǎo 像跑一样不停地快走:闰女存珠也在后边一溜小跑……(蒋子龙《农民帝国》)/ 这时,他想起了张哑巴的水爆肚。馋虫勾得他一溜小跑,直奔荣吉大街的张哑巴酒馆。(吕舒怀《小人书铺》)/ 接到县委办马瑞的电话,冯茂林赶紧一溜小跑着出去。(韩思中《色相》)

一捋到底 yīluōdàodǐ 形容在职场对人的处分,即将职务降到最低:现在呢,马金龙也算做到头了,被上级领导一捋到底,下班里干活去了。(南郭玉鹤《言老顺小传》)

一码(儿) yīmǎ 又作一麻;形容全部,完全,一律:铺子里绝不放真货,一码假的……(冯骥才《三寸金莲》)/ 身上虽是短打扮,一码黑……(同上)/ 皮鞋底将不再一麻黑(《天津日报》1980.6.20)

一麻黑 yīmàhēi 麻,有时儿化;比喻不清楚,不熟悉:刚到一个新地方,俩眼一麻黑呀!(口语)

一码棋 yīmǎqí 同样的一个事物,一回事:我们俩各办各的,不是一码棋。(口语)

"唄儿都"说唄儿话——天津话这么说

一码事(儿) yīmǎshì 一回事,同一件事:你们俩说的根本不是一码事。(口语)

一猛子 yīměngzi 比喻一下子(不见踪影):……从此销声匿迹,一猛子说不定几年看不见他的影子。(林希《蛐蛐四爷》)/ 城里人什么都没见过,一猛子就扎农村去了,沿途看见几辆拉牲口的车……(王小柔《十面包袱》)/ 小三们讲情不讲钱、要人不要命,防不胜防,不好对付。她们能一猛子扎到别人的婚姻里,死活不出来……(王小柔《乐意》)

一明两暗 yīmíngliǎngnàn 指一种中式房屋的建筑格局,即三间房子相连,中间的一间有通往院落的门,另外两间不设直接进入的门,各有门与中间的一间相通(如果两间房子的这种格局叫一明一暗):院子不大,一明两暗的三间北房……(南郭玉鹤《风雨春梦》)/ 郝明举目一看,一明两暗三间土坯房……(张孟良《血溅津门》)/ 一明一暗的两间青砖房子里……(同上)

一明一暗 yīmíngyī'nàn 见"一明两暗"条。

一抹子 yīmòzi 又作一莫子;指同类或关系亲近的(一伙):……有个矮胖子就说:"哥们儿,咱是一抹子的,高抬贵手让兄弟这回,咱有情后补!"六个工读生厉声呵斥说:"谁跟你们是一抹子?我们早和社会上的坏蛋决裂了!……"(赵金铭 宁可《枯萎花朵又重开》)/ 昨天好悬呀,到第一中心医院,找我们一莫子的开假条,谁知那小子不在!(南郭玉鹤《风雨春梦》)/ 朋友、朋友,别动手,别动手,都是一抹子的,有话好说,有话好说。(张孟良《血溅津门》)

一奶同胞 yī'nǎitóngbāo 指一个母亲生的兄弟姐妹:二唤沉吟片刻,说:"……同是一奶同胞,她生不见人,死不见尸,我能不惦念吗?……"(吕舒怀《水铺》)/ ……虽然是异姓兄弟,可比一奶同胞还要亲。(李云冲《元宝》)

一脑门子官司 yī'nǎoménziguānsi 形容人心情不好,容易发火、生气:天津人说,这个人一脑门子"官司"。(林希《天津话逗你玩》)/

……跟福来玩起了跟踪。跟来跟去的,就跟出了一脑门子官司。(何斌《戒毒篇——天津警察讲段子》)/ 这件衣服……果儿穿上以后……看上去,一脑门子官司。(雪屏《南门脸》)

一瓶子不满半瓶子晃荡 yīpíngzibùmǎnbànpíngziguàngdang 半瓶醋的意思:二十五岁的时候他仗着自己一瓶子不满半瓶子晃荡的才情在我们这群朋友里放了话,说非大夫不娶……(王小柔《妖蛾子》)

一瘸一拐 yīquéyīguǎi 形容人腿有残疾而走路不稳的样子:王老大愕然失色,一瘸一拐地撒腿就跑。(郭维《笨人王老大》)

一群一伙 yīqúnyīhuǒ 形容人多:……引得一群一伙的人跟在后边看热闹。(蒋子龙《农民帝国》)

一嗓子 yīsǎngzi 喊叫或歌唱一声:迷迷糊糊的时候不知道谁喊了一嗓子可以进了,我们就跟接孩子下学的家长一样,一块往教室里挤。(王小柔《十面包袱》)

一少半(儿) yīshǎobàn 又说一小半,与一多半相对,不足半数的意思:这工夫刘嫂拿出掺了一少半棒穰子的高粱面……(蒋子龙《农民帝国》)/ 有一多半因素就是父亲烹调手艺的诱惑,再一小半就是学艺,将来能继承父亲的手艺吃这碗饭。(李治邦《1924年的深冬》)

一勺烩 yīsháohuì 比喻将不同的人或事物统一对待:从小站出来的诸多历史名人,曾经一段时间里吃了"窃国大盗"的挂累,险被"一勺烩"。(蒋子龙《小站有大历史》)/ ……他还是把高地虎拉到一旁,声音不高却很严厉:"侵略者可恶,叛师倒戈投靠侵略者的汉奸更可恶!我给他来个一勺烩!"(姚宗瑛《赌跤》)

一生日 yīshēngri 日,轻声;一周岁:这个饱小子,一生日多就会走了!(刘思训《天津方言小考》)

一事 yīshì 业务或组织上是一体的,也指几个人是一起的:在这儿买一样,这两家是一事。(口语)/ 突然,一个小姑娘……抓了一把传单就往赵文雯胸口扔去……又往我怀里披了一份,我紧着说

"我们一式(注:应为事),我们一式(注:应为事)",才把那些烂纸还回去。(王小柔《有范儿》)

一手托两家 yīshǒutuōliǎngjiā 介绍人或中介人对于甲乙双方不偏不倚,同等对待:明光玻璃行的镜子,一手托两家。(肖克凡《天津俗人》)

一水儿 yīshuǐr 也作一顺儿,又说清一水儿;一色,完全的、一样的意思:临街两大间店面,一水儿的红木桌椅……(阳煦山立《斗蟀》)/ 二品女人喜欢穿旗袍……你再看她们身边的男人,也一水儿的华服……(王小柔《十面包袱》)/ 曾国藩虽是进士出身,但写家信并不端架子……"一水儿"的白话……(侯会《曾国藩教你收藏皮货》)/进来了一顺儿十一二岁的四个孩子。(《儿女英雄传》)

一顺百顺 yīshùnbǎishùn 事事顺利,样样顺心:就在一顺百顺的时候,郭寡妇的如意算盘……拨拉不动了……(蒋子龙《农民帝国》)

一套一套 yītàoyītào 头头是道:嘴上说的一套一套的,心里未必就明白……(烟雨苏州《美人西来》)

一条道跑到黑 yītiáodàopǎodàohēi 比喻固执,不善于变通:洪掌柜说:"……这丫头脾气拧,一条道跑到黑……"(吕舒怀《水铺》)

一条筋 yītiáojīn 见"一根筋"条。

一头儿沉 yītóuchén 见"两头儿沉"条。

一头子 yītóuzi 指数量很大的一笔钱(或物):……盼危改,盼拆迁,盼得眼珠子都蓝了,不管政府是给房子还是给钱,他们总得讹上一头子!(南郭玉鹤《拆迁记》)

一下子 yīxiàzi 量词,形容数量很多:……海绵池贴着盛宠的头皮飞过,落在了明哲的办公桌上,撒了一下子的水。(南郭玉鹤《风雨春梦》)

臆性 yìxing 臆,四声或一声;误会:再说张家和李家,隔着窗户都看到了刘二爷在剥蒜,全犯了"臆性"……(志宇《刘二爷剥蒜——两耽误》)

一星半点儿 yīxīngbàndiǎnr 极少的一点儿:……我们的表演

水平比他们高得可不是一星半点,而是多少倍。(魏巍《魏文亮的故事》)

一早 yīzǎo 早就:手机具备智能,就是跟你比智商的,你还想玩它,它一早把你先玩了。(王小柔《十面包袱》)

依着 yīzhe 按照某某意愿的意思:那时,依着郭运起要把疯姑活活绞死。可是,袁文会却舍不得这笔钱财。(张孟良《血溅津门》)

一阵两火 yīzhènliǎnghuǒ 形容不经常,有时:桃儿她妈一阵两火的有点领导才能……(雪屏《南门脸》)

癔症 yìzheng 形容发愣、发呆的样子,多指睡觉初起时头脑不清醒的状态:连黑夜睡着觉,癔癔症症起来,还得点根烟。(陈庆昌 周连群《老潘忌烟》)/愁切切有如□(注:该字为偏旁"疒"加"疑")挣,闷恹恹即渐成病。(《雍熙乐府·醉花阴》)/其实那根本也算不上家,一开门里面的人永远癔癔症症……(王小柔《十面包袱》)

胰子 yízi 旧称肥皂:她把水烧热了……又到北屋里取来自己的胰子……(孙犁《铁木前传》)

引 yǐn 一种手工缝纫的方法,用于棉被、棉衣等,针脚大,目的是使棉花和布不脱节。

饮 yìn 或作洇,四声;浸(在水里):消防队人还未赶到……只见那位兄弟脱下夹袄,往水桶里一饮,披在身上,又钻了进去。(罗春荣《金糖葫芦》)

印儿 yìnr 将头发从某个部位左右分开,头上会留下一道露出头皮的痕迹,叫印儿:儿子青春期的时候,没事儿就拿手往两边压头发,想留个印,弄成分头。(李岩《突然有一天,我们老无所依》)

洇嗓子 yīnsǎngzi 喝少量水以使喉咙湿润:快从小锅里给你哥舀碗热水来,刚烧开的,洇洇嗓子就行,马上吃饭了。(蒋子龙《农民帝国》)

硬 yìng 副词,竟然的意思:玉玺是国宝……前些日子硬丢啦!(张士杰《秫秸船》)

应 yìng 应验:这就应了一句老话:谁家的勺子不碰锅沿……(赵鹭《先进事迹以外的事儿》)

硬棒 yìngbang　结实有力：带个硬棒的棍子去。（口语）

应节（儿） yìngjié　又说应时到节（儿）；指（吃的东西）适应、适合时令和节气：……再来碗二米稀饭、酱菜什么的，实乃……应节吃食。（白金贵《老食客》）/ 天津人讲究应时到节，什么节气吃什么，体现独特的风土民情。（马金鹏《风味捞面席》）

硬坷 yìngke　又作硬可；形容人或某个团队有实力或物品质量高，也指有用的，重要的：随后，公交车站上"天津最硬坷的户外媒体"的字眼开始随处可见。（天津《假日 100 天》2006.3.17）/ ……她在电话那边语音诊病："你尿什么颜色？"我都绝望了还拿这问题涮我，我说："跟你的一样。"她又问："像米汤吗？"我的肺都快气炸了，"你煮稀饭呢？问点硬可问题！"（王小柔《妖蛾子》）/ 席间，我特意点了他爱吃的扣肉、肘子之类的硬可菜，看出来这男人这几天够缺嘴的……（王小柔《有范儿》）

硬肋 yìnglèi　猪肋条部位的肉：买什么呢？……就买了块硬肋五花肉。（王家斌《土豆翻新》）

硬气 yìngqi　有正当理由，于心无愧，有理直气壮的意思：到柏林秀《无极》凯歌硬气了（天津《城市快报》2006.2.13）/ 敏敏觉得花自己的钱买化妆品、买衣服硬气，不想向别人伸手……（方旭《成家 80 后为何相敬如"冰"》）|| 有实力，能起到作用：程雪的面试很顺利……主要是托的人硬气。（吕舒怀《舍命吃河豚》）

硬实 yìngshí　壮实，有硬度，也比喻实在，充盈：……主要都强调"有咬劲儿，硬实"，吃起来有点像现在的"压缩饼干"。（李志强《中国北方俚曲俗情》）/ 满桌酒席若没有一两样"挡口的"炖肉、"硬实的"扒肘子，那请客的主儿或许会让人瞧不起……（由国庆《开坛十里飘肉香》）

应时到节（儿） yìngshídàojié　见"应节（儿）"条。

有 yǒu　后面多加"了（啦）"，表示有办法，有可能，或成功、达到理想的意思：郝明马上打开一看，不由得喜上眉梢，把大手一拍说："好！有了！"（张孟良《血溅津门》）/ 曾老虎一挑大拇指，喊了声"好！

英雄!有了!"(同上)/ 甄世熊听了高兴地说:"好好,咱落个平安无事就都有了。"(同上)

有 yǒu 有喜,后多加"了",是怀孕的省略说法:媳妇肚子显大了,傻罐儿漫不经心地问:"有啦?"(肖克凡《傻罐儿》)

有 yǒu 用在表示时间概念的词语前,表示时间长,久远:院子看起来有年头了,门前的三层台阶已经磨得没有了棱角……(烟雨苏州《美人西来》)/ "有日子没见了,看看我们这后台跟在小剧场里不一样了吧?"郭德纲……忙着招呼客人。(丁晓晨《说学逗唱乐翻老乡》)

油包儿 yóubāor 形容衣服沾满油渍:说着,他就裹着那身油包衣服,往床铺上一躺……(张孟良《血溅津门》)

油茶面(儿) yóuchámiàn 一种炒面,用面粉加油脂等炒制而成,吃时加开水冲调:小摊上支着铜壶烧开水现冲现卖的牛骨髓油茶面……(夏华《话说天津的地、事、人》)

又臭又硬 yòuchòuyòuyìng 比喻人自高自大又态度强横:任广智见皇上又臭又硬的样子,一点也不在乎。(张士杰《秫秸船》)/ 茅房的砖头——又臭又硬。(俗谚)

有根 yǒugēn 见"根"条。

有够 yǒugòu 数量上获得满足,意思与没够相反:还得说这些年生活好了,吃什么都"有够"了,才又讲究起了喝茶。(何申《茶》)/……人家小女孩吃东西有够,指着我说:"你自己吃吧。"(王小柔《十面包袱》)

有红似白(儿) yǒuhóngsìbái 又作有红是白;形容脸色红润好看:……人物于夜半醒来,有红似白……(王筠《龙票》)/ 早晨起来……对着镜子瞧瞧,她还不老……脸蛋也有红是白的。(雪屏《南门脸》)

油乎饼(儿) yóuhūbǐng 旧时街头小贩卖给小孩的一种糖果,做法为将糖在锅内熬制,未完全凝固即在抹了油的石板上摊成一个个小圆饼,小孩子买来后用两手反复抻拔,待即将凝固时,立即团成小球,少顷即变硬,可食:最省事的小买卖,卖"油乎饼"。(林希

"哏儿都"说哏儿话——天津话这么说

《天津话逗你玩》)

有来到去儿 yōuláidàoqùr 又作有来道去;形容自始至终投入其中,兴趣盎然:人都快走光了,他还听得有来到去儿的。(口语)/二秀插话道:"人家那叫'双职工'……别看时间紧了点,日子过得挺有来道去的,两人很少吵架了。"(佚名《龙嘴大铜壶新传》)/杨殿起和北蛤蟆有说有笑,有来道去。(冯骥才《神鞭》)

油铺 yóupù 旧指卖食用油的铺子,多为前店后作坊:牛鸣新老人出生在1910年……从一个油铺学徒成为一个生意人……(天津《今晚报》2010.6.16)

有其限 yǒuqíxiàn 数量不多,程度不高,即有限的意思:发财有其限,倒霉就不轻。(《天津谚语集成》)

有情后补 yǒuqínghòubǔ 客气话,表示以后报答恩情:……有个矮胖子就说:"哥们儿,咱是一抹子的,高抬贵手让兄弟这回,咱有情后补!"(赵金铭 宁可《枯萎花朵又重开》)

有时有会儿 yǒushíyǒuhuìr 会儿,三声;表示不经常,或占用的时间不多:耿宝林先生认为在电台说相声是"有时有会儿"的,不像剧场那么"捆人",也答应一同前往。(马景雯 张宝明《我和爸爸马三立》)/私下里她妈劝她,小夫妻忒腻乎了不好,凡事,有时有会儿。(雪屏《南门脸》)

有数 yǒushù 为数不多的意思:六个看场子的人坐在高处看着水里有数的几个人……没一个沉底儿的,所以他们就没什么事干……(王小柔《十面包袱》)

有戏 yǒuxì 有希望,有可能:"费大爷,什么时候找着房子呀?""这辈子还有戏吗?"(肖克凡《别墅》)/我们就此话题聊了半天,我的心情无比的兴奋,这次有戏……(安远辉《追到爱人多亏桂顺斋糕点》)/"马书记,我来问一下,我的入党申请,今年批得下来,批不下来?还有戏没戏?"言老顺开门见山,问道。(南郭玉鹤《言老顺小传》)

油香 yóuxiang 香,轻声;天津回民一种特有的食品,用油炸面

做成：油香 回民在古尔邦节……常常炸这种食品馈赠亲友。(张仲《天津回民的家常便饭》)

油盐酱醋 yóuyánjiàngcù 泛指烹饪所用的调料：油盐酱醋是烧菜调料的概称……(戴锦锟《四字语义场》)

有一腿 yǒuyìtuǐ 又说有一手；指(与别人)有不可告人的勾当，常指不正当男女关系：假如对方也是一女的，她没准会以牙还牙地说：你不离我怎么结！气得你以为你老公和她有一腿似的……(小妖《年龄的梦境》)/ 她是不是跟蒯老大真有一腿？(南郭玉鹤《拆迁记》)/ 她相信自己老公不会与别的女人有一手……(芷润《向诱惑爬落》)

有影子 yǒuyǐngzi 又说有影儿；指事情有一点点线索，有一些可能性：顾永茂……转个话题说："高处长，托您办工作的事有影子吗？"(吕舒怀《舍命吃河豚》)/ 你就安心等着吧，我看这事有影儿啦！(口语)

有枣没枣打三杆 yǒuzǎoméizǎodǎsān'gān 杆又作竿、杆子；比喻虽然没有把握，也要做一做，有碰运气的意思：谁知道这事行不行，我是有枣没枣打三杆子。(口语)

悠着 yōuzhe 着，轻声；控制着不使过度：我无法阻拦她，只好捏着她的圆肩膀念叨：姐们儿，咱还是悠着点吧，命重要。(王小柔《妖蛾子》)/ "小伙子……干活也得悠着点儿。"(雪屏《南门脸》)

油渍麻花儿 yóuzìmáhuār 又作油脂麻花、油滋麻花；形容衣服、器物上沾满油渍，不干净：……陈公甫给他找了一个油滋麻花的破黑帽翅儿……(张孟良《血溅津门》)/ 终于，我的大饭盒咚一下蹾在我面前，一张油脂麻花的纸上写着个数……(王小柔《有范儿》)

预方便儿 yùfāngbiànr 有备无患的意思：临睡前，她还给他擩边上俩蒸饼儿，预方便儿，怕他夜里饿了。(雪屏《南门脸》)/ 家传秘方，一毛一包，预方便儿……(马三立《挠挠》)

雨星子 yǔxīngzi 零零星星的小雨：……风小了许多，空中飘着时有时无的雨星子。(吕舒怀《水铺》)

远接高迎 yuǎnjiēgāoyíng 形容对于来访的人热情地接待、欢迎：起先关主任见三个老工人的打扮，有些纳闷，但还是远接高迎，满面笑容……(武歆《老郑的博客》)

圆儿了 yuánrle 全部予以哄抢、瓜分的意思：……那天几个同学一造反，把一车西瓜圆了。(王鸣录《教训》)

圆全 yuánquan 全，轻声；圆满，周全：我这是举个例子，你不能像我这么说，说圆全点。(王鸣录《财神爷》)

原汤化原食 yuántānghuàyuánshí 食俗，指吃完水煮的东西(如水饺)后，再喝一些煮食物的汤，以利消化：后来听说火锅之所以火是因为锅底儿大补，所以中药味儿越重的汤越有人喝，这好像跟原汤化原食什么的挨不上边儿。(王小柔《十面包袱》)

冤有头债有主 yuānyǒutóuzhàiyǒuzhǔ 比喻追究因果关系："……冤有头，债有主，先叫董江湖上来，然后再是你竹内健雄。"(姚宗瑛《赌跤》)

园子 yuánzi 观看演出的场所，如戏园子、杂耍园子：才五六天，就能盖好一个园子？(魏巍《魏文亮的故事》)

月份儿 yuèfenr 份儿，轻声；季节的意思：安三太在一旁看着也忍不住大笑："这孩子怎么这么不会办事儿，嘛月份了，你倒挑几条单裤啊！"(烟雨苏州《美人西来》)

月科儿 yuèkēr 指不足一个月或刚刚满月(的婴儿)：正因为缺乏知识，有的东西就翻译不了，好像月科的婴儿见了炒崩豆，有什么办法？(刘昌炎《翻译的乐趣》)

匀 yún 说谎而不露破绽：……你那瞎话说得才真叫有水平哪，好家伙，那个匀哪……(相声《爱缺点》)

晕得忽儿 yùndehūr 晕，四声，得，轻声，又说晕乎(忽)儿；眩晕，头脑不清醒：当时，她被他叫得晕得忽儿，跟喝了一海碗白干儿一样。(雪屏《南门脸》)/……哪次到您家不得喝得晕晕忽忽的。(王鸣录《皆大欢喜》)/爸爸站起来默默地向台前走，从着火开始到现在他

的脑子一直是晕乎的,即使身上有伤也没感觉疼。(马景雯 张宝明《我和爸爸马三立》)/ 董江湖被人捧得晕晕乎乎,连自己有多大能耐都不知道了……(姚宗瑛《赌跤》)

晕斗儿 yūndǒur 晕,一声;头脑发晕,失去辨别能力:咱们的验收员……验席时不是一碗水端平,有人给他一盒烟二两酒,他就晕了斗。(韩映山《雁叫当空》)/ 郭运起因为就要当弟老的,高兴得都晕了斗儿……(张孟良《血溅津门》)

晕高儿 yùngāor 指在高处时感觉害怕,而头晕心跳:你上去吧,我晕高儿。(口语)

云里雾里 yúnliwùli 云山雾罩的意思:……她更是云里雾里的不知道自己是老几了。(韩长绵《玩扑克哄老伴》)

匀溜儿 yúnliur 又说匀乎;平均,划一,均匀:用四个匀溜个儿的土豆,洗净去皮切块。(王敦煌《吃主儿》)/ 身体器官该省的地方,一定要匀乎着使用。(孙加祺《就这点时间》)

运气 yùnqì 动词,气,四声;指心里生气但没有发作:……老路一看,嚯,画得跟赵文雯家似的。一个大老爷们开始在那运气……(王小柔《十面包袱》)/ 我几乎骂起街来,但是运运气还是忍住了。(雪屏《每个葡萄架下都有一只狐狸在等着》)/ 他拧着黄眉毛冲大铜壶运气……(张仲《龙嘴大铜壶》)

Z

Z

砸 zá 砸锅的省略说法，比喻事情失败：……照这样，越是管教越得砸。(常志《"身传言教"》)/ 天津卫称这套活是一手托两家，没点真功夫的，谁也不敢玩，万一玩砸了，以后就再休想在天津卫混了。(林希《天津闲人》)/ ……当然，新演员保险系数小，弄不好容易砸锅。(李文斌《让革命传统代代传》)

砸 zá 强叫人起床：三班长把大队支书和队长从被窝里砸起来，一副诚惶诚恐的样子。(苏书棠《相册上的一页》)/ 第二天清早，老渔夫把大伙砸起来，把夜里遇见的事一五一十述说一遍。(刘兴华《紫竹林的传说》)/ 白俊英又砸醒了郑妈，塞给她一把碎银……(扈其震《大画坊》)

砸 zá 使确定无疑，是砸死、砸瓷实的省略说法：你再跟他砸砸，别让他变卦。(口语)

杂巴地 zábadì 又作杂八地；地痞：像金八那种人物，天津人管他叫"杂巴地"，有钱有势，作霸一方……(田本相《曹禺和他的〈日出〉》)/ 他艺高人正，旧社会打过欺侮中国妇女的美国兵，挟危济贫打过几十名地痞流氓杂八地。(姚宗瑛《二遇跤神仙》)

杂巴凑儿 zábacòur 胡乱拼凑：别买！他这辆车是从八十多辆凤头上宰下的杂巴凑，虽说都是精品可不是原配夫妻……(肖克凡《傻罐儿》)

砸场子 záchǎngzi 在公共场所寻衅闹事，进行搅乱：胡二恼羞成怒，要砸场子，被众人劝阻……(阳煦山立《斗蟀》)/ 我还真怕他给

"哏儿都"说哏儿话——天津话这么说

我也算一卦告我死期将至,所以没敢砸场子。(王小柔《十面包袱》)

砸瓷实 zácíshi 把事情说定,不得改变,即敲定的意思:你跟红娘砸瓷实喽,只要能给我找个对眼的,多花点钱我认了。(冯巩 刘伟《红娘》)

砸大垛 zádàduò 比喻过分集中、拥挤:市内的饭馆只中午、晚上两次营业,弄得顾客在那里砸大垛。(肖海地《吃饭与住店》)

扎肚子 zādūzi 指旧时儿子给父母穿孝所戴的孝帽子,一般用白布手工缝制,右侧或左侧(男左女右)用一枚老铜钱缀一缕麻(所谓披麻戴孝):丧家孝服分南礼北礼不外是粗白布孝袍,戴扎肚子。(佚名《天津地方丧事民俗》)

砸锅 záguō 见"砸"条。

砸锅匠 záguōjiàng 对经常做事失败的人的戏称:把有希望的事情办砸了……譬如蒋干,那就是砸锅匠了。(林希《天津话逗你玩》)

砸夯 záhāng 盖房、筑路等工程的一道工序,即用专用工具把基础夯实,常用以比喻力量重、动静大的事:……说着把壶嘴含到嘴里,咕咚咕咚像砸夯似的喝了一憋子。(张孟良《血溅津门》)/……"咚咚咚咚"地迈着大步走来,如同砸夯一般。(同上)

杂货铺 záhuòpù 又叫杂铺(天津人说话有"吃字"现象,因而省略了货字);旧时卖副食、调料、蔬菜、肉类等烹饪材料的店铺,即后来的副食店:不是有那么句话吗?说相声的肚子是杂货铺……(天津《假日100天》2006.2.10)/ 小杂铺的两大特点,一是小,二是杂。(林希《小杂铺》)

砸价(儿) zájià 买卖双方交易时买方大幅度压低价格:沈一啸敢在鬼市急赤白脸砸价,却不敢主动走过马路,跟意中人搭讪一句半句。(吕舒怀《水铺》)

杂毛儿 zámáor 骂人话:郭良性急,爬起来就问:"师傅,这外国杂毛也太欺负咱中国人了……"(冯育楠《津门大侠霍元甲》)

砸门 zámén 敲门,特指使劲地、动静很大地敲门:……恍恍惚

惚地,总是觉得外面有人砸门……(武歈《天津少爷》)/ 咚咚咚,有人在外面砸门。晓红拔开门插销,小虎子钻了进来……(南郭玉鹤《风雨春梦》)/ 那大姐去砸门,半天没人理,我说别砸了,白天没人……(王小柔《如愿》)

杂面 zámiàn 以绿豆等豆类杂粮为主混合磨成的面,也指用这种面制作的面条:最后是一小碗汤煮杂面,就着烤热的芝麻烧饼……(白金贵《老食客》)/ 不是现今超市能够买到的那种杂面条,而是母亲亲手擀的……(史逸《杂面疙瘩汤》)

砸明火 zámínghuǒ 旧称抢劫:一帮人夜里闯进一户人家,见着嘛抢嘛,砸明火,闹土匪了。(林希《天津话逗你玩》)

咂摸 zámo 回味,仔细地辨别(味道、意思等):……置身其中,细细品味,最终咂摸出的是对业主无微不至的关怀……(天津《城市快报》2006.3.2)/ 从他的话里,我咂摸出一种从未察觉的味道。(徐乃建《杨柏的"污染"》)/ 老姑越咂摸越觉得不是味儿,心说你这不是给我难堪吗?(闲耕《逐客饺子》)

砸牌子 zápáizi 比喻厂商失去声誉,给人留下负面的口碑:顾客心里一本账,你砸牌子了,谁还买你的账?(林希《天津话逗你玩》)

杂铺(儿) zápù 见"杂货铺"条。

砸手里 záshǒuli 比喻东西积存、积压在手里而起不到应有作用:我本来想给哥们儿姐们儿发一条"我换手机了",可我用十多分钟只鼓捣出一个"我"字……谁叫咱花钱了呢……为了不砸在自己手里,赶紧回家上网……(王小柔《如愿》)/ 眼看开春儿了,这冬装还没卖完,砸咱手里可怎么办!(口语)

砸醒 záxǐng 把人从熟睡中强行叫醒:饺子煮熟之时,爸爸妈妈总要费好大工夫把我们兄弟几个"砸醒"……:"赶紧起来,吃完素饺子再接着睡……"(白金贵《老食客》)

砸牙 záyá 指因吃太凉的东西而造成牙齿异样的感觉:卖红果酪必得是起半夜做得了晾凉了,赶早晨卖,吃到嘴里……酸甜儿

砸牙最好吃。(烟雨苏州《美人西来》)

杂样儿 záyàngr 一种熟肉制品,包括酱制的猪头肉和猪的心、肝、肺、舌等内脏制品:上回来个老头儿,买一块钱的杂样儿,你给五块钱的东西——那是你爹!(王鸣录《向您道歉》)/ 以20世纪50年代为例,杂样儿多有十几种,买一毛钱的肯定有酱肉,再有极少量的肝、心,更多的是粉肠、肺头。(白金贵《老食客》)

栽 zāi 栽跟头的简说,比喻失败或出丑,多与"了(啦)"连用;也可以作动词,使出丑的意思:吕显卿刚刚比学问栽了,这次不能再栽……(冯骥才《三寸金莲》)/ 我本想当面栽他,想不到这家伙还真有点思想。(苏书棠《列车,消逝在远方》)/ 他想,这说明什么呢?说明在众弟兄面前,自己栽给八路了。(张孟良《血溅津门》)

宰 zǎi 比喻让人花钱请客(调侃语):人家就想了,既然你是老板,你就请客呗……所以,他们喝酒吃饭的都要宰我……(何斌《戒毒篇——天津警察讲段子》)

再 zài 动词;指衣物用肥皂洗涤拧干后,再用清水漂洗:玉霞……就赶紧把洗得的衣服……端出来,在院子里的自来水水龙头下,再了起来。(南郭玉鹤《风雨春梦》)/ 这衣裳得多再两遍。(口语)

再 zāi 别再的简说,见"别再"条。

在理儿 zàilǐr 旧时一种民间社团组织,叫理教,其活动场所叫"公所",成员称"在理儿",社团有内部规矩共同遵守,不吸烟不饮酒是主要的一项:他自幼"在礼(注:应为理)儿"烟酒不动。(马景雯张宝明《我和爸爸马三立》)/ 老天津人称理教信徒为"在理儿"。(谭汝为《公所地名探源》)

栽面儿 zāimiànr 出丑,丢面子:游欧洲先得正衣冠 当心假名牌让你栽面儿(天津《今晚经济周报》2006.4.25)/ 我们都认识的那个熟人大概怕栽面,没再往下介绍,独自挎老公进电影院了。(王小柔《十面包袱》)

择食 záishí 对饭菜、吃食挑剔:这头黄牛简直是头神牛

哇——哪样活都能上套,干得又快又好,又老实又不择食……(张士杰《秝秸船》)

在意 zàiyi 意,轻声;形容小心,谨慎:他们家那洗衣机,用得多在意,十多年了一点毛病没有。(口语)

在辙 zàizhé 合乎道理:宋广和觉得孟爷分析得在辙,没再言声儿。(王筠《宋氏父子》)

再者说 zàizheshuō 表示推进一层,再说的意思:所以我说,你要让你的男人更爱你,就给他足够的零用钱……再者说了,女人想靠控制金钱来控制男人的心无疑是天方夜谭……(殷卫《男人的三样隐私》)

咱 zan 轻声,早、晚二字连读而成;用于这、那、多等词之后,候的意思:王婆接着道:"久等多时了……老九如何这咱才来?"(《金瓶梅·第六回》)/快点,这都多咱了!(口语)

脏病 zāngbìng 旧称性病:小顺子:……可怜这个人也是命苦,丈夫娶了她就招上了脏病瘸了……(曹禺《日出》)/小康整天泡园子,听那些窑姐们唱戏,终有一天会学他爹,把家当赔给窑子,还惹一身脏病。(吕舒怀《小人书铺》)

脏口 zāngkǒu 八哥学说不好的话:脏口的鸟拿出去丢人,只好忍痛割爱……(雪屏《南门脸》)

脏心烂肺 zāngxīnlànfèi 形容人心眼不好,以小人之心度君子之腹:她要名不要利……免得叫脏心烂肺人毁她名声。(冯骥才《三寸金莲》)/"太脏心烂肺了,你!"桃儿真想不再答理她。(雪屏《南门脸》)

造 zào 挥霍,铺张:明明没有那么大的财势,硬要和有钱人家的孩子比着"造",就是充大尾巴鹰。(林希《天津话逗你玩》)/妮娜结婚早,当老板也挣了些钱。但离婚也很快,钱也都造没了……(何斌《戒毒篇——天津警察讲段子》)‖造孽:……能造一天造一天……造孽的人造够了,逍遥去了,后辈替他们偿还孽债吧。(林希《欺祖》)

早巴儿 zǎobar 又作早般儿;早的意思:二姑娘说:"可倒早巴

儿,顶着门来呀。"(李云冲《节振国勇闯天津卫》)

遭报 zāobào 遭受报应,多用于谴责暴殄天物的场合:大白馒头咬一口就扔了,这不遭报吗!(口语)‖用于对不满意事物的感叹:这孩子,四门儿才考了一百多分,太遭报啦!(口语)

凿冰 záobīng 名词;旧时夏日,将天然冰砸成小块儿,在街头贩卖,这种冷食叫凿冰:由穷孩子拉着用肥皂箱子做的小车,从冰窖附近捡来的天然冰,手拿一个小铁凿子,边走边可怜巴巴地吆喝:"冰核(音胡),凿冰!"(夏华《话说天津的地、事、人》)

枣饽饽 zǎobōbo 面食,玉米面里加小枣蒸的饽饽。

糟蛋 zāodàn 比喻不成器的人:那个糟蛋,能给你办好这事?我不信。(口语)‖比喻不成功的事,办坏了的事:那事办得太糟蛋了。(口语)

糟改 zāogǎi 又作遭改;指不成体统,不像样子,或当做儿戏、开玩笑:你这是学的嘛?……门门都不及格呀,这不纯粹糟改吗!(周连群 王家骏《"教子成才"》)/"什么?错了?"冯老辛说,"笑话,你别糟改啦!……"(张孟良《血溅津门》)‖讽刺,挖苦,丑化:你这是夸我吗,纯粹拿我糟改。(谭汝为《糟改·改人》)/也有本乡人士认为"卫嘴子"是贬义词,是在拿天津人"遭改"。(林希《其实你不懂天津人》)

遭恨 zāohèn 见"招恨"条。

糟践 zāojian 又说糟蹋(蹋,轻声);幼儿夭折:乙:一共八个。甲:这不还糟践四个了。(王鸣录《大家研究》)/……可有这份心,没有这份力呀!到底把个小妞子糟蹋了。(佚名《在温暖的阳光下》)

枣卷儿 zǎojuǎnr 面食,里面夹枣的发面卷子:记得小时候一到春节,父母就会围坐在一起,捏面食,蒸枣卷……(天津《今晚报》2007.2.11)

早起来 zǎoqǐlai 早晨,早上:早晨,大多数天津人说成"早起来"。(林希《天津话逗你玩》)

灶(儿)上 zàoshang 指厨师里负责掌勺烹饪的工作,做此工

作的人叫灶上的：再说我们这都是技术活，你说灶上、墩儿上、面案上哪样你行？（王鸣录《向您道歉》）

凿实 záoshi 副词，完全、彻底的意思：铁锹磨出亮光，排子车凿凿实实地修整一新……这是要出河工了。（尹学芸《出河工》）／天津闲人者……地地道道、凿凿实实的大闲人。（林希《天津闲人》）

凿死 záosǐ 使确定无疑，不可变更：据说，龙票发行的年头是凿死了的……（王筠《龙票》）

凿死卯子 záosǐmǎozi 又作凿死铆子、找死脑子；形容人固执，不善变通：桃儿她妈一个劲凿死卯子，唬她也不易……（雪屏《南门脸》）／芦家敬深知小姨子的脾气，又拧又横，又找死脑子……（南郭玉鹤《风雨春梦》）

糟蹋 zāota 见"糟践"条。

凿叙 záoxu 叙，轻声，母音不稳定，常说成 xi；重复地说的意思：老兄弟媳妇，我再凿叙一句，到底是谁呀，出损主意，要你们协议离婚？（南郭玉鹤《拆迁记》）

早以先 zǎoyǐxiān 从前：早以先南市三不管一带处处都可以买到……（林希《天津话逗你玩》）／早以先也怪我不本分……也就跟着想捡个便宜。（林希《蛐蛐四爷》）

贼 zéi 动词，暗中观察、窥伺的意思：……趁着天黑雨大我得暗中贼着他，看他有嘛玛密。（叶子《核桃王》）／苜蓿也不敢忒逼她，只是躲一边贼着她。（雪屏《南门脸》）

贼 zéi 形容人的某些器官特别灵敏、厉害：甲：我不怕！乙：你那胆子都"贼"了，怕过谁呀？（王鸣录《选队长》）／20 年前见过一面，今天他一眼就认出我，眼多贼！（口语）

贼 zéi 副词，用于某些形容词前，表示很、非常、特别的意思：傻罐儿瘦得显出了一双大眼珠子，贼亮。（肖克凡《傻罐儿》）／小心啊，这小子贼坏。（口语）

贼不走空 zéibùzǒukōng 小偷实施盗窃时，哪怕未能得逞也不会

空手而归:问题是他不能白忙活,行里话讲,贼不走空。(吕舒怀《水铺》)

贼咕 zéigu 形容人心眼多,机警;贬义的时候多:别看他人小,挺贼咕的。(口语)‖ 偷偷摸摸:商人回去以后,等到夜里,贼贼咕咕的来到海滩上……(张士杰《秝秸船》)

贼货 zéihuò (盗窃所得的)赃物:不知她从哪打听到的消息,邻乡有一户人家刚买了一辆"贼货"自行车,很像我们家丢的那辆。(姜钦峰《母亲不渴》)

贼死 zéisǐ 作补语,表示程度极深:就是这样,一天累个贼死,晚上吃完饭,别人都在打牌,唠嗑聊闲天儿,我却一个人猫在角落里点着煤油灯看书!(周德文《擦肩而过的"青年作协"》)/ 是谁把个瓶盖儿拧得贼死?再也打不开了。(口语)

贼性味儿 zéixingwèir 性,轻声;指一种不安全、不和谐的感觉:"不待了!不待了!这是哪来的这么大的贼性味……"(张传伦《这叫玩儿!》)

□脸 zěnliǎn □念"怎",又说□脸子;形容脸色严峻,不悦:打一来她就□着脸,也不知谁得罪她了。(口语)

怎么来怎么去 zěnmeláizěnmequ 为避免叙事重复啰嗦,用以概括事情经过:小三儿就怎么来怎么去,如此这般地说了一遍。(李云冲《为嘛不许说谷子》)/ 桃儿就气哼哼地把怎么来怎么去跟二姐学了一遍。(雪屏《南门脸》)

缯 zèng 有时念二声;撑起、打开或绷紧的意思:瞧你胖的,裤子都缯开线了。(口语)/ 你缯着口袋,我往里装,洒不了。(口语)

锃光 zèngguāng 十分明亮:……掀开热腾腾螃蟹盖儿,里边居然卧着一粒珍珠,锃光照眼滴溜圆。(冯骥才《三寸金莲》)

锃明瓦亮 zèngmíngwǎliàng 又说锃光瓦亮、锃亮:……窗户擦得锃明瓦亮。(王鸣录《看房》)/ 王疯子最喜欢坐胶皮车,看车漆得锃明瓦亮……(张孟良《血溅津门》)/ 门两边的小狮子座被不知谁家的孩子坐得锃光瓦亮……(烟雨苏州《美人西来》)

扎 zhā 进入,深入,钻进去或躲进去:他们都打扮得特别普通,就愿意扎在人堆里就找不着了……(天津《城市快报》2006.3.6)/ 说是垄断罢,也许有点过分,但生人扎不进去,却是不争的事实。(文木香《相声,还有天津呢》)

煠 zhá 烹调方法,把蔬菜用开水快速烫煮一下捞出,即焯,如煠菠菜。

揸 zhā 俗作哈(三声),又写作叉,三声;量词,手完全张开,拇指向外伸展,指尖与其余几个手指中最长一个手指(多为中指)指间的距离,叫一揸:薛嫂见妇人立起身,就趁空儿轻轻用手掀起妇人裙子来,正露出一对刚三寸、恰半叉……金莲脚来……(《金瓶梅·第七回》)

奓 zhā 张开,竖立:鼻子李一辈子哪吃过这样的亏,气得……胡子都根根奓立了起来。(冯育楠《津门大侠霍元甲》)/ 她和我讲述着这分别15天的经历,其中一件让我听后头皮直发奓。(贾锦珠《唐山知青坚守宝坻》)

炸 zhà 比喻因遇到突发事件而引起混乱:……报纸上有一张林彪的相片,让我给贴倒了……一看见这张旧报纸就炸了。(王鸣录《皆大欢喜》)

眨巴眼儿 zhǎbayǎnr 又说眨么眼、眨抹眼、眨磨眼;眨眼:你那瞎话说得才真叫有水平……都不带眨巴眼的。(相声《爱缺点》) / 甄世熊等郭运起唱完了,对常岚眨磨眨磨眼说……(张孟良《血溅津门》)/ ……我使劲眨眼,生怕打心底泛起的感动流淌出来。(王小柔《如愿》)

炸刺儿 zhàcìr 又作乍翅儿、奓刺儿;不满,寻衅的意思:……任何"刺头"司机,在他们面前也不敢炸刺!(万国儒《路畔红花》)/ 你现在还敢炸刺儿……(蒋子龙《农民帝国》)/ 仗着他爸爸是个局长,逮谁欺负谁,也没少跟我奓刺……(雪屏《瓦砾》)

扎大河 zhādàhé 投水自尽:……真想一头扎进大河淹死算了。他果真晃晃荡荡走向海河……(吕舒怀《小人书铺》)

"哏儿都"说哏儿话——天津话这么说

炸糕 zhágāo 一种风味小吃，用黏黄米面作皮，包上豆馅，在油中炸制而成："耳朵眼儿炸糕"给天津赢得了荣誉。(李志强《中国北方俚曲俗情》)

扎裹 zhāguo 又作扎咕；贬义的打扮：约朋友一起出去，离家之前换件新衣服，老伴儿嫌烦，"穷扎裹嘛？"(林希《天津话逗你玩》)

乍乎 zhàhu 又作咋呼；虚张声势的意思：桥头上站着乡丁八九个，搜查行人乱乍乎。(李润杰《劫刑车》)／工头溜走以后，张洪奎向大伙说："甭听他瞎乍乎……"(祥久 等《新港工人的罢工斗争》)／鸡毛蒜皮咋咋呼呼的人，不会有城府。(马德《不动声色》)‖性格外向，泼辣：姜燕这闺女，别看外表咋咋呼呼的，其实心底里是非常软弱的……(南郭玉鹤《风雨春梦》)

诈和 zhàhú 打麻将牌赢了叫"和了"；诈和是误以为赢了而亮牌：第二把，他本当糊(注：应为和)"五条"，谁知郭运起打出个"白板"去，他就把牌推倒了，闹了个"诈糊(注：应为和)"……(张孟良《血溅津门》)

诈毛子 zhàmáozi 事实上不存在的令人惊慌的事，多与"闹"连用：这不好好的吗，你别又闹诈毛子！(口语)

扎猛子 zhāměngzi 游泳时头和身体全部潜到水里。

奓挲 zhàsha 张开：这时候，商人从土堆子后边站起，把绳子放在嘴上一叼，猫着腰，奓挲着双手，瞪着眼……(张士杰《秫秸船》)

扎水缸 zhāshuǐgāng 旧时一种常见的自杀方法，过去家家备有水缸，自杀者将头浸入水缸的水里即溺水而亡：领导原本是个胖子，被这么一折腾，架不住竟然扎水缸死了……(一默《水缸》)

扎一头 zhāyìtóu 到某处露一下面或短暂停留：他们家老太太自己过，儿子有时候去也就是扎一头。(口语)

炸营 zhàyíng 比喻多人因受惊而乱作一团：这时候，两边看热闹的老百姓也炸营了……(刘兴华《刘道原戏弄李鸿章》)／老头走后不大会儿，可炸营喽！庙里庙外突然起了大火……(马贺添《蜂窝庙》)／

跤场内外立刻炸了营,乱了套!(姚宗瑛《赌跤》)

蹅蹅 zhàzha 后字轻声;称幼儿初学走路:正月托媒二月娶,三月产生一个小儿郎,四月蹅蹅五月跑,六月……(太平歌词《两头忙》)

炸子儿 zhàzǐr 声音响、力量大的枪弹:你吃枪药了?说话跟炸子儿一样……(王鸣录《新婚之"喜"》)

飐儿 zhǎir 儿化,三声;有人写作黵(黵念 zhan,zhan 和 zhai 儿化后读音相同);指水果或器物上的瑕疵,也比喻人历史上的污点:多好的苹果,一点儿飐儿也没有。(口语)/ 劳教虽说不是刑罚,可也算有飐儿啦。(口语)/ 七婶几乎叫嚷起来:傻孩子,他身上有黵儿,他不清白!……秋丽姐……说,他有黵儿,我也有黵儿。(吕舒怀《碎片上的女人》)

窄憋 zhǎibie 又作窄憋、窄巴;(房子或其他空间)窄小,不宽敞:一间屋子半间炕……地震后……屋子就更窄憋了。(任文浼《苦果》)/ ……谁像你,辛苦半天,家里照样窄憋。(韩映山《春月夜》)/ 我们那时候普遍居住条件都很差,很窄巴的房子,又脏又潮。(吕舒怀《敌敌畏》)

侧楞 zhǎileng 形容不稳,要倾倒的样子:伍大爷又猛地把车辕往下一撂,常岚身子往前一仄(注:应为侧)楞,又差点折下车来……(张孟良《血溅津门》)// 支起(耳朵):胡来……仄(注:应为侧)楞着耳朵听了听,果然房上有人走动的声音。(同上)

侧歪 zhǎiwai 又作栽歪;倾斜,也指侧着倒下:甭看他侧歪着身子,还拐搭着一条腿,一点儿都不耽误他出活……(雪屏《南门脸》)/ 灵子拿着朵大白花……自己往炕上一仄(注:应为侧)歪,瞪眼望着花朵变媳妇……(张士杰《秫秸船》)/ 杨四听了栽歪在地下。(张仲《龙嘴大铜壶》)

黵 zhǎn 弄脏,玷污:黑布禁黵。(刘大枫《一些常说却未必会写的字》)

沾火(儿)就着 zhānhuǒjiùzháo 比喻容易发脾气:每次吵架都

由我而起,主因就是我遇事爱着急,沾火就着。(任育之《老伴病重方知疼》)/ 这工夫,团里进来一批年轻学员。年轻人呀,沾火就着……(吕舒怀《小人书铺》)

侧脚儿 zhānjiǎor 侧身躺卧的姿势(与仰脚即仰卧相对)。

站脚助威 zhànjiǎozhùwēi 支持、帮助、捧场的意思:往后有人敢到天宝班寻衅闹事,还请三爷站脚助威呢。(刘兴华《袁文会受挫天宝班》)/ ……他自己迈着八字步走到场子中间,操着沙哑的嗓音开始"拢粘儿"说买卖:"有钱的帮钱场,没钱的帮人场,站脚助威的都是朋友。"(姚宗瑛《赌跤》)

黵卷 zhǎnjuǎn 出现瑕疵:写得挺好,就是改错儿的地方涂个瞎疙瘩,黵卷啦!(口语)/ 唱得都挺好,就是结尾的高音儿没上去,黵卷了。(口语)

沾亲带故 zhānqīndàigù 指具有亲戚或故旧关系:一些不沾亲不带故的小脚女人都是不请自来,不顾自己爹妈高兴不高兴……(冯骥才《三寸金莲》)/ 那年街口算卦的滕半仙被人打了……央求人们把不沾亲不带故的滕半仙抬上他那破车……(胡西淳《佛手》)

湛青碧绿 zhànqīngbìlǜ 形容鲜艳的绿色:这蝈蝈啊,湛青碧绿,给我了,不落忍啊……(相声《扒马褂》)

沾手 zhànshǒu 比喻干某件具体的活,多用于否定:妈,您就别沾手了,亮子一会就回来,让他洗吧。(吴炳晶《唠叨婆婆》)

蘸糖堆儿 zhàntángduīr 糖堆儿即糖葫芦,制作时需将串在竹签上的原料,在熬好的热糖汁里快速蘸一下,再摆放在石板上晾凉凝固;用以比喻快速而短暂的行为、动作:如同蘸糖堆儿……很狼狈地从一个池子里挤出又哆哆嗦嗦地往另一个池子里挤……(王小柔《有范儿》)/ ……在一个浆子铺见到炝锅了,可能他是赶时间,蘸个糖堆儿就走了……(雪屏《南门脸》)

站头儿 zhàntóur 车站:想去北门脸儿,糊里糊涂地跳上一辆电车,到站头一看……到南大道了。(林希《天津话逗你玩》)

站着说话不腰疼 zhànzheshuōhuàbùyāoténg 比喻由于不是亲身经历(的麻烦事或困境),没有切身体会,不能感同身受:以前我常常不由得发出暗笑:真是站着说话不腰痛,你没有生在平民家,哪里知道平民的辛酸。(游宇明《恨不生在平民家》)/当然了,到这会儿咱是站着说话不腰疼。(何申《立秋之殇》)

占嘴 zhànzuǐ 嘴里吃东西的意思(一种诙谐的说法):我……冲那闺女喊:"这儿呢!你先占着嘴!"(王小柔《乐意》)/先吃块槽子糕占着嘴,省得喊饿,饭一会儿就熟。(口语)

占座儿 zhànzuòr 在某些公共场所为防止客满没座儿,提前占上座位:老白忽然激情四溢,非听相声不可了,还让我提前去占座。(王小柔《如愿》)

长个儿 zhǎnggèr 增加体积或高度,主要用于人,也可用于物:这孩子半年没见,没怎么长个儿啊。(口语)/天津站新站台长个儿(天津《今晚报》2008.3.1)

长记性 zhǎngjìxing 吸取教训,别再犯同样的错误:等你哪天上网一查违章记录能吓你一跳,回忆去吧,下次就长记性了。(王小柔《有范儿》)/有不少成年人比小孩子还不长记性……比不了小孩子,是因为他们在喝酒上不长记性。(司葆华《闲话醉酒》)

涨钱 zhǎngqián 提高工资、物价等以货币计量的数额:本市妇联小额贷款"涨钱"了(天津《城市快报》2006.1.12)/今年房租普遍涨钱了。(口语)

长眼 zhǎngyǎn 长着眼睛的意思,多用于否定或反诘句,表示不满:晓红气愤地嚷道:"你们怎么往人身上打?没长眼!"(南郭玉鹤《风雨春梦》)/还什么内务府的总管,你蒙别人行,蒙我,算你没长眼。(刘一达《画虫儿》)

长眼 zhǎngyǎn 又说长眼眉,善于观察和判断事物,并妥善处理,多用于否定,不知趣的意思:会不会遇到绑票的了?……又一想不能啊,自己一个穷光蛋,这绑匪也太不长眼了吧。(北方熊之舞《女人墙里的纯爷们》》/ 顾永茂……对那些气势汹汹的河南人说:"大清早搅乎我睡懒觉的人纯属自找倒霉,我不打勤的、不打懒的,专打不长眼的。"(吕舒怀《舍命吃河豚》)/ ……电话铃响了,俺们处长喊我,吓我一激灵,心想谁这么不长眼,非往单位打电话。(王小柔《有范儿》)/ 不知谁还带来了俩记者。俩记者也没长眼眉,这么忙还要问这问那……(雪屏《每个葡萄架下都有一只狐狸在等着》)

长眼 zhǎngyǎn 又作掌眼;请人注意观看、品鉴:好!诸位就长眼吧!(张孟良《血溅津门》)/ 什么叫掌眼,甭多解释,您一见冯爷用那对"阴阳眼"瞧字画的神情,心里就明白个七八分了。(刘一达《画虫儿》)

仗着 zhàngzhe 依仗:仗着常友礼的妻子,朱美珍工作稳定,也仗着他的儿子常彪,年轻能干……所以常友礼没为家里的经济所累……(南郭玉鹤《言老顺小传》)/ 赵文雯几乎没怎么用力就把那女人背起来了,而且还在那臭美,喊我看……我在场外说:"不就仗着你屁股大吗。"(王小柔《妖蛾子》)

账主子 zhàngzhǔzi 债主,债权人。

张嘴就来 zhāngzuǐjiùlái 形容说话不加思考,说错误的或不该说的话:她的脸腾地一下红了……怎么迷离马虎的什么都张口就来呀……(雪屏《南门脸》)

着 zhāo 放(里面),装(进去),容纳:就这样今天来俩,明天来仨,很快,屋子里就着不下了。(棉二工厂史《在日本帝国主义的屠刀面前》)/ 北边着不下你,做买卖做到南边去啦!(玉鹤《都是布头惹的祸·九排大院轶事之四》)/ 一套偏单元的房子,又如何着得开,住得下……(南郭玉鹤《拆迁记》)

着 zháo 入睡:郭敬时往炕上一躺,就在这闭眼的工夫已经着了。(蒋子龙《农民帝国》)

招 zháo 传染:小顺子:……丈夫娶了她就招上脏病瘸了……(曹禺《日出》)

着 zháo 恰好、正确的意思,多用于某些单音节动词后,作补

语:多年未见《斩黄袍》,这回来着了(天津《今晚报》2011.3.23)/你算去着了,他平常老不在家。(口语)

招儿 zhāor 办法,主意:这回没招儿了吧!(口语)

找不自在 zhǎobúzìzai 自寻烦恼或灾祸:我叫你快滚就快滚……别找不自在!(张世杰《张绍恒怒打鬼头王》)/"……你最好叫她乖乖跟我回去,省得找不自在。"他气势挺冲,边说边探头探脑地朝水铺里瞅。(吕舒怀《水铺》)

找倒霉 zhǎodǎoméi 自寻倒霉的事(可作为骂人的话):一个……男售货员夺过她手中的刀说:"切块尝尝!"女售货员说:"别找倒霉了,现在报上总批这类事。"(《天津日报》1980.5.30)/赶过来的警察说,练得差不多了吧?找倒霉是吗?没看见外人来了?(何斌《戒毒篇——天津警察讲段子》)/某领导当时说:"她要是休病假超过了20天,那可就是找倒霉了。"(佚名)

照方抓药 zhàofāngzhuāyào 比喻按照现成的或别人的办法处理:……要是知道你这么做,我们也会照方抓药。(从维熙《闲话拒绝》)/当然,那案犯最终没能得逞,再有案犯照方抓药肯定是不灵了。(何斌《刑警祝彪》)

招恨 zhāohèn 又作遭恨;引人不满、怨恨:事后有人劝王好玲:你干嘛那么死心眼,管那么严干嘛,不是尽招恨吗!(王让巳《不怕得罪人的班长——王好玲》)/若说鱼肉百姓的官府衙役和杂霸地脚行的混混儿,确实招恨……(王家斌《说店》)/……这不是假公济私吗?可是我不能说,要是说了,要多遭恨呀……(阿靖《续〈谁错了〉》)

找后账 zhǎohòuzhàng 又说捯后账;对过去的事反悔,进行清算:古玩行里有个不成文的规矩,打眼买回来的东西,是没法找后账的。(白明《打眼》)

着急百怪 zháojíbǎiguài 形容十分着急的样子:"哎呀,老赵……"胡来着急百怪地说。(张孟良《血溅津门》)/"果儿,我求你……"苜蓿着急百怪地说……(雪屏《南门脸》)

着家 zháojiā 回到家里：一日中晌……桃儿溜进香莲屋来悄悄说，自打白金宝不叫二少爷着家，二少爷索性到外边胡来……（冯骥才《三寸金莲》）/ "宝贝儿……你怎么整天地给我惹祸去呀？啊？这好几天没着家，你哪儿去啦？……"（王鸣录《教训》）/ 我一直琢磨，这仨女的大半夜不着家，家里人也不找……（王小柔《有范儿》）/ 月娘闻言，便道："……你整日跟着这伙人，不着个家，只在外边胡撞……"（《金瓶梅·第十回》）

找乐儿 zhǎolèr 又说找乐子；开玩笑，寻开心：酒足饭饱之后，人们又常把他挂在嘴头上，找乐儿！（吕舒怀《最后的喝彩》）/ 乔六桥……想拿这山西佬找乐子。（冯骥才《三寸金莲》）/……省得又叫他们俩拿我找乐儿。（雪屏《瓦砾》）‖ 做高兴的、快乐的事：如今年纪渐渐大了……就总寻思给自己找点儿乐……（天津《城市快报》2005.12.31）

找米下锅 zhǎomǐxiàguō 比喻解决燃眉之需：然而，主持全社工作的郑法清还真没想到，刚一上任就面临社里发工资而账面钱不够的窘境，不得不临时"找米下锅"。（思训《作家 出版家 社会活动家——记郑法清》）

着面儿 zháomiànr 见到面：对了，他在社会上"飘"，学校、家庭两不着面儿……（宁可《医治心灵的学校》）

招欠 zhāoqiàn 欠，又作慊，有人考证，本字为您；说不该说的、引人不满的话：打死活该，谁让你的臭嘴招慊！该说的说，不该说的也胡说八道！（南郭玉鹤《拆迁记》）/ 天津话"招欠"，就是没事找事，惹是生非的意思。（李大为《"招怼"与"招欠"》）/ ……介叫嘛？"招怼"呗！这种人"招怼"其实就为挨骂，挨完骂，倍儿舒服。（同上）

着实 zháoshí 彻底地，着力地：这位余大将军于张勋复辟清室时……原是打算着实地把破碎的江山护一家伙的……（林希《蛐蛐四爷》）‖ 副词；很，十分：这位姐儿长着一张银盆大脸，身上着实有肉，不精明，但很热情。（龙一《恭贺新禧》）

招谁惹谁 zhāoshuíréshuí 招惹是非的意思，多用于反诘句，表

示没有招惹谁,含有抱怨的意思:转基因食品招谁惹谁了(天津《城市快报》2005.12.30)/ 刘秀峰……呻吟道:"我招谁惹谁啦,上来就是一撇子!……"(冯育楠《银沙滩》)/ 铁良也说,我们招谁惹谁啦?比伺候爹娘还得尽心?嘴上发牢骚,工作却还得可钉可铆地干。(何斌《戒毒篇——天津警察讲段子》)

找死脑子 zhǎosǐnǎozi 见"凿死卯子"条。

找斜茬儿 zhǎoxiéchár 又作找邪茬儿、找斜岔儿;故意挑毛病,义同找茬儿,但更加强调:慢着!大人不认识账本就说不认识得了,何必找斜岔耍威风呢!(张士杰《秋秸船》)/ 黄厂长……一定八面下线找你的斜岔儿。(何苦《意料中的故事》)

找寻 zhǎoxun 又作找衅;故意找茬,难为人:……大清早儿你就找寻我,看我过去拧你那脸。(韩映山《水乡风俗画》)/ 怕是她找寻你……怕她诈唬得绕世界都知道?(雪屏《南门脸》)/ 杨四怕事,躲了两天,也没人找衅他,这才出摊儿。(张仲《龙嘴大铜壶》)

照眼 zhàoyǎn 指光线刺眼:也有人拿这儿当自习室的,扑腾一桌子课本,看不了几页就趴桌子上睡觉,那么亮的灯不觉得照眼,歪着脖子能打出呼噜。(王小柔《有范儿》)

招一把撩一把 zāoyībǎliáoyībǎ 两个"把"均可儿化;动手动脚的意思:崔咏梅和他交往期间,他从来没有过招一把撩一把的行为。(南郭玉鹤《拆迁记》)

找辙 zhǎozhé 想办法,找门路:这儿不能呆了,赶紧找辙。(口语)

罩着 zhàozhe 指受到有能力的人支持和帮助:首先,公司的填海工程有那位影子老板罩着,很快就走上了正轨。(何斌《戒毒篇——天津警察讲段子》)

着真儿 zháozhēnr 又作找真儿;较真的意思:着真儿地弄清楚了,再说……(白金贵《老食客》)/ 古人爱找真,追究鸡生蛋,还是蛋生鸡,管它谁生谁!(冯骥才《三寸金莲》)

辙 zhé 办法,主意:……实在没辙了,还得跟小哥儿几个喏喏

去……(王鸣录《教训》)

折 zhé 倾倒:洗完脸把水折了吧,再把盆刷刷。(口语)/ 吃饭太耽误时间,我一般把饭菜折一块呼噜呼噜五分钟就完事,比喂猪还利索。(王小柔《吃饭是对生活另一种表达》)

折饼儿 zhēbīngr 比喻辗转反侧:从不失眠的老侯也开始在床上折饼儿了……(尹学芸《鬼亲》)/ 现在夜里"折饼儿"者也确实不少。(谭汝为《折饼儿》)

折个子 zhēgèzi 又说折个儿;比喻翻来覆去:她在心中来回折个子,甚至她对尹兰产生了懊恨。(张孟良《血溅津门》)

遮理 zhěli 理,轻声,音类似 lie,又作折烈、褶裂、者烈;形容人脾气或心情不好,什么事都不遂意,挑剔刁难:一出门嫂子看见这汽车就"遮理"上了……(王鸣录《不正之风》)/ 只要你不折烈,咱就好办!(南郭玉鹤《拆迁记》)/ 是否用"褶裂(或烈)"好些?以示"很是不平整、不舒贴"之义。(阎生霖《"刀尺"辨》)/ 蝙蝠衫还想者烈,男的……(张仲《龙嘴大铜壶》)

折箩 zhéluó 原指酒席吃过后倒在一起的剩菜,也称把几个吃剩的菜肴合在一起的菜,又泛指剩菜:全国最大餐饮垃圾处理厂下月在津启用"泔水""折箩"变废为宝(天津《今晚报》2009.5.9)/ 吃多讲究的都跟吃折箩一个味儿……(王小柔《吃饭是对生活另一种表达》)

遮臊 zhēsào 遮盖的意思:他笑着接过了蒜罐子:"不说自己笨,给自己遮臊!"(魏巍《魏文亮的故事》)

折寿 zhéshòu 客套话,表示不敢当:柳青急忙一礼到地:"……您们这不是折我的寿吗?您们……论起来是我的长辈,这怎么说的!"(烟雨苏州《美人西来》)

这晚儿 zhèwanr 见"晚儿"条。

遮羞脸儿 zhēxiūliǎnr 遮羞:"这件袄袖子都磨破了,还得拿套袖遮羞脸……"桃儿她妈说。(雪屏《南门脸》)/ 明明她也想……可还一个劲儿帮自己遮羞脸……(同上)

折子 zhézi 指银行存折:拿了折子就奔卖车的地儿去了……(王小柔《十面包袱》)

镇 zhèn 又作震,可加词缀乎(唬、虎)使用;以强力或气势压倒对方,威慑的意思:嘿!……看谁把谁镇喽!(吕舒怀《碎片上的女人》)/他把屈原的《离骚》背诵得滚瓜烂熟……把考场上的人都"震"了。(魏锡林《盲人作家——郑荣臣》)/他进厂上班的头两个月……就打了三次架。他想以此震乎震乎……(裴伟《两个好姑娘》)/郭运起本想拿冯老辛一把,没想到被冯老辛这几句话给镇虎住了。(张孟良《血溅津门》)

镇店 zhèndian 集镇:"不会买一双?"女孩子轻声说。"哪里去买呀,尽住小村,不过镇店。"我说。(孙犁《山地回忆》)

镇乎 zhènhu 见"镇"条。

真章儿 zhēnzhāngr 最终的、真实的结果:我节振国开弓没有回头箭,既然来了,就要见个真章儿!(李云冲《节振国勇闯天津卫》)

整儿 zhěngr 整数:两块八?凑个整儿,来三块钱的吧。(口语)

蒸饼儿 zhēngbǐngr 一种面食,扁圆形,用发面包上不同的甜味馅制成:乙:啊,卖花卷的出售货车? 甲:怎么那卖蒸饼儿的能出售货车呢?(王鸣录《大家研究》)

正儿八经 zhèng'erbājīng 又说正了八经;正经的,严肃的,认真的:舍棉衣的人家,老家长一定要亲自到场,还得衣冠楚楚,正儿八经地非常严肃。(林希《百年记忆》)/ 当两人正八经过起日子,便如同酒里搀进了水,变得没滋没味起来。(吕舒怀《舍命吃河豚》)

争竞 zhēngjing 争辩,计较:这么一说,大伙儿都闭上嘴巴,不再争竞了。(雪屏《大串联》)

正经八百 zhèngjingbābǎi 又说正经八北;正经的,严肃的,纯粹的:高地虎笑了……:"嘿嘿,这儿是正经八百的跤场……"(姚宗瑛《赌跤》)/ 这是古式鞋底,样好,弯得赛桥,正经八北叫弓底……(冯骥才《三寸金莲》)

整脸儿 zhěngliǎnr 正面的、好的形象:自己做得就不对,还想

"咂儿都"说咂儿话——天津话这么说

落个整脸儿?（口语）

整票(儿) zhěngpiào 面额较大的纸币（面额小的叫零票）：来了位老太太，买一块钱的杂样儿，给一张五块钱的整票。(王鸣录《向您道歉》)

挣歪 zhèngwai 又作挣崴、挣为；反抗，挣扎：宝贝儿直挣歪，我说:"怎么着,宝贝儿,还要玩儿拳！"(王鸣录《教训》)/ ……存志已经变得很顺从,或许是已经没有力气再挣为了……(蒋子龙《农民帝国》)/ ……我和胖子一把将赵文雯拉住,她还很不乐意,在那挣歪。(王小柔《十面包袱》)‖ 比喻艰难地劳作：我很吃惊他为朋友设想之深,但愚钝如我感到《人民日报》的活儿已经够我挣崴的,遑论其他?(肖获《悼张仲》)/ 她……还想置一块儿上海表,这些个就足以够她挣歪个十年八年的了……(雪屏《南门脸》)

正文儿 zhèngwénr 正经的、有用的话或事：……不是这里递棵烟,就是那里说句俏皮话,正文没有……(伍成《"处事之道"》)/ 说了半天没正文儿。(杨志刚《妻管干部》)

正着 zhèngzháo 恰好的意思,多用作补语：……结果与迎面而来的一辆大货车撞了个正着,大发车前部凹陷,严重受损。(天津《城市快报》2006.1.27)/ 你说就这么巧,躲着躲着的,还在楼梯口儿跟他碰个正着。（口语）

争嘴 zhēngzuǐ 在吃的方面争多论少,挑挑拣拣：这么一把年纪,跟一个吃屎的孩子争嘴,我哭笑不得。(苏书棠《倾斜的世界》)/ 张瘦溜说跟我说话的时候手里还抓着块烤山芋往嘴里塞呢,害口,但不能不吃,肚子里有争嘴的。(王小柔《有范儿》)‖ 比喻挑剔,不随和：这块布做裤子长短就差半寸,你看她多争嘴！（口语）

执 zhī 四声,执拗的意思：也怪我父亲的脾气太"执"……(王鸣录《看房》)

直肠子 zhícházi 调侃人进食后立即排泄：你真是直肠子,吃完就拉。（口语）

值当 zhídàng 值得,犯得上:就为这几块木头闹离婚,不值当的。(刘铁钟《清白》)/ 男女之间相好,搞对象……值当这么哭天抹泪儿的嘛。(南郭玉鹤《风雨春梦》)‖ 当作,权当:……索爷却是一脸的不屑:"没嘛儿,就值当是给闫老五的闺女添嫁妆啦!"(王舒《南市人家》)‖ 至于:春梅道:"你呀……才喝了这么一点儿葡萄酒,就值当这样吗,面红耳赤的?"(南郭玉鹤《风雨春梦》)

知道吃儿碗干饭 zhīdàochījǐwǎn'gānfàn 比喻知道自己有多大能耐,有自知之明:人啊,得知道自己吃几碗干饭,还是该干啥干啥吧。(何申《厨子造桥 外焦里嫩》)/ 街面上混的都知道自己吃几碗干饭,他当然知道能打死德海的人必是高手,自己绝不是个儿……(烟雨苏州《美人西来》)

指盖子 zhǐgàizi 指甲:果儿咬着指盖子说……(雪屏《南门脸》)

纸夹子 zhǐjiāzi 硬纸板:……后来拆开一看……拿破纸夹子糊弄我。(王小柔《十面包袱》)

支楞 zhīleng 又作支棱;竖起,翘起,挺起:也正因为他俩的唱……满园子的观众就都支楞起了耳朵。(魏巍《魏文亮的故事》)/ 被窝里哪有李铎呀?而是一卷乱衣服,和一个枕头支楞着。(万国儒《风雪之夜》)/ 支棱起半个身子……(王小柔《有范儿》)

知冷着热 zhīlěngzháorè 关怀备至的意思:打那以后,瓜儿……真像个亲姐姐一样对他知冷着热的……(雪屏《南门脸》)

炙炉 zhìlú 炊具,质地类似砂锅,上有许多小孔,放在炉子上烙饼用,相当于铛:此刻,我又十分怀念支(注:应为炙)炉烙的白面饼……(白金贵《老食客》)/ 妈妈说就在居委会见到有人来征集老生活用品……说周围居民有不少送来东西的,炉圈、拔火罐、炙炉什么的……(一默《水缸》)

芝麻盐 zhīmayán 芝麻加盐炒熟后擀碎,是一种调料:这时候掌柜的已经端上来面茶烧饼,面茶里多多撒了几把芝麻盐。(烟雨苏州《美人西来》)

直眉火眼 zhímeihuǒyǎn 又作直眉黑眼、直眉豁眼；形容急急忙忙或气势汹汹的样子：不知这位爷腰里别的是什么鸟，便直眉豁眼地一通乱叫。(王筠《宋氏父子》)／可他爹……仍像在乡下一样……直眉黑眼地撞来了。(刘兴华《张宗昌和他爹》)

指名点姓 zhǐmíngdiǎnxìng 又说指名道姓；具体地提出某人或某物：别看儿女们给他送吃送穿，可是这么多年他没"指名点姓"的，让谁给他买过什么东西……(马景雯 张宝明《我和爸爸马三立》)

侄男旺女 zhínánwàngnǚ 泛指子侄辈的亲属：于是他来到花圈店，假设了他儿子、儿媳、女儿、女婿和侄男旺女……订购了上百个花圈。(姜维群《花圈乱弹》)

执气 zhíqì 和…生气：王玉洁见大妈心情不悦："妈妈您和谁执气把嘴撅？"(马音白《挑女婿》)／用得着跟，跟……执气吗？非得离家出走？(南郭玉鹤《拆迁记》)

直上直下 zhíshàngzhíxià 形容立面是垂直的，没有斜度：沟壁裸露的黄色胶泥被挖掘机削得直上直下，施工队的工人正在安装支护钢板。(尹建民《强一龙的路》)

值实 zhíshí 值，值得：……即使突不出重围，也要跟鬼子拼杀一场，死了落个值实……(张孟良《血溅津门》)

知疼着热 zhīténgzháorè 关心、体贴的意思：吴招娣却说："大嫂子是够孝顺，知疼着热的……"(玉鹤《都是布头惹的祸·九排大院轶事之四》)

直眼儿 zhíyǎnr 干瞪眼儿，表示无计可施、失望丧气等意思：……满心想着中奖之后，得个几百万。等到开奖之后，一看，直眼儿了，连末等奖也没得上……(佚名)‖由于发现意外的事而目瞪口呆：……那一个个名字让王宝柱看得眼都直了。(海剑《等你上钩：对一个骗子的深度调查》)

直腰 zhíyāo 挺直腰身：有一个小伙子站炕上一直腰，"噗"！房顶子破一个窟窿，脑袋跑外头去了。(王鸣录《看房》)‖歇息的意思：忙

得我一上午也没直腰。(口语)

志子 zhìzi 用以代替量具量长短、大小、深浅的东西,即标准:谷老弟惊得打了一个冷战:"……水再涨就要闹灾啦!"忙撅个草棍插水边当咫(注:应为志)子……(张士杰《秋秸船》)

支嘴儿 zhīzuǐr 从旁给人出主意:玩牌"支嘴"引发血案(天津《今晚报》2010.3.16)/ 有的喜欢观棋,可偏偏爱支个嘴,说话尖酸刻薄……(米学如《无事莫生非》)

中段儿 zhōngduànr 指除去头和尾的中间部分:大人吃头尾,中段儿给孩子留着。(口语)/ 那女大夫真是好人,胶水涂了一次又一次全抹我中段上了。(王小柔《妖蛾子》)

中流儿 zhōngliur 又作中溜儿,也说中不溜儿(不,轻声;溜儿,一声);指中等的,适中的:他,中流个儿,圆脸……(张喜聚《庄稼书记》)/ 太大太小都不好,来俩中不溜儿的就行。(口语)

众位 zhòngwèi 诸位:他一改往日的诙谐,似乎有些紧张:"众位爷们儿……"(姚宗瑛《赌跤》)/"众位,二来跟我有交情……"(烟雨苏州《美人西来》)

中着不着 zhōngzháobùzháo 形容做事轻重失宜,或是小题大做:桃儿她妈塞打他一句:"你个老不正经的,净说中着不着的话……"(雪屏《南门脸》)/ 卡哇伊就是这么一个人,走在时尚的边缘,却又中招(注:应为着)不着……(王小柔《妖蛾子》)

掆 zhōu 从一侧或者下面托起或翻倒笨重的物体,也指以很大的力量从下方或侧面作用于物体:有的因划拳连连被罚,便恼羞成怒吵起来,掆桌子,飞碟子,大打出手……(《天津日报》读者来信1980.9.8)/ 黑夜,忽然刮起了怪风……河堤上的老柳树也被掆得低了头……(张孟良《血溅津门》)/ ……一百八十斤大绿线麻包,不用人掆,俩胳膊一夹就扔到肩膀上了……(同上)

怞 zhóu 俗作轴,念二声;形容人固执,不灵活,这种人叫怞子:……可我们家那个轴蛋说嘛也不去,最后我跟他翻儿了……(李景诚《分忧》）/ 另一个是下面的"轴子",他做梦也没想到自己的票这么多。(赵卓娅《新陋室铭》）/ 奈老夫人性情怊,非草草。虽为个妇女,有丈夫节操。(《董西厢》）

怊 zhòu 运动灵活的东西（如车轴）不灵活,活动受限:下班了,晓红推着自行车……觉得车子有些发怊,双臂再一用力,自行车竟然一动不动了……(南郭玉鹤《风雨春梦》）/ 脖子有点发怊,可能睡落枕了。(口语)

皱巴 zhòuba 心情不快,行为不随和,也指身体不舒畅,活动不灵活:这孩子早起来就皱巴,他不去活该,咱们走!（口语）/ 主要是吸毒这些年,也没过上几天有规律的生活,冷不丁循规蹈矩了,还真是觉得浑身皱巴。(何斌《戒毒篇——天津警察讲段子》）‖ 有皱纹,不平整:上工后,水泡子第一件事就是从破上衣的口袋里掏出个皱皱巴巴的小本子和半截铅笔……(蒋濮《水泡子》）/……一条中式肥裆裤又脏又破,皱皱巴巴的。(理由《青衫湿》）

粥厂 zhōuchǎng 旧时有钱人家开办的为吃不上饭的穷人提供免费粥的慈善机构:粥厂有大有小,大粥厂每天舍1000号,小粥厂每天舍100号。(林希《百年记忆》)

周正 zhōuzheng 端正:他想大爷年轻时一定很英俊,要不他的子女都是这么漂亮、周正呢。(佚名《龙嘴大铜壶新传》）/"您看您,现在都这么周正,年轻那会儿不定长得有多俊了。"(雪屏《天堂的助跑》）

怊子 zhóuzi 见"怊"条。

主 zhǔ 主宰,决定:乙:你不会让他搬出来吗? 甲:"哎哟,我可主不了……"(王鸣录《媳妇往哪娶》）/ 这事咱们不能主,问头儿去吧。(口语）

住脚儿 zhùjiǎor 地址:"是不是又给你们家哪个穷亲戚汇五块钱?"果儿说,"把住脚儿给我,我一会儿上邮局去。"(雪屏《南门脸》）

主意正 zhǔyizhèng 形容坚持自己的主意、主张,不轻易改变:其实听孙老强这么一说,他心里的主意更正了……(蒋子龙《农

民帝国》)

箸子 zhùzi 可以单说"箸";量词,指用筷子夹起或挑起的数量(用于煮熟的面条或其他菜肴):吃完一碗后,明明吃不下去了,也要再挑上一箸子面,宽宽地浇上卤……(王敦煌《吃主儿》)/那妇人缝到日中,王婆安排些酒食请他,又下了一箸面与那妇人吃。(《金瓶梅·第三回》)

抓茬儿 zhuāchár 故意找人的毛病:别理她,她这是抓茬儿。(口语)

抓官差 zhuāguānchāi 简说抓差;找人临时做本不是其分内的事:果儿自个忙活着,顺手又抓了桃儿的官差。(雪屏《南门脸》)/女排要拍"全家福" 本报记者被"抓差"(天津《今晚报》2006.12.13)

抓子儿 zhuāzǐr 见"欻拐"条。

拽 zhuāi 丢,扔:这些个破烂儿有嘛用?还不快拽了!(刘思训《天津方言词语小考》)/……有用的留下些,没用的全拽了。(南郭玉鹤《风雨春梦》)/冯老辛说着,三把两把将小褂扒下来往地上一拽,大踏步走上台子。(张孟良《血溅津门》)

转莲 zhuànlián 向日葵:通讯员一面往嘴里扔着转莲籽儿,一面吆喝着:"五香转莲籽儿,五分一包……"(张孟良《血溅津门》)

转磨磨 zhuànmōmo 无目的地来回走动,或是因某种原因而不停移动、踱步:周日,形非一直心神不安地在家里转磨磨……(栗子《惑》)/新建6大停车设施可新增泊位3000余个 繁华区停车不再"转磨磨"(天津《今晚报》2010.8.7)/我直后悔没留那老太太的电话,让她赶紧来得了,省得我们这没着没落地光在屋子里转磨磨。(王小柔《十面包袱》)

转腰子 zhuànyāozi 难办的事,也指为难:他这人,就这样,一遇见转腰子的麻烦就连句整话都说不出来了。(雪屏《南门脸》)/万没想到,明天她没来,明天的明天她也没来,急得我在屋子里一个劲儿转腰子。(雪屏《废墟,我的1976》)

转轴儿 zhuànzhóur 比喻心眼多，善变："你脑袋又转什么轴了？"她问。(雪屏《南门脸》)ǀǀ 事情变化："到时候转轴儿，我找谁哭去！"杨四眨巴眨巴老眼。(张仲《龙嘴大铜壶》)

奘 zhuǎng 粗，大，高：论个子，这哥俩儿都不矮，弟弟更奘点儿。(口语)

撞大运 zhuàngdàyùn 碰运气，指几乎不可能的事：选择IT如同撞大运，外表看着很光鲜，其实都跟苦力似的。(王小柔《妖蛾子》)

撞客 zhuàngke 客，轻声，又作撞剋；一种癔病，多为一时性，好像已经死去的熟人在病人身上附体一般，过后全然不知：村里越来越多的女人遇到了撞客……(尹学芸《鬼亲》)/ 洪掌柜，您瞧瞧去，二唤"撞剋"啦，愣不理我。(吕舒怀《水铺》)

装老 zhuānglǎo 给死人穿的(寿衣)：她每天就在炕上躺着，不吃不喝，装老衣服都穿齐全了，一门心思等死。(尹学芸《鬼亲》)

撞笼 zhuànglóng 又说撞笼子；未经驯养的鸟在笼子里上下左右地扑腾，挣扎，比喻人极度着急：……三十岁的女人为美已经急得撞笼子了，对于走火入魔的人哪能再火上浇油。(王小柔《妖蛾子》)

装傻充愣 zhuāngshǎchōnglèng 心里明白而故意装糊涂，有装疯卖傻的意思：你跟他装傻充愣啊。(王鸣录《向您道歉》)/ 王温挥手道："怎么，不认识呀？装傻充愣嘛！……"(南郭玉鹤《风雨春梦》)/ "好么，你他娘的还装傻充愣！"郭运起问道……(张孟良《血溅津门》)

撞头 zhuàngtóu 形容万分着急的样子：太难办了，谁遇见这事也得撞头。(口语)

装洋蒜 zhuāngyángsuàn 装蒜，有强调的意思：乙：这小伙子可有"前途"，真会装"洋蒜"。(王鸣录《欢迎批评》)/ 我拎着她的耳朵："你跟我还装什么洋蒜啊……"(王小柔《十面包袱》)

卓娅头 zhuóyātóu 20世纪五六十年代一种流行的年轻女性的短发型：仨女的都比我大几岁，穿戴得很整齐，一色的军褂，一色的卓娅头……(雪屏《瓦砾》)

拙嘴笨腮 zhuōzuǐbènsāi 形容口才不佳：李耳生怕怠慢了文良老爷，自己又拙嘴笨腮……（雪屏《义地》）

恣 zī 或作自；舒适，自得：你倒够恣的——大伙那么忙，你在这儿喝茶聊天儿！（刘思训《口语里不容易写的九个字》）/ 自己的地，多下力，日子过得实在"自（高兴——原注）"。（苗得雨《走姑家》）

自己个儿 zìjǐgěr 也说自个（各）儿、己个儿（记格），己念四声；自己：自己个儿不好好干活，还给别人泼冷水……（慕容芹《撂挑子会》）/ 到现在你自个儿都糊弄不下去了……（上官柳《两不误》）/ 到了我能够自各儿上街的时候，不管上哪儿玩去，多晚，也必得回到家再吃饭。（王敦煌《吃主儿》）/……病房外传来高声大嗓天津话："就得'记格儿'（自己）哄'记格儿'，几位别笑我……"（董养浩《老年生活"八自"快乐法》）

支拉 zīlā 因声音吵闹、难听，而使人觉得厌烦、刺耳的意思：喊嘛！也不嫌支拉得慌！（刘思训《天津方言词语小考》）/ 休则管我跟前声支拉叫唤，因甚的，大古是脚踏实地。（元杂剧《勘头巾》）

自来 zìlái 压根儿，从来：天津卫自来没这么邪乎过。（冯骥才《三寸金莲》）

自来火儿 zìláihuǒr 旧称打火机：郭运起一面让座儿，一面把日本菊花牌的香烟递到每个人手中，同时打着自来火都给点着了。（张孟良《血溅津门》）

自来卷儿 zìláijuǎnr 头发天生弯曲：赵林……一米八六的大高个儿，头发还有点自来卷儿。（闻心《伤痕女人心》）

自来熟 zìláishóu 善于与人交往，初次见面即可熟悉起来：他是个喜欢打趣的汉子……见面自来熟，很快就跟我们打成一片。（雪屏《大串联》）

吱声 zīshēng 作声，回应：董良听出了邓勇光话中的意思，尴尬地笑了笑，没吱声。（冯育楠《银沙滩》）

字儿闷儿 zìrmènr 硬币一面标明币值的称字儿，另一面有图案的叫闷儿,字儿闷儿比喻清晰的内容:康家会傻愣着眼,好半天吐不出个字儿闷儿……(吕舒怀《小人书铺》)/ 杨四儿哆里哆嗦,犹犹豫豫说不出字儿闷儿。(张仲《龙嘴大铜壶》)

字书 zìshū 完全是文字或以文字为主的书(与连环画即小人书相对而言):我……回答说:我借你家的字书看。那时,我们管连环画叫"小人书",管小说叫"字书"。(吕舒怀《碎片上的女人》)

恣歪 zìwai 又作自偎、恣崴;形容人不顺从、不服气:……裁判就会向这个捣蛋的队员说:"再恣歪,我给你举红牌。"(林希《天津话逗你玩》)/ 边走晓红边劝道:"小燕子,别自自偎偎的行不行?……用不着这样扭扭捏捏的……"(南郭玉鹤《风雨春梦》)/ 你们拦他,他故意和你们恣崴。(魏金城《高买》)

走 zǒu 指人与人接触、交往:老妹子,听姐姐一句话!你们先走走看,如果真是有缘分,那不是好事一桩!(南郭玉鹤《凤凰展翅》)

走背字儿 zǒubèizìr 简说走字儿,又说走倒霉字儿;指迷信的人认为运气不好,总遇到不顺利的事:鱼找鱼,虾找虾,走"背"字人算卦找老瞎……(冯育楠《银沙滩》)/ 郭运起……说,"三爷……自从多多良差点在王顶堤废铁道上要了我的命,我就走上背字儿了!……"(张孟良《血溅津门》)/ 打倒"四人帮"后,父亲走了背字,他被审查两年多。(周启博《周家往事》)/ 走吧,回家吧,今儿个算是走倒霉字儿啦!(南郭玉鹤《拆迁记》)

走道儿 zǒudàor 寡妇改嫁:她想,我要是个小寡妇走道儿,行,不寒碜……(雪屏《南门脸》)

走倒霉字儿 zǒudǎoméizìr 见"走背字儿"条。

走火入魔 zǒuhuǒrùmó 形容对于某事过于痴迷而失去理智:现在跟他说什么都是多余的,老头儿走火入魔了……(雪屏《每个葡萄架下都有一只狐狸在等着》)

走叽 zǒujī 又作走几;比喻偏离正常轨道,也指向不好的方面变化:这事哪能这么弄呢?简直办走叽啦!(口语)/ 刘五爷一把拽起杨

四:"起来……一问三不知,别走几!"(张仲《龙嘴大铜壶》)

走街穿巷 zǒujiēchuānxiàng 又作走街串巷;指流动(而不是固定):旧时代小生意人,每天走街穿巷卖货……(林希《天津话逗你玩》)/ 海来……来到了镇子上。随后就被一个走街串巷的马戏团收留了。(何斌《戒毒篇——天津警察讲段子》)

走脑子 zǒunǎozi 动脑筋,费心思,也指思虑,挂念:当然,过日子也是需要走脑子的,只要不是去害人,也无妨看做智慧。(吴若增《你的智慧有多远》)/ 那朋友建议她灌肠,赵文雯也没走脑子,交了一千多块钱就把自己晾在特制洗肠机面前了。(王小柔《妖蛾子》)

走思 zǒusī 精神不集中,走神儿:我们默读时,常常受到各种干扰,比方来自外界的声音啦,来自本身的"走思"啦等等。(宋爱民《要多朗读》)

走心 zǒuxīn 又说走心思;思虑,挂念:谁家的小子、姑娘到了成家的年龄,就成了这些奶奶的心病,不是一般的关心,是真"走心"……(林希《一盏暖暖的灯》)/ 不愿听还得听,怎么办?不走心,让它随风飘去,免得烦恼。(苏开省《说唠叨聊心态》)/ ……等三道眉儿回来,都站在她身后老半天了,她还在瞎走心思,没发现他。(雪屏《南门脸》)

揍性 zòuxing 又作奏性,形容人长得难看,也作骂人话:一次,他求教于相声大师马三立:"唱歌的有歌星,演戏的有影星、有明星,您看我叫嘛星?"马老说:"你叫奏星!"……"奏星"的谐音在天津是挖苦人损人的一句话,可器乐演奏员拿"奏星"表述又十分贴切入理。(许瑞生《闲话"归哏"》)/ 自己长得就这么个奏性。说帅吧,比猪八戒强,也强不了哪去!(玉鹤《八月十五云遮月》)

足矣 zúyi 矣,轻声或三声;知足、满足的意思,表示足可以了:……对着镜子一照,足矣,一辈子没这样利索过。(林希《天津话逗你玩》)/ "……像咱们这个岁数,一个礼拜一两回就足矣,切忌饥一顿饱一顿……"(雪屏《大串联》)

赚 zuàn 骗:真的吗?你可别赚我!(口语)/……杨四乐得抬头

纹都开了："行，这回还真没赚人！"（张仲《龙嘴大铜壶》）

纂儿 zuǎnr 旧时已婚妇女梳在脑后的发髻：她无儿无女……头上梳着大纂儿，说话嗓门很脆声。（韩映山《夏加大伯》）/ 油光光翘起来的小纂上，罩黑丝网套……（冯骥才《三寸金莲》）

钻钱眼子 zuānqiányǎnzi 又说钻钱眼儿；唯利是图：……看见跤坛不景气就想改换门庭，随波逐流，钻钱眼子，这还有点练武人的骨气吗？（姚宗瑛《二遇跤神仙》）

攥馅儿 zuànxiànr 做馅儿时，白菜等蔬菜剁完后要把水分挤出，叫攥馅儿；方法是将剁好的菜放在笼布里用手挤压，以菜里的水分合适为度：我发现衣服真有美化人的作用，跟攥馅儿似的，什么形状由使多大劲儿决定。（王小柔《有范儿》）

嘴把式 zuǐbǎshi 式，又作势，轻声；指只会说不会干，或只说不干，也指这种人：这种嘴把势，属于那种拿嘴炒菜的人，说得头头是道，口吐白沫……可操作性几乎为零……（王小柔《有范儿》）/ ……不少人玩儿起了"嘴把式"，越吹越离谱，从中获得满足感。（叶丹何帆《"吹大梨"的爹妈》）

嘴儿对嘴儿 zuǐrduìzuǐr 直接用壶嘴或水龙头对着嘴喝水：唐威虎双手捧起桌上的茶壶，嘴儿对着嘴儿，咚咚咚咚，一阵狂饮……（南郭玉鹤《拆迁记》）/ 我们踏着冷冷清清的小街，四处找哪里有水龙头……都嘴对嘴地灌了一肚子自来水。（雪屏《大串联》）

嘴欠 zuǐqiàn 说不该说的话：美国务院发言人"嘴欠"丢官（天津《今晚报》2011.3.15）

嘴损 zuǐsǔn 说话刻薄：他识文断字……有几分女里女气，村里也确实有嘴损的人背地里叫"二尾子"。（蒋子龙《农民帝国》）

嘴头子 zuǐtóuzi 嘴：老太太嘴头子发青，别是有病了吧？（口语）/ 这孩子吃的嘴头子都是饭粒儿。（口语）

嘴歪眼斜 zuǐwāiyǎnxié 指中风：……怕一觉醒来受凉着风，弄个嘴歪眼斜就惨了。（雪屏《每个葡萄架下都有一只狐狸在等着》）

嘴一份手一份 zuǐyīfènshǒuyīfèn 形容人既能说又能干（多用于女性）：厉害的姑娘大多嘴一份手一份，能说也能干……（尹学芸《贵亲》）/ 在我们机关，提起蛾眉这姑娘，那是没挑儿，心眼灵，脸蛋俊，嘴一份手一份……（于国峻《蛾眉》）

俊巴儿 zùnbar 相貌好看，可以 AABB 式叠复使用：婆婆……自言自语地说："长得还真俊巴……"（吴炳晶《唠叨婆婆》）/ 看这俩孩子俊俊巴巴，挺像魏墨香的，就想到他俩可能是魏墨香的一双儿女。（魏巍《魏文亮的故事》）

作 zuō 旧称某些具有技术含量的工作以及从事这种服务的店铺，也指从事该职业的人：说完五行说八作：第一铁作，铁匠打干戈。第二石作，石匠推碾磨……（《中国民间文学·天津卷和平分册·天津歌谣集成·五行八作歌》）/ 其他店铺有照相馆、刻字铺……油漆作、玉器作……（王文玉《百米小巷铺户多》）

作 zuō 胡作非为的意思：你们那小宝贝儿在这门口作得够呛了！（王鸣录《教训》）/ 有一天，他对发面饽饽他妈说：我总算作到头儿啦，逃不过这关。（南郭玉鹤《风雨春梦》）/ 话赶话，果儿说了一句，"你就作吧，早晚儿吃不了兜着走。"（雪屏《南门脸》）

嘬 zuō 吮吸：跟她一起在教学楼前坐在石台子上，当啷着腿把酸奶嘬得稀里哗啦的情景还那么清晰……（王小柔《妖蛾子》）/ 天啊，那么高的地方飞机还能掏个洞让你往云彩里拉尿，裤子还不得给嘬走？（王小柔《十面包袱》）

捽 zuó 揪：没留神，捽下来一撮儿头发。（刘思训《天津方言词语小考》）/ 兀的是谁家一个匹夫？畅好是胆大心粗！眼脑儿涎涎邓邓，手脚儿扯扯也那捽捽。（石君宝《秋胡戏妻》）

坐 zuò 致使、导致、招致（不好结果）的意思：快吃吧，鸡蛋蘸芝麻盐可香哩。这阵儿不能亏了身子，坐下毛病是一辈子的事。（吴炳晶《唠叨婆婆》）

嘬瘪子 zuōbiězi 形容为难，受窘：他说，"我年老多病，万一有

个头疼脑热的,随时就能有药吃,不至于嘎瘪子。"(雪屏《大串联》)

左不咧 zuǒbuliē 又说左不拐;左撇子:乙:咱二位差不多。甲:您也左不拐? 乙:我左不咧!(相声《"左不拐"》)

坐仇 zuòchóu 结下冤仇:故此,不愿跟任何人坐仇。(冯骥才《神鞭》)

坐地泡 zuòdìpào 又作坐地炮;对胡搅蛮缠、撒泼耍赖女人的蔑称,也指这种行为:咳,我们那家邻居,男的倒挺老实,女的简直是个坐地泡!(王鸣录《教训》) / 居民区里常有几位女士爱打架,动不动就站在地上放泼,破口大骂,坐地炮……(林希《天津话逗你玩》)

昨儿个 zuórge 简说昨儿;昨天:孩子……昨儿个隔壁二婶送来一包茶……(吴炳晶《好闺女》)

作裹 zuōguo 裹,轻声,音接近于 gu;贬义的修饰,打扮:看她把自己作裹的,多侉呀!(口语) / 装修房子还是大方点好,作裹得这么热闹反倒没有品位了。(口语)

做劲 zuòjìn 又作作劲、坐劲;支持,做后盾的意思:你去办吧,我给你做劲。(林希《天津话逗你玩》)/ 广大群众正是从一件件的实事、一天天的变化中,深切感受到政府为人民服务的决心和热情、能力和水平,从而形成了"政府为群众办事,群众为政府作劲"的生动局面。(李瑞环《谈"少讲空话 多干实事"》)/ 这挑子不撂了!既然大伙这么坐劲,我还有啥说的?(慕容芹《撂挑子会》)

作脸 zuòliǎn 又作做脸;争光,争气:我还不知道你的脾气,吆喝不动别人就想叫自己的媳妇去带头,好给你作脸。(蒋子龙《农民帝国》)/ ……这可怪你自己不给自己做脸,为什么在这个节骨眼上不参加会呢?(万国儒《踩电铃》)/ 边走晓红边劝道:"小燕子……给我做点儿脸,见了面大方些,用不着这样扭扭捏捏的……"(南郭玉鹤《风雨春梦》)

左邻右舍 zuǒlínyòushè 指附近的邻居:我搬进这个小区还不久,和左邻右舍都很陌生……(黄健《一捧青菜》)/ ……二唤的左邻右舍——卖药糖的刘爷、拉胶皮的孙三、开线店的洪掌柜也全瞒着

她。(吕舒怀《水铺》)

琢磨 zuómo 又作捉摸;(在心里盘算)算计别人,做对别人不利的事,损害(别人):那天吃饭吃到最后,我和叔父曹禺看见附近几桌客人大都衣着光鲜……叔父低声道:"我最讨厌这些商人,……一心都在琢磨别人……"(万世雄《东天仙,看大戏》)/ 黄毛带头琢磨她,弄只死耗子放进她书箱里,上课的时候在她小花褂后面画个王八……(吕舒怀《敌敌畏》)/……他们只捉摸人,不琢磨事,影响了干事。(李瑞环《谈"少讲空话 多干实事"》)

做派 zuòpài 以戏曲中演员的动作、表演,比喻人的行为举止、风格风范:在那里,小姐要有合乎小姐身份的仪表、风度、做派。(傅梅芳《省亲归来话香港》)/ 书本来就是拿来读的,怎能为藏书而藏书呢?那是太老派的藏书家的做派,不可取。(雪屏《每个葡萄架下都有一只狐狸在等着》)

嘬腮 zuōsāi 两腮凹陷,形容瘦:……只见前面一位大哥,瘦骨嶙峋嘬着腮……(王小柔《有范儿》)/ 她看着他狼吞虎咽,很开心,他太缺嘴儿了,瓜条子脸都嘬腮了。(雪屏《南门脸》)

嘬腮帮子 zuōsāibāngzi 通过嘴的动作使两腮向里收缩,常表示为难:崔明通嘬了嘬腮帮子:"你的事儿我不是没想过……"(南郭玉鹤《风雨春梦》)

座实 zuòshí 又作作实、坐实;形容完全、结实,可以 AABB 形式叠复使用:魏文亮也摔得座座实实……(魏巍《魏文亮的故事》)/ 这场雨……下了有半个多月,算是作作实实地涝到底了。(蒋子龙《农民帝国》)‖ 形容铿锵有力:……这两句话说得好坐实,一个字儿在板上钉一个钉子。(冯骥才《三寸金莲》)

坐水 zuòshuǐ 用炉子烧水:天津人一般早晨起来不点炉子、不坐水,想漱口洗脸、喝热水,或者泡茶,就到水铺买开水。(吕舒怀《水铺》)/ 快坐水洗脚,该睡觉了。(口语)

嘬牙花子 zuōyáhuāzi 咂嘴;表示为难、惋惜、遗憾等心理:郭有先搋搋头皮，嘬着牙花子……(蒋子龙《农民帝国》)/ 崔明远嘬了嘬牙花子，没言语。(南郭玉鹤《风雨春梦》)‖ 咂嘴以表示赞叹、夸奖：他嘬着牙花子一个劲儿赞美，外观好看，电话本够智能，短信无限存储……(王小柔《十面包袱》)

做外活 zuòwàihuó 指旧时穷家妇女靠替人做缝补等针线活而获得收入：她自个带着闺女和儿媳给人家做外活……(顾凤翔 苏书堂《九鸡孟家》)

作妖 zuōyāo 又作捉妖；迷信的人指妖魔鬼怪作祟，比喻进行某种反常的活动(有戏谑色彩)：不敢大折腾的人就只能在自己的小天地里作妖……(王小柔《有范儿》)/ 梨儿……明天要作什么妖啊，还瞒着这个瞒着那个？(雪屏《南门脸》)/他不知道平安拿他的房子捉嘛妖！(张仲《龙嘴大铜壶》)

做贼 zuòzéi 比喻干见不得人的事：只有在冬天扫墓，我才买花，早上黑乎乎的，趁没人注意出去买，跟做贼似的。(李岩《突然有一天，我老无所依》)/ 桃儿问："挺好的事儿，你干吗跟做贼似的欺上瞒下？"(雪屏《南门脸》)/ 崔相影洗不下去了，像做贼似的，出了水池子……(南郭玉鹤《八月十五云遮月》)